広島城大本営跡
(L

厳島神社(廿日市市)

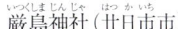
(厳島神社, 廿日市市)
金銀荘雲竜文銅製平家納経経箱・蓋表

交流の文化遺産

矢谷墳墓,
矢谷墳墓出土特殊壺・特殊器台
(三次市)

御手洗の町並み
(呉市)

神辺本陣跡
(福山市)

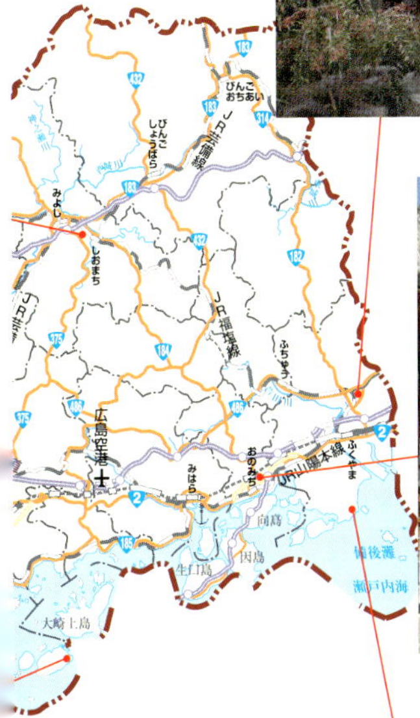

浄土寺(尾道市)

鞆の常夜灯・雁木
(福山市)

文化遺産の整備・公開

万徳院跡（山県郡北広島町）

吉川元春館跡と
戦国の庭 歴史館
（山県郡北広島町）

坤束製鉄遺跡(山県郡北広島町)

草戸千軒町のジオラマ
(広島県立歴史博物館, 福山市)

三ッ城古墳全景
(東広島市)

祭りと伝統技

壬生の花田植
(山県郡北広島町)

加計の湯立神楽
(長尾神社, 山県郡安芸太田町)

厳島神社管絃祭
(廿日市市)

三次の鵜飼
(三次市)

辻八幡神社神殿入り
(三次市)

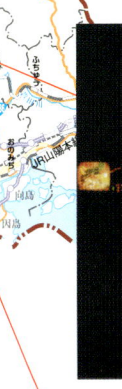

三原やっさ祭り
(三原市)

もくじ　　赤字はコラム

広島市とその周辺

❶ 広島市街を歩く -- 4
　国前寺／広島東照宮／不動院／走る電車の博物館／縮景園／広島城跡／原爆ドームと平和記念公園／頼山陽史跡資料館／比治山多聞院／広島市郷土資料館／三滝寺／広島のお好み焼き

❷ 安芸の宮島を歩く -- 14
　厳島の自然と宮島の町並み／御島巡り／厳島神社／宮尾城跡／大願寺／林家住宅／廿日市市宮島歴史民俗資料館／宮島ホテル

❸ 西国街道と周辺を行く -- 26
　洞雲寺／速谷神社／極楽寺／地御前神社／向原石畳／亀居城跡／広島のカキ／阿多田島灯台資料館／移民／木野川渡し場跡／湯ノ山明神旧湯治場

❹ 海田湾周辺と熊野を行く ------------------------------------- 35
　多家神社・総社跡／下岡田遺跡／千葉家住宅／海田町ふるさと館／畝観音免古墳群／榊山神社／筆の里工房／マツダミュージアム

❺ 太田川を遡る -- 42
　中小田古墳群／湯釜古墳／西願寺山墳墓群／恵下山・山手遺跡群／木の宗山出土の顔のある銅鐸／銀山城跡／宇那木山2号古墳／高松城跡／鋳物／熊谷氏土居屋敷跡／福王寺／可部古墳群／吉水園／下筒賀の社倉／堀八幡神社・井仁の棚田／三段峡／冠遺跡／ウッドワン美術館

呉・竹原と瀬戸の島々

❶ 呉市街を歩く -- 60
　大和ミュージアム／入船山記念館／旧呉海軍工廠跡（アレイからすこじま）／呉市の水道施設／旧澤原家住宅

❷ 倉橋島と江田島を行く --------------------------------------- 65
　万葉集遺跡長門島松原／長門の造船歴史館／音戸の瀬戸／旧海軍兵学校／砲台山森林公園／鹿島の段々畑

❸ 安芸灘の島々をめぐる -------------------------------------- 70

もくじ

丸屋城跡／三ノ瀬港・御馳走一番館／アビ渡来群遊海面／御手洗町並み保存地区／大長ミカン

❹ 安芸の小京都竹原を歩く-------------------------------------- 74
竹原町並み保存地区／竹原市歴史民俗資料館／木村城跡／竹原小早川氏墓地／横大道古墳群／藻塩と塩田／勝運寺と賀儀城跡／大久野島毒ガス遺跡

❺ 芸南の呉線沿線を行く-- 81
野呂山と弘法寺／武智丸／祝詞山八幡神社と万葉歌碑／漂流民鉄屋久蔵／広島が誇る酒造人

三原・尾道とその周辺

❶ 三原市街と沼田川流域を行く---------------------------------- 88
三原城跡／宗光寺／仏通寺／新高山城跡／楽音寺／米山寺／安芸と備後の国境（方言）／兜山古墳

❷ 本郷付近の古墳をめぐる-------------------------------------- 97
梅木平古墳／横見廃寺跡／御年代古墳／竜山石製の家形石棺／貞丸古墳群

❸ 尾道市街の古寺巡り-- 102
持光寺・光明寺／天寧寺・千光寺／文学と芸術／西国寺・西郷寺／浄土寺／久山田貯水池堰堤

❹ しまなみ海道を行く-- 110
吉原家住宅／因島村上氏城跡と金蓮寺／大浜埼灯台／しまなみ海道の橋巡り／耕三寺／向上寺・光明坊

福山・府中とその周辺

❶ 松永湾と鞆の散策-- 120
松本古墳／大田貝塚／日本はきもの博物館／一乗山城跡と常国寺／磐台寺（阿伏兎観音）／鞆の浦・対潮楼（福禅寺）／鞆の町並み（鞆七卿落遺跡・鞆城跡）／沼名前神社・安国寺／鞆の鯛網と保命酒

❷ 福山市街を歩く-- 129
福山城跡／広島県立歴史博物館／宮の前廃寺跡／明王院

❸ 神辺を歩く-- 133

もくじ

神辺城跡／菅茶山と廉塾跡／葛原勾当・しげる／神辺本陣／備後国分寺跡／堂々川の砂留／迫山古墳群／亀山弥生式遺跡

❹ 駅家・加茂・新市をめぐる-- 140
二子塚古墳／弥生ヶ丘の遺跡／大迫金環塚古墳／山の神古墳／粟塚古墳の丘／掛迫6号古墳／猪の子1号古墳／石鎚山古墳群／姫谷焼窯跡／福山市しんいち歴史民俗博物館／備後絣／備後一宮吉備津神社／尾市(1号)古墳／宮脇遺跡／素盞嗚神社／大佐山白塚古墳／相方城跡／曽根田白塚古墳

❺ 府中市街から芦田川・御調川流域------------------------------------ 157
伝吉田寺跡／青目寺／延藤家住宅／府中市歴史民俗資料館／安福寺の宝篋印塔／幕府領上下代官所跡／備後国府の発掘調査／本郷平廃寺跡／府中の伝統産業と現代産業／御調八幡宮

賀茂・世羅台地

❶ 西条市街と高屋を行く-- 170
御茶屋(本陣)跡／サタケ歴史館／安芸国分寺跡／白鳥古墳／西本6号遺跡／平賀氏の遺跡(御薗宇城跡・平賀氏の墓地・白山城跡・頭崎城跡)／僧行賢に関係した石造物／旧木原家住宅／三ッ城古墳／野坂完山の墓／広島大学キャンパス遺跡／鏡山城跡

❷ 西条盆地縁辺を行く-- 182
生城山城跡／志和の時報塔／並滝寺／三永の石門／福成寺／保田古墳群／八本松原村演習場

❸ 河内・大和・豊栄を行く-- 188
竹林寺／柚木の石造地蔵菩薩立像／棲真寺定ヶ原石塔／黒谷古墳／本宮八幡神社／鳥形・亀形・環状の須恵器

❹ 世羅・久井を歩く-- 194
今高野山／世羅町大田庄歴史館／康徳寺／神田2号古墳／万福寺跡／久井稲生神社の御当／杭の牛市跡

三次・庄原と神石高原

❶ 馬洗川右岸の三次と周辺-- 204
頼杏坪役宅・三勝寺／三次の雲海と鵜飼／鳳源寺／熊野神社／陣山

墳墓群／名瀑常清滝／寺町廃寺跡／松雲寺石造五輪塔／四隅が突出した弥生時代の墳墓

❷ 馬洗川左岸の三次と周辺-- 213
岩脇古墳／花園遺跡／三次人形・ワニの刺身／下本谷遺跡／矢谷墳墓／高杉城跡／広島県立みよし風土記の丘／浄楽寺・七ツ塚古墳群

❸ 三良坂・吉舎・甲奴を行く-- 222
稲荷山古墳群／旧幡山家住宅／灰塚ダムと発掘調査／三玉大塚古墳／吉舎歴史民俗資料館／大慈寺／須佐神社

❹ 庄原市街と備北山地を行く-- 229
庄原田園文化センター／瓢山古墳／蘇羅比古神社／唐櫃古墳／旧寺古墳群・円通寺・甲山城跡／荒木家住宅／蔀山城跡

❺ 東城・西城・神石高原を行く-- 236
大富山城跡／八鳥塚谷横穴墓群／六の原製鉄場跡／熊野神社／内堀の神代垣内落鉄穴跡／大迫山1号古墳／五品嶽城跡／塩原の大山供養田植／帝釈寄倉岩陰遺跡／比婆荒神神楽／神石高原町立神石民俗資料館／名勝帝釈川の谷(帝釈峡)／帝釈観音堂洞窟遺跡／辰の口古墳／備後砂／油木八幡神社／豊松堂面洞窟遺跡／小畠代官所跡

高田高原と芸北地域

❶ 吉田・八千代を歩く-- 254
多治比猿掛城跡／千川1号古墳／安芸高田市吉田歴史民俗資料館／郡山城跡／清神社／毛利元就と「三矢の訓」／明官地廃寺跡／中馬ハッ塚古墳群／鈴尾城跡／土師ダム

❷ 向原から美土里を行く-- 264
千間塚古墳／戸島大塚古墳／高林坊／五龍城跡／児玉家住宅／美土里神楽／西尾山八幡神社／是光1号古墳

❸ 北広島を歩く-- 272
芸北民俗芸能保存伝承館／壬生の花田植／古保利薬師堂／日山城跡／小倉山城跡／龍山八幡神社・枝の宮八幡神社／駿河丸城跡／吉川元春館跡／天狗シデの群落／万徳院跡／坤束製鉄遺跡

あとがき／広島県のあゆみ／地域の概観／文化財公開施設／無形民俗文化財／おもな祭り／有形民俗文化財／無形文化財／散歩便利帳／参考文献／年表／索引

[本書の利用にあたって]

1. 散歩モデルコースで使われているおもな記号は，つぎのとおりです。なお，数字は所要時間(分)をあらわします。

   ················· 電車　　　　　============ 地下鉄
   ─────── バス　　　　　·················· 車
   ------------- 徒歩　　　　　～～～～～～ 船

2. 本文で使われているおもな記号は，つぎのとおりです。

   🚶　徒歩　　　🚌　バス　　　✈　飛行機
   🚗　車　　　　⛴　船　　　　🅿　駐車場あり

   〈M ► P. ○○〉は，地図の該当ページを示します。

3. 各項目の後ろにある丸数字は，章の地図上の丸数字に対応します。

4. 本文中のおもな文化財の区別は，つぎのとおりです。

   国指定重要文化財＝(国重文)，国指定史跡＝(国史跡)，国指定天然記念物＝(国天然)，国指定名勝＝(国名勝)，国指定重要有形民俗文化財・国指定重要無形民俗文化財＝(国民俗)，国登録有形文化財＝(国登録)
   都道府県もこれに準じています。

5. コラムのマークは，つぎのとおりです。

   泊　歴史的な宿　　　憩　名湯　　　　食　飲む・食べる
   み　土産　　　　　　作　作る　　　　体　体験する
   祭　祭り　　　　　　行　民俗行事　　芸　民俗芸能
   人　人物　　　　　　伝　伝説　　　　産　伝統産業
   ‼　そのほか

6. 本書掲載のデータは，2009年1月末日現在のものです。今後変更になる場合もありますので，事前にお確かめください。

広島市とその周辺

Hiroshimashi

広島城二の丸表御門・多聞櫓

不動院金堂

①国前寺	⑩三滝寺	⑱速谷神社	㉖多家神社・総社跡
②広島東照宮	⑪厳島・宮島の町並み	⑲極楽寺	㉗下岡田遺跡
③不動院	⑫厳島神社	⑳地御前神社	㉘千葉家住宅
④縮景園	⑬宮尾城跡	㉑向原石畳	㉙海田町ふるさと館
⑤広島城跡	⑭大願寺	㉒亀居城跡	㉚畝観音免古墳群
⑥原爆ドーム・平和記念公園	⑮林家住宅	㉓阿多田島灯台資料館	㉛榊山神社
⑦頼山陽史跡資料館	⑯廿日市市宮島歴史民俗資料館	㉔木野川渡し場跡	㉜筆の里工房
⑧比治山多聞院	⑰洞雲寺	㉕湯ノ山明神旧湯治場	㉝中小田古墳群
⑨広島市郷土資料館			㉞湯釜古墳
			㉟西願寺山墳墓群

広島市とその周辺

◎広島市周辺散歩モデルコース

広島市街コース　　JR山陽本線ほか広島駅_15_縮景園_7_広島城跡_15_原爆ドーム_5_平和記念公園_10_頼山陽史跡資料館_1_広島電鉄(広電)1号線袋町電停_20_広電1・3・5号線宇品二丁目電停_3_広島市郷土資料館_3_広電宇品二丁目電停

安芸の宮島コース　　JR山陽本線・広島電鉄(広電)2号線宮島口駅_15_宮島桟橋_1_宮尾城跡_5_千畳閣・五重塔_3_厳島神社_3_大願寺_1_厳島神社宝物館_5_大聖院_3_林家住宅_20_宮島桟橋_15_JR・広電宮島口駅

西国街道と周辺コース　　JR山陽本線廿日市駅_5_洞雲寺_10_桜尾城跡_10_広島電鉄(広電)2号線広電廿日市駅_6_広電2号線地御前駅_5_地御前神社_5_広電地御前駅_11_広電2号線宮島口駅_6_JR山陽本線宮島口駅_5_JR山陽本線大野浦駅_20_旧原石畳_20_JR大野浦駅

海田湾周辺と熊野コース　　JR山陽本線・呉線海田市駅_1_千葉家住宅_5_海田町ふるさと館・畝観音免古墳群_30_榊山神社_5_筆の里工房_30_JR海田市駅

太田川左岸を遡るコース　　JR山陽本線ほか広島駅_15_下小田バス停_15_山武士塚1号古墳_10_中小田古墳群_20_湯釜古墳_40_下小田バス停_5_矢口バス停_15_西願寺山墳墓群_15_JR芸備線安芸矢口駅_4_JR芸備線玖村駅_10_恵下山・山手遺跡群_10_JR玖村駅

㊱恵下山・山手遺跡群
㊲銀山城跡
㊳宇那木山2号古墳
㊴高松城跡
㊵熊谷氏土居屋敷跡
㊶福王寺
㊷可部古墳群
㊸吉水園
㊹下筒賀の社倉
㊺堀八幡神社・井仁の棚田
㊻冠遺跡

広島市街を歩く

広島市内の史跡では，さまざまな所で原爆の爪痕に出会う。
戦後復興のなか，史跡を伝えてきた市民の姿に思いを馳せる。

国前寺 ❶   〈M▶P.2〉広島市東区山根町32-1
JR山陽本線ほか広島駅 🚶 10分

広島藩域に残る代表的な近世社寺建築

国前寺山門

JR広島駅新幹線口東交差点より北東へ徒歩約10分で国前寺(日蓮宗)に着く。

寺伝によれば，南北朝時代の初め，日蓮の弟子日像に師事した暁忍の開基とされる。江戸時代の1656(明暦2)年に広島藩主浅野光晟とその妻満姫の菩提寺となり，寺号も暁忍寺から国前寺に改められた。それを機に本堂や庫裏(ともに国重文)などが造営され，寺の景観が整えられたという。

本堂は，1988(昭和63)年から1990(平成2)年にかけて解体修理が行われ，建築当時の姿に復元された。残された棟木によって，1671(寛文11)年の建築であったことが判明する。二重屋根を支える建物上部を漆喰で固める簡素な造りや，建物背面に錣葺きの屋根をもつ仏間が取り付けられていることなどが特徴とされる。様式からみて，庫裏も同じ時期の建築と推測されている。

こうした様式は県内の他地域でもみられるが，本堂・庫裏とも大規模で，かつ両者が揃って残っているのは貴重であり，広島藩域の代表的な近世社寺建築として大きな価値をもっている。

広島東照宮 ❷   〈M▶P.2,6〉広島市東区二葉の里2-1-18 [P]
JR山陽本線ほか広島駅 🚶 10分

唐門は原爆の生き証人

JR広島駅新幹線口交差点から北西へ徒歩約10分で広島東照宮に着く。

広島藩主浅野光晟が，1648(慶安元)年に外祖父にあたる徳川家康

4　広島市とその周辺

広島東照宮唐門・翼廊

をまつるために造営したもので，一部に建造当時の姿を残している。唐門は日光東照宮(現，栃木県日光市)の様式を模しており，回廊は和様を主体とする簡素な造りになっている。

檜皮葺きの本殿や拝殿などは原爆によって焼失したが，唐門や回廊は傾いたものの爆風に耐えて残り，今に伝えられている。

「慶安元年卯月十七日」と彫られた境内の手水鉢もまた，原爆の惨禍をくぐり抜けてきたものである。手水舎の虹梁や拳鼻は江戸時代の彫刻技法を，板蟇股は室町時代の技法をそれぞれ残している。境内の石灯籠も，原爆被害を受けている。

なお北側にある金光稲荷神社の参道をのぼって行くと二葉山平和塔にたどり着き，山頂からは広島市街，さらに宮島・似島が一望できる。

不動院 ❸

〈M▶P.2〉広島市東区牛田新町3-4-9 P
アストラムライン(広島高速交通)不動院前駅🚶2分

安国寺恵瓊再興の名刹

アストラムライン不動院前駅で下車し，北東へ行くと不動院(真言宗)がある。

安芸国守護武田氏の滅亡によって，寺運も傾いていた不動院を再興したのが，毛利氏の外交僧として活躍した安国寺恵瓊である。金堂(国宝)は，1540(天文9)年頃に大内義隆が山口に建築したもので，天正年間(1573〜92)に移築されたと伝えられる。金堂は桁行3間・梁間4間で，中世の禅宗様仏殿では全国でも最大規模である。また金堂に安置されている木造薬師如来坐像(国重文)は，表情や衣文などに定朝様の特徴がみられ，平安時代後期の作と考えられている。

そのほか鐘楼は1433(永享5)年頃，楼門(ともに国重文)は1594(文禄3)年頃の作とされ，楼門の左右にある仁王立像(阿形・吽形，県文化)には，「永仁二(1294)年」の銘が残されている。

広島市街を歩く

広島駅周辺の史跡

　不動院という呼称は，関ヶ原の戦い(1600年)の後，福島正則が広島に入ったことにともなって，正則の祈禱師宥珍が入寺し，不動明王をまつったことによる。
　同寺に伝えられている文書類には，安国寺恵瓊関係の書状・豊臣秀吉朱印状・毛利輝元書状・福島正則書状がある(紙本墨書不動院文書として県文化)。

　これらの文化財は，原爆が落とされたときに，牛田山が衝撃や爆風を防ぎ，破壊されることなく今日に伝えられている。

不動院楼門

6　　広島市とその周辺

走る電車の博物館

コラム

　現在，広島市を中心に路面電車などを運行する広島電鉄は，1910（明治43）年に設立された広島電気軌道株式会社がその前身である。1917（大正6）年に広島瓦斯と合併して広島瓦斯電軌となり，1942（昭和17）年交通事業部門として，広島電鉄が分離・独立した。その後，着々と路線が整備され，1945年3月には，ほぼ現在の路線網が完成している。

　原爆の投下により，乗客・従業員・車両に大きな被害を被ったが，3日後には営業を再開し，焦土からの復興に大きな力となった。

　高度経済成長によってモータリゼーションが到来し，大都市を中心に，他府県では路面電車がつぎつぎと廃止されていくなかで，広島電鉄は，不要になった他府県の路面電車の車両を導入して，充実・発展を目指した。京都市電・大阪市電や神戸市電・西鉄などの車両が広島市内で活躍するようになり，走る電車の博物館といわれるようになった。なかでも京都・大阪市電の車両は，現在もかつての姿でレールの上を快走しており，ノスタルジーを感じる観光客もいるという。またドイツとの関係も深く，ドルトムント市やハノーヴァー市の車両も導入されている。

　1970年代のオイルショックなどで省エネが叫ばれるようになると，それに対応して省エネ型の軽快車両や，近年では乗り降りに便利な低床型車両などもつぎつぎに導入され，「広電」として市民生活に深く定着している。今でも1日に平均15万人の乗降客（「鉄道」である宮島線も含む）が利用するなど，広島市は日本でも有数の路面電車王国である。

市民生活に溶けこむ足

路面電車

縮景園 ❹　〈M▶P.2,6〉広島市中区上幟町2-11 P
082-221-3620　広島電鉄（広電）白島線縮景園前電停 1分

自然と人工の美が織りなす四季折々の絶景

　広電で八丁堀まで行き，白島線に乗り換えて広電縮景園前で下車，東へ1分歩く。

　縮景園（国名勝）は，1619（元和5）年紀州（現，和歌山県）から入封した広島藩主浅野長晟が，翌年に別邸として築いたもので，古くは御泉水または泉邸とよばれた。作庭にあたったのは，茶人としても有名な家老上田宗箇である。

広島市街を歩く　7

縮景園

　天明年間(1781〜89)に，広島藩主浅野重晟が京都から庭師清水七郎右衛門らを招いて改修し，現在の規模になった。濯纓池の中央に花崗岩製の跨虹橋が架けられているが，これは七郎右衛門の作といわれる。この橋から左右をみれば，島や山渓・橋・樹木が巧みに配されており，中国浙江省の西湖を縮景したという園名のおこりを実感できる。

　1940(昭和15)年浅野家から広島県に寄贈され，その年に国から名勝の指定を受けた。しかし5年後に原爆によって被害を受け，多くの被災者がここに避難してきた。

　第二次世界大戦後，国の補助を受けて県が鋭意復興にあたり，景観回復に努めたこともあって，毎年，多くの人が四季折々に訪れている。縮景園の南約200mに世界平和記念聖堂(国重文)がある。

広島城跡 ❺

082-221-7512
〈M▶P. 2,6〉広島市中区基町21-1　P (周辺)
広電1・2・6号線紙屋町東電停北へ🚶15分

広島の繁栄・壊滅・復興のシンボル

　広島城の築城は，毛利輝元が大坂城・聚楽第を訪れた翌年の1589(天正17)年に始まっている。城地は当時，広島湾に面した地域で，太田川舟運とも結びついた交通の要衝であった。

　輝元は関ヶ原の戦い(1600年)に敗れたため，周防・長門(ともに現，山口県)に移され，後に入った福島正則も武家諸法度違反で改易となり，1619(元和5)年，浅野長晟が入封する。以降，浅野氏のもとで城下町が整えられ，江戸時代を通じて南への干拓が進められていった。

　明治時代になって広島に鎮台(1873年)，さらに第五師団(1888年)がおかれると，広島城に師団司令部が設置され，「軍都広島」の拠点となっていく。日清戦争(1894年)で広島に大本営が設置されたことで，明治天皇の御座所が設けられ，また第7回帝国議会のための仮議事堂が西練兵場(現在の県庁〜八丁堀界隈)内に設置された。

8　広島市とその周辺

広島城跡

　当時県庁は，元安川・太田川に挟まれた中島町にあった。

　1945（昭和20）年8月6日の原爆投下は，近くの相生橋が目標となったため，広島城も大きな被害を被った。第二次世界大戦後，1953年に広島城跡が国の史跡指定を受けたことから，市民の間に天守閣再建の機運が高まり，1958年に再建された。天守閣では，広島城の歴史に関する史資料が展示されている。なお築城400年を機に，二の丸表御門・平櫓・多聞櫓・太鼓櫓が復元整備された。

原爆ドームと平和記念公園 ❻

〈M▶P.2.6〉広島市中区大手町1-10 [P]（周辺）
広電2・6号線原爆ドーム前電停🚶すぐ

鎮魂と平和への祈りの空間

　1915（大正4）年4月，チェコの建築家ヤン・レツルによって設計された広島県産業奨励館（もと広島県物産陳列館）が，原爆を受けてレンガの壁と天井ドームの鉄骨を残して崩壊し，第二次世界大戦後しだいに原爆ドームとよばれるようになった。被爆を経験した市民のなかには「ピカにまつわるものは思い出したくない」という意見も強かったが，戦後の復興のなかで，被爆建物がつぎつぎに姿を消していくこともあり，保存を求める声が高まって，1966（昭和41）年広島市議会が保存を決め，1996（平成8）年に世界文化遺産に登録された。

　元安川と本川に挟まれた中州地域は戦前，中島地区として広島県庁を始め，金融機関・商店街・映画館・

原爆ドーム

広島市街を歩く　9

寺院などが並ぶ市内の繁華街であったが、原爆によって一瞬のうちに灰燼(かいじん)に帰した。1949年8月6日に「広島平和記念都市建設法」が公布され、中島地区に1954(昭和29)年、平和記念公園(国名勝)が建設された。公園内には、原爆被爆者慰霊塔を始め、供養塔・原爆の子の像・平和の鐘や広島平和記念資料館がある。また、被爆建物のレストハウス(旧燃料会館)も現存する。

頼山陽史跡資料館(らいさんようしせきしりょうかん) ❼

〈M▶P.2,6〉広島市中区袋町(ふくろまち)5-15 P
広電1号線袋町電停 🚶 1分

頼山陽『日本外史』執筆の居室(復元)

袋町電停で下車し、東へ約50m行くと、広島藩の藩儒であった頼春水(しゅんすい)の屋敷があったとされる場所に、現在、頼山陽史跡資料館が立っている。春水の長男頼山陽が、1800(寛政12)年に脱藩騒動によって幽閉(ゆうへい)され、『日本外史(にほんがいし)』を執筆した居室が、1936(昭和11)年国の史跡に指定された。しかし原爆によって大破、収蔵品もほとんど焼失してしまい、1958年広島県が居室を復元したが、施設全体が老朽化してきたため、1995(平成7)年資料館として整備された。

資料館は、山陽の詩・書画(しょが)作品や江戸時代の広島についての展示、また、市民のお茶会・お香の会などにも使用されており、市民の文化生活のなかに根づいているといえる。

1995年の建て替えの際、正門や塀(へい)・石畳(いしだたみ)などは現状保存された。また正門の横に「頼山陽先生日本外史著述宅趾」と刻まれた石柱が立っているが、これは1927(昭和2)年に建てられたもので、原爆によって2つに折れたものを戦後修復した。さらに、庭のクロガネモチも原爆で焼けたが、5年後に奇跡的に芽を吹き、今では5mを超える大樹に育っている。

頼山陽史跡資料館

10　広島市とその周辺

比治山多聞院 ❽
082-261-1764

〈M▶P.2,6〉広島市南区比治山町7-10
広電5号線比治山下電停東へ🚶すぐ

比治山多聞院(真言宗)は，12世紀後半の治承年間(1177〜81)，隠渡(現，呉市音戸町)に開基されたと伝えられ，毛利氏の庇護で安芸吉田から三滝山山麓と移った後，福島正則が入封して現在の場所に移したとされる。

ここには広島藩に神儒学を伝えた植田艮背之墓や頼春水ら頼家之墓(ともに県史跡)がある。そのため1934(昭和9)年山陽没後100年を記念して，境内敷地に隣接して「山陽文徳殿」が建立されている。

多聞院は原爆被災のなかで，本堂・庫裏・鐘楼などが大破しつつも焼け残り，被爆当日の夜は臨時県庁の機能をはたすとともに，翌日以降も臨時救護所となって，多数の被爆者治療の重要な一拠点にもなった。

梁が破損した鐘楼は今も残されており，「no more Hiroshima's」と刻まれた鐘がかけられている。

比治山多聞院鐘楼

広島市郷土資料館 ❾
082-253-6771

〈M▶P.2〉広島市南区宇品御幸2-6-20
広電5号線宇品二丁目電停🚶3分

宇品二丁目電停で下車し，西へ約200mほど行くと，旧宇品陸軍糧秣支廠跡に着く。日清戦争(1894年)以来，兵士らが朝鮮半島・中国大陸に渡って行く一大拠点が宇品港であったことから，陸軍は1911(明治44)年宇品御幸のこの場所に，牛肉缶詰などを製造する工場を建てた。これが宇品糧秣支廠で，1944(昭和19)年末まで操業を続けていた。原爆を受けて屋根などに破損はあったものの，建物の倒壊は免れた。

戦後，民間企業が国から建物を借用して食品工場を操業していたが，その後，広島市が国から建物と敷地を取得・改修し，1985年，広島市郷土資料館としてオープンした。開館直前，建築技術や意匠

広島市郷土資料館

がすぐれていることから，広島市重要有形文化財に指定されている。

同館では，企画展にあわせて広島針や矢野かもじ(日本髪のかつら)・広島酒など，地域の産業についての調査研究も積極的に進めている。

三滝寺 ⑩

〈M▶P.2〉広島市西区三滝山411 P
JR可部線三滝駅 🚶15分

広島市内の深山幽谷と世界平和への祈り

JR三滝駅そばの踏切から西へ坂を1kmほどのぼっていくと，三滝寺(真言宗)に着く。

寺伝では，弘法大師(空海)が唐留学の帰路に当山に立ち寄り，霊地として観世音菩薩の梵字を自然石に刻んで，滝の岩窟に安置したことに始まるという。

本堂は，明治時代初期に明禅僧正が瓦葺き・方形に改築したというが，水害や原爆などで半壊し，現在の建物は，1968(昭和43)年に再建されたものである。

境内入口からほど近い想親観音堂や本堂近くにある鎮守堂・三鬼権現堂などは，原爆の爆風に耐えて残っている。1526(大永6)年の建立とされる多宝塔(県文化)は，1951(昭和26)年に和歌山県広川町の広八幡神社から原爆被災者の霊を弔うために移されたものである。また塔内に安置される木造阿弥陀如来坐像(国重文)は，胎内の墨書銘に1154(仁平4)年霜月に河内国観音寺に寄進されたものであることが記されている。この像は，毎年11月に開かれる平和

三滝寺多宝塔

12　広島市とその周辺

広島のお好み焼き

コラム

戦後広島を支えた庶民の味覚

　広島名物といえば，カキ・もみじまんじゅう・お好み焼きなどがすぐに思い浮かぶ。広島市出身の児童文学作家那須正幹は『広島お好み焼物語』(PHPノンフィクション，2004年)で聞き取りも交え，細かく広島のお好み焼きについて述べている。

　それによると，昭和時代の初め「一銭洋食」として普及し始めたお好み焼きは，水に溶いた小麦粉をクレープ状に焼き，粉カツオやネギ・とろろ昆布などを乗せていく重ね焼きで，焼き上がると半分に折ってソースを塗るものであったという。今のお好み焼きの原型で，駄菓子屋などで売られていた。原爆被災後の広島市内で，ヤミ市が立つようになると，そこで酔客などを相手に焼く屋台も多く立つようになり，一方，住宅街でも戦争・原爆で一家の働き手を失った人や主婦らが，子どもを相手に焼く駄菓子屋も多くあったようである。

　やがて高度経済成長のなかで市街地が整備されていくと，屋台営業はしだいに困難になり，1969(昭和44)年，屋台をまとめて，西新天地(広島市中区)に「お好み村」が誕生する。また関西風の混ぜ焼きが，高級店の装いで広島に進出してくると，重ね焼きが「広島風」であるというアイデンティティをもつようになり，なかに中華ソバやキャベツ・もやしなどを入れたボリュームたっぷりの食べ物として，市民の間に広く定着していった。

　今でも，改装された「お好み村」や，広島駅ビルにあるお好み焼き店が並んだフロアなどでは，観光客や修学旅行生らが列をなしている。

開顕の法要のときに一般公開される。

広島市街を歩く

② 安芸の宮島を歩く

古代から現代まで，信仰と観光のはざまで揺れる，宮島をめぐる。

厳島の自然と宮島の町並み ⓫

〈M ▶ P. 2, 15〉廿日市市宮島町
JR山陽本線宮島口駅，または広島電鉄
（広電）宮島口駅🚶15分

世界文化遺産の島を俯瞰する

　最狭500mの大野瀬戸を挟んで廿日市市の東に位置する周囲約30kmの島である厳島は，北部に海抜500m級の弥山・駒ヶ林，南部に海抜466mの岩船岳の山塊が海上に屹立する，威容に満ちた島である。全島が花崗岩でできているが，今から6000〜7000万年前頃，地下に花崗岩マグマが入り込んで形成されたといわれる。断層や節理の関係で多くの断崖が形成され，随所に巨岩が露出する山容をみせている。また弥山や駒ヶ林の山頂部は，水平面の節理で剥がれた岩盤が剥き出しになっており，この平坦面は，中国山地南部の海抜700m級の吉備高原面に相当すると考えられている。廿日市市南部の野貝山（のうが高原）や極楽寺山との標高差から，200mほどの断層活動による沈降を推定する意見もある。この両者の低位面に，縄文海進によって海水が流入して大野瀬戸が形成され，厳島が誕生したとされる。今から，約6000年ほど前のことと考えられている。

　島では，約1100種の植物が確認されている。特産種はないが，広島県では厳島にしかみつかっていない種もあり，本土と比べると独特の植生がみられる。モミ・ツガなどの冷涼な気候を好む針葉樹と，ミミズバイ・ヤマモガシ・カギカズラなど熱帯系植物が共存していること，本土に多いクリ・クヌギ・アベマキなど落葉性のドングリや，スギナ・ウツボグサなどがみられないこと，コバノヘクソカ

厳島弥山山頂

14　広島市とその周辺

ズラ・イトススキなど小型化した植物がみられることなどはその例であろう。とりわけ、厳島神社の背後にある弥山(瀰山)原始林(国天然)は、モミの大木や頂上付近のクロバイやウラジロガシの常緑広葉樹林など、日本の暖・温帯林の代表的な様相を示している。林内には、アカマツ・シキミ・アセビ・シロダモ・ヒサカキ・アラカシ・イヌガシ・サカキなどが繁茂するほか、ミヤジマシモツケ・ミヤジマカエデなども生育している。

島の面積は約30km^{2}であるが、そのほとんどは山林で、人間が居住するのは、厳島神社のある島の北部である。神社の檜皮葺きに朱塗りの社殿が、緑の山々に囲まれて紺碧の海に臨むさまは、自然と人工美の妙であり、江戸時代から日本三景の1つとされ、国の特別史跡・特別名勝として保護され、1996(平成8)年に世界文化遺産に登録された。

厳島の地名は、神を斎きまつる島に由来し、島全体が信仰の対象であったと考えられているが、その実相は不明である。近年の調査によると、民家のない大川浦・須屋浦などで、古墳時代以後の塩業や祭祀に関係する遺物が採集されており、太古から人間が居住しない「神の島」であったわけではない。島内各所の神祠をまわる御島(七浦)巡り・御烏喰の神事などとあわせて、今後の検証が必要である。

江戸時代の厳島には3700人程度の人びとが居住していたが、その町並み(宮島)は、弥山北麓を流れる御手洗川の河口、御笠浜に鎮座する厳島神

宮島の史跡

安芸の宮島を歩く　15

社に奉仕する神官・供僧・内侍を中心に，中世には町の形成が想定される西町と，五重塔のある塔の岡の東側で町人たちが多く居住する東町に分けられる。

西町は厳島神社と大聖院(真言宗)を結ぶ道路を軸に構成されており，鎌倉時代末には，河川の改修や堰堤の構築がなされたようである。これに対し東町は，戦国時代末までには，有浦とよばれた海岸沿いに道路と港湾が整備され，その後の埋め立てによって町が拡大するとともに，南側の山麓に建立された宝寿院(真言宗)など寺院に至る南北の小路も整備されて，町並みが形成された。

西町と東町の境ともいえる塔の岡とその南は大町とよばれ，千畳閣(厳島神社末社豊国神社本殿)や五重塔(ともに国重文)があるほか，広島藩の宮島奉行の屋敷がおかれ，行政の中心となった。またその東には，天文年間(1532～55)に以八上人が開いた浄土宗の光明院がある。光明院には，木造阿弥陀如来立像や絹本紺地金彩弥陀三尊来迎図(ともに国重文)などが安置されているが，公開されていない。歴史的な町並みが現存する西町・東町・大町では，中世・近世の人びとの暮らしが偲ばれる。

東町の成立は，厳島信仰に立脚しながらも，厳島が内海交通の発展に基づいた，地域間交易の場としての性格を強めたことの反映といえよう。このような島民の暮らしに生産の側面を加えるのが，江戸時代の寛政年間(1789～1801)に始まった宮島細工(挽物，県文化)である。光明院で修行した僧侶誓真が，厳島神社の弁財天のもつ琵琶をかたどって杓子をつくり，人びとにこれを教えたことが始まりとされ，その後，轆轤挽き・刳物・彫刻などへと領域が広がり，来島者のみやげ物としても珍重されるようになった。宮島の工芸品

滝町(西町)のたたずまい

16　広島市とその周辺

御島巡り

コラム / 行

神烏に一喜一憂

御島巡りは、七浦巡り・渡島巡式・七浦エビス巡りなどともよばれ、厳島神社の祭神が鎮座の地を定めるために島を一周したという故事にちなむ神事である。毎年3月と9月の七浦神社祭と、5月15日の厳島講社大祭に行われるが、願主があれば随時行われる。

当日、願主は沐浴潔斎して御師（先導する神官）・伶人（音楽を奏でる人びと）たちの船とは別の「小早船」に乗る。料理や膳椀を積み込んだ船とともに出発し、上陸する浦での茅輪くぐりと末社への参拝、あるいは海上からの末社遙拝、粢団子（米粉でつくった団子）を海に投じる朝餉・夕の御供などの祭事や饗膳の拝領などを行いながら、杉の浦・鷹巣浦（現在は飯浜）・腰細浦・青海苔浦・山白浜・須屋浦・御床浦の順で時計回りに島を一周する。

途中の養父崎浦では、御島巡りのハイライトである御烏喰神事が行われる。浦に近づくと、御師が修祓、献饌して祝詞を奏上し、その後、粢団子を海上に浮かべる儀式であり、御師・願主などに穢れがなければ、森から一対の神烏があらわれて粢をついばんで舞い上がる（「御烏喰があがる」という）というものである。無事あがれば一同拍手して拝み、粢がなくなるまで繰り返し、最後に養父崎神社を海上から遙拝する。

島を一周した船は、大元浦に着岸、大元神社を参拝した後、厳島神社本社において祭典を行って、願主は金幣をいただき、その夜宿に御師・伶人を招いて祝宴が開かれて終了する。

を一堂に展示する伝統産業会館がフェリー宮島桟橋前にある。

厳島神社 ⑫　〈M ▶ P. 2.15〉廿日市市宮島町

宮島桟橋南へ 🚶10分

古代人の稀有な発想から生まれた世界文化遺産

紺碧の海に厳然と聳え立つ朱塗りの大鳥居で知られる厳島神社は、推古天皇元(593)年の創祀とされ、祭神は市杵島姫命と、その姉妹の田心姫命・湍津姫命で、天照大神などが相殿神とされている。県内の島嶼や山間部には、市杵島姫命の遷座にかかわる伝承が残る一方、弥山に対する自然崇拝を信仰の出発点とする説もある。観世音菩薩や大日如来を本地仏とする神仏習合の様相が早くからみられるとともに、熊野信仰や浄土信仰、海上神の弁財天信仰などの聖地とされることもあった。

12世紀後半の平清盛や厳島神社神主佐伯景弘の発想からうまれ

安芸の宮島を歩く　17

厳島神社大鳥居

たとされる現在の社殿は、平安時代の寝殿造の様式を、海上に現出させるという、卓越した発想に基づくとともに、厳峻な山を御神体とし、遙拝所をその麓に設けるという、日本の社殿建築の一般的形式を体現するものとして、1996(平成8)年に世界文化遺産に登録された。

平安時代に安芸国一宮となった厳島神社は、鎌倉時代の2度にわたる火災も、安芸国を造営料国として再建され、その後も大内・毛利両氏ら大名権力の保護を受けた。現在の本社本殿は、1569(永禄12)年の毛利隆元毒殺の疑いによる毛利元就の和智誠春粛清の場となったため、元就が1571(元亀2)年に再建したものとされる。これに本殿裏の不明門と前面の幣殿・拝殿ならびに左右内侍橋を含めた本社、その前にある祓殿と北側の平舞台、その上にある高舞台、高舞台での舞楽の際の楽人たちの奏楽の場としての左右楽房、さらにその前にある火焼前を挟んだ左右門客神社が一括して国宝に指定されている。また火焼前から108m沖合には、厳島のシンボルともいえる大鳥居(国重文)が立っている。本柱と4本の控え柱からなる高さ16mの両部鳥居で、現在のものは1875(明治8)年に建立され、清盛の時代の鳥居からは8代目とされている。

現在の参拝コースは、神社の北東側が入口で、入るとまず天忍穂耳命など5神をまつる摂社客神社本殿(附玉垣)・幣殿・拝殿ならびに祓殿(いずれも国宝)が西向きに立っており、その南東に祭事を準備するための朝坐屋(国重文)、南西に本社群が配置され、これらを全長107間の東廻廊・西廻廊(ともに国宝)がめぐる形式になっている。本社の西にある大国主命をまつる摂社大国神社(大黒堂)と、菅原道真をまつり連歌の会所ともされてきた摂社天神社(連歌堂)、廻廊の西端に対峙するように建てられた能舞台は、いずれも国の重要文化財である。

18　広島市とその周辺

厳島神社社殿

　廻廊を出た正面には、別表に示した厳島神社に伝来する宝物・文化財を保管・展示する厳島神社宝物館(国登録)がある。神社に献納された宝物類は一旦本殿に奉納された後、社殿の南側、御手洗川を隔てた所にある室町時代建立の校倉造の宝蔵(国重文)に保管されてきたが、1934(昭和9)年に完成したこの宝物館に移された。ただし、平家納経(国宝)などは社務所に付設する収蔵庫に厳重に保管され、春の桃花祭(4月15日)・秋の菊花祭(10月15日)の頃に数点が衣裳などとともに公開される。また、両祭には高舞台で舞楽が奉納される。なお、宝物館の裏手には、1523(大永3)年に造立された純和様の多宝塔(国重文)がある。

　神社参拝の入口とは反対の階段をのぼると、1587(天正15)年に豊臣秀吉が発願した千畳閣と通称される大経堂(末社豊国神社本殿)と、1407(応永14)年建立の和様・唐様折衷の五重塔が並ぶ塔の岡である。ともに安置されていた仏像は大願寺に移されているが、厳島神社の歴史を考えるうえで、重要な国の重要文化財である。また、五重塔前の石段をおりた所に鎮座する、檜皮葺き・朱塗りの末社荒胡子神社(国重文)は、1441(嘉吉元)年に建立された、素戔鳴尊と事代主神をまつる社殿である。

　神社では、正月の神衣献上式から始まり、12月晦日の鎮火祭までさまざまな神事・祭礼が行われるが、なかでももっとも盛大に行われてきたのが、旧暦6月17日に実施される管絃祭である。この祭りは、祭神の載

高舞台での舞楽

安芸の宮島を歩く　19

厳島神社所蔵文化財

【国宝】
平家納経　法華経(開結共)30巻, 阿弥陀経1巻, 般若心経(紺紙金字)1巻, 長寛二(1164)年 平 清盛願文1巻, 金銀荘雲竜文銅製経箱1具, 蔦蒔絵唐櫃1合(慶長七(1602)年福島正則の寄進銘)
小桜韋黄返威鎧(兜, 大袖付)
紺糸威鎧(兜, 大袖付)
黒韋威胴丸(兜, 大袖付)
彩絵檜扇(伝平氏奉納)
金銅密教法具(金剛盤1口, 五鈷鈴1口, 独鈷杵1口, 三鈷杵1口, 五鈷杵1口)
梨子地桐文螺鈿腰刀(銘友成作, 附蒔絵箱)
太刀(銘友成作)
浅黄綾威鎧(兜, 大袖付)
厳島神社古神宝類(宝相華文螺鈿平塵 飾太刀1口, 双鳳文螺鈿平塵, 飾太刀鞘1口, 半臂1枚附紅地幸菱文綾残片, 内衣1枚, 石帯1条, 平緒1条, 木笏1握, 檜扇3握, 飾太刀1口, 平胡籙1口, 箭11隻, 朱塗飾太刀箱1合〈大宮佐伯景弘調進寿永二[1183]年三月廿日在銘〉, 朱塗飾太刀箱1合〈中宮餝剣箱佐伯景弘調進寿永二年三月廿日在銘〉, 松食鶴小唐櫃1合〈中宮佐伯景弘調進寿永二年三月廿日在銘〉, 松食鶴小唐櫃1合〈客人宮佐伯景弘調進寿永二年三月廿日在銘〉)
紺紙金字法華経7巻・紺紙金字観普賢経1巻(平清盛と平頼盛合筆, 附金銅経箱1合)

【国指定重要文化財】
絹本著色山姥図(長沢蘆雪筆)
舞楽面(貴徳, 散手)
釈迦及諸尊箱仏
木造狛犬
舞楽面(二ノ舞2面〈盛国朝臣調進銘〉, 採桑老〈建長元[1249]年銘〉, 納曾利〈台磐所調進銘〉抜頭, 還城楽〈政所御寄進銘〉, 陵王)
木造飾馬
梅唐草蒔絵文台硯箱(伝大内義隆奉納)
紺紙金泥法華経入蓮花蒔絵経函
藍韋肩赤威甲冑(大内義隆奉納)
木地塗螺鈿飾太刀
鍍金兵庫鎖太刀
鍍金長覆輪太刀
錦包籐巻太刀, 錦包籐巻腰刀(刀身欠)
紙本墨書扇(伝高倉天皇御物)
木製彩色楽器(奚婁, 兆鼓)
七絃琴(伝平重衡所用)
木製銅字扁額(後奈良天皇宸翰)
太刀(光忠銘)附革柄蝋色鞘脇指 拵
太刀(備州長船住 □長作, 嘉元二二〈1306〉年十月日銘)

太刀(銘一)附糸巻太刀拵
太刀(久国銘)附糸巻太刀拵
革包太刀(貞和二〈1346〉年銘)
太刀(包次銘)附黒塗半太刀拵
刀(談議所西蓮銘)附打刀拵
太刀(備州長船住□真銘)附革包太刀拵
太刀(清綱銘)附野太刀拵
太刀(備中国住□□□ 延文三〈1358〉年六月日銘)
刀(伝雲次作)附革柄蝋色鞘打刀拵
短刀(長谷部国信銘)附銀鮫柄蝋色刻鞘合口拵
太刀(文永二〈1265〉年三月清綱銘)附革包太刀拵
鋳銅釣燈籠(厳島大明神宮燈爐一口 筑前国博多講衆等正平廿一〈1366〉年三月三日在銘)
漆絵大小拵陣刀(小束前欠)
大太刀(備後国住人行吉作銘)
舞楽装束(納曾利, 天正十七〈1589〉年正月吉日朱書銘)
狂言装束(唐人相撲, 繡箔鳳凰鴛鴦菊文1領, 繡箔鳳凰柳桜文1領, 繡箔楓菊桐杜若文1領, 繡箔柳樹鷺文1領)
能装束(紅地鳳凰桜雪持笹文唐織)
赤糸威胴丸具足(筋兜・小具足付)
銀小札白糸威胴丸具足(兜・大袖・小具足付)附鎧櫃1背
能装束(紅浅葱地菊笹大内菱文様段替唐織)
紙本墨書御判物帖
紺紙金泥金剛寿命陀羅尼経(平親宗筆)
紺紙金字大方等大集経附黒漆塗経箱1合
紺紙金字華厳経附黒漆塗経箱1合

【県指定重要文化財】
銅鐘(筑前州宗像郡赤馬庄鎮守八所大明神社頭洪鐘也応永五〈1398〉年二月十六日大工了案銘)
鉄地黒漆塗三十八間総覆輪筋兜
琵琶(弘長二〈1262〉年十月十一日唯念作銘)附旧捍撥革1枚

った鳳輦を3艘の漁船からなる管絃船(御座船)に移し，楽人たちによる管絃の調べとともに対岸の地御前神社に渡御，その夜のうちに大元神社(本殿附宮殿・銘札は国重文)などを経て，本殿に還御する祭礼で，海を舞台にして，平安時代の貴族の邸宅などで行われていた船管絃の遊興にちなむものとされるが，一種の行幸会・神幸祭であろう。

安芸の宮島を歩く

宮尾城跡 ⓭ 〈M▶P. 2, 15〉廿日市市宮島町要害山
宮島桟橋🚶すぐ

中国地方の「天下分け目」、陶・毛利両軍決戦の場

　宮島に上陸して最初に目に入る史跡は，戦国争乱の一舞台となった宮尾城跡である。厳島神主家が滅んだ後，大内氏は一宮である厳島神社との関係を強化するとともに，内海の交通・商業の要衝の地となっていた宮島の直轄化を図っていた。この方針は，大内義隆を倒し，大内氏の実権を握った陶晴賢も踏襲していた。

　これに対し，当初陶晴賢に協調的であった毛利元就らは，石見津和野（現，島根県）の吉見氏の処遇をめぐって対立，1554（天文23）年5月両者は断絶し，毛利氏が南進して陶方の諸城を接収，宮島を占領して防備をかためたものの1つが宮尾城である。

　毛利氏の在番は300余人であったが，1555年9月の陶軍の攻撃に耐えて，毛利氏勝利の一因となった城である。有浦の北端に東西方向に横たわる丘陵を利用して築城され，中央部に大きな堀切を設けて西側に5郭，東側に帯郭を含めた10郭が構築されていた。

宮尾城跡

大願寺 ⓮ 〈M▶P. 2, 15〉廿日市市宮島町北大西町
宮島桟橋南へ🚶15分

厳島神社の造営を取り仕切った勧進の寺

　厳島神社の廻廊出口の右手にみえる山門と本堂が，明治初期の神仏分離まで厳島神社などの修造を掌っていた，亀居山放光院大願寺である。真言宗の寺院で開基は未詳，鎌倉時代に僧了海によって再興されたと伝えられ，現在は厳島弁財天を本尊としているので，弁財天本堂ともいわれる。かつては亀居山ともいう塔の岡の麓にあり，五重塔や大経堂（千畳閣）などとともに一大伽藍を形成していた。現在は，本堂と元禄年間（1688～1704）の造営と考えられている山門のみからなる。本堂は，表前面が本堂，裏が庫裏という特異な形態

大願寺

をとり，幕長戦争の際に，勝海舟と井上聞多・広沢真臣らによって講和の会談が行われた一室も公開されている。

　本尊は，内刳を施したヒノキ材による漆箔の木造薬師如来坐像(国重文)で，流麗な衣文と平安時代風のおだやかな尊様をただよわせた鎌倉時代初期の作である。また千畳閣の本尊であった木造釈迦如来坐像と，木造阿難尊者立像・木造迦葉尊者立像の三尊(いずれも国重文)は，鎌倉時代末期の作である。このほか，もと多宝塔本尊の薬師如来像，五重塔本尊の釈迦三尊像も安置されており，厳島神社における神仏習合の様相がうかがわれる。また同寺の尊海が，天文年間(1532～55)に高麗版大蔵経を輸入するため，朝鮮に渡った際に購入した瀟湘八景(紙本墨画山水図)の八曲屏風と，その紙背の見聞記(紙本墨書尊海渡海日記，国重文)は貴重な記録である。

　大願寺から厳島神社宝物館横を南に200mほど歩くと，滝山水精寺大聖院の仁王門と石段に着く。かつては厳島神社に奉仕する僧侶(供僧方)の中心で，住職を座主といい，真言宗御室派に属している。水精寺の名は，1177(安元3)年の「伊都岐島水精寺勤行日記注進状」にみえるが，この水精寺の当初の所在地や大聖院との関係，平宗盛が「伊都岐島弥山水精寺」に奉納した旨の追刻のある梵鐘(国重文)からうかがわれる弥山信仰との関係，さらには厳島神社との関係など，未詳な点が多い。本尊は10世紀後半の作と推定される木造不動明王坐像(国重文)であり，江戸時代まで厳島神社本地堂に安置されていた十一面観世音菩薩や，豊臣秀吉の念持仏だったとされる波切不動明王像なども安置されている。なお，弥山山頂にある不消霊火堂・求聞持堂・三鬼堂・奥の院などは大聖院が管理している。不動明王坐像は時期の制限があるが，ほかの多くは公開されている。

安芸の宮島を歩く　　23

林家住宅 ⓰
0829-44-0353
〈M▶P.2, 15〉廿日市市宮島町滝町235
宮島桟橋南へ🚶20分

風格ただよう神官家の屋敷

　大聖院から厳島神社社務所に向かう滝小路は、厳島神社にかかわる神官・供僧の屋敷町であり、その一画に林家住宅(国重文)がある。林家は厳島神社の上層神官家であり、明治初期までは朝廷から派遣される奉幣使の代参をする「上卿」職をつとめたので、上卿屋敷ともいわれる。階段の上にたたずむ表門は、柿葺きの1間の薬医門で、装飾が多く、華やかな妻飾りがみえる。1703(元禄16)年の祈禱札があり、江戸時代初期の構築手法がうかがえることから、18世紀初期のものと考えられている。またかつては宮島の住宅に多くみられた、シカの進入を防ぐための鹿戸が付せられている。

　門を入った正面には、入母屋造、桟瓦および鉄板葺きの主屋があり、右側に敷台付きの玄関、出窓の左手に母屋出入口がある。玄関上に千鳥破風に木連格子を入れ、蕪の懸魚を備えた繊細かつ巧妙な造作であるのに対し、妻正面は豕扠首と扠首束の組み合わせに梅鉢懸魚を打った雄大かつ簡素な造作で、全体として左右非対称の気品ある風格をかもし出している。主屋も表門とほぼ同時期の建築と考えられる。全国でも数少ない社家の住宅であり、屋敷割や石垣・庭などもよく残っている。日曜日以外は事前の連絡が必要である。

林家住宅表門

廿日市市宮島歴史民俗資料館 ⓰
0829-44-2019
〈M▶P.2, 15〉廿日市市宮島町57
宮島桟橋🚶15分

江戸時代の商家に宮島の生活を偲ぶ

　大願寺の西、通りに南面した商家風の建物が、廿日市市宮島歴史民俗資料館である。江戸時代の豪商江上家の住宅と蔵・庭を利用して開設された資料館である。深い軒や庇を支える持送り板や千本格子の建具など、宮島の商家建築を保存するとともに、厳島神社を

24　広島市とその周辺

宮島ホテル

コラム

外国人観光客の受け入れ施設

　日清戦争（1894年）後，山陽鉄道が西へ延伸し，1897（明治30）年宮島駅（現，JR山陽本線宮島口駅）が開設されると，駅前桟橋から宮島桟橋までの蒸気船運航が整備された。さらに条約改正（1899年）によって居留地が廃止され，外国人が自由に日本国内を旅行できるようになると，宮島へも多くの外国人観光客が訪れるようになった。

　ところが島には外国人の宿泊に対応できるホテルがなかったため，やがてホテル建設を求める意見が，地元の『芸備日々新聞』紙上にあらわれるようになった。1907（明治40）年2月，神戸（現，兵庫県）に本店をもつ「みかどホテル」が宮島大元公園にホテルを開業し，5年後にはみかどホテルに並んで宮島ホテルが創業された。

　宮島ホテルは，1917（大正6）年ヤン・レツルの設計によって新館が建設されるが，ヤン・レツルは広島県物産陳列館（のちの産業奨励館，現在の原爆ドーム）の設計者として知られていた，チェコ出身の建築家である。

　宮島ホテル新館は，木造4階建てで洋風を基調にしながら，唐破風など和風の意匠も取り入れられており，独特の景観をもっていた。内装や調度品類も西洋風で洋食も提供し，テニスコートまで備えた堂々たるホテルであった。

　第二次世界大戦後，英連邦軍が駐屯していたが，講和条約発効による撤収直前の1952（昭和27）年夏，失火によって焼失し，再建されることはなかった。

宮島ホテル新館

崇拝し支えてきた島民の暮らしを，信仰・生業・年中行事などの視点から整理・展示している。あわせて平清盛像や誓真像のほか，宮島ゆかりの人びとの書画・古文書や，観光案内にかかわる版木などの文化財も公開されている。

宮島歴史民俗資料館

安芸の宮島を歩く　25

③ 西国街道と周辺を行く

海陸交通の要衝にして宮島と一体の歩みをしてきた，廿日市の町並みとその周辺の史跡を歩く。

洞雲寺 ⑰
0829-31-2461
〈M▶P.2,26〉廿日市市佐方1071-1 P
JR山陽本線廿日市駅🚶5分

鷺の森にたたずむ中世厳島神主家ゆかりの古刹

市街化が進むJR廿日市駅の北東，新興の住宅街の北方にある鷺の森の麓にたたずむ古刹が洞雲寺である。1487(長享元)年に厳島神社神主で桜尾城主であった藤原教親が，大内氏ゆかりの周防国龍文寺(現，山口県周南市)から金岡用兼を開山として招き建立した曹洞宗の寺であり，藤原神主家の菩提寺とされている。

山門を入った境内左手には，神主となった後に大内氏に滅ぼされた藤原(友田)興藤の墓を始めとする，神主家歴代の墓だけでなく，神主家の滅亡後に桜尾城主としてこの地を治めた桂元澄や，毛利元就4男の穂田元清夫妻の墓，1555(弘治元)年の厳島合戦で，毛利氏に滅ぼされた陶晴賢の首塚などがある。

また同寺所蔵の厳島神主家や毛利氏らの帰依を示す洞雲寺文書，金岡禅師らが書写したとされる洞雲寺本正法眼蔵，金岡禅師の頂相(絹本著色金岡用兼禅師像)や禅師が用いたとされる袈裟・持鉢・長杖(金岡用兼禅師関係遺品)など県指定文化財のほか，木造三十三観音菩薩像があり，これらは毎年5月8日の「花まつり」に一部が公開される。なお本堂の脇には，金岡禅師が厳島明神の啓示によって得た，良水と伝えられる「金岡水」が湧き出している。

洞雲寺の南東約1kmの市街地にある小高い桂公園が，藤原神主家の本拠であった桜尾城跡である。室町時代中期には，大内氏の助勢を得た神官・神領衆が籠城して，安芸国金山城(P.46)の武田氏を撃退した。16世紀に入ると，神主家と大内氏の抗争の舞台となり，1541(天文10)年に大内義隆軍に攻め滅ぼされた。その後，毛利氏が占拠，桂元澄を城主とし，1555年の厳島合戦では毛利軍の本陣となった。桂公園の名称は，

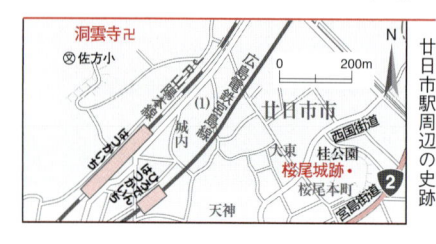

廿日市駅周辺の史跡

元澄の子孫で総理大臣にもなった桂太郎が、1912(大正元)年に桜尾城跡を廿日市町に寄贈したことにちなむものである。

速谷神社 ⑱
0829-38-0822　〈M▶P.2〉廿日市市上平良308-1　P
JR山陽本線廿日市駅🚗10分

厳島神社と並ぶ古代以来の名神

　西広島バイパス上平良交差点から西北西に1.5kmの所に速谷神社がある。平安時代後期以降は、厳島神社が安芸国一宮として崇拝を集めたが、平安時代中期までは速谷神社も厳島神社をしのぐほどの神格を有する神社であった。9世紀には伊都岐島社(厳島神社)とともに名神に列して季節ごとの奉幣にあずかり、従四位下の神階を受け、伊都岐島社ならび安芸郡の多家神社とともに『延喜式』式内社となっている。

　祭神は阿岐国造と伝えられる飽速玉命であったが、厳島神社が一宮となると、二宮さらには厳島神社の摂社ともみなされ、速田大明神ともよばれて、祭神を厳島神の従神とする伝承も生まれた。室町時代には厳島神主家による鐘の寄進や、大内氏による社田の寄進などもあり、この時代に彫られた木造狛犬(県文化)は、力量感にあふれる秀作である。また1547(天文16)年に、大願寺の尊海が作成した厳島島内大願寺領の年貢徴収台帳(紙本墨書大願寺尊海文書〈大願寺領所務帳〉、県文化)もある。江戸時代に一時社運が衰退し、社殿の焼失などもあったが、のちには広島藩主の篤い崇拝を受けた。1873(明治6)年に呼称が速谷神社と確定し、交通安全の神様として親しまれている。文化財は公開されていない。

速谷神社

極楽寺 ⑲
0829-39-0008　〈M▶P.2〉廿日市市原2180　P
JR山陽本線廿日市駅🚗30分

　JR廿日市駅や速谷神社の北に横たわる極楽寺山の山頂部に極楽寺(真言宗)がある。車で、極楽寺裏手の赤松林のなかの駐車場まで

西国街道と周辺を行く

極楽寺本堂

瀬戸内海国立公園のなかにたたずむ幽寂な古刹

行くことも可能だが，眼下に瀬戸内海・厳島を一望する景観や，森林浴を楽しみながら参拝する人が多い。

　藤原神主家の帰依を受け，その没落後は，大内氏・毛利氏らの崇拝を受けたが，江戸時代には寺勢が衰退，一時は無住の寺となったが，周辺地域の人びとの努力で維持され，法灯が続いてきた。

　寺の伝承では，本尊の木造十一面千手観音坐像（県文化）は，行基の作で弘法大師（空海）が修復したとされているが，顔の尊容や法衣の翻波文などから，平安時代中期のものとされている。また本堂（県文化）は，京都の日野法界寺によく似た，優雅で軽快な趣をただよわせる。棟札の控えなどから，1562（永禄5）年の建築とされてきたが，近年の調査により，前身本堂の意匠を受け継ぎながらその部材を一部活用して，1719（享保4）年に再建されたことがわかった。大型で均整のとれた銅製鰐口（県文化）にみえる「明応二（1493）年癸丑」の刻銘や，再鋳造の江戸時代の梵鐘に「明応五年丙辰之夏六月十八日　願主明源　住持家久大工久信　大檀那藤原朝臣掃部頭宗親」とあることから，戦国時代には荘厳な仏閣が存在したことがうかがわれる。文化財は不定期ながら公開されている。

　なお，極楽寺の南西の山麓，可愛川の流域では，県無形民俗文化財に指定されている人形芝居説経源氏節が伝えられている。

地御前神社 ⑳　〈M▶P.2〉廿日市市地御前5
　　　　　　　広島電鉄宮島線地御前駅🚶5分

厳島神社管絃祭のもうひとつの舞台

　宮島の対岸，JR山陽本線と広島電鉄宮島線・国道2号線に挟まれ，窮屈そうに鎮座する神社が地御前神社である。祭神は厳島神社と同じ市杵島姫命で，創建も推古天皇元（593）年とされる。室町時代の今川了俊（貞世）の紀行文『道ゆきぶり』に「地の御前といふ社」とみえるのが初見であるが，当社を厳島神社の外宮と考えれば，1168（仁安3）年の伊都岐島社神主佐伯景弘解にみえるのが初見とい

地御前神社

えよう。この景弘の解は、本宮・外宮の造営を申請したもので、外宮には、6間檜皮葺きの宝殿や拝殿・神宮寺・法華三昧堂・舞殿・御読経所など19宇の建立が計画されている。

現在も旧暦6月17日の厳島神社管絃祭では、鳳輦を乗せた管絃船（御座船）が厳島神社から当社に神幸、その後、還幸することから、両者の強い結びつきが想像される。そのため当社の創建については、厳島を遙拝するための本土側からの参拝地としてあったものが、厳島に社殿が造営されて外宮とされたとする説や、厳島に神主たちが定住する以前、風雨のため海を渡れないときの祭礼の場として建立されたとする説などがある。江戸時代の『厳島図会』には、神社前の海に、厳島神社と同じ形式の大鳥居が描かれており、江戸時代には厳島神社から蔵米が給付されていた。

向原石畳 ㉑　〈M▶P.2〉廿日市市丸石字向原
　　　　　　　　JR山陽本線大野浦駅🚶20分

江戸時代の旅人が行き交った石畳

JR大野浦駅から南西に1.3km。

洞雲寺・桜尾城跡・地御前神社・速谷神社を結ぶ一帯は、古代以来交通の要衝であり、『延喜式』にみえる種箆駅が設置されていたと考えられる。江戸時代に西国街道が整備され、桜尾城跡北の街道松や中央公民館の本陣跡、宮内の専念寺前一里塚跡などが残っている。また、桜尾城跡の西麓には、江戸時代の参勤交代の際に石見国津和野藩主が津和野街道を通って廿日市に至り、ここから船で上府するための船屋敷があった。旧佐伯町の津和野街道にも、石畳跡や一里塚跡などがある。

西国街道は、山陽自動車道廿日市JCTの南にあたる四郎峠を越えて旧大野町に入り、高畑を経て大野浦駅の西を通って丸石に至る経路が推定されている。古代山陽道もほぼ同じ経路と考えられ、高畑には古代山陽道の高庭駅（濃唹駅）があったとして、『万葉集』の

西国街道と周辺を行く　29

西国街道の石畳

歌碑が建てられている。

広島の人びとに登山の場として親しまれている経小屋山の山裾が、大野瀬戸に迫る急斜面上にあたる丸石の向原には、西国街道の石畳が残っている。この付近は江戸時代には、西国街道の難所四十八坂の1つとして知られていた。おそらく古代以来、こののぼりくだりの激しい道を歩きながら、人びとは「海湾の望、いと麗し」（『芸藩通志』）とされる眺望に、旅の辛苦をなぐさめられてきたのであろう。

1991（平成3）年の向原石畳の発掘調査によって、現存する石畳は、文化・文政年間（1804〜30）に築造され、遺跡周辺の花崗岩を整形し、大石を縁端部に並べてその合間を、中・小の石で埋めて崩落を防ぐように、直接地山に配置していく工法がとられ、幅9尺（約2.7m）に造成されていたことがわかっている。

四十八坂を越えて鳴川に至った西国街道は、宿駅がおかれていた大竹市玖波からさらに南下して大竹市小方に至る。古代山陽道もほぼ同じルートを通ったと考えざるをえないが、『延喜式』にみえる遠管駅の比定地は定かではない。875（貞観17）年に遠管駅の駅子の調を免除したことは、大野・大竹間が古代でも難所であったことを示している。

亀居城跡 ㉒　〈M▶P.2〉大竹市小方2 P
JR山陽本線玖波駅南へ🚗15分🚶30分

戦国時代の最後を語る勇将の城

厳島と本土を分ける大野瀬戸を見下ろす標高88mの城山の一画に、石垣のみが残る公園が亀居城跡である。裏手の西側を山陽自動車道が走り、東側を南北に西国街道が通る交通の要衝である。亀居城跡の南約1kmの所にある苦の坂は、幕末の長州戦争の際に激戦地となっている。安芸国西端部の要衝の地に、毛利氏の防長転封後に入部した福島正則の命によって、1603（慶長8）年に築城されたの

広島のカキ

コラム

冬の味覚、カキ養殖の工夫

　青い海に浮かぶカキの養殖筏は、国内総生産量の半分を占める広島県西部海辺部の独特の光景である。瀬戸内海産のカキの食用は、縄文時代の貝塚などでも確認されることから、人びとの大切なタンパク源となってきたといえよう。カキの養殖が安芸国で始まったのは室町時代後期の天文年間(1532～55)といわれているが、定かではない。

　カキ(マガキ)の養殖には、カキの幼生を付着・成長させる採苗器のありようで、石蒔養殖・地蒔養殖から、ひび建養殖、さらには杭打垂下法、筏式垂下法へ発展してきたとされるが、江戸時代の前半に、広島県の浦々でひび建養殖の工夫がなされたことが、安芸国のカキ養殖の飛躍的な発展につながったと考えられる。1799(寛政11)年に刊行された『日本山海名産図会』の「広島牡蠣畜養之図」も、干潟に竹枝などを並べるひび建養殖のようすを示したものである。

　養殖の盛行による増産は、地元消費分を大きく上まわることになり、江戸時代中頃には、牡蠣船の設置などによる販路拡大の努力がなされ、広島のカキが全国に知られるもととなった。

　その後、養殖の方法は、干潟に木棚をつくり、カキ塊をつり下げて養育する杭打垂下法が昭和時代前半期に盛んになった。第二次世界大戦後は、それまで軍事上の理由から制限されていた、より生育に適する沖合の利用が可能となり、孟宗竹を組んだ筏を使っての筏式垂下法が採用され、さらなる増産が可能となった。

　広島市西区草津南1丁目の漁民会館敷地内には、安芸国養蠣碑がある。

が亀居城である。城は亀が伏したような地形の上に構築されたので亀居城と名づけられたとされ、南北に長い山頂部に、南から本丸・二の丸・三の丸・有の丸・なしの丸・松の丸など多数の郭が造成され、各郭の東側(海側)の石垣が堅固に構築されている。

亀居城跡

西国街道と周辺を行く　31

城跡の公園整備に先立って、1977(昭和52)年から発掘調査が実施され、本丸の石垣70mと3間×4間の建物礎石などが確認された。また東側に潮入りの堀、西側には空堀が切られて防御の一翼とされていたが、完成まもない1611(慶長16)年、江戸幕府の圧力で廃城となった。

阿多田島灯台資料館 ㉓

0827-53-6677(大竹市教育委員会生涯学習課)

〈M▶P.2〉大竹市阿多田ノ浦449
小方港🚢阿多田港🚶15分

海の安全を守った煉瓦建築

　亀居城跡に立つと眼前に厳島の岩船岳がみえるが、その右手海上沖合に浮かぶのが阿多田島である。今川了俊が『道ゆきぶり』のなかで「島守にいざ言とわんたが為に何のあとゝ、名にしおひけむ」と詠んだ島で、江戸時代には阿多田鰯の産地として知られ、現在でもハマチ・タイなどの養殖で知られる。

　阿多田島桟橋から「海の家あたた」の案内板に沿って阿多田島神社の脇を山手にのぼり峠を越えると、15分ほどで「海の家」があり、その奥に阿多田島灯台資料館(旧安芸白石掛燈立標施設、国登録)がある。東方の大黒神島との間、沖合3kmにあった白石灯標の管理のため、1903(明治36)年に建設された。海食崖の上に、南北約30m・東西約15mのレンガ塀内に2棟の建物があり、階段をおりた海面近くに油庫が建てられている。いずれもレンガ造りの洋瓦葺きで、外壁にモルタルが塗られていた。吏員退息所とされる建物は、入口をアーチ形にし、窓の鎧戸に洋風の意匠を取り入れている。近代の海上交通の発展に寄与した施設であるが、1978(昭和53)年春から使用されていない。内部の見学には、「海の家あたた」事務室への連絡が必要。

阿多田島灯台資料館

移民

コラム

ハワイに夢を追う

　2008(平成20)年は，日本最初のブラジル移民780人余りを乗せた笠戸丸がブラジルに渡ってから，ちょうど100年目であり，日本・ブラジル双方でさまざまなイベントが行われた。このブラジル移民は，コーヒー農園の労働力不足を補うためのものであったが，このような，労働を目的に海外に移住する移民が，集団的・継続的に行われるようになるのは，1885(明治18)年のハワイへの移民からである。

　これは日本政府とハワイ王国の協約に基づき，3年契約で砂糖栽培のために送り出されたもので，1894年までに約3万人が海を渡った。いわゆる官約移民であるが，その約40%の1万人余りが広島県の出身であり，以後，広島県は移民県として知られるようになった。

　官約移民に続く私約移民時代を通して，ハワイへの移民は広島県出身者がもっとも多く，ハワイで使用される日本語の標準語は，広島弁であったといわれるほどである。

　広島県からのハワイへの官約移民のうち，佐伯郡・安芸郡・沼田郡・広島市など広島県西部(旧安芸国西部)の出身者が82%を占めていた。この地域は，江戸時代以来，殺生を禁じる浄土真宗への信仰心が厚く，そのため堕胎・間引きなどが敬遠され，江戸時代後半の人口増加率は非常に高かったという。人口増加が出稼ぎの風潮を醸成し，移民への抵抗感が少なかったこと，勤勉・働き者としてハワイの雇用主に好評で，募集の際にハワイ側からの指定があったことなどが，移民を輩出した要因と考えられている。

木野川渡し場跡 ㉔

〈M▶P.2〉大竹市木野1
JR山陽本線大竹駅🚌坂上線下中津原🚶5分

防芸国境の自然と紙漉の技術

　亀居城本丸跡から南西方向に山陽自動車道のトンネルがみえる。このトンネルの鞍部が，江戸時代末期の幕長戦争の激戦地苦の坂である。苦の坂をおりると小瀬(木野)川が流れているが，奈良時代の734(天平6)年に，周防国と安芸国の国境と定められた大竹川は，この小瀬川のことであろう。古くから洪水のたびごとに流路がかわったようで，江戸時代には，木野村と対岸の周防国小瀬村(現，山口県岩国市)との間で再三境界争論がおこった。そのため，1801(享和元)年広島藩と岩国藩との間で交渉・和談が成立し，翌年から大規模な川普請が行われた。

　苦の坂から川に沿って2kmほど南行すると，木野川渡し場跡が

西国街道と周辺を行く

33

ある。江戸時代には茶店があり、渡し船があって往来の旅人で賑わったとされている。木野村は田地が少なく、麦作と山畑での楮栽培をもととした手漉和紙の生産が盛んで、江戸時代から明治時代にかけては160〜190戸の紙漉戸があったが、現在は防鹿のおおたけ手すき和紙保存会が技術を伝えるのみである。

木野川渡し場跡から、国道186号線を10kmほど上流に進むと、渓谷美で有名な弥栄峡があり、さらにその上流約3.5kmには、大小多数の甌穴をみることができる蛇喰磐がある。自然がつくり出した県の名勝と天然記念物であり、暑中の涼を求めて訪れる人が多い。

湯ノ山明神旧湯治場 ㉕　〈M▶P.2〉広島市佐伯区湯来町和田
JR山陽本線五日市駅🚌湯来行大橋🚶25分

江戸時代からの温泉に寄せる人びとの願い

渓谷美とともに、自然の恵みとして人びとに親しまれるのが温泉である。広島県西部の温泉で歴史的にも特筆されるのが、JR廿日市駅から国道433号線を25kmほど走った所にある湯ノ山温泉である。江戸時代から広島藩内唯一の温泉場として近隣に知られ、湯治と信仰が一体化した温泉場として県史跡に指定されている。湯治客の奉納品が多く残された湯ノ山明神社の本殿・拝殿、湯坪・湯舎などが湯ノ山明神旧湯治場として国の重要有形民俗文化財に指定されている。1707(宝永4)年に湧出、入湯者のために宿が建てられたとされるが、温泉の存在はそれより前から知られていたようである。その後、寛延年間(1748〜51)に湯ノ山明神の勧請や宿屋37軒が建築され、1749(寛延2)年の5〜7月には、4300余人の入湯者があったとされる。藩主の入湯のほか、付近のたらたらの滝などの景勝とあいまって、頼春水ら多くの文人墨客が来遊し、岡岷山の「都志見往来日記」など、多くの紀行文も残されている。

湯ノ山明神旧湯治場

34　広島市とその周辺

④ 海田湾周辺と熊野を行く

海田湾は早くから水陸の交通の要衝であり，古代・中世には国府がおかれ，近世には西国街道の拠点として繁栄してきた。

多家神社・総社跡 ㉖
082-236-3128（多家神社）

〈M▶P.2〉安芸郡府中町宮の町3／本町3-2 [P]
JR山陽本線・呉線天神川駅 🚌 府中山田方面行府中埃宮 🚶 2分／府中山田方面行水分 峡入口 🚶 2分

安芸国府の政庁の推定地

　府中町の歴史や文化財について知るには，まず，府中埃宮バス停の対岸の位置にある府中町歴史民俗資料館を訪れるとよい。現地見学の資料や情報を得ることができる。

　バス停そばの多家神社は，明治時代の初めに，近隣の総社と松崎八幡宮の両社を合祀し，現在地に多家神社の名称で創建されたものである。また，『古事記』や『日本書紀』に記載された神武東征の物語の「埃宮」があったとし，その伝説地とされている。

　石段をのぼった正面に多家神社宝蔵（県文化）がある。神社の創建にともない，広島城三の丸にあった稲荷社殿の1棟を移したもので，江戸時代初期のものとされている。檜皮葺き・入母屋造の小規模な建物であるが，県内で数少ない校倉造であることが特色である。校倉造の建造物では，奈良市正倉院に代表されるように，一般的に三角材によって建物の壁を構築しているが，この宝蔵は四角材を使用しており，類例がない。内部は見学できないが，神輿が収められている。

　神社を出て，榎木川に沿って北進し，総社橋交差点を左折すると総社跡がある。現在は総社会館と公園になっており，所在を示す石柱が立てられているが，遺構などはみられない。総社は国府の所在地におかれ，国中の神社の神霊を合祀してつくられた神社であるので，この付近は安芸国府の一角であったことになる。総社跡の

多家神社宝蔵

海田湾周辺と熊野を行く　35

西約200mに田所明神社があり,この付近が政庁跡(国府の政治を行う建物跡),および安芸国の在庁官人(国司の任務を代行する在地の役人)であった田所氏の邸宅跡とみられる。周囲は住宅地であり,国府に直接関係するような遺構は発見されていない。

下岡田遺跡 ㉗　〈M▶P.2〉安芸郡府中町石井城2
JR山陽本線・呉線天神川駅🚌府中方面行 城ヶ丘入口🚶5分

多家神社から県道152号線を北に進み,鶴江二丁目交差点をさらに北に約100m行き,東側の城ヶ丘団地方向に進んでいくと,下岡田遺跡がある。この辺りは,現在は宅地化など開発が著しいが,以前は南側が海に面した低い丘陵地であった。広島湾北東の奥部にあたっており,少し高い位置からは広島市街地が一望できる。

遺跡は標高10mほどの丘陵先端付近に営まれており,過去6回の発掘調査により,主として8世紀末から9世紀前半にかけての古代の地方官衙(役所)を想定させる建物跡と中世の建物跡が検出されている。古代の建物跡としては,礎石・根石のある建物2棟,倉庫と考えられている3間×3間の掘立柱建物などがある。礎石建物の1棟は,東西3間・南北6間の南北に長い建物で,この遺跡の中心的建物と考えられている。この付近からは重圏文の軒丸瓦,重弧文の軒平瓦,均整唐草文の軒平瓦が出土しており,礎石建物が瓦葺きであったことがうかがえ,安芸駅館跡が有力視されている。

掘立柱建物の西側では,平面が1.6m×1.3mの楕円形で,深さ約5.3mの素掘りの井戸跡がみつかっており,底から木簡(薄い短冊形などの木札に墨書で文字の記されているもの)・曲物・下駄などの木製品が出土している。このうち木簡は4点あり,「高田郡庸」や「久良下六俵入」と墨書されたものがある。

下岡田遺跡

遺跡の現状は畑で

あり，発掘された建物跡などの遺構は埋め戻されているのでみることはできない。遺構の様子や出土遺物は府中町歴史民俗資料館に展示してある。

この遺跡は，「府中」の名称とも関連し，古代の官衙跡であったことは確かであろう。古瓦や木簡のほかに，硯（すずり）や緑釉陶器（りょくゆうとうき）が出土していることはそのことを傍証するものである。重圏文の軒丸瓦や均整唐草文の軒平瓦は，安芸国分寺跡（こくぶんじ）（現，東広島市西条町吉行（ひがし さいじょうちょう よしゆき））でも出土しており，相互に密接なつながりがあったと考えられる。

千葉家住宅（ちばけじゅうたく）㉘

〈M ▶ P. 2, 38〉安芸郡海田町（かいたちょう）中店（なかみせ）8-31　Ｐ（海田公民館）
JR山陽本線・呉線海田市駅 徒歩5分

海に臨む海田は，古くから海陸の交通の要衝（さいこく）として発展してきた町である。JR海田市駅の北側の山沿いには西国街道（さいこく）（旧山陽道）が走っており，近世には宿場町（しゅくばまち）として栄えたので，街道沿いには江戸時代の風情を残す町並みがみられる。なかでも，千葉家住宅（県文化）は，母屋（おもや）と書院（しょいん）からなり，江戸時代後半期の書院造風の建築様式を残す，数少ない建物として知られている。千葉家は，西国街道が整備されると，幕府の公文書（こうもんじょ）や荷物などの運送役（天下送り（てんか））や広島藩の宿送り役などをつとめ，元禄年間（げんろく）（1688〜1704）からは，大名の参勤交代（さんきんこうたい）などの脇本陣（わきほんじん）（大名などの宿泊所）としての役割もはたした。住宅内部の見学は可能であるが，海田町ふるさと館で事前に手続きが必要である。

西国街道沿いには，千葉家住宅の東約250mの海田町役場の北側一帯に本陣（ほんじん）（御茶屋（おちゃや））跡，町役場の西約130mの海田公民館の辺りに脇本陣跡の推定地があるが，その具体的な遺構は明らかとなっていない。

千葉家住宅

西国街道の武家屋敷風の住宅

海田湾周辺と熊野を行く　37

海田町ふるさと館 ㉙

082-823-8396

〈M▶P.2, 38〉安芸郡海田町畝2-10-20 Ⓟ
JR山陽本線・呉線海田市駅🚌瀬野方面行畝橋🚶
10分

海田町の歴史や文化財を展示と映像で紹介

畝橋バス停から瀬野川を渡り，川沿いに北へ約300m進んで，JR山陽本線の踏切を渡るとすぐに観音免公園があり，公園内に海田町ふるさと館がある。海田町の歴史や文化財を知り，見学するには，まず，ここを訪れるとよい。展示資料や映像によっても事前学習ができる。また，おもな遺跡や文化財の解説パンフレット，探訪・見学用の地図・ガイドもおかれているので，便利である。1階の展示室からは，館の裏側に開口している畝観音免1号古墳の横穴式石室がみえ，出土遺物も展示してある。

2階には，海田町で生まれ，アムステルダムオリンピック(1928年)の陸上三段跳びで，日本人初の金メダルに輝いた織田幹雄の関係資料も展示されている。

観音免公園・海田町ふるさと館

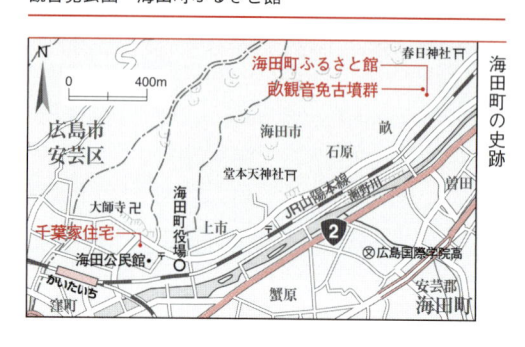

公園内には，樹齢400年以上ともいわれる海田観音免のクスノキ(県天然)の巨樹がある。また，1号古墳のそばには，海田町東海田上安井で発掘調査された，上安井古墳(4世紀)の竪穴式石室が移築・復元されており，説明板がある。

畝観音免古墳群 ㉚ 〈M ▶ P.2,38〉安芸郡海田町畝2 [P]
JR山陽本線・呉線海田市駅🚌瀬野方面行畝橋🚶10分

広島県南西部で最大の横穴式石室

　海田町ふるさと館の裏側に畝観音免1号古墳がある。墳丘は破壊され、石室が露出、天井石が2枚残る状態で、墳丘の形態は明らかではない。石室は両袖式で、現存している全長は8.1m、奥の部屋である玄室は、長さ5.8m・奥幅1.87m・奥壁の高さ2.3mを測る大型で、県南西部では最大級の規模である。石室内部は発掘調査されており、鉄刀・鉄鏃などの鉄器、須恵器・土師器の土器が出土している。2号古墳は1号古墳の北側の丘陵斜面に、石室が半壊した状態で残されている。墳丘は開墾によって削平されており、形態は明らかではない。石室は奥側の長さ2.3mほどしか残っていないが、奥幅2m・高さは2.3mあり、大型であったことがわかる。床面には平坦な石が敷かれており、敷石の上や石の間から鉄鏃・鉄釘・須恵器片などが出土している。

　2基の横穴式石室は、ともに県内では大型、この地域では最大であり、1号古墳の石室形態が両袖式であることをあわせて考えると、被葬者は地域の首長を超えた広域首長としてとらえられる。出土した須恵器などからみると、7世紀前半に営まれており、石室の構築状況からすると、2号古墳が少し先行して築造されたようである。

　県南西部の太田川下流域から西条盆地付近では、畝観音免古墳群ほどの規模の大きな横穴式石室は知られていない。6世紀末〜7世紀前半の時期には、海田湾に面していたこの古墳群を営んだ勢力が、広島湾周辺の海域や西条盆地のやや内陸にかけての広域を統治していたことが、推察されるのである。

畝観音免1号古墳石室

海田湾周辺と熊野を行く

榊山神社 ㉛　〈M▶P.2〉安芸郡熊野町中溝5-1 P
JR山陽本線・呉線海田市駅🚌熊野方面行中溝🚶10分

筆の町熊野町を代表する神社

　中溝バス停で下車し，バス停交差点を北へ400m余り行き，突き当りを右折すると，町立熊野中学校の北東に榊山神社がある。この境内には，榊山神社・熊野本宮社・諏訪神社など6社がまつられている。榊山神社は宇佐八幡宮（現，大分県宇佐市）から勧請されたものと伝えられている。現在の社殿は江戸時代の享保年間（1716～36）に建てられ，明治維新までは大宮八幡宮とよばれていた。本殿は三間社流造，銅板葺きで，規模の大きな神社建築とされている。

　神社正面の参道と長い石段の左右には，「安政四・五・六（1857～59）年」銘の石灯籠3基があり，石段をのぼると，境内との境に石段を挟んで，「安政六年」銘の石玉垣が設けられている。石灯籠・石玉垣には奉納した人物名も刻まれており，毛筆生産に関係した人びとや，現在の奈良・大阪・兵庫など近畿地方の商人とみられる名前が多い。当時の毛筆の流通を知る資料としても貴重である。

榊山神社石玉垣

筆の里工房 ㉜　〈M▶P.2〉安芸郡熊野町中溝5-17-1 P
082-855-3010
JR山陽本線・呉線海田市駅🚌熊野方面行出来庭🚶20分

筆のことが何でもわかる博物館

　熊野町は筆の生産量では全国の約80％を占めることで知られており，熊野筆は1975（昭和50）年，毛筆産業として初めて「伝統的工芸品」の指定を受けた。現在は，毛筆の技法を生かして，画筆・化粧筆の生産も行っている。

　日本で筆がつくられ始めたのは8世紀の初め頃と考えられており，奈良正倉院には現存する最古の筆が残されている。熊野で筆作りが始まったのは江戸時代の末頃といわれ，農閑期の新しい産業として取り入れられてきた。

マツダミュージアム

コラム

広島発の自動車の歴史と技術を展示

広島市南区宇品の株式会社マツダ宇品工場敷地内に、マツダの技術や歴史の展示を行っているマツダミュージアムがある。

マツダは、大正時代に松田重次郎が東洋コルク工業株式会社として創業したが、その後、安芸郡府中町に工場を設立して、バタンコといわれた三輪トラック製造に乗り出し、今日の自動車メーカーとしての基礎を築いていく。第二次世界大戦後に小型四輪トラックなども製造し始めるが、本格的に自動車メーカーとして発展するのは、軽自動車R360クーペの販売を始めた1960（昭和35）年以降であり、高度経済成長・モータリゼーションのなかで躍進を遂げる。

マツダの技術で特筆すべきは、やはりロータリーエンジンの開発であろう。三角形のおむすび形をしたローターが、縦長の繭形をしたエンジン室内を回転することで動力を得るこのエンジンは、ドイツのNSU社・バンケル社で開発が始まっていた。マツダは1961年に両社と技術提携して、実用化の壁となっていた耐久性の難を独自の技術で克服し、ついに1967年、世界で初となるロータリーエンジン搭載のスポーツカー「コスモスポーツ」を完成させた。そのときから現在の水素ロータリーエンジンに至るまでの技術開発の歴史や、同社歴代の車がミュージアムに展示されている。

なおミュージアムの見学は、事前予約（電話082-252-5050）が必要である。マツダ本社受付で手続きをして、構内バスで移動する。

マツダミュージアム

榊山神社から町立熊野中学校の北側の道を進んで、坂面大池の畔を行くと、徒歩10分ほどで筆の里工房に着く。ここは1994（平成6）年に建設された筆の博物館で、筆の歴史や種類、筆作りの工程などを知ることができる。また、筆と書や絵画・日常生活との関わりなどの企画展も行われている。館内には、筆作りの技術者である「筆司」の民家が復元されており、伝統工芸士による筆作りの実演が見学できる。さらに、筆作りの体験も行える。

熊野町では、毎年9月23日に筆まつりが行われており、筆にちなんださまざまなイベントや筆の市が開かれている。

海田湾周辺と熊野を行く 41

5 太田川を遡る

材木・鉄・水・電源などの太田川上流の富，広島と中国山地の農村を結ぶ太田川流域は，古来より豊かな文化が展開した。

中小田古墳群 ㉝　〈M▶P. 2, 42〉広島市安佐北区口田南
JR山陽本線広島駅🚌高陽・深川方面行下小田🚶40分

太田川左岸の前半期の古墳群

下小田バス停から，東側の山裾の旧道を少し南へ進むと，小堂があり，松笠山登山口の標示がある。ここからJR芸備線の踏切を渡り，急な山道をのぼっていくと，「三丁」の標示石があり，この上側に山武士塚1号古墳がある。前方後円墳といわれており，後円部に竪穴式石室の小口部分が開口し，見学できる。

さらに山道をのぼって行くと，「四丁」の標示石と鳥居がある尾根上に着く。ここから尾根に沿って北に少し進むと，中小田古墳群の説明板がある。ここより北側に中小田古墳群（国史跡）がある。太田川を西に臨む標高60〜130mの丘陵尾根に営まれた，16基からなる古墳群である。ほとんどが円墳で，主体部は竪穴式石室や箱式石棺が確認されており，古墳時代前半期（4〜5世紀）の築造とされる。

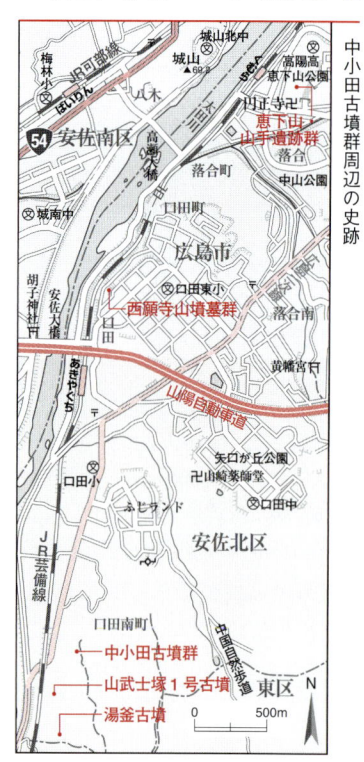

中小田1号古墳は，全長約30mの前方後円墳とされており，円丘部に，蓋石は失われているが，内法が長さ3.5m・幅約1mの竪穴式石室が1基存在している。石室内からは，銅鏡2面・車輪石・玉類・鉄斧が出土している。銅鏡は，「吾作」銘のある三角縁神獣鏡（直径20.1cm）と「上方作」銘のある獣帯鏡（直径13cm）で，互いに鏡面をあわせ，重ねた状態で副葬されていた。車輪石は淡い緑

中小田古墳群周辺の史跡

色をした凝灰岩製のもので,長さ10.7cm・幅9.5cmの楕円形である。こうした遺物から,4世紀に築造された古式の古墳と考えられる。1号古墳から南側へ約80mのぼると2号古墳がある。直径約15mの円墳で,内法が長さ3.1mの竪穴式石室がある。石室内からは,鉄製の冑・短甲・剣・鉄鏃の束・農耕具などが出土し,5世紀の築造とみられる。

湯釜古墳 ㉞ 〈M▶P.2,42〉広島市安佐北区小田
JR山陽本線広島駅🚌高陽・深川方面行下小田🚶60分

北部九州から受容した県内最古の横穴式石室

中小田古墳群から,「四丁」の標示石と鳥居の所に戻り南側にのぼって行くと,「七丁」の標示石がある。石の南西側の高い場所が湯釜古墳である。

標高約230mの高所に築造された,全長約28mの前方後方墳で,後方部と前方部にそれぞれ横穴式石室が構築されている。後方部の石室が中心主体部で,北側に開口している。天井部は失われているが,長さ約3m・幅約2mの玄室に,長さ約0.8m・幅約0.7mの小さな羨道がつくようである。床面には小さな礫が敷き詰められている。奥壁・側壁とも扁平な割石を小口積みにし,やや持ち送りながら構築しており,天井はドーム状であったかもしれない。このような形態の石室は県内では例がなく,北部九州の石室と類似した構造である。前方部の石室は,埋没している部分が多く明らかではないが,北側に開口した小規模のもので,後方部の石室と同様の構造のようである。

築造の時期については,5世紀末～6世紀初頭頃と推定され,県内では最古の横穴式石室と考えられる。この地域の,古墳時代中期から後期への過渡期の墓制や社会情勢を知るうえで,きわめて重要な古墳である。

湯釜古墳後方部石室

太田川を遡る

西願寺山墳墓群 ㉟　〈M▶P.2,42〉広島市安佐北区口田2
JR芸備線安芸矢口駅 🚶15分

西願寺山墳墓群

JR安芸矢口駅から北側の山陽自動車道をくぐって直進し，2つ目の二丁目24交差点を左折して少し進むと，西願寺山墳墓群の標柱と説明板がある。

西願寺山墳墓群（県史跡）は，太田川に面した丘陵上に営まれており，はすが丘団地造成にともなう発掘調査によって明らかとなった，弥生時代末期の遺跡である。当初，A～E地点の5カ所が調査されたが，このうちC地点とD地点の遺跡が保存された。標柱のそばの丘の部分がC地点，その北側のフェンスで囲まれた低い箇所がD地点である。C地点遺跡では，河原石で構築された竪穴式石室4基と土壙墓14基が，D地点遺跡では，同じく河原石で構築された竪穴式石室2基と箱式石棺1基が検出されている。現状では，D地点の竪穴式石室がよく見学できる。遺物は，鑿・斧・剣・鎌などの鉄器が出土している。それぞれの墳墓は，集団での共同墓地の1つというあり方を示しているが，そのなかでも竪穴式石室は，首長的人物の墓とみることができるであろう。

墳墓群での大きな特色は，竪穴式石室が太田川の河原石でつくられていることである。このような石室は，近隣の西願寺北遺跡やその北側丘陵の梨ヶ谷遺跡（ともに開発で消滅）でも検出されており，太田川東岸のごく限られた地域で営まれた，弥生時代末期の埋葬施設としてとらえることができる。

太田川の河原石でつくった弥生墳墓

恵下山・山手遺跡群 ㊱　〈M▶P.2,42〉広島市安佐北区真亀3
JR芸備線玖村駅 🚶10分

JR玖村駅から東に進むと円正寺があり，その背後にある墓地の北側の丘陵が**恵下山・山手遺跡群**（県史跡）である。高陽ニュータウ

木の宗山出土の顔のある銅鐸

コラム

北部九州とつながりの深い銅鐸

　山陽自動車道広島東ICの北西側の山腹をみると、烏帽子岩とよばれる立石が望まれる。県道70号線の大平バス停から北西へ徒歩約20分の所で、木の宗山（現、広島市東区福田町）へのぼる急斜面の岩場である。1891（明治24）年、地元の人が夢告により、この岩の下を掘ると、横帯文銅鐸・細形銅剣・銅戈（安芸福田木ノ宗山出土青銅器として国重文）が一括で出土したという。出土地は、木の宗山銅鐸銅剣出土地として県指定史跡になっている。

　銅鐸は高さ19cmの小型のもので、身は横帯文を基本に、上側に「邪視文」（悪意をもってにらんだ眼）や「辟邪文」（悪を寄せつけない威嚇の眼）とよばれる「怪しい双眼」が表現されているのが特徴で、早くから福田型銅鐸として注目されている。双眼は目尻が切れ長気味で、輪郭は２重になっている。これは鋳出しによるものかもしれないが、当時の入墨を表現しているとも考えられる。片面の側のものには眉間のしわと、それに続く鼻のような表現もみられる。

　福田型銅鐸は中国地方を中心に、2008（平成20）年現在５例が知られている。弥生時代中期の古式のものと考えられており、近畿地方の大型の銅鐸との関連性はないとされている。一方、福田型銅鐸の鋳型の一部が佐賀県で出土しており、木の宗山銅鐸は、一緒に出土した銅剣・銅戈とともに、北部九州でつくられたとみられる。

　木の宗山の青銅器が、どのような集団のどのような祭祀にかかわって使用され、ここに埋納されたのかは明らかではない。福田から南側の馬木峠を越すと、温品の谷を経て府中町の沿岸に至る。温品の谷には、高地性集落ともいわれる畳谷遺跡や畳谷東遺跡など、貝塚をともなう弥生時代の遺跡がある。この辺りは、広島湾や宮島も望まれる場所である。広島湾周辺には弥生時代中期から後期にかけての、北部九州との交流を示す遺跡が点在するが、木の宗山の青銅器もその有力な資料といえる。

顔のある銅鐸

ン建設にともなって発掘調査された遺跡群で、弥生時代後期〜古墳時代初頭の集落遺跡である恵下山遺跡・山手遺跡と、中世の山城である恵下山城跡とで構成される。寺の東側の恵下山トンネル入口の

太田川を遡る　　45

恵下山遺跡

中世山城跡と弥生住居跡が見学できる遺跡

左側から墓地にあがる道があり，墓地の西端から遺跡にのぼる遊歩道が設けられている。数分のぼると平坦地に着くが，ここが恵下山城跡の2郭(二の丸に相当)である。この北側の高い場所が本丸に相当する1郭(標高約70m，比高約55m)で，2郭との境には空堀が設けられ，約7mの落差がある。西側眼下に太田川，その対岸に八木城跡(安佐南区八木)がみえ，眺望がよい。1郭では小規模な掘立柱建物跡が8棟確認されている。また，遺物も多く，備前焼や常滑焼の壺・甕，土師質土器の皿・鍋，鉄釘などが出土している。遺構や出土遺物からみると，鎌倉時代末期から室町時代の終わり頃まで，長期にわたって使用されていたと考えられている。1郭の東西の斜面下には帯郭が取り付いている。

1郭の北側から南東へくだると，恵下山遺跡があり，一部が復元されている。この遺跡の下を恵下山トンネルが貫通している。弥生時代後期の竪穴住居跡が5棟検出されており，直径が5～6.5mの円形のもので，比較的規模の小さな住居といえる。山手遺跡は，恵下山遺跡の南側にある丘陵先端部にある。

なお，遺跡群へは，恵下山トンネルを北に抜けた左手にある恵下山公園からのぼることもできる。

銀山城跡 ㊲

広島市域で最大規模のすぐれた山城

〈M▶P.2〉広島市安佐南区祇園・山本など P
JR山陽本線広島駅□西山本行東山本🚶70分，またはJR可部線下祇園駅🚶75分

銀山城(中世史料では「金山城」)は，鎌倉時代末期に安芸国守護の武田信宗によって，武田山(410.9m)の頂を中心とする尾根上に築城されたと伝えられる広島市域では最大の山城である。太田川と山陽道を押さえ，しかも瀬戸内海に進出するにも最適の位置にあった。武田氏は16世紀なかばに大内氏によって滅ぼされたが，その後

銀山城跡

も大内氏・毛利氏によって経営され、約300年にわたって城としての機能をはたした。

銀山城跡(県史跡)への登山口は数箇所あり、駐車場がある憩いの森公園ルートが近道であるが、東山本バス停から武田氏の祈願所であった立専寺を通る登山道が安全である。東山本から北へ坂を5分ほどのぼると立専寺に着く。そこで銀山城跡の史跡マップをもらうことができる。立専寺から1kmほど山手に進むと、左手に溜池があり、その100m先に登山口の案内板がある。そこから急な坂道をのぼると尾根伝いとなり、さらにのぼると馬場跡、下高間・上高間とよばれる郭跡、そして観音堂跡を経て稜線に達する。ここから東に銀山城の中心郭が連なり、御守岩台とよばれている。北東部の低く広い所が館跡で、その向こうにも犬通し・見張り台などの遺跡がある。御守岩台の南の尾根には、城跡(千畳敷)・御門跡・馬返しの壇がある。このほかにも頂の北東部の斜面に2つの郭群があり、全山あわせて大小40以上の郭からなっていた。

下山は南の馬返しの手前から憩いの森へくだってもいいが、滑りやすい急峻な箇所が多く、注意が必要である。

宇那木山2号古墳 ㊳

〈M▶P.2〉広島市安佐南区緑井7　P(宇那木神社)
JR可部線七軒茶屋駅🚶25分

太田川下流域で最古の前方後円墳

JR七軒茶屋駅の北西約500mの山麓にある宇那木神社拝殿の右側山道をのぼり、鉄塔を経由して急坂を約15分のぼると、石棺の蓋石などが露出した宇那木山1号古墳に着く。ここから東側に延びる尾根を約100m行くと2号古墳で、説明板が立っている。標高約130mの場所で、太田川の東岸や広島湾方面への眺望が大変よい。

宇那木山2号古墳は、全長35〜40mで東西方向に主軸をもち、4世紀前半頃に築造された県内では最古級、太田川下流域では最初の

太田川を遡る　47

宇那木山2号古墳北側石室

前方後円墳である。後円部に南北に並ぶ2基の竪穴式石室が構築され，北側の石室は，蓋石がはずされているが，内法は長さ約2.8m・幅約0.95mの規模で，画文帯神獣鏡とよばれる銅鏡（直径10.3cm）1面が出土している。この石室は後円部の中央からは北西に偏っているので，中心となる別の主体部があると推定されていたが，近年の広島大学の発掘調査によって，中央部付近であらたな石室が確認されている。この石室は比較的良好に残存しており，内法は長さ3.6m・幅1.2mで，北側の石室よりいちだんと大きい。内部からは，珠文鏡とよばれる小型の銅鏡や短剣・槍・斧などの鉄器が出土している。これらの遺物は，広島大学文学部（東広島市鏡山）で展示されている。

宇那木神社から南へ800m余り進むと，緑井4丁目の緑井小学校の北側の山頂部に神宮山1号古墳がある。全長約28mで，前方後円墳の可能性があり，円丘部には3基の竪穴式石室が構築されている。盗掘などで鏡片や玉類などが出土している。宇那木山2号古墳とほぼ同時期の古式の古墳とみられる。

高松城跡 ㊴

〈M▶P.2,50〉広島市安佐北区可部町下町屋 P
JR可部線可部駅🚶70分，またはJR山陽本線広島駅🚌可部方面行可部上市🚶60分

太田川中下流域が見晴らせる戦略上の要地に位置する名城

高松城は戦国時代初期に安芸国三入荘の地頭熊谷氏の本拠として，標高339mの高松山の山頂一帯に築かれた山城で，高松城跡は県の史跡に指定されている。JR可部駅の改札口を右側に出て旧街道を北に進み，可部高等学校（南）交差点を右に曲がり高松橋を渡る。バスの場合は可部上市バス停から国道54号線を150mほど南へ戻り，可部郵便局（北）交差点を右折して約400m直進すれば橋に着く。なお可部駅のすぐ近くの明神公園には，市指定の重要有形文化財の鉄灯籠があり，往時の雰囲気を残す可部の町並みも楽しみながら歩

鋳物

コラム

現在も進化する伝統的在来産業

　鉄などの金属を溶かして、砂などでつくった型（鋳型）に流し込んでできたのが鋳物であり、鍋・釜や鍬先・梵鐘など多様な製品がつくられた。中世から近世前期にかけては、廿日市（現、廿日市市）や三原（現、三原市）の鋳物師が活躍したが、近世後期になると梵鐘・仏具類だけではなく、鍋・釜や鋤・鍬の需要が高まり、各地に大小の鋳物師があらわれた。なかでも可部地方の鋳物師の活動は目覚ましく、三宅惣左衛門が1808（文化5）年につくった鉄灯籠にみられるように、高い技術水準を誇っていた。そのため明治維新期には、広島藩の命令で可部町の木原屋文左衛門が天保銭を鋳造して、いわゆる贋金事件に連座するという不名誉な歴史ももっている。

　明治時代後期になると、職人的鋳物業から動力をともなった近代的工場へと変化していった。とくに大正年間（1912～26）に、各家庭に風呂場が設置され始めると、風呂釜（五右衛門風呂）の需要が高まり、県内のシェアの大部分を可部の工場からの出荷製品が占めた。現在でもJR可部駅の真向かいの大和重工株式会社が、さまざまな新しい風呂釜などの製品をつくっており、五右衛門風呂も製作されている。温泉地では五右衛門風呂を湯船に使う旅館もふえており、大和重工吉田工場（安芸高田市吉田町）では機械製の量産品だけではなく、職人による手作りの五右衛門風呂もつくられているという。

ける。

　高松橋を渡って県立可部高校のグラウンドのテニスコートの北側に登山口があり、説明板も設置されている。登山口から墓地を抜けて鳥居をくぐると、あとは一本道だから迷うことはない。30分のぼると三の丸跡があり、ここに高松神社がある。そこから二の丸跡を経てのぼると、三角点がある本丸跡に着く。本丸からの眺望は素晴らしい。この奥には鐘の段の郭跡があるが、敵襲のときには鐘が鳴らされたという。この鐘は北麓の安佐北区三入南にある三入神社に伝わ

高松城跡

太田川を遡る

高松城跡周辺の史跡

っている。本丸の北東部の与助丸跡方面は荒廃している。

なお、下山路は本丸から15分ほど北東に進むと与助丸跡の分岐点に出るので、そこから標識に従って東の麓にくだることもできる。わかりにくい場所もあるが、赤と黄色のテープが貼ってあるので迷うことはない。やがて水道局の給水所がみえて、藪のなかを少し歩くと、すぐ上原（うえばら）の登城口に出る。そこから南に歩くと、可部高校のグラウンドまで約20分だが、北に進んで高松山の北麓沿いにおりていくと、徒歩30分で熊谷氏土居屋敷跡（どいやしき）に向かうこともできる。

熊谷氏土居屋敷跡（くまがいしどいやしきあと）❹

〈M▶P.2,50〉広島市安佐北区三入南1
JR可部線可部駅🚌可部大林・吉田方面行下町屋（おおばやし・よしだ）
🚶3分

熊谷氏歴代の広大な館跡

熊谷氏土居屋敷跡は、熊谷氏が平常政務を行っていた屋敷・館跡（やかた）で、戦国時代初期に築造されたものと伝えられている。下町屋バス停のすぐ真向かいにある本土居橋（ほんどい）（車の場合は約150m南の土居橋）を渡ると、変電所横の突き当りのアパートの裏手に、高さ1.5mの石垣が、北側に約40m・西側（正面）に約45m現存し、また門の跡とされる「切りかけ」もみられる。

再び本土居橋に戻り、下町屋バス停のすぐ南の小路（こうじ）に入って2〜3分歩くと、一段高い民家の左横に熊谷氏の墓所、右横には熊谷氏の菩提寺（ぼだいじ）であった観音寺跡がある。墓所には40基余りの五輪塔（ごりんとう）や宝篋印塔（ほうきょういんとう）が残っている。観音寺跡には現在、2間四方の小さな観音堂と井戸跡が残っているだけである。なお土居屋敷跡と観音寺跡は、熊谷氏の史跡として県史跡に指定されている。

50　広島市とその周辺

福王寺 ㊶　〈M▶P. 2, 50〉広島市安佐北区可部町綾ヶ谷251　P
JR可部線可部駅🚌可部勝木・飯室方面行福王寺口🚶60分

＊武田氏・熊谷氏の庇護を受けて発展した「安芸の高野山」

福王寺(真言宗)は「安芸の高野山」と称され，14世紀初頭に武田氏の援助によって再興された。福王寺山(462m)の山頂近くにある寺院である。福王寺口バス停からすぐ東側の福王寺口交差点を左折し，北へ約3.4km行くと着く。福王寺口バス停から国道191号線を西へ約1.5km行った原迫団地口交差点から北へ進むと，寺院のすぐ下まで車でのぼれる。

現存する県内最古の建物である山門をくぐって石段をのぼると，灯明杉とよばれる4本のスギが立っている。境内には金堂(本堂)・阿弥陀堂・客殿・熊野三社などの堂宇が並んでいる。金堂は，1977(昭和52)年に落雷のために焼失し，本尊の不動明王立像も類焼した。現在の金堂は1982年に再建されたもので，類焼した不動明王像が新しい不動明王像の胎内仏として安置されている。

また，福王寺山はその歴史のみならず，春はサクラ・フジ・ツツジ，秋は紅葉と景色にも恵まれ，ハイキングコースとしても親しまれている。

可部古墳群 ㊷　〈M▶P. 2〉広島市安佐北区亀山5・6
JR可部線可部駅🚌飯室方面行下大毛寺🚶10分

＊太田川流域ではまれな群集した横穴式石室墳

可部市街地の北方，福王寺山南麓の国道191号線の北側一帯には，横穴式石室をもつ約100基の古墳が営まれており，一括して可部古墳群と称されている。宅地開発などにより，現在は残されたものが少ない。ほとんどが小円墳で，6世紀後半〜7世紀前半に築造された古墳時代後期の古墳群である。

下大毛寺バス停の交差点から北に約400mのぼると，突き当りに可部古墳群の一部である青古墳群がある。現在，隣接する4基が柵囲いされ，保存されている。このうち，墳丘・石室ともに比較的よく残存しているのは4号古墳である。

古墳群としてよく残り，分布や石室の状況を観察しやすいのが給人原古墳群である。下大毛寺バス停から飯室方面行きバスに乗り，2つ目の上大毛寺バス停で下車して，すぐ近くの原迫団地口交差点を団地方面に進むと亀山第三公園がある。公園北側から小道を

太田川を遡る　51

青4号古墳

林のほうへ入っていくと説明板がある。バス停から徒歩約10分である。16基の横穴式石室墳があり、そのうち13基が隣接している。横穴式石室はいずれも小規模で、ほとんどが早くから開口しており、天井石もなくなっているものが多い。墳丘・石室ともに比較的よく残存しているのは小道のそばにある2号古墳で、墳丘は南北10m余りの円墳である。石室は長さ約8m・奥幅1.6mの規模で、床面には全面に石が敷かれている。また、入口付近には石が積まれている箇所があり、これは埋葬した後、石室を閉ざすための封鎖石である。他の石室でも床に石を敷いており、封鎖石も認められる。床面に敷石を行った石室は、県内では県北の可愛川支流域の古墳にしばしば認められる特色であり、その方面との交流があったことを示すものであろう。

吉水園 ㊸　〈M▶P.2〉山県郡安芸太田町加計 P
中国自動車道戸河内IC🚗15分

太田川を借景に、地形をうまく利用した庭園

　戸河内ICを出てすぐに右へ曲がり、そのまま国道186号線を5km進み、加計バイパス北口の信号を右に曲がると、加計の街に入る。加計郵便局の手前の道を左に入り、山手に進めば吉水園に到着する。

　吉水園は広島藩最大の鉄師(たたら製鉄経営者)であった加計隅屋(佐々木家)によって、18世紀後半につくられた風雅な庭園である。1951(昭和26)年に県名勝の指定を受けている。

　園内は通常は公開されておらず、一般公開が6月の第1と第2の土曜日・日曜日、11月の第2と第3の土曜日・日曜日であるので留意されたい。

　約220坪(約730m²)の庭園は回遊式庭園で、スギ・マツ・カエデ・サツキなどの樹木も風情があるが、数奇屋風の吉水亭中2階(高間)からの太田川と山並みの借景を意図した眺望は素晴らしい。築園以来、広島藩主を始め、多くの文人墨客が来遊しているが、1906

吉水園

(明治39)年には、鈴木三重吉が同じく夏目漱石の門下であった加計正文(隅屋当主)を訪ね、1週間滞在して、代表作『山彦』の題材を構想したといわれている。園入口にその文学碑がある。

また園内の池は、6月頃、水辺の樹上に産卵する習性をもつモリアオガエルの産卵が観察される繁殖地として有名で、吉水園のモリアオガエルとして、県の天然記念物に指定されている。

下筒賀の社倉 ㊹ 〈M▶P.2〉山県郡安芸太田町下筒賀
中国自動車道戸河内IC🚗10分

築240年の独特の屋根をもつ社倉

戸河内ICを出てすぐ右に曲がり4km進むと木坂バス停がある。そのすぐ先の浄念寺の角を左に曲がり、旧可部線の線路の下をくぐると、下筒賀の社倉(県史跡)がみえてくる。構造は2間×1間半の茅葺き土蔵で、屋根の千木が特徴的である。内部はみることはできないが、入口の半坪分が土間で、残りは板床敷となっていて、壁には下筒賀村木坂組の百姓たちが、1835(天保6)年に社倉穀を納めたことを記す落書が残されている。

社倉は、13世紀中国の宋代に朱熹(朱子)が始めた備荒貯蓄制度で、日本では江戸時代に儒学者の知るところとなり、各地でさまざまな実情に応じた備荒貯蓄制度(社倉・義倉・常平倉など)が実施された。広島藩では18世紀後半に全村に社倉法の実施を命令し、麦穀を積み立てて凶作に備えさせた。このときに建設

下筒賀の社倉

太田川を遡る　53

されたのがこの社倉蔵であり、現存する社倉はほかに三次町(現、三次市三次町)や大崎下島の大浜村(現、呉市豊浜町)の社倉だけであり、きわめて貴重な施設である。

堀八幡神社・井仁の棚田 ㊺

〈M ▶ P.2〉山県郡安芸太田町下殿河内上堀12-1／中筒賀井仁 P
中国自動車道戸河内IC 🚗 5分／🚗 30分

古式ゆかしい無形民俗文化財と広島県唯一の棚田百選

堀八幡神社は戸河内ICを出て右に曲がり、そのまま2km進み殿賀大橋を渡ると、左手に八幡神社、右手の河原近くが流鏑馬馬場である。当社の流鏑馬は、秋の例祭日(現在は10月第1日曜日)に実施される。中世より行われてきたと伝えられ、江戸時代の文書にも「八幡宮より1町(約110m)ばかり東の方に馬場があり、ここで流鏑馬の興行があり、近隣より見物に来るので、殊の外賑わしい」祭りであると記されている。1997(平成9)年に県の無形民俗文化財に指定された。

井仁の棚田は、1999年に農林水産省の「日本の棚田百選」に広島県で唯一選ばれた。江戸時代中期には開発されていたと考えられ、棚田の枚数は324枚、四季折々の美しい景観が楽しめる。戸河内ICからすぐの信号を左折し、橋を渡って旧筒賀村に入りしばらく進むと、水色のタンクがあり、その手前左側に井仁の棚田の案内標識がある。ここから左の細い道に入り、中国自動車道の下をくぐって山をのぼって、頂上の井仁トンネルを抜けると棚田がみえてくる。右に行けば休憩所があり、左に行けば棚田を見渡せる展望台がある。

井仁の棚田

広島方面からは国道191号線を進み、川向うの吉ヶ瀬発電所を過ぎてしばらく進むと急カーブとなり、左側に白いガードレールの橋がある。そこに案内標識があるので、それに従って行くとよい。

三段峡

コラム

三段峡に魅入られた男たち

　1969(昭和44)年，広島・島根・山口3県にまたがる一帯が西中国山地国定公園に指定されたが，公園内にある三段峡は，すでに1953(昭和28)年には国の特別名勝の指定を受けていた。三段峡の名勝としての過去の指定歴を示せば，1925(大正14)年の内務省「史蹟名勝天然紀念物保存法」による名勝指定，1927(昭和2)年の大阪毎日新聞社と東京日日新聞社による日本新八景選定事業で，日本百景に入選した。また1932年には，三段峡と滝山峡・八幡高原を含む一帯が県立芸北公園に指定されている。

　三段峡は，太田川の支流柴木川に形成された峡谷である。柴木川が太田川に合流する地点から約2km遡った地点(長淵・竜の口)から上流の渓谷で，約12kmにわたっている。峡中には二段滝や三段滝など多くの滝を始め，断崖絶壁・巨岩群や，深く静かに淀む黒淵などの深淵，そして激しい急流など，変化に富んだ奇観が連続している。

　この峡谷はすでに江戸時代から秘境・名勝として地元の人びとには知られていたが，三段峡が全国に知られるようになったのは，大正時代に入ってからである。その重要な役割をはたしたのが，山県郡大塚村(現，北広島町)出身の斎藤軍一と，愛媛県出身の熊勝一(号南峰)であった。斎藤は1917(大正6)年に横川分教場に赴任してから三段峡のとりことなった。一方，広島市の大島写真館の嘱託であった南峰も1917年，山県郡の名勝写真集の撮影依頼を受け，三段峡に入った。翌年，南峰は斎藤に峡谷内の案内を依頼し，それをきっかけに意気投合し，2人は三段峡を世に広めるために，以後，並々ならぬ努力をした。三段峡の名称は，「三峨・三段・三峡」の「各一字宛を抜いて命名した」と南峰が記していることから，南峰の命名であったと思われる。

三段峡

冠遺跡 ㊻　〈M▶P.2〉廿日市市吉和
中国自動車道吉和IC🚗15分，またはJR山陽本線広島駅🚌吉和行冠高原🚶15分

　冠遺跡は，冠山の南麓の標高700mを超える冠高原一帯に広がる

太田川を遡る　55

ウッドワン美術館

コラム

原生林の残る自然のなかに立つ美術館

ウッドワン美術館は，1996（平成8）年に株式会社ウッドワン（旧住建産業）によって会社発祥の地の廿日市市吉和に創立された美術館である。冠高原の東方，中国自動車道吉和ICのすぐ近くの原生林の残る標高600mの高地に位置する。建物は本館とマイセン館からなり，本館は校倉風の木造平屋建てで，マイセン館は2001年に増設され，外壁に焼杉材を用いた鉄筋コンクリート4階建てである。

収蔵は，近代日本絵画，中国清代の陶磁器，幕末・明治時代の薩摩焼，マイセン磁器，アール・ヌーボーのガラス作品に分類され，マイセン磁器とガラス作品がマイセン館で展示されている。

近代日本の絵画では横山大観・鏑木清方・黒田清輝らの作品，2000（平成12）年に3億6000万円の落札で話題となった岸田劉生「毛糸肩掛せる麗子肖像」を始め，ゴッホの「農婦」，ルノワールの「婦人習作」「花かごを持つ女」などを所蔵している。

展示は四季ごとにかわり，また美術館の周辺には，県立もみのき森林公園などもある。

日本最古の石材採取・石器製作地

ゆるやかな斜面に分布している。吉和ICから国道186号線を西南へ約8km行くと着く。遺跡の範囲は広く，スキー場跡を中心として約2km四方と想定されている。冠高原バス停を目安にするとよい。

冠高原一帯は安山岩質であり，多くの石器群が出土した。安山岩は鋭利で，石の利器をつくるのに適しており，石材の産地であったことが推測されていたが，重さ100kgを超える石核が発見され，この石核と出土した石器や破片が接合することがわかり，石器製作地であることも判明した。これは石器づくりの一連の工程が初めてわかった貴重な発見であった。遺跡は旧石器時代後期〜弥生時代中期（3万〜2000年前）のものである。

また，冠高原は，自生するレンゲツツジ群落の日本の南限地であり，5月下旬から6月初旬にかけて，美しい朱赤色の花を楽しむことができる。冠高原のレンゲツツジ大群落は，1954（昭和29）年に県の天然記念物に指定されている。

呉・竹原と瀬戸の島々

Kure Takehara Seto

入船山の塔時計

竹原の町並み

◎呉・竹原と瀬戸の島々散歩モデルコース

呉市街コース　　JR呉線呉駅_5_大和ミュージアム(呉市海事歴史科学館)・海上自衛隊呉史料館_20_入船山記念館・歴史民俗資料館(近世文書館)_15_旧呉鎮守府庁舎_1_総監部前バス停_3_潜水隊前バス停_1_旧呉海軍工廠跡(アレイからすこじま)_7_JR呉駅

倉橋島と江田島コース　　JR呉線呉駅_15_音戸の瀬戸・清盛塚_25_万葉集遺跡長門島松原・桂濱神社_10_長門の造船歴史館_10_倉橋歴史民俗資料館_30_旧海軍兵学校_3_小用港_20_呉中央桟橋_5_JR呉駅

安芸灘の島々コース　　広島呉道路呉IC_35_丸屋城跡_5_松濤園(御馳走一番館・蒲刈島御番所跡)_5_朝鮮通信使宿館跡・三ノ瀬御本陣跡・福島雁木_20_江戸みなとまち展示館_1_御手洗町並み保存地区_50_呉IC

安芸の小京都竹原コース　　JR呉線竹原駅_12_竹原町並み保存地区_3_竹原市歴

①大和ミュージアム
②入船山記念館
③旧呉海軍工廠跡（アレイからすこじま）
④旧澤原家住宅
⑤万葉集遺跡長門島松原
⑥長門の造船歴史館
⑦旧海軍兵学校
⑧砲台山森林公園
⑨丸屋城跡
⑩三ノ瀬港・御馳走一番館
⑪御手洗町並み保存地区
⑫竹原町並み保存地区
⑬竹原市歴史民俗資料館
⑭木村城跡
⑮竹原小早川氏墓地
⑯横大道古墳群
⑰勝運寺・賀儀城跡
⑱大久野島毒ガス遺跡
⑲野呂山・弘法寺
⑳武智丸
㉑祝詞山八幡神社・万葉歌碑

史民俗資料館_20_JR竹原駅_20_小早川神社バス停_10_竹原小早川氏墓地・手島屋敷跡_10_青田古墳・毘沙門岩_10_小早川神社バス停_20_JR竹原駅

芸南の呉線沿線コース　　　JR呉線安芸川尻駅_2_光明寺（鉄屋久蔵の墓）_20_川尻筆づくり資料館_5_弘法寺_35_武智丸_5_JR呉線風早駅_20_祝詞山八幡神社_20_JR風早駅

1 呉市街を歩く

呉鎮守府がおかれ海軍の町として発展し、戦後は鉄鋼・造船の都市として復興した呉を歩く。

大和ミュージアム ❶
0823-25-3017
〈M▶P.58,60〉呉市宝町5-20 P
JR呉線呉駅 🚶 5分

近代日本の「技術」を体感できる人気のスポット

　JR呉駅改札口を出て右手の陸橋を渡って，ゆめタウン呉を通り抜けた所，呉中央桟橋ターミナルの西隣に大和ミュージアム（呉市海事歴史科学館）がある。当館は，観光客誘致の目玉として，2005（平成17）年に開館された人気のスポットである。近代の呉の歴史は，日本の近代化過程の縮図であったが，たんに軍国主義の一言で済まされるものでもない。そこには戦後復興の礎となった造船や鉄鋼などの科学技術がはぐくまれていたのであり，呉海軍工廠を擁して栄えた呉の歴史や，造船技術の歩みをわかりやすく展示している。

　大和ひろばには，10分の1スケールの戦艦大和の模型が展示され，前後・左右・真上とすべての角度からみることができるようになっている。全長26m・高さ6m，重さ29tの模型は，新資料の発見によって200カ所以上の改修が行われており，実物により近づいている。また大型資料展示室には，零式艦上戦闘機や人間魚雷回天・特殊潜航艇海龍などの実物が展示されている。「呉の歴史」の展示室には，呉鎮守府や呉海軍工廠の設立，戦時体制など，呉の歴史をパネルや

呉駅周辺の史跡

60　呉・竹原と瀬戸の島々

大和ミュージアム界隈

映像で紹介している。戦艦大和の製造技術を伝える映像も興味深い。3階には「船をつくる技術」の展示室と「未来へ」と題された展示室があり、松本零士(まつもとれいじ)の作品などが展示されている。

屋外の広場を隔てて海上自衛隊呉史料館が2007(平成19)年に開館した。海上自衛隊の歴史や掃海艇(そうかいてい)による機雷除去活動などが紹介されている。艦内が見学できる実物の潜水艦が展示されており、「鉄の鯨(くじら)」とよばれていることから、本館は「てつのくじら館」の愛称が用いられている。

入船山記念館(いりふねやまきねんかん) ❷
0823-21-1037
〈M▶P.58, 60〉呉市 幸町(さいわいちょう)4-6 **P**
JR呉線呉駅 **入**15分

近代呉の歴史が凝縮された建築群・文化ゾーン

JR呉駅のすぐ前の道路をまっすぐ東へ向かい、眼鏡橋(めがねばし)バス停の坂をのぼると左手に呉市立美術館があり、そこを過ぎれば入船山記念館入口に着く。

入船山には呉地方の氏神亀山八幡宮(うじがみかめやまはちまんぐう)が鎮座していたが、1889(明治22)年呉鎮守府の開設にともない、軍用地として買い上げられ、八幡宮は現在の場所(清水(しみず)1丁目)に移転させられた。この由緒ある丘に、洋風2階建ての軍政会議所兼水交社(すいこうしゃ)が建てられ、1892年からは長官官舎として利用された。1905年の芸予(げいよ)地震で一部が崩壊したので、東側の洋館部と西側の和館部からなる木造平屋(ひらや)建てに改築(だ)された。現在の建物(入船山記念館〈旧呉鎮守府司令長官官舎〉)は、1991(平成3)年から95年にかけて、以前の資材を使って再建されたもので、1998年に国の重要文化財に指定された。

入船山記念館長官官舎洋館部

呉市街を歩く

入口のすぐ左手に入船山記念館休憩所(国登録)がある。1890(明治23)年から1年半，大佐東郷平八郎が住んでいた家の離れ座敷を移築・復元したもので，少し進むと右手に市有形文化財の旧呉海軍工廠塔時計がある。その先が券売所となっており，入って右手に1号館(旧火薬庫)，さらに左手に郷土館，そして正面に入船山記念館がみえる。東側の洋館部の壁や天井には，全国でも珍しい金唐紙が用いられている。また記念館の右手にみえるのは歴史民俗資料館(近世文書館)で，澤原家文書など市有形文化財の指定を受けた古文書類を多く所蔵している。展示室もあるので覗いてみるとよい。

旧呉海軍工廠跡(アレイからすこじま) ❸

〈M▶P.58,60〉呉市昭和町 P
JR呉線呉駅🚌昭和町経由音戸・倉橋方面行潜水隊前🚶1分

潜水隊前バス停で降りた所を中心とする一帯が旧呉海軍工廠跡である。呉海軍工廠は，日露戦争(1904〜05年)が始まる前の1903(明治36)年に，造船部と造兵部が合体して誕生した東洋一の巨大工場群であった。現在はその一角が，アレイからすこじまとして自由に散策できる公園になっている。アレイ(alley)は英語で小道の意味で，「からすこじま」はこの付近が周囲40mほどの島であった烏小島に由来する。アレイはレンガ色を基調とした舗道として整備されている。

旧呉海軍工廠本部庁舎は，1945(昭和20)年6月22日の空襲で破壊されてしまったが，魚雷積載用のクレーンなど海軍ゆかりのものがおかれ，またすぐ間近で潜水艦をみることができる場所としても有名である。アレイからすこじまの道路向かいに，旧海軍工廠電気部関

アレイからすこじま

潜水艦を間近でみることができる国内唯一の公園

呉市の水道施設

コラム

帝国海軍の副産物

　呉における近代水道施設は，呉鎮守府建設にともなって，1890(明治23)年に完成した。水源は二河川とし，取水口(現，呉市水道局二河水源地取入口，国登録)から約4.3kmを鉄管で宮原浄水場(国登録)まで送水し，そこから浄水を軍構内の各施設に配水した。鉄管による近代水道の設置は横浜・函館についで3番目であった。

　取水口は現在でも工業用の水源として利用されており，残存するレンガ造りの水道施設としては，国内でもっとも古い宮原浄水場も，市民の水道施設として稼動している。

　二河川を水源とするだけでは拡張する海軍施設への配水は十分ではなく，海軍は大正時代に入ると，二河川の本流をせきとめて，本庄水源地堰堤水道施設(国重文)をつくった。その規模は当時東洋一といわれ，その水の一部は呉市にも分水されることとなった。これを受けて，市ではレンガ造りの平原浄水場(国登録)を1917(大正6)年に完成させて，近代水道による配水を翌年に開始したのであった。

本庄水源地堰堤

係建造物が残されているが，これらは日露戦争以前の，呉海軍造兵廠時代(1897～1903年)に建てられたレンガ造りの倉庫群である。

　またこの海岸線には，そのほか興味あるスポットが多い。アレイからすこじまから呉市街方面へ少し戻ると，日曜日に一般公開されている護衛艦の碇泊地(Fバース)や，呉市の代表的なレンガ造り建物である，1907(明治40)年建設の旧呉鎮守府庁舎(現，海上自衛隊呉地方総監部第1庁舎)がある。また戦艦大和が建造され進水した，造船船渠跡・大屋根も残っているが，ここはすぐ上の歴史のみえる丘から眺めるとよい。

旧澤原家住宅 ❹

〈M▶P.58〉呉市長ノ木町2-4
JR呉線呉駅🚶15分，または呉駅🚌広・黒瀬方面行本通五丁目🚶5分

　本通五丁目バス停から今西通りへ入り北西へ約200m進み，相生橋西詰交差点を山手の方に入ると胡町公園が右手にあり，すぐそ

呉市街を歩く　63

旧澤原家住宅三ツ蔵

幕末から活躍した呉の名望家の面影を残す住宅群

の先に高い石垣をめぐらした旧澤原家住宅(国重文)がみえてくる。

　澤原家は江戸時代中期から酒造業を開始し，その後も各種の事業を展開して，呉地方における指導者的地位を確立した。明治時代に入って安芸郡長を始め，貴族院議員や呉市長をつとめた家柄であった。

　旧澤原家住宅は呉町から広島城下町に通じる長ノ木街道沿いにある建物群で，屋敷内には主屋・前座敷・元蔵などが立ち，道路の西側に前蔵(三ツ蔵)・新蔵が建てられている。前座敷は広島藩主の宿泊所として利用されたこともあった。新蔵は明治時代末期のもので，ほかは修理されている部分もあるが，江戸時代後期から幕末にかけて建てられたものである。内部は公開していないので，外観のみの見学となる。

　なお幕末維新期の僧宇都宮黙霖は，明治20年代に澤原家に逗留したのち，屋敷内で亡くなっている。石垣の下に記念碑と説明板が設置されている。

❷ 倉橋島と江田島を行く

海に生きる人びととその技術をはぐくんできた島々と，軍事施設跡をめぐる。

万葉集遺跡長門島松原 ❺

〈M▶P.58,66〉呉市倉橋町宇前宮ノ浦 P（桂浜温泉館）
JR呉線呉駅🚌呉倉橋島線桂ヶ浜🚶1分，または広島呉道路（クレアライン）呉IC🚗60分

現在でも雰囲気を残す万葉の地

　桂ヶ浜バス停で下車すると目前に松原が続く桂浜が広がる。この一帯は，バス停西方にある桂濱神社の境内地で，万葉集遺跡長門島松原（桂濱神社境内）として県の史跡に指定されている。

　古代以来，呉地方を通る航路は音戸の瀬戸ルートと倉橋島沖ルートがあった。遣唐使などの大型船は倉橋島沖ルートを通ったようであり，736（天平8）年に派遣された遣新羅使がこの地に碇泊した際の望郷の歌が『万葉集』に残されている。浜には「万葉集史蹟長門島之碑」と彫られた石碑があり，万葉の歌8首が刻まれている。長門島は倉橋島の古名である。この石碑は，島の特産である花崗岩が用いられており，1944（昭和19）年に建てられた。

　江戸時代にはこうした文学史跡，とくに「万葉の地」は名勝と認識され，多くの文人・学者が来島し，島民の学問・教育に少なからず影響を与えた。

　桂濱神社（祭神宗像三女神・品陀和気命・帯中津日子命・息長帯昆売命）は，当地方の領主であった多賀谷氏によって再興された。本殿（国重文）は杮葺きの前室付き三間社流造で，1480（文明12）年に建立され，南北朝時代の建築的特徴をもっている。

万葉集遺跡桂浜

倉橋島と江田島を行く　65

長門の造船歴史館 ❻

0823-53-0016

〈M▶P.58, 66〉呉市倉橋町171-7 [P]
JR呉線呉駅🚌呉倉橋島線桂ヶ浜🚶3分，または
広島呉道路（クレアライン）呉IC🚗60分

造船技術がわかる館 / 伝統産業としての

桂浜の西にある石垣造りのドック跡

倉橋島のなかでも本浦（ほんうら）は造船の浦として有名であった。伝説上は，推古（すいこ）天皇の時代から外交使節船をつくった所とされている。桂浜の西側には，江戸時代中期に築造されたと推定される石垣造りのドック跡も残されている。本館の遣唐使船は，このドックを利用して建造されたものである。こうした町の伝統産業を記念して，桂ヶ浜バス停から東へ約200m行った所に，長門の造船歴史館が1992（平成4）年に開館された。

館内には古代から現代までの木造船模型など，造船と海運に関する資料が展示されている。なかでも，館中央に展示されている復元された遣唐使船は，内部も見学でき，1200年前の偉業に思いを馳（は）せることができる。

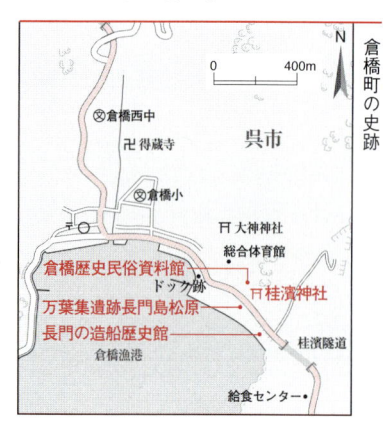

倉橋町の史跡

また桂ヶ浜バス停の北約100mには倉橋歴史民俗資料館があり，海底から引き揚げられたナウマンゾウの化石や土器などの考古資料を始め，国会議事堂の外壁に使用されたことで有名な，石材産出地としての倉橋島の産業資料や，民芸・文芸資料など多彩な資料が展示されている。

66　呉・竹原と瀬戸の島々

音戸の瀬戸

コラム

清盛伝説が息づく瀬戸

　音戸の舟唄に「イャーレ船頭可哀やホラ音戸の瀬戸でヨ、一丈五尺ノヤーレノ櫓がしわるヨー」と唄われる音戸の瀬戸は、呉市警固屋と対岸の倉橋島（呉市音戸町）の間にある幅約90mの海峡で、古来より瀬戸内航路の要衝であった。狭い海峡ゆえに潮流は速く、その潮流に乗れば櫓櫂なしで通過できた。逆流の場合は潮待ちするしかなく、江戸時代にはその寄港地として瀬戸町（現、呉市音戸町）が形成された。

　音戸大橋のすぐ下の海岸に清盛塚（県史跡）とよばれる塔がある。これは瀬戸を切り開いた平清盛の功績と供養のために建立されたと伝えられるが、宝篋印塔であることから、戦国時代に塚の原型ができたものと推測される。清盛が厳島神社に参詣する航路にするために切り開いたという説話も、地形学上否定されており、歴史的事実ではない。しかし江戸時代から、ここを通る旅人たちは、音戸の瀬戸と清盛の関係を見聞きしており、しだいに伝説として定着していったものと思われる。

　なお、民謡「音戸の舟唄」と、5年に1度春に開催される音戸清盛祭は、市無形文化財に指定されている。

清盛塚と音戸の瀬戸

旧海軍兵学校 ❼

帝国海軍の貴重な遺産

〈M ▶ P.58〉江田島市江田島町
呉中央桟橋🚢小用港🚌大柿方面行 術科学校前🚶1分

　術科学校前バス停から南西へ100mほど行くと、旧海軍兵学校（現、海上自衛隊第一術科学校）に着く。

　海軍兵学校は海軍兵科将校の養成機関であり、1888（明治21）年に東京築地から江田島に移転され、以後、第二次世界大戦終戦に至るまで、海兵の江田島、陸士の市ヶ谷（東京）と併称されたように、青少年たちの憧れの的となった。1870（明治3）年に海軍兵学寮となって以来、1万4000人の卒業生を出し、海軍の根幹をなす人材を輩出した。

　戦後10年間、連合国軍最高司令部総司令部が使用した後、1956（昭和31）年に横須賀（神奈川県）の海上自衛隊術科学校が移転してきて、海上自衛隊第一術科学校となった。その後も海上自衛隊幹部候

倉橋島と江田島を行く　　67

補生学校・同少年術科学校が敷地内(約40ha)に開設されて、海上自衛隊の教育機関として重きをなしている。

学校内には当時の建物が多く残されており、正門の右にみえる御影石造りの大講堂は1917(大正6)年の建設、その奥に立つ見事な赤レンガの建物(幹部候補生学校庁舎)は、1893(明治26)年に建設されたものである。もっとも古い建物は、築地から移転してきた際に集会所として建てられた水交館で、これも赤レンガ造りで敷地の奥まった位置にある。

見学は幹部候補生学校の裏手に立つ教育参考館が中心となる。ここには元帥東郷平八郎の遺髪を始め、旧海軍関係者ゆかりの貴重な品々が展示されており、見応えがある。見学の予約は不要であるが、開始時間が決められており、事前の問合せが望ましい。正門のすぐ近くには、江田島市のふるさと交流館や学びの館があるので、あわせて見学するとよい。

砲台山森林公園 ❽

〈M▶P.58〉江田島市沖美町三吉 P
広島港🚢三高港🚌10分、または三高桟橋バス停🚌沖美支所行亀原🚶50分

砲台群跡 1弾も発射されなかった

広島港からフェリーに乗って三高港に近づくと、右手前方にみえてくるのが標高401mの砲台山である。1901(明治34)年、日清戦争(1894年)後の三国干渉によって、対露関係が緊張したことを受け、ロシアのバルチック艦隊に備えて、この山に28cm榴弾砲6門と速射砲2門の日本最大規模の砲台(北部砲台)が築かれた。

砲台山の北部砲台跡

三高港から西へ向けて島を周回する県道36号線を進むと、左手に貴船神社、さらに進むとレンガの壁の防空壕があり、「三高砲台山登山道入口」と書かれた案内板がある。案内板に従い、林道を徒歩

鹿島の段々畑

コラム

荒地化しつつある石積みの段々畑

段々畑は、かつて瀬戸内海の島々や沿岸部では、厳島をのぞいてどこでもみられた景観であった。多くは昭和30年代以降、急速に荒地となり山林化していった。段々畑がいつ頃開かれていったのか明らかではないが、早い所では近世前期にすでにみられ、広島県域では、近世中期から本格的に開墾されていったものと推測される。

倉橋島でも谷を中心に階段状の田畑が開かれていったが、多くは山林に復してしまった。倉橋島の南端に連なる鹿島は、幕末期までは無人島であったが、近世後期には倉橋島の人びとが渡って、土ゲシ(土手)の段々畑を開いたとされる。現在でも島の南端の宮ノ口地区に石積みの段々畑が多く残されているが、石積みの補修がされていったのは明治時代以降のことである。

山頂近くまで開かれた畑は、見上げるような急斜面であり、その築き上げられた景観は素晴らしいの一言につきる。第二次世界大戦前までは、サツマイモ・ジャガイモ・コムギ・ハダカムギがつくられていたが、現在はミカン畑が多い。荒地となっている畑もあり、後継者問題など考えると、この景観もいずれ消えていくのであろうか。

鹿島の段々畑

で1時間ほど行くと北部砲台跡に着く。北部砲台跡には石造りの宿舎とレンガ造りの弾薬庫などが残されている。北部砲台跡のピークをおりて林道をさらに進むと、つぎのピークには南部砲台跡があり、さらに進むと砲台山山頂に到着する。

2年を費やして竣工したこの砲台は、皮肉にも1弾も発射されることなく、1919(大正8)年には廃止となったのである。旧沖美町は1993(平成5)年に、この砲台跡地を砲台山森林公園(創造の森)として整備した。山頂からは広島湾を見下ろす360度のパノラマ景を一望できる。なお、砲台山山頂へは森林公園への林道を車(マイクロバスも可)で登ることができる。

倉橋島と江田島を行く　　69

❸ 安芸灘の島々をめぐる

江戸時代の港町としての歴史を生かした町づくりで，観光客を誘う。

丸屋城跡 ❾

〈M▶P. 58, 71〉呉市下蒲刈町坊迫
JR呉線仁方駅🚗10分，または広島呉道路（クレアライン）呉IC🚗10分

室町時代に多賀谷氏によって築かれた水軍城

　呉ICを降りて国道185号線を約11km東進し，安芸灘大橋を渡ると，下島集落の先に小さく突き出した天神鼻という岬がある。それが丸屋城跡である。城主は14世紀後半から16世紀前半にかけて，海賊衆として活躍した多賀谷氏である。多賀谷氏はもと伊予国（現，愛媛県）の国人であったが，倉橋島や蒲刈島に移り住み，大内氏に臣従して警固衆（水軍）として勢力を振るった。しかし1527（大永7）年に厳島神社の祭礼後に騒動をおこし，おもだった者24人が海底に沈んだとされ，厳島神社の棚守房顕は「その後はかまがり荒れ果て人体なし」と記録している。

　なお城跡の南斜面のミカン畑の中腹に，大小さまざまな五輪塔群があり，多賀谷一族の墓であると伝えられている。

丸屋城跡

三ノ瀬港・御馳走一番館 ❿

0823-65-2900（松濤園）

〈M▶P. 58, 71〉呉市下蒲刈町三之瀬
JR呉線仁方駅🚗15分，または広島呉道路（クレアライン）呉IC🚗30分，またはJR呉線呉駅🚌蒲刈行三之瀬🚶1分

広島藩唯一の公式海駅

　三ノ瀬港は江戸時代，安芸国の公認の海駅として栄えた港であり，幕府上使や諸大名が寄港し，また朝鮮通信使もここで接待を受けることとなっていた。

　三之瀬バス停で下車して県道74号線を北へ向かい，下蒲刈支所を

アビ渡来群遊海面

コラム

かつて栄えたアビ漁

　アビは，冬になると瀬戸内海にやってきて，春になるとシベリアなどの繁殖地に帰って行く冬鳥であり，1964（昭和39）年に広島県鳥に指定された。アビは海中のイカナゴを捕食するので，その性質を利用したのが，300年以上も続くアビ漁である。アビに追われて海中深く潜入するイカナゴを捕食しようとタイやスズキが海底からあがってくる。イカナゴを餌にして，そのタイやスズキを釣り上げるのである。アビ渡来群遊海面（国天然）は斎島周辺が知られる。昭和50年代には1000羽前後のアビが群遊していたが，平成時代になると激減し，100羽ほどしか確認されていないという。

　斎島にある宿泊研修施設「あびの里いつき」内には，あび資料展示室が設けられている。大型スクリーンでアビ漁の映像が上映されるほか，漁具などが展示されている。

過ぎると，右手海岸側に松濤園があり，その敷地内に御馳走一番館と蒲刈島御番所跡（県史跡）復元施設がある。一番館の名称は，1711（正徳元）年に来日した朝鮮通信使が，江戸において各地の接待の状況を尋ねられたとき，同行の対馬藩主が「天和度，安芸蒲刈御馳走一番」と，前回の1682（天和２）年のときには，三ノ瀬での馳走が一番であったと答えたことに由来する。一番館では，朝鮮通信使に振る舞われた七五三の膳や三汁十五菜の膳など，豪華な料理の復元模型が展示されている。

　松濤園を出て街をさらに進むと，左手に朝鮮通信使宿館跡（県史跡）に通じる当時の石段と，三ノ瀬御本陣跡（県史跡，三之瀬御本陣芸術文化館）があり，右手の海岸に福島雁木（長雁木）がみえてくる。17世紀初頭に福島正則が築かせた雁木で，当初は長さ113m，11段であったが，昭和時代になって地盤沈下によって上部３段が付

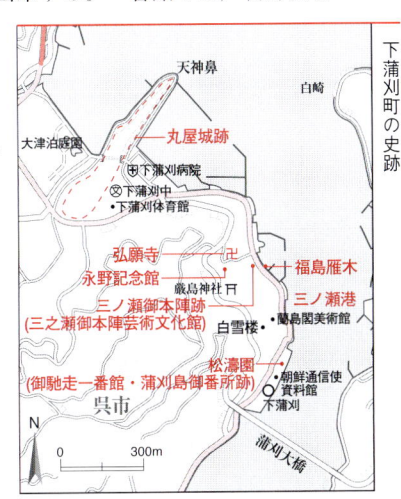

下蒲刈町の史跡

安芸灘の島々をめぐる

け足され,長さも道路拡張工事によって約55mとなった。

　三之瀬地区にはそのほか見どころも多い。江戸時代使用の井戸を始めとして,少し山手をのぼった弘願寺(ぐがんじ)の境内には,政財界の重鎮永野兄弟(ちんながの)ゆかりの品々を展示する永野記念館があり,また市有形文化財に指定されている白雪楼(はくせつろう)(竹原頼家(たけはららいけ)から移築)や丸本家(まるもとけ)・旧木上家(きがみけ)など,江戸時代末期の住宅もみられる。

御手洗町並み保存地区(みたらいまちなみほぞんちく) ⓫　〈M▶P.59〉呉市豊町御手洗(ゆたかまちみたらい) P
0846-67-2278(潮待ち館)　　　竹原港🚢御手洗港🚶1分,または広島バスセンター🚌沖友天満宮前行御手洗港(おきともてんまんぐうまえゆきみたらいこう)🚶すぐ

全国有数の風待ち・潮待ち港

　御手洗港が開発されたのは17世紀後半で,沖乗り(おきのり)航路の発展にともない北前船(きたまえぶね)が寄港し,風待ち・潮待ち(しお)の港として繁栄した。御手洗地区は,現在でも当時の面影を残す建物が立ち並び,1994(平成6)年に国の重要伝統的建造物群保存地区に選定された。

　御手洗の歴史を知るには,御手洗港バス停のすぐ東側にある江戸みなとまち展示館に入ろう。

　御手洗の町並みでは2～3時間もあれば,江戸時代や明治時代の雰囲気を十分堪能することができよう。まずは常磐町(ときわちょう)通りにある潮待ち館に行こう。町のボランティアの方々が運営している案内所であり,さまざまな情報が得られる。常磐町通りなどの基本道路に加えて,連絡路・生活路の小路(こうじ)が網の目のように張りめぐらされた街区には,所狭しと伝統的町家(まちや)が立ち並んでいる。旧柴屋(しばや)住宅や住吉神社近くの船宿(ふなやど)(三軒長屋(さんけんながや))跡は市有形文化財に指定されているが,このほかにも19世紀前半に建てられた民家も多い。船宿の一部は,北前船やおちょろ船(遊女を乗せた船)などのミニチュア制作工房となっており,見学できる。また公許遊郭であった若胡子屋跡(わかえびすや)は18世紀前半の建物であり,御手洗七卿落遺跡(しちきょうおち)(竹原屋跡)とともに県史跡である。中心部にある恵美須神社本殿(えびす)・拝殿と千砂子波止場(ちさごはとば)の近くの住吉神社本殿・瑞垣(みずがき)及び門は,県指定重要文化財である。

　町並み・海岸部の見学を終えたら,山麓の満舟寺(まんしゅうじ),そして歴史のみえる丘公園にのぼると眺望が楽しめる(駐車場有)。公園を少しおりると遊女たちの墓がある。これは以前,弁天社(べんてんしゃ)隣にひっそりと保存されていたが,2003(平成15)年に町の有志によって,海のみえ

呉・竹原と瀬戸の島々

大長ミカン

コラム

産

「黄金の島」のミカン作りとベンチャー企業

広島ミカンの発祥の地は，瀬戸内海に浮かぶ大崎下島という小さな島である。明治時代に大型蒸気船が航行するようになると，沖乗り航路の中継港として繁栄していた御手洗の港は衰退に向かい，島の経済構造は，柑橘類の生産へと重心を大きく移していく。

1900（明治33）年前後に大長村（現，呉市豊町）村長であった秋光八郎らが，大分県津久見地方から早生温州ミカンを導入する様子は，椋鳩十の『黄金の島』や『豊町史』通史編に描かれている。明治時代末期〜大正時代初期になると，大長・久友（現，呉市）両村とも，ミカン生産額が爆発的に伸びていく。温州ミカンのみならず，ネーブルやレモンなども栽培された。大正時代後半の不況の時代でも，大長村などはミカンの栽培・販売によって不況には無縁であり，当時の新聞などでも，家の新築があいつぐ様子が報じられている。

第二次世界大戦後にあってもしばらくミカンは島をうるおしていたが，高度経済成長期以降は，産地間競争による過剰生産と価格低迷，さらに外国産オレンジ輸入自由化などで苦境に陥ったこともあって後継者確保が困難となり，生産者の高齢化が問題となっている。

また，ミカン缶詰の発祥もこの大長である。加島正人という青年が，ミカン缶詰製造を試みて，昭和時代初期に成功した。その数年後には加島缶詰工場が稼動しており，その缶詰の売り上げは，大長村全体のミカンの売り上げに匹敵するとともに，島の人びとに雇用の機会を提供している。しかしまもなく広島市内でも生産されるようになり，また第二次世界大戦中には軍需に制約され，戦後まもなく工場の整理に追い込まれていく。いわば時代の先駆けとなり，時代に翻弄されたベンチャー企業であった。

るこの地に移築されたものである。

安芸灘の島々をめぐる

④ 安芸の小京都竹原を歩く

戦国時代の小早川氏関係史跡，近世の製塩関係史跡など，竹原周辺には見どころが多い。

竹原町並み保存地区 ⑫

〈M▶P.59, 74〉 竹原市本町
JR呉線竹原駅 🚶12分

県内でも有数の町並み保存地区

　江戸時代に竹原下市とよばれ，製塩業で繁栄した町は，現在も当時の姿を残した建物が多く，1982(昭和57)年に国の重要伝統的建造物群保存地区に選定されている。JR竹原駅から商店街を通って国道185号線を右に進み新港橋を渡ると，頼山陽像がみえるのでその前を通って右に曲がり保存地区に入る。旧笠井邸を左へ曲がると小笹屋酒の資料館(竹鶴亭)，その先に独特の大屋根をもつ浜主(塩田の持ち主)の松阪邸，さらにその先を右に曲がり階段をのぼると西方寺普明閣前に出る。普明閣は小早川隆景が京都の清水寺を模して創建したと伝えられ，本尊は木造十一面観音立像(県文化，非公開)である。

　もとの通りに戻ると，竹原では最古の民家で本陣としても利用された吉井邸があり，さらに右手に町並み保存センター，竹原市歴史民俗資料館の先に頼惟清旧宅(県史跡)がある。惟清は春水・春風・杏坪の父であり，山陽の祖父となるから，旧宅は頼家発祥の地といえる。この突き当りを左折すると照蓮寺の参道に出る。寺には小早川隆景が朝鮮から持ち帰った銅鐘(高麗鐘，国重文)が収蔵され見学できる。また，頼一族の墓もあり，庭園は室町時代の様式を伝えているという。

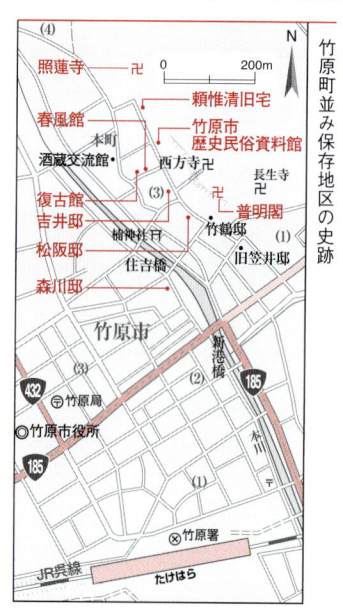

　山門を出て南に進むと，酒蔵交流館・光本邸がある。光本邸には，竹原出身で日本を代表する陶芸家の1人今井政之の作品が展示されてい

頼惟清旧宅

る。光本邸の先を左折すると，復古館と春風館からなる頼家住宅（ともに国重文）が並んでいる。春風館は頼春風の居宅で，武家屋敷の構えを取り入れた特色あるつくりとなっている。

春風館から南へ進み住吉橋を渡ると，浜主の森川邸がみえてくる。福山の沼隈郡（現，福山市）の豪農山路家から大正年間（1912～26）に移築された豪邸である。土間には塩田の作業風景が展示されている。

竹原市歴史民俗資料館 ⓑ
0846-22-5186　〈M▶P.59,74〉竹原市本町3-11-16　JR呉線竹原駅🚶20分

竹原文化人のサロン

春風館東側の通りを北へ80mほど行くと，竹原市歴史民俗資料館がある。昭和時代初期のレトロでモダンな洋館で，県の建物百選にも選ばれている。もともとこの場所には，頼春水の師である儒学者塩谷道碩の家が立っていた。道碩は1764（明和元）年に亡くなり，1793（寛政5）年に春水・春風らがその家を郷塾とし，竹原書院と命名した。ここでは学問所として，読書会や詩作・和歌の会などが行われ，竹原の町人文化の発展に寄与した。

1813（文化10）年に焼失，1910（明治43）年に竹原書院として再興し，1929（昭和4）年，竹原町立竹原書院図書館となった。以後，1972年まで42年間，竹原の文化活動拠点としての役割をはたしてきた。図書館は同年，中央4丁目に市立竹原書院図書館として移転され，1980年に竹原市歴史民俗資料館として再出発させた。館内には，民具や製塩などの産業関係の道具などが展示されている。

旧竹原町立竹原書院図書館

安芸の小京都竹原を歩く　75

木村城跡 ⓮　〈M▶P.59,76〉竹原市新庄町 P
JR呉線竹原駅🚌西条方面行小早川神社🚶20分

竹原小早川氏の300年にわたる居城

　国道2号線の新庄交差点から国道432号線を竹原市街地方面に南下すると、すぐに道路左（東）側にみえてくる山が、竹原小早川氏が本拠とした木村城跡（県史跡）である。

　小早川氏は、源平争乱で功績のあった土肥実平が沼田荘（現、三原市本郷町）に地頭として西遷し、小早川を名乗ったことに由来し、竹原小早川氏は、13世紀なかばに茂平が子政景を都宇竹原荘（現、竹原市新庄町・東野町・田万里町）に分立させたことに始まる。応仁の乱（1467〜77年）後には、大内氏との関係を強めて勢力を伸ばし、そして毛利元就の3男隆景が相続した。木村城は隆景がさらに1551（天文20）年に沼田小早川氏を相続して高山城（現、三原市本郷町）へ移るまでの約300年間、竹原小早川氏の居城として機能した。

　木村城跡へは、小早川神社バス停から東側へ入り、城跡の東側にまわると登城口があり、駐車もできる。城跡は南から北へ延びる比較的細い丘陵を利用しており、一見独立丘的で、最高所は標高約130mである。ここから西側眼下に、賀茂川流域や手島屋敷跡などがよくみえる。

木村城跡周辺の史跡

　丘陵上には、頂部から北側に階段状に幾つかの郭を配置しており、全長は200mほどである。大きくみて、南北2つの郭群と、東側に一段低い郭群とからなっている。登城口からのぼって行くと、この東側の郭2カ所（それぞれに石組井戸がある）を経由して北郭群に至る。ここには一段高い若宮社のあった郭（櫓台か）や、これに続く北端の郭などがある。北郭群と南郭群との境には凹部が観察でき、空堀を設けていたと考えられる。北郭の西端から南郭群への

76　呉・竹原と瀬戸の島々

木村城跡

通路があり、のぼると柵囲いされた円形の石組井戸（直径約1.6m）がある。南郭群の南端が頂部で、本丸跡と考えられる。ここには石垣や建物の礎石とみられる石などが観察される。

竹原小早川氏墓地 ⓯

〈M ▶ P.59, 76〉竹原市東野町青田
JR呉線竹原駅🚌西条方面行小早川神社🚶10分

竹原小早川氏の墓地と屋敷跡

国道432号線と賀茂川を渡って農道を西へ進むと山手に突き当るので、左折すると手島屋敷跡が、右折して50mほどで山道に入ると竹原小早川氏の墓地がある。中世後期の様式とみられる宝篋印塔10基、五輪塔20基ほどが立ち並んでいる。この墓所は2度にわたる山崩れで埋没していたのを、地元の人びとの手で整備されたものである。さらに右手の尾根筋をのぼると、隆景の義父母となる小早川興景夫妻の墓と伝承される2基の宝篋印塔がある。

墓地をくだってもとの道に戻り、100mほど南へ進むと、道路沿いに立派な石垣が築かれた手島屋敷跡に至る。石垣は長さ約50m・高さ3mで、両端には桝形（勝負の壇）が切られており、戦国時代の武家屋敷の遺構であることがわかる。かつては「にしんどん屋敷」（西の殿屋敷）とよばれていたといわれ、小早川隆景が高山城（現、三原市本郷町）に移住した後、竹原小早川家の家臣であった手島氏がその屋敷と館を受け継いだと推定される。

なお手島屋敷跡からさらに南に100mほど行くと、右手の山麓に古墳時代後期の青田古墳があり、さらにその先には、像高約115cm

竹原小早川氏墓地

安芸の小京都竹原を歩く

の毘沙門天像が浮き彫りにされた毘沙門岩がある。

横大道古墳群 ⑯　〈M▶P.59,76〉竹原市新庄町鷺ノ森
JR呉線竹原駅🚌西条方面行新庄🚶20分

竹原市内では最大の横穴式石室のある古墳群

　国道2号線の新庄交差点から，国道432号線を河内方面に約500m行くと横大道交差点で，交差した東西の小道は旧山陽道である。ここを右(東)折して約200m進み，北側への細い道をのぼって山際まで行くと，古墳群の案内板がある。

　横大道の旧山陽道北側の丘陵斜面には，現在のところ10基の横穴式石室墳が確認されており，横大道古墳群とよばれている。このうち，墳丘・石室が良好に残されているのは，1号・2号・7号古墳である。案内板から数分歩くと1号・2号古墳があり，7号古墳は古墳群ではもっとも東側に位置している。これらの古墳群は過去に発掘調査されており，まず，1号・2号古墳が6世紀後半に築造され，続いて他の古墳が7世紀前半にかけて順次営まれたとみられる。

　1号古墳と2号古墳は墳丘が隣接しており，墳丘の裾が不明瞭である。最近の墳丘測量調査によると，1墳2石室の前方後円墳とみられる。1号古墳の石室は西に開口しており，片袖式の形態である。市内でも最大規模のもので，全長9.4m，玄室は長さ約5m・幅2m・奥高約3mである。多くの遺物が出土しており，なかでも，轡や金銅製の雲珠などの馬具類，冠と推定される金銅製品破片などが注目される。2号古墳も片袖式の石室で，1号古墳と並行して開口している。全長6.6m，玄室は長さ約4m・幅約2.2mの規模である。遺物は，須恵器を始め銀環(耳輪)などが出土している。

　1号・2号古墳は横大道古墳群の主墳であるだけでなく，石室規模や副葬品からみると，新庄から田万里にかけての旧山陽道沿いをまとめた畿内色の強い地域首長の墳墓であったといえる。

　なお，出土遺物は，町並み保存地区(竹原市本町)にある竹原市歴史民俗資料館で展示している。

勝運寺と賀儀城跡 ⑰　〈M▶P.59〉竹原市忠海床浦2-10-1／床浦1
0846-26-0880(勝運寺)　JR呉線忠海駅🚶15分／忠海駅🚶15分

　JR忠海駅から国道185号線を西に向かい，宮床バス停の先の小道

藻塩と塩田

コラム

蒲刈の藻塩と竹原の塩田

　温暖な気候に恵まれた瀬戸内海では，古来より製塩が盛んに行われてきた。その製法は塩浜を利用する塩田法と，藻塩焼とよばれるものがあった。しかし両者ともに，濃い塩水（鹹水）を煮詰めて塩をつくることでは共通している。

　塩浜は奈良時代頃から始まり，その形態には自然浜，揚浜，入浜があり，近世には赤穂塩田で開発された入浜式塩田が主流となり，竹原の大新開（現，竹原市竹原町新町・中須一帯）もその赤穂の技術を取り入れて，広島藩随一の入浜式塩田へ変貌した。これによって塩の大量生産が可能となった。

　藻塩焼は，古墳時代を中心に行われた製法である。瀬戸内海の各地で製塩土器が発見されている。1984（昭和59）年，上蒲刈島で県民の浜造成中に製塩土器が多数発見されたのを機に，地元で「藻塩の会」を立ち上げて藻塩作りの研究が始まった。10年余りの試行錯誤を経て，『万葉集』に詠まれている「玉藻」がホンダワラ（海草の一種）であるとして，海水に浸したホンダワラを乾燥させて濃い鹹水をつくり，それを土器で煮詰めて淡いベージュ色の藻塩をつくることに成功したのである。1998（平成10）年には海人の館（呉市蒲刈町大浦）が設立され，大変まろやかな，ミネラルを多く含んだ藻塩がつくられている。

小早川氏家臣浦氏の水軍城

を右に入り古い道に出て，つぎの三差路を山手に向かうと正面に勝運寺（曹洞宗）がみえる。

　勝運寺は，賀儀城主の浦宗勝が1570（元亀元）年から81（天正9）年までかけて完成し，寺領300貫を寄進して手厚く保護した寺院である。福島氏時代に寺領が没収され衰えたが，浅野氏の代になって1632（寛永9）年に復興した。城郭と見間違うほどの堅固な石垣が印象的である。境内には浦宗勝の遺髪が収められた宝篋印塔があり，また浦宗勝画像2幅と，小早川隆景が弾薬を入れて宗勝に贈った弾薬輸送庫なども残されており，見学できる。

　忠海駅から同様に西へ向かい城山北交差点を左折し，踏切を越えて海側へ進むと，忠海西小学校の校庭の先に小高い丘がみえる。本丸と二の丸跡が残る賀儀城跡（現，大正公園）である。沼田小早川氏の一族で，小早川隆景の水軍の統括的役割をになっていた浦宗勝は，航行する船を一望できる絶好の場所に城を設けたといえよう。

安芸の小京都竹原を歩く

大久野島毒ガス遺跡 ⑱

〈M▶P.59〉竹原市忠海町 大久野島 P（忠海港）
JR呉線忠海駅🚶（7分）忠海港⛴大久野島桟橋🚶5分

帝国陸軍の負の遺産

　大久野島は忠海港の沖合約3kmに浮かぶ，周囲4kmの小さな島であり，現在は島全体が国民休暇村となっている。第2桟橋に上陸すると，毒ガス資料館までは約500mである。大久野島に毒ガス製造工場がつくられたのは1929（昭和4）年のことで，以後，秘密裡に第二次世界大戦終戦まで毒ガスが製造された。当時は，病院・毒ガス貯蔵庫・発電所・毒ガス研究棟・労働者の宿舎などが小さな島に立ち並んでいた。昭和50年代になって，大陸での帝国陸軍の毒ガス使用が明らかにされるにつれ，広島県と関係市町村ならびに毒ガス製造過程での後遺症に苦しむ元従業員らによって，1988年に本資料館が設立された。防毒マスクや作業服・製造装置などを展示し，戦前の毒ガス製造の様子が紹介され，子どもたちの平和学習に利用されている。

　大久野島には現在でも多くの戦争遺跡が残されているので，レンタサイクルか徒歩で島内をまわってみよう。キャンプ場の手前の道を左に入り，鉄塔を目標に進むと，日露戦争前の1901（明治34）年に築かれた中部砲台跡がある。それから展望台を過ぎて休暇村へくだり，毒ガス貯蔵庫跡から西側の海岸に沿って1kmほど北上すると，島の北端部に長浦毒ガス貯蔵庫跡と北部砲台跡が残されている。さらに進んで島の東側を南下すると発電所跡があり，そこから海岸に出ると第2桟橋がある。なお大久野島では一般車両は走れないが，忠海港で無料駐車場が利用できる。

長浦毒ガス貯蔵庫跡

呉・竹原と瀬戸の島々

⑤ 芸南の呉線沿線を行く

風光明媚な呉線沿線にも，多くの歴史が刻まれている。

野呂山と弘法寺 ⑲

〈M▶P.58,81〉呉市川尻町野呂山・安浦町中畑 Ｐ（弘法寺）
JR呉線安芸川尻駅🚗20分

芸南の最高峰

　JR安芸川尻駅前から左に曲がってさざなみスカイラインをのぼりきると，野呂山頂上平坦部の野呂山公園内の氷池や野呂高原ロッジがみえてくる。この野呂山(839m)の山頂一帯の景観は，江戸時代後期の天保年間(1830〜44)，明治時代前期，そして第二次世界大戦後と3度にわたる開拓によってもたらされたものである。

　ロッジ横に川尻筆づくり資料館がある。川尻では幕末期から筆作りが盛んとなり，その後，町の代表的産業に成長し，今も伝統産業としてその技術が引き継がれている。資料館では，筆の製造工程やその歴史など，ビデオ上映や展示を通じて広く学ぶことができる。

　氷池から南に向かって，かぶと岩展望台に行く途中にレストハウスがある。ここは絵画や写真などの創作活動を行う場として，2005(平成17)年にリニューアルされた。館内には，この地を中心に活動してきた画家の作品が展示されている。

野呂山周辺の史跡

　氷池のほうに戻ると，右手にあるキャンプ場の先に，弘法大師(空海)が登山して修行した伝説にちなみ，麓の住人たちが建立した伊音城弘法寺(真言宗)がある。1754(宝暦4)年奉納の梵鐘と，岩屋(本堂)は

弘法寺岩屋

市の有形文化財に指定されている。

武智丸 ⑳

〈M▶P.58〉呉市安浦町三津口2丁目地先
JR呉線安浦駅🚶15分

世界でも珍しい鉄筋コンクリート船

1944(昭和19)年から45年にかけて，海軍の依頼を受けて兵庫県曽根町(現，高砂市)の武智造船所で，鋼材不足を解消する手段として4艘の鉄筋コンクリート船が世界で初めてつくられた。これらの船は，おもに瀬戸内海で石炭などの輸送にあたった。

JR安浦駅から東へ約1.2kmの安浦漁港には防波堤がなかったので，台風のたびに漁船に被害が出た。そこで漁業関係者は，防波堤としての武智丸の再利用を国に申請し，1949(昭和24)年から50年にかけて，1艘60万円で2艘の鉄筋コンクリート船の払い下げを受けた。これが現在，防波堤の先に沈設された第一武智丸と第二武智丸である。

1艘の全長64.5m，幅10mであり，潮が引くと船の全容があらわれ，内部もみることができる。当時の土木技術力の水準を知るうえでも貴重な遺産である。

鉄筋コンクリート船の武智丸

祝詞山八幡神社と万葉歌碑 ㉑
0846-45-1329(祝詞山八幡神社)

〈M▶P.58〉東広島市安芸津町風早354
JR呉線風早駅🚶20分

万葉ゆかりの地

JR風早駅を出て県道206号線を北上し，高野川と県道353号線を越えてまっすぐに進むと，祝詞山八幡神社(祭神 仲哀天皇・神功皇后・応神天皇)の階段下に着く。安芸津駅方面からは国道185号線を西に向かい，金丸交差点(三差路)を右手の県道に入り，つぎのカーブの約70m先で右の小道へ入って，そのまま進めば到着する。

神社の由緒によれば，貞観年間(859～877)に風早氏一族が豊前宇佐八幡宮(現，大分県宇佐市)を勧請し，1346(貞和2)年に高藤

漂流民鉄屋久蔵

コラム

呉市川尻町久俊の光明寺の境内右手に鉄屋久蔵の墓がある。1810(文化7)年、久蔵が水主として乗り込んでいた摂津御影浦(現、兵庫県神戸市)の観亀丸が、紀州(現、和歌山県)沖で暴風雨のため遭難し、翌年カムチャツカに漂着した。乗組員16人のうち9人が雪中に果てたが、久蔵らはロシア人にかろうじて救助された。久蔵以外の者は、1812年松前(現、北海道)に送還されたが、久蔵は足の凍傷の治療のため残り、イルクーツクなど各地に送られ、1813年に箱館(現、北海道函館市)に送還された。江戸での取調べを経て故郷の川尻に戻ってきたのは、1814年5月のことであった。時に28歳で あったという。

久蔵は帰国に際して、ロシア人医師から種痘苗を分け与えられて持ち帰った。これがわが国にもたらされた最初の種痘苗であった。広島藩に提出されたが、その種痘苗がどうなったのかは明らかでない。なお久蔵を主人公とした小説に、吉村昭『花渡る海』がある。

わが国に初めて種痘苗を持ち帰った男

鉄屋久蔵の墓(光明寺)

氏が社殿を造営し、1498(明応7)年と1583(天正11)年にそれぞれ再建され、その後、1752(宝暦2)年に村民の手によって社殿の改築がなされたとのことである。毎年10月第1日曜日に行われる大祭の神賑行列は、東広島市の無形民俗文化財に指定されている。

神社の境内には、万葉歌碑・万葉陶壁が建てられている。歌碑は、1978(昭和53)年に建てられたもので、『万葉集』に採録された、736(天平8)年に遣新羅使船が霧深い風早浦に碇泊したとき、妻から贈られた歌を思い浮かべて夫が詠んだ歌が刻まれている。さら

万葉歌碑(左)と万葉陶壁

芸南の呉線沿線を行く

広島が誇る酒造人

コラム

醸造業のパイオニア、三浦仙三郎と竹鶴政孝

　1907(明治40)年，第1回清酒品評会が東京で開かれた。圧倒的な名声を誇る灘(兵庫県)の酒が入賞するだろうという予想を裏切って，広島の酒が上位入賞をはたしたのであった。この広島の酒の品質向上に大きく貢献したのが三浦仙三郎である。仙三郎は，三津(現，東広島市安芸津町)の諸品問屋の家に生まれた。1876(明治9)年に酒造業を始めたが，失敗の連続で灘に修業に出かけ，酒造りに不利といわれた軟水での醸造に長年取り組んだ。そして低温で長時間かけて発酵させる軟水醸造法を完成させ，広くその技術の普及に努めた。また杜氏の教育にも努め，伝説の名杜氏川田喜造ら三津杜氏を世に送り出した。そして川田を雇った木村醸造所(現，賀茂鶴酒造)の木村和平，和平の求めに応じて精米機を開発した若き佐竹利市(のち佐竹製作所初代社長)らによって，広島酒の名声が高まっていったことも忘れてはならない。

　一方，竹原で酒造業を営む竹鶴家から出た竹鶴政孝は，「日本のウイスキーの父」とよばれている。摂津酒造に入社した政孝は，スコットランドへウイスキー醸造のための留学を命じられた。その後，寿屋(現，サントリー株式会社)に請われて，山崎工場(現，大阪府島本町)の初代工場長に就任し，スコッチ・ウイスキーを製造したが，模造ウイスキーを飲みなれた当時の人びとには，不評であったという。一通りの技術を伝授した1934(昭和9)年，寿屋を退社し北海道余市に大日本果汁株式会社(現，ニッカウヰスキー株式会社)を設立し，本物のスコッチを醸造した。後年，イギリスのヒューム副首相が来日したおり，「一人の青年がスコッチの醸造技術の秘密を全部盗んでいった」と発言したが，これはもちろん竹鶴政孝に対して，賞賛の意味を込めたものであった。

三浦仙三郎が榊山神社に奉納した石造りの酒樽と壺

　に1990(平成2)年にはその右横に，互いに思い合う情景を描いた万葉陶壁が建てられた。また拝殿の左下には風早審麿神社があり，その横に明治時代の浄土真宗の僧である島地黙雷撰の孝子風早審麿碑が建てられている。

三原・尾道とその周辺

Mihara Onomichi

新高山城跡(左)と高山城跡

向上寺三重塔越にみる瀬戸田の町並み

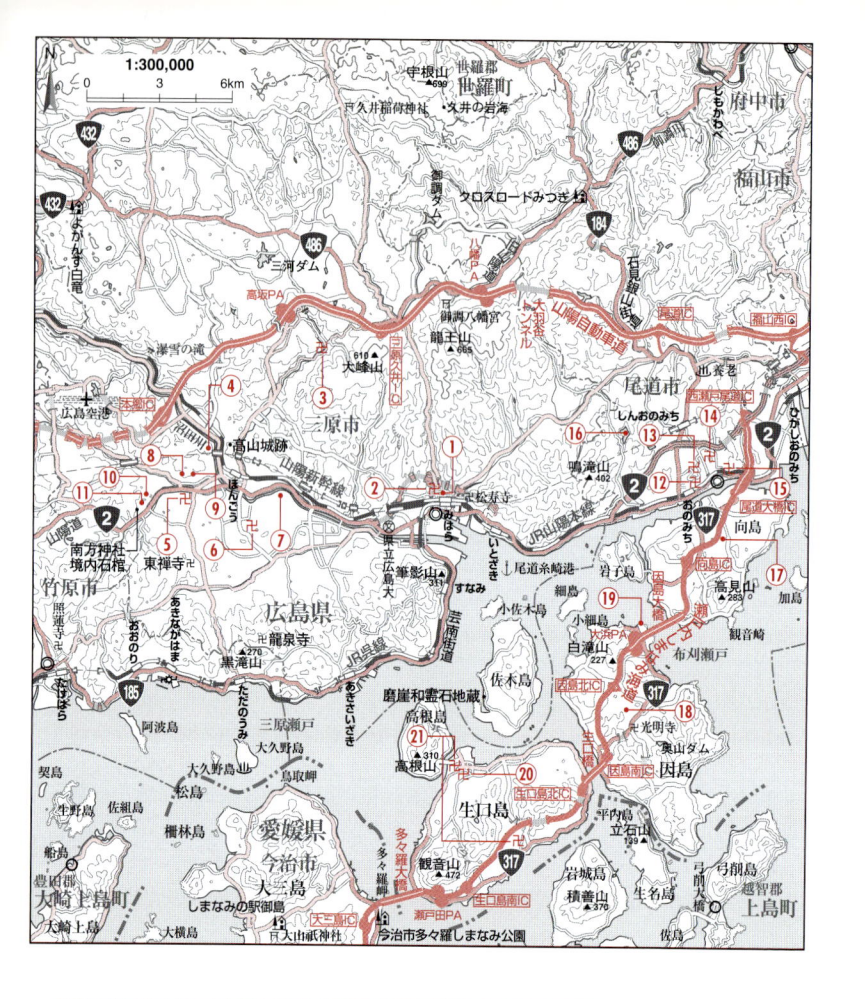

①三原城跡	⑩御年代古墳	金蓮寺
②宗光寺	⑪貞丸古墳群	⑲大浜埼灯台
③仏通寺	⑫持光寺・光明寺	⑳耕三寺
④新高山城跡	⑬天寧寺・千光寺	㉑向上寺・光明坊
⑤楽音寺	⑭西国寺・西郷寺	
⑥米山寺	⑮浄土寺	
⑦兜山古墳	⑯久山田貯水池堰堤	
⑧梅木平古墳	⑰吉原家住宅	
⑨横見廃寺跡	⑱因島村上氏城跡・	

◎三原・尾道とその周辺散歩モデルコース

三原市街と沼田川下流域コース　　JR山陽本線三原駅_2_三原城跡_3_宗光寺_20_仏通寺_10_新高山城跡_5_楽音寺_10_米山寺_5_兜山古墳_10_JR三原駅

本郷付近の古墳巡りコース　　JR山陽本線本郷駅_5_梅木平古墳_1_横見廃寺跡_5_御年代古墳駐車場_7_御年代古墳_7_貞丸1・2号古墳_8_南方神社境内石棺(二本松古墳)_15_御年代古墳駐車場_10_JR本郷駅

尾道古寺巡りコース　　JR山陽本線尾道駅_5_持光寺_5_光明寺_5_吉備津彦神社・宝土寺_5_おのみち文学の館(志賀直哉旧居・文学記念室)_5_天寧寺_20_千光寺・千光寺公園[ロープウェイ]_10_西国寺_10_西郷寺_5_浄土寺_2_浄土寺下バス停_8_JR尾道駅

しまなみ海道コース　　JR山陽本線尾道駅_15_大浜埼灯台_5_金蓮寺・因島水軍城_15_耕三寺・平山郁夫美術館_10_向上寺_10_光明坊_20_JR尾道駅

1 三原市街と沼田川流域を行く

沼田川流域から三原へ，中世武士団から近世支藩への歴史の展開をたどりながら，重工業都市に変貌する町を歩く。

三原城跡 ❶ 〈M▶P. 86, 89〉三原市本町・城町
JR山陽本線三原駅(構内) 🚶 すぐ

知将小早川隆景の「浮城」

JR三原駅改札口のすぐ右手に三原城跡(国史跡)天守台跡への入口があり，階段をのぼると天守である。今は山陽本線と山陽新幹線が本丸跡を貫き，三原駅は本丸跡にあたる。

瀬戸内水軍の掌握を目指した小早川隆景が心血をそそいで築いた三原城は，三原浦に浮かぶ大島・小島をつないで，本丸・二の丸・三の丸などを配置し，舟入など軍港の機能を兼ね備えた「浮城」であった。1567(永禄10)年頃に着工し，1582(天正10)年新高山城(現，三原市本郷町)からこの地に本拠を移して，城下町の整備に努めた。その結果，鋳物師や刀工の活動，三原塩などで知られていた三原浦は，城の東西に商人町，北に寺社が配された城下町となった。

小早川氏の後は，福島氏を経て浅野氏(広島藩)の支城となったが，幕府の一国一城令布告(1615年)後も，例外として残され，明治維新まで存続した。築城当時は海であった城の南側は，埋め立てられて商店街になっているが，三原駅から南東200mほどの三原市福祉会館の東側に，舟入櫓と舟入跡が残っている。また三原駅から南西約1kmには三原市歴史民俗資料館や図書館があり，図書館には医学史上に画期的な業績を残し，毛利元就とも交流のあった，曲直瀬道三の紙本墨書啓迪集(県文化)や医書・三原城絵図などが架蔵されている。

三原駅から南へ徒歩5分の三原港から船で約20分，佐木島向田のフェリー乗り場には，干潮時に姿をあらわす，全

三原城跡

88　三原・尾道とその周辺

国でも珍しい磨崖和霊石地蔵(県文化)がある。波打ち際の独立した花崗岩に, 仏師念心が1300(正安2)年に刻んだ仏像で, 願主は平 茂盛である。

三原駅周辺の史跡

宗光寺 ❷
0848-62-4719
〈M▶P.86,89〉三原市本町3
JR山陽本線三原駅西口より🚶7分

時代の転換をくぐり抜けてきた寺院群

　JR三原駅北側の寺社群の東端に, 極楽寺(浄土宗)がある。もと新高山城の城門であった山門をくぐると, 江戸時代中期の創建とされる極楽寺本堂(県文化)がある。向拝を設けない質素な造りで, 背面屋根の錣葺きや本堂内陣の結界などが特徴である。極楽寺北西の地蔵堂には,「天正五(1577)年」銘をもつ半跏思惟の木造地蔵菩薩坐像が安置されている。

　三原駅の北西, 天守台濠北の坂道をのぼると, 三原浅野家の菩提寺妙正寺(日蓮宗)がある。三原の「時の鐘」であった三原鋳物師による朝鮮式梵鐘や, 大田南畝自筆の詩詠歌など文化財が多い。妙正寺を出て, もと三原城鎮守の大島神社を抜け, 石段をおりると正法寺(真言宗)である。三原築城とともに, 沼田荘から移ったとされる。寺蔵の大般若経600巻(国重文, 非公開)は, 周防国柳井荘(現, 山口県柳井市)の上品寺に寄留した宋人が, 1284(弘安7)年に書写したものである。また木造延命地蔵菩薩立像は像高85cmの一木造で, 平安時代の作とされている。

　正法寺から西へ約200m, 白壁の築地塀と石畳の参道の奥に宗光寺(曹洞宗)がある。山門(国重文)はもと新高山城の城門で, 小早川隆景によって移築されたと伝えられる。太い木割の切妻造・本瓦葺きの四脚門で, 蟇股などに安土桃山時代の豪快な手法が偲ばれる。宗光寺はもと匡真寺と号し, 新高山城南麓にあったが, 三原築城とともに移転, 福島正則も帰依して曹洞宗に改宗させ, 保護し

三原市街と沼田川流域を行く　89

宗光寺山門

たとされる。隆景自筆書状などの宗光寺文書のほか，正則の養子正之の墓や三原浅野氏の忠長の墓，「大工心阿」銘の鎌倉時代の石造七重塔がある。

宗光寺の西方を北に向かう県道25号線沿いにある大善寺(浄土宗)も，新高山城麓から移築されたと伝えられ，小早川氏や三原浅野氏の夫人の帰依を受けた。本尊の木造阿弥陀如来立像(県文化)は安阿弥流の秀作で，写実的な作風などから，14世紀前半の造像と考えられている。拝観には，事前の連絡(電話0848-62-4766)が必要。

仏通寺 ❸ 〈M▶P.86〉三原市高坂町許山 P
JR山陽本線三原駅🚌仏通寺行終点🚶すぐ

深山幽谷にたたずむ西日本最大の禅宗修行の寺

臨済宗仏通寺派の大本山仏通寺は，紅葉の季節には，参拝のみならず人びとが散策を楽しむ深い谷の中央部にあり，長い歴史と多くの文化財を有する山陽地方の名刹である。中国に渡って即休契了(仏通禅師)の法嗣となり，帰国後は京都五山とは距離をおいて，武将たちの崇敬を集めていた愚中周及(大通禅師)が，この地の地頭小早川春平の懇請を受け，1397(応永4)年に開いた。春平とその子則平は，幕府・細川氏と関係を強め，沼田市の商人を掌握して海外との貿易も行うなど，小早川氏の全盛期をもたらし，その経済力で，仏殿・方丈などの造営や寺領・山林の寄進を行った。また周及やその弟子たちも，修行に励むとともに，独自の規定をつくって寺院運営にあたるなど努力を重ね，1441(嘉吉元)年周及三十三回忌に将軍家の祈願所となったときには，50余りの堂宇が建立されていたという。

江戸時代の大火などで多くの堂宇や塔頭が失われ，創建時の建物は，1411(応永18)年建立の塔頭含暉院地蔵堂(附須弥壇，国重文)1棟のみである。地蔵堂は3間四方の一重・宝形造で，折衷様の仏殿であり，堂内には唐様の須弥壇と，半跏思惟の木造地蔵菩

仏通寺

薩坐像が安置され10月下旬から翌年の正月の時期にのみ公開されている。地蔵堂の右の開山堂には，写実的な面相が印象的な木造仏通禅師坐像・木造大通禅師坐像(ともに県文化)とが並んで安置され，春平の妻で含暉院の建立に尽力した松岩尼の墓とされる石造宝篋印塔もあるが，これらは非公開である。

　堂宇の多くは灰燼に帰したが，小早川春平が描き周及が賛を加えた絹本著色大通禅師像(附紙本墨書大通禅師墨蹟・紙本墨書大通禅師消息，国重文)，1283(弘安6)年の紺紙金泥細字法華経附木製漆塗六角経幢，小早川氏や室町幕府の文書や寺院運営の規式，創建以来の住持記などからなる仏通寺文書や塔頭正法院文書(いずれも県文化)など，仏通寺の歴史を知るうえで貴重な文化財が多いが，その多くは非公開である。なお，参道と山門・本堂などをつなぐ巨蟒橋の袂にあるイヌマキ(県天然)は，愚中周及の手植えとの言い伝えがある。

　仏通寺のある真良の谷から県道344号線を4kmほど南下すると，市立小坂小学校の対岸に，小さい庵風の善根寺収蔵庫がみえる。藤原時代初期の木造日光菩薩立像・月光菩薩立像(ともに県文化)などを始め，三十数体の仏像が所狭しと並べられており，圧巻である。収蔵庫の北約100mにあったとされる本徳山善根寺の寺仏群といわれ，火災や水害のあとが痛々しく，また後世の追補・修補も多いが，地域の人びとに大切に保存されてきた貴重な文化財といえる。三原市教育委員会に連絡すれば，拝観が可能である。

　中央部に安置されている薬師如来坐像は，裾部に翻波式の技法の名残りがみえる平安時代中期の造像と考えられるが，その脇侍である日光・月光両菩薩像は，翻波式の技法が裾部に顕著で，本尊より100年ほど前の都の仏師の手になるものといわれている。このほか木造吉祥天立像・木造天部立像，平安時代後期の寄木造の手法も

三原市街と沼田川流域を行く

うかがえる木造四天王立像，後補や追彫がある木造兜跋毘沙門天立像（いずれも県文化）などのほか，菩薩像・神将像・観音像や僧形像などがあり，善根寺は複数の堂宇からなっていたことが知られる。

新高山城跡 ❹ 〈M▶P.86〉三原市本郷町本郷・船木 P
JR山陽本線本郷駅西へ🚶50分

中世武士団の本拠地

　仏通寺の檀越の沼田小早川氏は，相模国（現，神奈川県）の御家人で，源頼朝の側近として活躍した土肥実平とその子遠平が，平氏方として滅んだ沼田氏の所領蓮華王院領沼田荘の地頭職を安堵され，遠平の孫茂平が本拠をこの地に移して小早川と称して領主制を展開，拠点としたのが高山城である。茂平は，承久の乱（1221年）では，後鳥羽上皇方の上京をこの地で阻止して大功をたて，その恩賞として沼田荘の西にある都宇・竹原両荘（下賀茂神社領）の地頭職を与えられた。茂平の嫡子雅平が沼田荘を，雅平の弟政景が都宇・竹原両荘を継ぎ，それぞれ沼田小早川・竹原小早川を称した。応仁の乱（1467〜77年）では，沼田小早川氏は東軍細川方に味方し，竹原小早川氏は西軍山名・大内方として対立，高山城を中心に6年におよぶ攻防戦があった。

　高山城跡（国史跡）は，JR本郷駅の北約1kmに峻立し，西は沼田川，東は仏通寺谷や真良からの仏通寺川が流れる，標高190mの山頂に築かれた要害である。本郷駅から北へ1.5kmほどで山頂である。山頂は東西に延びる2つの尾根が並行し，北の尾根に北の丸・二の丸・本丸，南の尾根に出丸・権現丸・南丸などの郭があり，南東の尾根上に堀切，所々に石垣や土塁，井戸跡が確認される。

　戦国時代の両氏の対立は，竹原小早川氏の養子となっていた毛利元就の子隆景と，沼田小早川繁平の妹との結婚によって家督が統合された。

新高山城跡

隆景は1552(天文21)年に高山城の沼田川対岸に，新高山城を築き居城とした。その後，隆景が三原築城や城下町整備のため，新高山城の石垣の石や施設を移転したが，新高山城跡(国史跡)は中世山城から近世の平城への移行期の城として注目されている。

　本郷駅から南西に700mほど進み，本郷橋を渡って沼田川沿いを800mほど北上すると左手に登山道があり，30分ほどで頂上である。山頂部に位置する本丸跡は，東西幅100mを超す広さであり，東端の最高地点からは沼田川下流域のみならず，遠く三原沖まで眺望することができる。その北側には郭が平行に並び，その間の釣井の段とよばれる郭には，円形石積み井戸が残り，現在も清水をたたえている。桝形を設けた虎口を経て郭群が西に延び，南には匡真寺跡がある。瓦片が散在し，築庭や湧水池の跡，築地跡などが観察される。この南側にも，鐘の段とよばれる独立的な郭群がある。能舞台や会所・裏座敷など城内の様子は，1561(永禄4)年「毛利元就父子雄高山行向滞留日記」に詳しいが，遺構の面からも恒常的な生活を推測させる城跡である。

楽音寺 ❺

〈M▶P.86〉三原市本郷町 南方　P
JR山陽本線本郷駅🚗10分

　JR本郷駅から国道2号線に出て西に進み，バイパス西交差点から県道59号線に入り南に500m，案内に従って右折すると楽音寺(真言宗)の山門がみえる。平安時代の沼田荘下司で平氏と運命をともにした沼田氏の氏寺であったが，小早川氏が沼田荘地頭として入部した後は，その保護を受けて繁栄した。現在の本堂(県文化)は1598(慶長3)年の建立で，3間四方の建物に裳階がつけられていたが，近年の改修に際して，裳階の一部は撤去された。

　本寺所蔵の紙本著色楽音寺縁起や楽音寺文書(ともに県文化)は，沼田荘や小早川氏の歴史を知るうえで不可欠の史料であり，また南北朝時代の作とされる紙本著色仏涅槃図(県文化)も往時の繁栄を偲ばせるが，いずれも現在は広島県立歴史博物館に寄託されている。

　楽音寺から南に約2.5kmほどの蟇沼の観音寺の谷には，東禅寺(蟇沼寺)がある。鎌倉時代には沼田荘預所職の橘氏や沼田荘弁海名主源氏らの帰依を受け，室町時代に竹原小早川氏の氏寺

小早川氏ゆかりの寺々

三原市街と沼田川流域を行く

楽音寺本堂

的寺院となった。本尊は秘仏とされるが、その周囲に安置される木造四天王立像(県文化、拝観要連絡。電話0848-86-2461)は、像高171cm、寄木造・玉眼入りの堂々たる優作で、多聞天像内部の銘文によると、1330(元徳2)年6月に源信成が極楽往生を願って造像したことが知られる。

　東禅寺から南に約1.5kmの天井川流域は、小早川氏の有力一族小泉氏の本拠地である。市立小泉小学校の西側の山道を3kmほどのぼると、白滝山龍泉寺(曹洞宗)がある。本尊は、珍しい木造十一面観音坐像(県文化)で、脇侍として木造多聞天立像・木造不動明王立像(ともに県文化)が安置されている。本尊は寄木造、脇侍2体は一木造の秀作で、いずれも平安時代の作とされるが、ともに非公開である。本堂裏の巨大な花崗岩に、釈迦三尊像と十六善神像の浮き彫りがある。

米山寺 ❻

〈M▶P.86〉三原市沼田東町納所
JR山陽本線本郷駅🚌10分

　沼田川の南岸、三原市西部小原工業団地の東端から500mほど入った山あいに、東盧山米山寺(曹洞宗)がある。沼田小早川茂平が、1235(嘉禎元)年に建立した氏寺で、山門東側に、20基の宝篋印塔が前後2列に10基ずつ整然と並んでおり、小早川家墓所とされている。すべての宝篋印塔が基壇から相輪まで残存し、鎌倉時代から安土桃

小早川家墓所(米山寺)

整然と立ち並ぶ中世武士の歴代墓

94　三原・尾道とその周辺

安芸と備後の国境（方言）

コラム

国境を越える言語文化

　中国地方の脊梁部から瀬戸内海の島嶼部までを含む広島県の県域が確定したのは、1876（明治9）年の岡山県と北条県（旧美作国。現、岡山県東北部）の合併にともなって備後（現、広島県東部）東部6郡が編入されたことによってである。この県域は、結果的には安芸（現、広島県西部）と備後という古代律令国家によって確定された行政域を継承したものであるが、両国はそれぞれの歴史的特徴をもち、備後は備中（現、岡山県西部）などとの関係、安芸は周防（現、山口県東部）・石見（現、島根県西部）などとの関係が強いようである。

　たとえば方言研究の成果によると、人が他者を評価する際に使用する語彙（対人評価語彙）のうち、備後地域と備中地域の共通する語彙率は56％、安芸地域と周防地域の場合も53％とされ、それぞれに顕著な関連性がうかがわれるとされる。また安芸地域の場合は、島根県石見地域とのつながりも強く、備後南部地域の方言と愛媛県方言との関連性が強いのに対し、備後北部地域と出雲（現、島根県東部）地域との関連性は希薄であるとされている。

　安芸と備後の国境は、古代の地域掌握の単位の変化や、中世以後の郡域の変化などもあり明確ではない。また、三原市久井町坂井原にある安芸牛・備後牛の境界石伝承が示すように、時代による境界の移動の可能性などもあると考えられる。地名などを勘案すれば、尾道市の島嶼部、三原市中央部、東広島市東限、三次市西南部が安芸・備後の境界域と思われる。旧安芸地域と備後地域を包摂する尾道・三原・三次3市の各自治体は、その独自性をいかして、今後どのようなまちづくりをするのかが注目される。

山時代にかけて造立されたと考えられている。その北東隅（後列左端）の最大かつ端正な宝篋印塔（国重文）の塔身には、「大工念心元応元(1319)年己未十月日　一結衆敬白」の紀年銘がある。念心は、佐木島の磨崖和霊石地蔵など、広島県中央部に多くの石造物を残した人物である。また、南西隅（前列右端）の宝篋印塔が小早川隆景墓（県史跡）と考えられている。

　隆景は1597（慶長2）年、65歳のときに三原城で生涯を閉じたが、その生前の姿を描いたとみられるのが、米山寺に所蔵されている絹本著色小早川隆景像（国重文）である。中啓をもち、黒の冠と袍

をつけて座した束帯姿の隆景が描かれ，その上部に1594(文禄3)年に書かれた京都大徳寺の玉仲宗琇和尚の賛がある。やや傷みはあるが，聡明な目もとが知将隆景を彷彿とさせる。毎年3月末頃の涅槃会のときに公開される。

兜山古墳 ❼

〈M▶P.86〉三原市沼田東町納所山崎
JR山陽本線本郷駅東へ🚶30分

安芸地域の玄関口を眺望する中期古墳

米山寺から北東に山をくだり，沼田川に出る直前の東方にみえるのが兜山古墳(県史跡)と鳩岡古墳である。兜山古墳は標高67mの丘陵上，沼田川下流域を一望できる位置にある。径約45m・高さ7mを測り，県内最大級の円墳で，北側に低い造り出しがあるともされる。墳頂付近と裾部には円筒埴輪が2重にめぐらされていたようで，形象埴輪も採集されている。また墳丘斜面には葺石が貼られているのが確認できる。未調査で内部主体も明確ではないが，墳丘裾付近で鉄手鎌・須恵器片などが採集されており，5世紀中頃の古墳と推定されている。また兜山古墳の南約170mにあるのが，径36mの円墳鳩岡古墳で，家形埴輪などが採集されている。墳頂部の様子から盗掘を受けたようで，詳しいことはわかっていない。

兜山古墳から道なりに1kmほど東に歩くと本市橋に出る。この橋の東側から七宝にかけての沼田川右岸一帯が，小早川家文書などに散見される沼田市跡と推定されている。

兜山古墳

② 本郷付近の古墳をめぐる

国道2号線沿いに、国や県史跡の横穴式石室墳や家形石棺などが集中しており、見応えがある。

梅木平古墳 ❽

〈M▶P.86, 97〉三原市本郷町下北方宮地川 **P**
JR山陽本線本郷駅 🚌 日名内上行北方橋 🚶 5分

県内最大級の横穴式石室

　北方橋バス停から北側の橋を渡って右折し、県道59号線を約300m行き、市立本郷中学校の西側の道を北に進むと、山王社の鳥居がある。その西側約50mに石室が開口しているのが梅木平（1号）古墳（県史跡）である。墳丘は開墾を受けて墳形は明らかではない。頂部には小堂があり、平安時代の作という仏像がおかれている。

　石室は巨石を3～4段積んで構築されており、石室中央部の両側に石柱状の石を張り出させて部屋を区切っている。仕切られた奥室が玄室、前側が羨道とみることができ、両袖式の形態である。石室の全長は13.25m、玄室の長さ約6.3m、奥壁の幅約3m・高さ約4.2mを測り、県内最大級の規模である。出土遺物などについては明らかではないが、6世紀末～7世紀初頭に築造され、沼田川中・下流域を広く統治した広域首長の墳墓と考えてよいだろう。

　古墳の南西下の民家の西端には、半壊した横穴式石室（梅木平2号古墳）が残っている。一方、本郷中学校の東側一帯には、白鳳期の横見廃寺跡（国史跡）が

梅木平古墳石室内部

本郷周辺の史跡

本郷付近の古墳をめぐる　97

ある。この地域は6世紀後半から7世紀にかけて、継続して畿内色の強い古墳や寺院が造営されており、その背景には、古代国家成立に向けての政治的動きがあったようである。

横見廃寺跡 ❾

〈M▶P. 86, 97〉三原市本郷町下北方宮地川 P
JR山陽本線本郷駅 日名内上行北方橋 5分

県内最古級の白鳳期の寺院跡

梅木平古墳から市立本郷中学校の北側の道を進んで東側に至ると、一帯が横見廃寺跡(国史跡)である。現在は、寺院跡の遺構などはみることができないが、詳しい説明板があるので概略を知ることができる。

これまでの発掘調査によって、東方建物(講堂)跡・西方建物(塔)跡・北方建物跡・回廊跡・北辺築地跡が検出されているが、いずれも一部分で、全体を明らかにする遺構は発掘されていない。そのため伽藍配置を想定することがむずかしい現状である。

出土した軒丸瓦のうち、創建期のものと考えられる単弁の蓮華文は、火炎文といわれる毛羽つきの文様であり、これは、山田寺跡(奈良県桜井市)や檜隈寺跡(同県明日香村)などの軒丸瓦と共通したものである。また、六弁忍冬唐草文のものは、法隆寺(同県斑鳩町)の若草伽藍跡出土のものと同様の文様であり、注目される。

出土遺物からみると、寺院は7世紀後半〜8世紀初頭に伽藍の整備がなされたようである。県内では最古級の寺院跡であり、畿内の有力勢力との密接なつながりのなかで建立されたことがうかがえ、近隣の梅木平古墳や御年代古墳との関連も注目される。

横見廃寺跡

御年代古墳 ❿

〈M▶P. 86, 97〉三原市本郷町南方尾原 P
JR山陽本線本郷駅 日名内上行尾原 8分

尾原バス停から西方向に約400m行った山裾にある御年代古墳は、

竜山石製の家形石棺

コラム

播磨国から船で運ばれた石棺

　三原市へ流れる沼田川流域の本郷町付近には、横穴式石室にともなう家形石棺が集中して存在しており、注目されている。そのなかには、兵庫県の高砂市付近で産出する竜山石とよばれる凝灰岩でつくられたものが、少なくとも4セット（身と蓋で1セット）分存在するという状況がある。

　石棺は、身を刳り抜いた刳抜式のもの2個、板材を組んだ組合せ式のもの2個がある。現存状態をみると、貞丸1号古墳のように、横穴式石室のなかに刳抜式の身だけが残っているもの、貞丸2号古墳から持ち出されたものかもしれない大日堂庭の石碑の土台となっている蓋、南方神社境内に復元展示されている組合せ式のセット（二本松古墳）、溜箭古墳（消滅）にあったという常磐神社（沼田西町松江）の手洗い鉢になっている蓋、これとセットになる長円寺（沼田西町松江）の刳抜式の身、というように多様である。

　これらの家形石棺は、7世紀初め頃のものとみてよいが、この時期にこの地域には、県内では最大級の横穴式石室で、竜山石製の家形石棺が存在していた可能性の大きい梅木平古墳や、花崗岩切石で構築された横穴式石室に、花崗岩製の刳抜式家形石棺を2基収めている畿内型の御年代古墳など、高度な古墳文化が認められる。

　竜山石製の石棺は、古墳時代の全体を通して、基本的には、ヤマト政権の大王の棺として特注されたものである。そのため、畿内の大和・河内、生産地の播磨、その隣の吉備地方という、きわめて限定した地域にしかみられない。こうした石棺が沼田川下流域に集中しているのは、6世紀後半から7世紀にかけての時期に、この地域で一貫して畿内型古墳が営まれていることと深い関わりをもつものである。沼田川が安芸と備後の国境になっているという地理的環境や、7世紀の後半は、ヤマト政権が各国の設定を強力に進めた時期であることを背景にして古墳が営まれたとみられる。

南方神社境内石棺

溜箭古墳石棺蓋

本郷付近の古墳をめぐる

県内の切石による横穴式石室墳としては現在のところ唯一，国史跡に指定されており，石室内に2基の家形石棺を収めるといった他例のない特色をもつ。

墳丘は，早くから開墾され，江戸時代の墓もつくられており，墳形については明らかではない。しかし，古墳背後の丘陵の斜面は，人工的なカット面のようであり，周囲の地形からみると，方墳であった可能性がうかがえる。石室は両袖式の形態で，全長は約10.8mである。石室は，①花崗岩の切石で構築され，石面が精美である，②玄室・羨道とも石積みは1段である，③玄室は中央部に仕切の石柱を設け，2室に分けられている，④仕切の石柱とその上にかけられた鴨居状の横石は，切り込みを施して組み合わされている，⑤石柱と横石の前側の石面には，縁取り状の加工がなされ，ここに閉塞施設があったことがわかる，などの特徴がある。

玄室の2つの石棺は，いずれも花崗岩製の刳抜式家形石棺で，県内では他例がない。蓋は屋根形で縄掛突起はなく，家形石棺としては新しい時期のものである。遺物として，馬具類・須恵器などが出土しているが，出土状況は明確でない。

古墳の築造時期については，石室の構造が奈良県の切石の横穴式石室と共通することや，石棺の特徴からみて，7世紀なかば以降と推定され，畿内型の終末期古墳としてとらえられる。

なお，国道2号線の尾原バス停そばの交差点南側には，小学校跡地を利用して，御年代古墳や近隣の古墳見学のための駐車場が設けられており，遺跡見学の案内板もある。

御年代古墳石室・石棺

貞丸古墳群 ⑪ 〈M▶P.86, 97〉三原市本郷町南方貞丸
JR山陽本線本郷駅🚌日名内上行上尾原🚶5分

竜山石の家形石棺が運ばれた古墳

　御年代古墳から旧山陽道を山沿いに南西方向に約300m進むと、大日堂という小堂があり、この西側に修復された貞丸1号古墳が、北側に貞丸2号古墳（ともに県史跡）がある。

　1号古墳は、周辺が早くから開墾され、墳丘の状況は明らかではない。また、横穴式石室も前側が失われ、玄室部分が残存した状態である。2001（平成13）年の芸予地震の影響もあり、石室が崩壊するおそれがあるため、修復し、封土を盛って現在のようになり、解説の説明板が新設されている。

　石室は、奥壁幅が2.09mある大型のもので、本来は梅木平古墳と類似した両袖式の形態のようである。玄室におかれている石棺は、刳抜式家形石棺の身である。蓋はなく、所在が不明である。大日堂庭の石碑の土台に、縄掛突起が6個ある形態の家形石棺の蓋が使用されているが、この蓋と石室内の身とは大きさが異なり、セットとはならない。2号古墳から持ち出されたものかもしれないが、確証はない。これらの蓋・身は、ともに石材が兵庫県高砂市辺りから運ばれた竜山石であることが注目される。

　2号古墳も周囲の開墾のため、墳丘は明らかでなく、石室も前側が失われている。石室の規模は1号古墳とほぼ同じであるが、片袖式の形態であったようである。石組みの状態からみると、1号古墳の後に築造されている。ともに7世紀前半の時期であろう。

　大日堂前から、旧山陽道をさらに西へ約500m進むと、南方神社の階段前に至る。境内にのぼると、二本松古墳として家形石棺が展示してある。組合せ式のもので、側石1枚と小口石2枚は復元した石である。この石棺の石材も竜山石である。

貞丸1号古墳

本郷付近の古墳をめぐる　101

③ 尾道市街の古寺巡り

水運の要衝として栄えてきた尾道。文学や映画に取り上げられてきた坂と階段の小路をめぐり，古刹を訪ね歩く。

持光寺・光明寺 ⑫　〈M▶P. 86, 103〉尾道市西土堂町9-2／尾道市東土堂町2-8
0848-23-2411／0848-22-7269
JR山陽本線尾道駅 🚶5分／🚶7分

瀬戸内水軍の帰依した寺　堂々たる石造の山門

　尾道の古寺巡りは市内に整備された「古寺めぐり案内板」を目印にするとよい。JR尾道駅を出発し，国道2号線を東に約300m進む。案内板を目印に持光寺前踏切を渡ると，持光寺へと続く石段が延びている。のぼりきると尾道名物の1つ，持光寺の花崗岩製の山門「延命門」が眼前に聳え立つ。

　持光寺（浄土宗）は，寺伝によると承和年間（834〜848）に最澄の高弟持光上人によって天台宗寺院として創建された。その後，1382（永徳2）年に善室頓了上人により阿弥陀如来立像を本尊とする浄土宗寺院に改宗され，京都の西山禅林寺の末寺となったという。「仁平三（1153）年」の墨書銘がある全国最古の二十臂延命像である絹本著色普賢延命像（国宝）や絹本著色釈迦八相図（県文化）など多くの寺宝を伝える。境内には頼山陽と交流のあった江戸時代後期の女流画家平田玉蘊の墓があり，毎年6月20日に玉蘊を偲ぶ「玉蘊忌」が行われている。石畳の細い路地をさらに東に向かうと，光明寺（浄土宗）に至る。もとは天台宗寺院で，承和年間の末，円仁の草創というが，1336（建武3・延元元）年，足利尊氏の九州下向に随行した僧道宗が浄土宗に改宗したという。木造千手観音立像（国重文，要事前申込み）は，一木造，四十二臂像で平安時代の作である。寺伝では行基作という。もとは向島余崎城主で，村上水軍の将

持光寺山門

102　三原・尾道とその周辺

島居資長が念持仏として船中に護持し、風浪を凌いだので「浪分観音」とも称される。

1336年に、紀州雑賀荘和田村(現、和歌山市)の海龍寺の僧弘阿が寄進したと伝える絹本著色法然上人像(県文化)は、建暦年間(1211〜13)の作である。また金銅蓮花輪宝文置説相箱(県文化)には、「慶長三(1598)年」の朱漆銘がある。境内には、江戸時代最後の横綱である第12代横綱陣幕久五郎の墓がある。

天寧寺・千光寺 ⓭
0848-22-2078／0848-23-2310

〈M▶P.86, 103〉尾道市東土堂町17-29／東土堂町15-1
P
JR山陽本線尾道駅🚃市内本線東行長江口🚶3分／🚶30分

　光明寺を出て南へ約60m行き、奇祭「ベッチャー祭り」で有名な吉備津彦神社の脇を通り抜け、千光寺新道の長い坂道をのぼる。途中、宝篋印塔や文学記念室を見学しつつ石畳の小路を東に向かうと、天高く聳える三重塔がみえてくる。天寧寺塔婆(国重文)である。

　天寧寺(曹洞宗)はもとは臨済宗で、尾道の万代道円の発願により、1367(貞治6)年に春屋妙葩を招じて開山とし、天龍寺(京都市右京区)の末寺とされた。足利氏の帰依を受けて栄えた寺であり、1389(康応元)年、厳島参詣の帰途に室町幕府将軍足利義満が立ち寄り、当寺で1泊して守護山名氏の饗応を受けている。足利氏・山名氏の衰退にともなって寺運も衰え

天寧寺塔婆

尾道市街の古寺巡り

千光寺山

足利氏の帰依した名刹玉の岩から尾道水道を見下ろす絶景

たが元禄年間(1688～1704)に、宗光寺(現，三原市)の住職一雲椿堂が再興して曹洞宗に改宗，宗光寺末寺となり、芸備地方(現，広島県)の曹洞宗僧侶の養成機関とされた。

天寧寺塔婆は1388(嘉慶2)年造立で、もとは五重塔であったが、1692(元禄5)年に三重塔に改修された。和様を基調に禅宗様が取り入れられた雄大な塔婆である。

天寧寺塔婆を眺めながら、千光寺道の長い坂道をのぼる。標高136.9mの千光寺山には、戦国時代に木梨杉原氏の千光寺山城が築かれていた。現在は山頂一帯が千光寺公園として整備されており、その中腹に千光寺(真言宗)がある。806(大同元)年、弘法大師(空海)の開基と伝える。

巨岩が迫り出す山腹に張りつくように、本堂・鐘楼・持仏堂などの建物が立ち並ぶ。本堂の須弥壇は室町時代中期の作といわれ、本尊千手観音菩薩立像(秘仏、32年ごとに開帳)は、俗に火伏せの観音と称される。尾道水道を望む鐘楼は、尾道の時の鐘として有名で「日本の音風景100選」にも選ばれている。鐘楼側の巨岩は、尾道の古名「玉の浦」の由来とされる玉の岩である。境内には「寛正六(1465)年」銘の磨崖阿弥陀三尊像や「天正十七(1589)年」銘の供養碑2基がある。

千光寺山を訪れた多くの文人墨客は、その眺望を詩歌に詠んだ。千光寺から山頂へ続く文学のこみちには、尾道ゆかりの文人25人の作品を刻んだ文学碑が建てられている。

文学と芸術

コラム

尾道を愛した文人・画家の足跡

　尾道は多くの文人・画家に愛されてきた坂と港の町である。彼らが愛でた尾道の風景を訪ねて，尾道水道を見下ろす千光寺山界隈を歩いてみよう。

　千光寺山ロープウェイで山頂までのぼると，眼前に瀬戸内の多島美が広がり，晴天であれば四国まで見晴らすことができる。山頂一帯は四季の花々も美しい千光寺公園となっており，園内にある尾道市立美術館では，平田玉蘊，小林和作，森谷南人子ら尾道ゆかりの美術家の作品が収蔵・展示されている。

　山頂から千光寺に至る遊歩道は，文学のこみちと名づけられている。いたるところに，尾道に惹かれた文人墨客が残した和歌・俳句・小説の断章を刻んだ石碑があり，その数は25基を数える。

　千光寺道をくだる途中，尾道の情景を描いた石版を目にする。広島を代表する日本画家平山郁夫が描いた「しまなみ海道五十三次」のスケッチ場所である。

　千光寺山の中腹，尾道水道を見下ろす高台に，志賀直哉旧居がある。1912(大正元)年に尾道に居を移した志賀は，ここで『暗夜行路』を執筆した。小学校から尾道市立高等女学校(現，県立尾道東高校)卒業まで尾道に居住し，みずからを宿命的な放浪者と評した林芙美子も，『放浪記』のなかで，「海が見えた。海が見える。五年振りに見る尾道の海はなつかしい……」と，尾道を郷愁とともに描いている。

　志賀・林のほかにも，高垣眸・横山美智子・行友李風・中村憲吉・山下陸奥・麻生路郎ら，多くの歌人・作家が尾道を愛し，その作品に尾道の情景を詠んだ。彼らの愛用品や書簡・直筆原稿は，おのみち文学の館で展示されている。

　尾道を撮影地とした映画も多い。小津安二郎監督の映画『東京物語』は尾道を重要な舞台の1つとしている。尾道出身の大林宣彦監督もまた，故郷の情景を重要なモチーフとした映画を撮り続けており，撮影地を探し求めて小路をめぐるファンも多い。

　数多くの文人・画家を魅了し，郷愁に似た想いを喚起する情景が尾道にはある。

文学のこみち碑

西国寺・西郷寺 ⑭
0848-37-0321／0848-37-2264

〈M▶P. 86, 103〉尾道市西久保町29-27 P／尾道市東久保町8-14
JR山陽本線尾道駅🚌市内本線東行西国寺下🚶10分／🚌市内本線東行防地口🚶4分

愛宕山山腹に広がる大伽藍　時宗寺院の端正な本堂

　千光寺山からロープウェイで山麓駅にくだる。駅近くに聳えるクスノキの巨木群は，艮神社のクスノキ群(県天然)である。長江通りを越えて，西国寺山の中腹にある古刹西国寺(真言宗)を目指す。本尊は薬師如来で，天平年間(729～749)行基の草創と伝える。1066(治暦2)年焼亡の後，白河天皇の勅により僧慶鑁が永保年間(1081～84)に伽藍を再興した。1108(天仁元)年には，堀河天皇追善の不断経修行を白河・鳥羽両院から命じられており，院の忌日に不断経を修行する官寺として位置づけられた。

　室町時代，守護山名氏の庇護下にあり，紙本墨書西国寺建立施主帳(県文化，非公開)には，室町幕府将軍足利義教を筆頭に，幕府重臣や守護大名たちが名を連ねている。戦国時代には木梨杉原氏の帰依を受けた。江戸時代，御室仁和寺(京都市右京区)末となり，備後国における触頭とされ，末寺は27カ寺を数えたという。

　ゆるやかな参道をのぼって行くと，正面に仁王門(県文化)が聳える。楼門形式の安土桃山時代の作で，奉納された巨大な藁草履が際立つ。石段をのぼりきると，正面に朱塗りの金堂(国重文)があらわれる。和様を基調とした入母屋造・本瓦葺きの建物で，1386(至徳3)年再興の棟札がある。金堂の上段に庫裏・客殿などが立ち，持仏堂には，本尊の木造薬師如来坐像(国重文，非公開)・木造釈迦如来立像(国重文)を安置する。庫裏の上手に三重塔(国重文)が聳える。純和様の建築で，1429(永享元)年足利義教によって建立

西国寺金堂

三原・尾道とその周辺

西郷寺本堂

されたと伝える。回縁がなく、石製基壇の上に立つ珍しい遺例である。

　西国寺から国道2号線に戻り、東進して防地口交差点を左折、久保小学校横の道を進むと、西郷寺(時宗)がある。正慶年間(1332～34)の遊行他阿一鎮の開基。当初は「西江寺」とも記していた。本尊の阿弥陀如来立像は足利尊氏の陣中念持仏と伝える。1353(文和2)年に、住持託阿の発願により建立された本堂(国重文)は、角柱上に舟肘木をおくだけの簡素な形式であるが、方三間の内陣の周囲を外陣がめぐる形式は、踊念仏行を行う時宗に特徴的で、時宗本堂としては全国的にみても最古であり、貴重である(内部は非公開)。山門(国重文)は貞治年間(1362～68)に建てられている。

浄土寺 ⓯

0848-37-2361

〈M▶P.86, 103〉尾道市東久保町20-28 P

JR山陽本線尾道駅 市内本線東行浄土寺下 2分

聖徳太子開創と伝える尾道屈指の古刹

　浄土寺下バス停から北へ向かい、国道2号線を渡り、JR山陽本線のガードをくぐると浄土寺(真言宗)がある。当初は高野山系真言宗に属していたが、鎌倉時代末期、奈良西大寺系真言律宗となり、江戸時代に泉涌寺派となった。

　寺伝では聖徳太子の創建とされるが、その歴史が明確になるのは平安時代末期以降である。大田荘(現、世羅町)が平家から後白河院に寄進されると、1169(嘉応元)年、尾道浦がその倉敷地とされ、浄土寺に政所がおかれた。一時衰微していたが、大田荘預所職の淵信法眼が、西大寺叡尊の直弟子定証に浄土寺や山林・浜在家(住民・家屋と付属耕地)などを寄進。定証の勧進と尾道浦商人らの支援によって、本格的な伽藍整備が進められ、1306(嘉元4)年金堂の落慶法要が営まれた。1325(正中2)年、全山焼亡という事態に陥ったが、このときも尾道浦の道蓮・道性夫妻が大願主となって、金堂・多宝塔・本堂が再建されている。尾道浦商人の深い帰依を受けて栄えた寺院である。

尾道市街の古寺巡り　107

浄土寺阿弥陀堂・多宝塔

　南北朝時代には，足利尊氏が1336(建武3)年九州下向の途次この寺に立寄り，上洛に際しても戦勝を祈願して法楽和歌33首を奉納し，本堂に参籠した。足利氏によって諸国に安国寺と利生塔がおかれると，浄土寺五重塔が備後国の利生塔とされた(江戸時代に焼失)。九州探題今川貞世(了俊)も，九州下向に備えて浄土寺に数カ月滞在している。

　南北朝時代の山門(国重文)をくぐると，正面に本堂(国宝)が立つ。1327(嘉暦2)年の再建で，和様を基調に桟唐戸などの禅宗様式を用いた中世の折衷様式仏堂建築の代表作である。本尊の木造十一面観音立像(国重文)は平安時代初期の作。境内右手に阿弥陀堂(国重文)，多宝塔(国宝)が立つ。多宝塔は1328年建立の和様建築で，建立年代の明らかな多宝塔として貴重な存在である。このほかに方丈・唐門・庫裏及び客殿・裏門・宝庫・露滴庵，納経塔1基，宝篋印塔2基が国の重要文化財指定を受けている。

　宝物館では，寺に伝わる仏像や仏教絵画，古文書などが公開されている。絹本著色両界曼荼羅図は，1317(文保元)年の作。3体の木造聖徳太子立像(ともに国重文)は，鎌倉～南北朝時代の作である。

久山田貯水池堰堤 ⓰

〈M▶P.86〉尾道市久山田町 🅿
JR山陽本線尾道駅→陽光台行水源地🚶すぐ

尾道市民の生活を支える水源地

　水源地バス停で下車すると，すぐ目の前が久山田貯水池(久山田ダム)である。

　明治時代以来の急激な人口増加によって，飲料水不足に悩まされていた尾道市が上水道整備に乗り出したのは，1913(大正2)年のことである。1914年，給水人口3万7000人，1日最大給水量4500m^{3}の計画が立てられ，1920年，貯水池の候補地として門田川の流れる深田村久山田が選定された。しかし，水源が三原市域にあったために三原市から異論が出され，その対策として深田村から久山田を分

久山田貯水池堰堤

離し，尾道市に編入するという手続きが取られた。

　尾道出身の実業家山口玄洞から総工事費の7割超（事業予算140万円余のうち103万円）にのぼる莫大な寄付金の申し出を受けて，尾道市は計画を推進した。1923年1月に起工し，1925年3月に竣工，工期は約2年2カ月であった。1925年4月通水式を迎え，兵庫県神戸市についで日本で2番目の貯水式水源池が誕生した。

　久山田貯水池堰堤（国登録）は，堤高22.5m・堤長75mの石張コンクリート造りの堰堤で，有効貯水量は75万4000m^{3}におよぶ。設計には，神戸市のダム建設に携わった佐野藤次郎や水野広之進がかかわった。重力式とアーチ式を複合した構造が特徴で，日本土木学会の「日本の近代土木遺産―現存する重要な土木構造物2800選」に選定されている。尾道の近代化を支え，今も尾道市民の生活の礎となっている貴重な歴史遺産である。

しまなみ海道を行く

④ 西瀬戸自動車道で結ばれた向島・因島・生口島は，内海水運の富で培われた歴史と文化で彩られている。

吉原家住宅 ⑰　〈M▶P.86〉尾道市向島町3854　P
0848-45-0399（吉原家住宅を守る会）　JR山陽本線尾道駅🚌江の浦行江奥🚶5分

全国3位の古さを誇る民家建築

尾道水道を挟んで尾道市街に相対する島が向島である。中世には「歌島」とよばれ，大炊寮領歌島荘がおかれていた。室町時代中頃から尾道の向かいの島という意味で「向島」の呼称があらわれたといわれる。1330（元徳2）年に歌島西金寺の比丘尼たちが書き写し，厳島神社（廿日市市）に奉納した華厳経の紙背文書から，金融業を営む酒屋があったことや，畿内と「為替」取引を行っていたことがわかっている。内海水運の要港として尾道と一体となって繁栄した歌島の往時がうかがえよう。近世には大規模な入浜式塩田が開発され，製塩でも栄えた。

江奥バス停で下車して西側の小道に入り，十字路を右折して2つ目の角を左に曲がると吉原家住宅（国重文）がある。吉原家は源頼朝に従い，駿河国吉原郷（現，静岡県富士市）を領した藤原親能を祖とする。その後，文明年間（1469〜87）に向島に城を構え，吉原氏を称したが，天文年間（1532〜55）に世羅郡に移り，毛利氏に属した。その一族が向島に残って横山吉原家を名乗り，江戸時代末期まで代々向島西村の庄屋をつとめた。

吉原家住宅は南東向きのなだらかな丘陵地帯の中腹にある。敷地は東西に長く，東面しており，古くは屋敷地の周囲に水路や池がめぐらされていた。東側石垣上に長屋門形式の表門（表長屋門，国登録）をおき，敷地中央に主屋を建てている。主屋は東面する寄棟

吉原家住宅

110　三原・尾道とその周辺

造・茅葺きの建物で，桁行11間・梁間5間の大きな建物である。

伝来文書によって，主屋は1634(寛永11)年に焼失し，翌年再建されたことが判明しており，全国で3番目に古い民家建築である。武士から帰農して村役人をつとめた階層の住宅の事例としても価値が高く，納屋・鎮守社・便所の附属屋を含めて保存が図られている。

因島村上氏城跡と金蓮寺 ⑱
0845-24-0393(金蓮寺)

〈M▶P.86, 112〉尾道市因島中庄町3225 P(金蓮寺)
JR山陽本線尾道駅🚌安郷行水軍城入口 🚶10分(金蓮寺)

威容を誇る海城の数々　古墓に村上水軍衆の威勢を偲ぶ

向島から西瀬戸自動車道の因島大橋を渡り，因島に向かう。因島は，後白河院によって集積された長講堂領の1つ，因島荘があった島である。院の没後は三津荘・中荘・重井荘の3カ荘に分かれたが，地頭職は北条得宗家が保持し，北条氏の滅亡後は尾道浄土寺領，ついで京都東寺領とされた。

因島は芸予諸島の多くの島と同様，備後塩の特産地であり，古墳時代から製塩が行われていた。芸予諸島産の塩を運んだ船には因島船籍の船が多く，舟運が盛んなことから，室町時代には遣明船の候補に因島の船が挙げられた。

安芸(現，広島県西部)・備後(現，広島県東部)・伊予(現，愛媛県)3国の境界にあり，海上交通の要衝であった因島をめぐって，小早川氏や村上氏ら瀬戸内水軍衆が争奪戦を繰り広げたが，戦国時代後半には三島村上氏の1つ，因島村上氏が全島を支配し，島内の要所に城を築いた。

島の中央部に聳える標高275.7mの青影山山頂にある青陰城跡(県史跡)からは，周囲の海域の眺望がきき，因島村上氏の本城として相応しい中世山城である。

海岸部にも多くの海城(水軍城)が築かれ，内海水運ににらみをきかせた。島

因島村上氏墓所(金蓮寺)

しまなみ海道を行く　111

金蓮寺周辺の史跡

の南端，因島土生町の長崎港に突き出した長崎城跡(県史跡)は，伊予の生名島・弓削島を指呼の間に臨む海城であった。そのほか，青木城跡(県史跡)・美可崎城跡など多くの海城が築かれた。

水軍城入口バス停から国道317号線を北東へ100mほど行って左折し，北西へ450mほど進むと因島村上氏の菩提寺である金蓮寺(曹洞宗)がある。1449(文安6)年に，村上氏の重臣宮地妙光と子の資弘が願主となって建立された寺院で，境内には村上氏代々の宝篋印塔18基のほか，五輪塔が多数残されている。

金蓮寺を見下ろす丘の上に，村上氏の歴史資料を展示する因島水軍城がある。村上水軍が残した武具・遺品・古文書などを公開している。

大浜埼灯台 ⑲
0845-26-6212
(尾道市役所因島総合支所産業振興課)

〈M▶P.86〉尾道市因島大浜町 P
JR山陽本線尾道駅🚌安郷行因島大橋入口🚶5分

布刈瀬戸の航海安全を守る灯台

金蓮寺を出て国道317号線に戻り，因島大浜町方面に向かう。因島大浜町から海岸線を北に向かうと，前方に全長1270mの因島大橋がみえてくる。橋脚の下をくぐると因島大橋入口バス停があり，すぐ右手が因島大橋記念公園である。灯台記念館の看板を目印に大浜埼灯台まで歩く。

大浜埼灯台は，1894(明治27)年に布刈瀬戸に臨む大浜埼におかれた現役灯台である。布刈瀬戸は，幅約780mの海峡で，阪神と中国・九州を結ぶ小型貨物船の主要航路であり，1日の総通航隻数は400隻を超える。

1887(明治20)年頃，九州から京阪神の工業地帯に石炭を運ぶ船が

しまなみ海道の橋巡り

コラム

6つの島を10の橋で結ぶ "海の道"

瀬戸内しまなみ海道(西瀬戸自動車道)は,尾道市と愛媛県今治市の間に連なる6つの島(向島・因島・生口島・大三島・伯方島・大島)を10の橋で結ぶ総延長59.4kmの"海の道"である。1999(平成11)年の開通以来,瀬戸内海西部の南北の架け橋として多くの人びとの生活を支えてきた。

この自動車道の大きな特徴は,自転車や徒歩でも通行できる点である。風光明媚な島並みと,潮風に揺れる色鮮やかな柑橘類の実りを眺めながら,あるいは自転車で,あるいは徒歩で島々を渡るのもよい。

さて,尾道から今治へと海の道をたどってみよう。尾道水道をまたぐ新尾道大橋(塔から斜めに張ったケーブルを橋桁につなぎ支える構造の斜張橋,橋長546m)は,尾道大橋との調和に配慮して,中央支間長を215mで揃え,デザインを相似させた双子橋となっている。向島と因島をつなぐ因島大橋(吊り橋,橋長1270m)は上下2段構造になっており,下部が自転車・歩行者専用となっている。

因島と生口島を結ぶのは生口橋(斜張橋,橋長790m)。生口島と大三島,広島・愛媛両県にまたがる多々羅大橋(橋長1480m)は世界一の斜張橋である。大三島と伯方島の間,幅約300mの鼻栗瀬戸に架かる大三島橋(橋長328m)は,しまなみ海道唯一のアーチ橋。伯方橋(横に架けた桁によって橋面を支える桁橋,橋長325m)と大島大橋(吊り橋,橋長840m)がまたぐ宮窪瀬戸は,干満時に激しく逆巻く潮流で有名であり,橋からは瀬戸内水軍能島村上氏の本城能島城跡(国史跡)が望見できる。最後の難関,来島海峡を渡るのは,世界初の三連吊り橋である来島海峡大橋(総橋長4045m)である。

1936(昭和11)年頃因島を訪れた歌人の吉井勇は,島々のつらなる美しさを「島あれば海 海あれば島」と詠んだ。今その島々を白亜に輝く10の橋がつないでいる。

生口橋

ふえ始めると,来島瀬戸と並ぶ急潮流の布刈瀬戸で海難事故が頻発した。そのため大浜崎に灯台を設置し,かつ潮流の方向・緩急の予知,行合船の状況を知らせる大浜崎船舶通航潮流信号所を並設して,船舶往来の安全を図った。

しまなみ海道を行く 113

大浜埼灯台・塔屋

　旧船舶通航潮流信号所の建物は，1984（昭和59）年に旧因島市に移管され，1986年から大浜埼灯台記念館として一般公開されている（内部は非公開）。切妻造の木造平屋の屋根の上に，3つの塔屋が等間隔で並ぶ姿がユニークである。塔屋は台座の上に乗った木造1間四方の立方体で，この上に円筒・円錐形の灯籠が乗せられている。昼間は塔屋部の壁に○・△・□の標識を掲げて船舶の動静を示し，夜間は灯光器の光で通航信号を伝えた。

　1954（昭和29）年に利用度の低い船舶通航潮流信号所が廃止され，灯台業務のみとなったが，記念館の周囲には，旗を掲げて信号を送った鉄製の旗竿や旧検潮所，腕木式信号機などの施設が残されている。木造の信号所としては，全国で唯一の海洋施設であることから，2005（平成17）年土木学会選奨土木遺産に選定された。

耕三寺 ⑳　〈M▶P.86〉尾道市瀬戸田町瀬戸田553-2　Ｐ
0845-27-0800　　三原港🚢瀬戸田港🚶10分

亡母への追慕の念がつくりあげた寺

　生口島は向島・因島と同様，内海水運と製塩業で栄えた島であり，瀬戸田はその玄関口であった。中世，当島所属の船は生口船，瀬戸田船とよばれ，1445（文安2）年に瀬戸田船が兵庫北関（現，神戸市兵庫区）へ寄港した回数は69回を数える。そのおもな積荷は備後塩であった。江戸時代にも，北国筋・九州・四国の大小船舶が寄港し，米穀・塩・石炭などを中心とした交易が行われた。

　因島から西瀬戸自動車道生口橋を渡り，生口島北ICで降り，海岸線を走る国道317号線，ついで県道81号線を北西に約7km進むと，瀬戸田町の中心街に至る。瀬戸田交番前交差点を右折すると耕三寺（浄土真宗）がある。開山は生口島出身の実業家金本福松である。1920（大正9）年に東洋径大鋼管製造所を設立して，鋼管製造業で財を成した福松は，1927（昭和2）年，母のために邸宅「潮聲閣」を

114　　三原・尾道とその周辺

耕三寺

建築した。1934年に母が亡くなると，福松は菩提を弔うため翌年出家して僧侶となり，耕三と改名して，潮聲閣周辺に耕三寺の建立を開始した。

以後，30余年にわたる日本各地の歴史的な古建築を模した堂塔の建築が始まった。日光東照宮陽明門を模した孝養門，宇治平等院鳳凰堂を模した本堂を始め，紫宸殿御門を模した山門，四天王寺金堂を模した法宝蔵・僧宝蔵など，各地・各時代の代表的仏教建築が再現され，そのうち15棟が国の登録有形文化財とされている。

戦後，耕三の収集した仏像・書画・茶道具などの美術品・文化財が公開展示されたことにより，寺全体が博物館法による博物館とされた。木造釈迦如来立像，絹本著色仏涅槃図，紙本著色三十六歌仙切（紀貫之像）など19点の国重要文化財や40点の重要美術品など，約2000点を収蔵・展示している。

なお，耕三寺の北約200mには，生口島出身の日本画家平山郁夫の作品を展示する平山郁夫美術館がある。

向上寺・光明坊 ㉑
0845-27-3377/0845-28-0427

〈M▶P.86〉尾道市瀬戸田町瀬戸田57　P／瀬戸田町御寺757　P

三原港🚢瀬戸田港🚶10分／瀬戸田港🚌島内東回り線光明坊🚶1分

折表様の粋が込められた三重塔
後白河院皇女の想いが遺る品々

生口島を荘域とする生口荘は，後白河院を本所とする皇室領荘園であった。南北朝時代に沼田小早川氏の勢力がおよび，小早川氏一族の生口氏が支配，瀬戸田商人らと結びついて内海水運にかかわった。

耕三寺の北西約500m，瀬戸田港を見下ろす潮音山に向上寺がある。現在の宗旨は曹洞宗であるが，もとは臨済宗仏通寺（三原市高坂町許山）の末寺で，仏通寺の開山愚中周及が1403（応永10）年に同寺に参集する行脚僧を収容するため，向上庵をこの地に建て

しまなみ海道を行く　115

向上寺三重塔

たのが始まりという。

向上寺三重塔(国宝)は、1432(永享4)年生口惟平と庶子守平を大檀那として建立された。造塔本願檀那の信元・信昌なる人物は、内海水運で財を成した生口島商人とみられる。3間3重の塔婆で本瓦葺き、相輪先端までの高さが約19mある。和様を基調として、組物の装飾彫刻や相輪の水煙、高欄の四隅の親柱の飾り付け、花頭窓などに唐様の意匠が各所に施されており、折衷様の技術の粋がそそがれた、室町時代の代表的な建造物である。

向上寺を出て、県道81号線・国道317号線を西回りで約12km進むと御寺地区に至る。光明寺バス停から100mほど北に入った所に真言宗の古刹光明坊がある。寺伝によると、後白河院の皇女如念が松虫・鈴虫2人の侍女を連れ、この寺に寓居したことから、光明三昧院の勅額を得、さらに御願寺となったという。法然も如念の師として逗留したと伝える。

本尊の木造阿弥陀如来坐像(国重文、要事前申込み)は、寄木造・玉眼・漆箔の鎌倉時代の作。また孔雀散金経箱(国重文、東京国立博物館に寄託)は、もとは尾道浄土寺所蔵のもので、中国元の時代、延祐2(1315)年のものである。前庭にある十三重塔(国重文)は、1294(永仁2)年、忍性による造立である。そのほか、紺紙金銀泥大乗十法経、紺紙金泥大毘盧遮那成仏経巻第三・第五(いずれも平安時代、県文化、要事前申込み)などがある。

福山・府中とその周辺

Fukuyama Fuchuu

福山城跡

尾市（1号）古墳横口式石榔

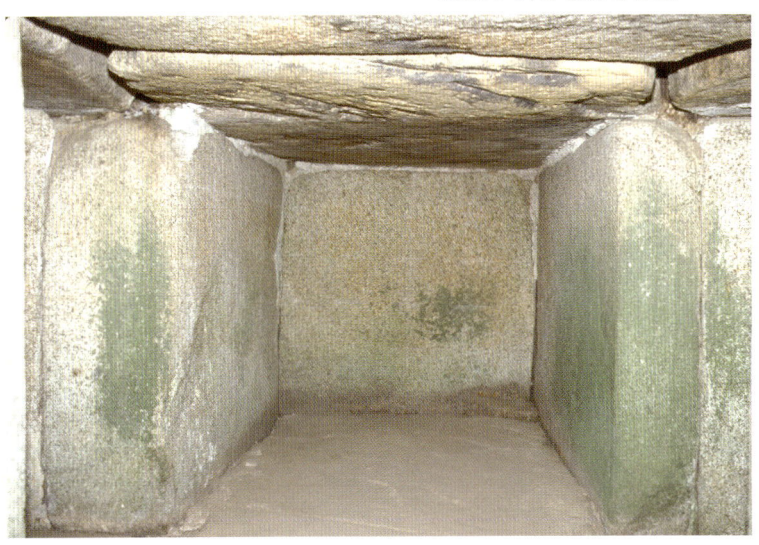

①松本古墳	音)	寺	⑭廉塾跡
②大田貝塚	⑥鞆の浦・対潮楼	⑨福山城跡	⑮神辺本陣
③福山市松永はきもの資料館	(福禅寺)	⑩広島県立歴史博物館	⑯備後国分寺跡
	⑦鞆の町並み(鞆七卿落遺跡・鞆城跡)		⑰堂々川の砂留
④一乗山城跡・常国寺		⑪宮の前廃寺跡	⑱迫山古墳群
		⑫明王院	⑲亀山弥生式遺跡
⑤磐台寺(阿伏兎観	⑧沼名前神社・安国	⑬神辺城跡	⑳二子塚古墳

福山・府中とその周辺

◎福山・府中とその周辺散歩モデルコース

松永湾と鞆コース　　JR山陽本線松永駅_5_福山市松永はきもの資料館_10_松本古墳_15_JR松永駅_11_JR山陽本線福山駅_30_鞆の浦バス停_5_鞆の浦・対潮楼（福禅寺）_4_大田家住宅（鞆七卿落遺跡）_5_鞆公園（鞆城跡）_5_沼名前神社・渡守社_5_安国寺_10_鞆の浦バス停_30_JR福山駅

福山市街コース　　JR山陽本線福山駅_5_福山城跡_3_広島県立歴史博物館_5_福山駅前バス停_10_神島橋バス停_10_明王院_10_JR福山駅

神辺コース　　JR福塩線・井原鉄道神辺駅_10_神辺本陣_5_廉塾跡・菅茶山旧宅_10_菅茶山之墓_20_福山市神辺歴史民俗資料館_5_神辺城跡_30_JR・井原鉄道神辺駅_5_井原鉄道御領駅_12_備後国分寺跡_5_堂々川の砂留_5_迫山古墳群_3_小山池廃寺跡_20_井原鉄道湯野駅

駅家町の古墳巡りコース　　JR福塩線近田駅_3_二子塚古墳_3_宝塚古墳_5_大迫金環塚古墳_3_北塚古墳_5_山の神古墳_1_二塚古墳_5_掛迫6号古墳_3_粟塚古墳の丘_5_JR福塩線駅家駅

新市町の遺跡コース　　JR福塩線新市駅_5_備後一宮吉備津神社_5_福山市しんいち歴史民俗博物館_5_素盞嗚神社_15_大佐山白塚古墳_15_潮崎山古墳_10_相方城跡_10_JR新市駅

府中市街・上下コース　　JR福塩線府中駅_10_伝吉田寺跡（金龍寺）_4_延藤家住宅_8_恋しき_8_JR府中駅_43_JR福塩線上下駅_5_上下歴史文化資料館（旧岡田邸）_1_旧田辺邸_5_翁座_5_吉井寺_5_幕府領上下代官所跡_5_JR上下駅

㉑大迫金環塚古墳
㉒山の神古墳
㉓粟塚古墳の丘
㉔掛迫6号古墳
㉕猪の子1号古墳
㉖石鎚山古墳群
㉗姫谷焼窯跡
㉘福山市しんいち歴史民俗博物館
㉙備後一宮吉備津神社
㉚尾市（1号）古墳
㉛宮脇遺跡
㉜素盞嗚神社
㉝大佐山白塚古墳
㉞相方城跡
㉟曽根田白塚古墳
㊱伝吉田寺跡
㊲青目寺
㊳延藤家住宅
㊴府中市歴史民俗資料館
㊵安福寺宝篋印塔
㊶幕府領上下代官所跡
㊷本郷平廃寺跡
㊸御調八幡宮

松永湾と鞆の散策

かつての海岸線や海運の隆盛・塩田跡を示す史跡が点在する。海と人びととのつながりを考えることのできるエリア。

松本古墳 ❶ 〈M▶P.118〉福山市神村町松本
JR山陽本線松永駅🚶15分

この地域最大級の墳丘をもつ古墳時代中期の古墳

　JR松永駅から北側の国道2号線を渡り，北東に進んで市街地を抜けると，こんもりとした松本古墳（県史跡）の墳丘がみえる。墳丘上へは北側からのぼる道がある。墳形は円形とも方形ともいわれ明らかでないが，裾まわりは畑などで削平されている。円墳とみると，直径約50mといわれ，少なくとも2段に築成されている。この規模のものは県内では最大級の墳丘である。現在は，南側に市街地が広がっているが，松永湾中央部の，当時は海に臨んだ低い丘陵上に築造されている。主体部は埋没してみることができないが，竪穴式石室であったとされている。出土遺物としては，内部から銅鏡や鉄剣，墳丘から多数の埴輪片や土師器・須恵器の土器類などがあり，5世紀後半以降に築造されたようである。

　一方，松永湾の西側には，現在は開発で消滅したが，JR山陽本線東尾道駅のすぐ北側に黒崎山古墳（全長約70mの前方後円墳），駅から約400m北の高須浄水場跡に大元山古墳（全長約50mの前方後円墳）が築造されていた。いずれも海に面した前方後円墳であることが注目される。5世紀頃，ヤマト政権と密接な関係をもちながら，海上交通や交易活動を掌握した首長墓と思われる。

松本古墳

　6世紀になると，海から少し入った今津町の丘陵上に横穴式石室をもつ長波古墳が築造されている。石室は下半分ほどが埋没しているので詳しいことは明らかでない。国道2号線松永バイパスの南

側に位置するので，側道を進むと，バイパスに架かる荒神山橋の南側約50mの畑のなかにみえる。

大田貝塚 ❷ 〈M▶P.118〉尾道市高須町
JR山陽本線東尾道駅🚶15分

過去に多くの縄文人骨が出土

　県東部の松永湾・福山湾沿岸には，広島県を代表する縄文時代の貝塚が集中している。松永湾沿岸では東部に馬取遺跡（県史跡，福山市柳津町）や下迫貝塚が分布しており，西部には大田貝塚（県史跡）が営まれている。

　JR東尾道駅西側の国道2号線を南へ行き，尾道バイパス東口交差点を右折，つぎの大田貝塚交差点から南に約300m進み，保育園の手前から小道を西へ約50m行くと，大田貝塚の標柱と説明板がある。遺跡は指定地だけでなく，周辺部の広い範囲に広がっている。この辺りは，宅地化が進んでいるが，当時は海岸線付近であった。

　大田貝塚は，1925（大正14）年以来，5回の発掘調査がなされており，全部で75体の埋葬された人骨が出土し，「大田貝塚人」とよばれた歴史的遺跡である。具体的な集落の様子は明らかになっていないが，縄文時代中期（約5000年前）が最盛期であったようである。現在は遺構の状況をみることはできないが，貝塚の様子は，貝層の断面が覆屋で保存展示されている馬取遺跡で観察が可能である。

　東尾道駅からJR山陽本線で松永駅へ行き，県道47号線を南へ約3km進むと，新池五差路交差点の北約100mの畑に，馬取遺跡の保存施設がみえる。西貝塚・東貝塚・その間の包含層の3地点を含めた遺跡で，縄文時代中〜後期が盛期であったとみられる。後期の縄文土器は「馬取式土器」とよばれ，この地域の標準土器となっている。東貝塚の一部が保存されている。

福山市松永はきもの資料館 ❸ 〈M▶P.118〉福山市松永町4-16-27
084-934-6644　P
JR山陽本線松永駅🚶5分

　JR松永駅から東へ200mほど行き，突き当りを右折すると福山市松永はきもの資料館がある。

　松永地方は，中世以来塩の産地としてよく知られていた。江戸時代になると，各塩田では海水を濃縮した鹹水を煮詰めるため，多く

松永湾と鞆の散策　121

福山市松永はきもの資料館

松永の下駄産業100年を記念して誕生した日本唯一のはきもの資料館

の薪が集められた。それらの木のなかに,山陰地方へ塩を運んだ舟が持ち帰ったといわれるアブラギの木があった。
　1878(明治11)年,松永で下駄生産に乗り出した丸山茂助は,アブラギがキリに似た素材でありながら安価であったことに着目し,低価格の下駄生産を開始し,以後,松永は下駄の主要生産地となっていく。とくに大正・昭和時代には,全国に下駄を供給する最大の産地となったが,戦後の高度経済成長期以降は生活の変化もあって,下駄需要は低迷していく。こうしたなかで,松永地域の各メーカーはケミカルシューズやサンダル・スリッパなど,時代の要求にあわせて努力を重ねてきた。
　1978(昭和53)年,下駄産業開始100周年を記念して,はきものの収集・保存・研究を目的とした日本はきもの博物館がつくられた。同館は,野球・サッカー・相撲など,スポーツ各界で活躍した著名人の靴・はきものも収集しており,長嶋茂雄・王貞治両選手からイチロー選手ら野球選手のスパイク,高橋尚子選手らのマラソンシューズなども展示。また,1994(平成6)年には日本郷土玩具博物館も併設されたが,入館者減にともなって,2013年11月に閉館した。
　2015年3月末に福山市が寄付を受けて引き継ぎ,地元学区住民が運営に協力する方法で,名称を変更して同年7月に再開館した。

一乗山城跡と常国寺 ❹
084-959-0006

中世国人領主の渡辺氏を偲ぶ史跡・文化財

〈M▶P.118〉福山市熊野町上山田 P
JR山陽本線福山駅🚌新川線花咲堂行水源地
🚶3分

　水源地バス停から堤防沿い(南西)に約200m行くと常国寺に着く。その奥にあった一乗山城は,15〜16世紀に沼隈半島を支配した渡辺氏が黒木谷の最奥部に築いた居城で,その一角からは熊野盆地一帯が眺望でき,また南東にくだる道は鞆の浦に通じている。現存する城跡は,郭・石垣・堀切などの保存状態がよく,関ヶ原の戦い

122　福山・府中とその周辺

一乗山城跡・常国寺

（1600年）後に廃城となった当時の状況がよく残されている。

城を築いたのは，渡辺越中守兼である。兼は毛利興元に招かれ，のち草戸（現，福山市草戸町）に戻るが，出雲守房・民部少輔元・四郎右衛門尉景と，代々備後外郡衆の中心として大内氏，続いて毛利氏方として活躍している。1591（天正19）年の惣国検地の際，知行替えの恐れがあったが，小早川隆景を通して毛利輝元に愁訴して，事なきを得た。

日親上人の説法を受けて日蓮宗に帰依していた兼は，同上人を開基として城の麓に菩提寺を建立したが，それが常国寺である。同寺には，日親自筆の「日親筆天台大師円頓章」や，足利義昭が民部少輔元に与えた御内書などが伝えられており，福山市の重要文化財に指定されている。

磐台寺（阿伏兎観音） ❺
084-987-3862

〈M▶P.118〉福山市沼隈町能登原阿伏兎1427-1
P

JR山陽本線松永駅🚌沼南線阿伏兎観音入口🚶20分

瀬戸内海を行き交う人びとの信仰を集めた景勝地

阿伏兎観音入口バス停から南へ約1.5km行くと磐台寺（臨済宗）に着く。

沼隈半島の南端にある阿伏兎岬は昔から奇勝として知られていたが，10世紀末に花山法皇がこの地を往来する船の航海安全を祈って，十一面観音の石像を安置したことが開基と伝えられる。

現在の磐台寺観音堂（国重文）は毛利輝元が再興し，さらに水野氏・阿部氏と歴代福山藩主の保護も受けるようになった。客殿（県文化）も毛利輝元による再建という。

15世紀の朝鮮使節が日本について記した「老松堂日本行録」にも阿伏兎観音についての記述がみられ，江戸時代になってからも朝鮮通信使の日記に「磐台寺」の記録がある。当時の朝鮮の使節らに

松永湾と鞆の散策　123

磐台寺(阿伏兎観音)

もよく知られた景勝地であったようである。

幕末の歌川(安藤)広重「六十余州名所図会」にも，観音堂の姿が描かれている。また弥次喜多道中で有名な十返舎一九の『東海道中膝栗毛』の続編『宮嶋参詣続膝栗毛』にも，「ここに海潮山磐台寺という寺あり，その庭より廊下の階段をのぼれば，海岸のうえに観音の堂のたてるあり」と記されている。「観音堂より見おろせば，白波足下に湧きかえりて目も眩き，足の骨もかゆきばかりに」と表現しており，おそらく十返舎一九も実際に観音堂から海を眺めたのであろう。

鞆の浦・対潮楼(福禅寺) ❻
084-982-2705　〈M▶P.118, 126〉福山市鞆町鞆2
JR山陽本線福山駅🚌鞆線鞆の浦🚶5分

朝鮮通信使が賞賛した「日東第一の形勝」

鞆の浦バス停で降りて南西へ約200m行くと鞆の浦に至る。

鞆の辺りは，紀伊水道・関門海峡・豊後水道からの潮の満ち引きがちょうど境目となる地域で，干満の差がもっとも大きく，鞆の浦は古代以来，瀬戸内海交通のうえで潮待ちの重要な拠点であり，物資流通の拠点でもあった。安土桃山時代の毛利氏領国下では，尾道とともに直轄地として代官支配が行われたが，江戸時代には木綿帆の普及で地乗り航路から沖乗り航路へと発達したことにより，経済的拠点としての機能をやがて尾道に譲っていくことになる。それでもなお内海交通の拠点港湾としての意義は大きなものがあった。

江戸時代の港には常夜灯・雁木・波止場・焚場・船番所などの設備があったが，鞆の浦では全国で唯一これらがすべて残されているため，その歴史的価値は高い。

鞆は政治・外交の面でも重要な役割をはたしており，室町幕府将軍足利義昭が織田信長によって京都を追われたときに，鞆の地にとどまって信長打倒の機をうかがっていたことはよく知られている。

また江戸時代には，朝鮮通信使が瀬戸内海を航行する際に鞆を寄

124　福山・府中とその周辺

鞆の浦（対潮楼から）

航地としており，鞆の浦から東へ約100mの所にある福禅寺の客殿が接待の場所となった。1711（正徳元）年通信正使の趙泰億は客殿からの眺めを「日東第一形勝」と唱え，1748（寛延元）年正使であった洪啓禧が，客殿を対潮楼と命名した。なお，福禅寺は，本堂・対潮楼を含め，朝鮮通信使遺跡鞆福禅寺境内として国史跡に指定されている。正面にみえる弁天島・仙酔島など島々の景勝は，今なお訪れた者を魅了してやまない。

鞆の町並み（鞆七卿落遺跡・鞆城跡）❼

〈M▶P.118, 126〉福山市鞆町鞆842（大田家住宅）
JR山陽本線福山駅🚌鞆線鞆の浦🚶5分

　鞆の浦バス停から南西へ200mの所にある大田家住宅（国重文）は，明治時代まで保命酒を製造販売した中村家の屋敷であった。中村家の記録によると，1655（明暦元）年，大坂から移り住んだ初代当主が，家伝である餅米焼酎の漢方薬酒をつくり，保命酒と名づけて販売したという。1685（貞享2）年には福山藩の御用酒屋となり，保命酒の独占的製造販売を認められた。

　1832（天保3）年本願寺の命を受けて，安芸国などを監察した僧東林が記した紀行文「泛登無隠」のなかに，鞆に上陸したときの話が載せられている。そのなかで「保命酒を醸す家は，石を水中より累上げて，その上に土蔵・屋宅を構え，粉壁水に映して，賈舫商舶

保命酒発祥の地とその町並みを見下ろす城跡

鞆の浦

鞆の史跡

（商売の船）みなその前に繋ぐ」と記しており、各地から船で保命酒を仕入れにきていた様子がわかる。

幕末の動乱期、1863（文久3）年の八月十八日政変で京都を追われた三条実美ら7人の攘夷派公家が、長州藩（現、山口県）に向かう途中、鞆に投錨して中村家（現、大田家住宅。鞆七卿落遺跡として国重文）で休憩している。

また1867（慶応3）年4月には、鞆の沖合で紀州藩（現、和歌山県）の明光丸と坂本龍馬ら海援隊のいろは丸が衝突し、いろは丸が沈没した事故の交渉のため、龍馬が一時鞆に滞在した。いろは丸の遺品を展示したいろは丸資料館も、常夜灯のそばに建てられている。

これらの町並みを見下ろす場所に鞆公園（国名勝）があり、鞆の浦歴史民俗資料館が立っている。この公園は鞆城（鞆要害）の中心部分であり、足利義昭が滞留した所である。福島正則入封後も重臣を配置するなど重視しており、また福山藩主水野勝俊が襲封まで「鞆殿」とよばれたように、ここに屋敷を構えていた。

沼名前神社・安国寺 ❽

〈M▶P.118, 126〉福山市鞆町後地1225／鞆町後地990-1　P

JR山陽本線福山駅🚌鞆線鞆の浦🚶10分

鞆の浦・仏閣の歴史を伝える神社

鞆の浦バス停から西へ約500mにある沼名前神社の名は平安時代の『延喜式』に載せられているが、その後、記録にあらわれなくなる。しかし明治時代の初めに、式内社であったことによって沼名前神社の名を復活させて国幣小社に列し、本殿の祭神を大綿津見命、相殿を素盞嗚命とした。それまで大綿津見命は渡守社の祭神、素盞嗚命は鞆祇園宮の祭神であったが、明治政府の命により大綿津見命を祇園宮の本殿に、素盞嗚命を相殿に移し、あわせて沼名前神社と

鞆の鯛網と保命酒

コラム

鞆を物語る風物詩と名産品

　外洋で冬を過ごしたタイが，産卵のために紀伊・豊後水道や関門海峡から瀬戸内海に入ってくるが，東西の潮がぶつかる鞆沖は，かっこうの漁場となっており，毎年5月になると，鞆で観光鯛網漁が行われる。これは初夏を告げる地域の風物詩となっており，その漁法は，福山藩主水野勝成の命によって，村上太郎兵衛が考案した「しばり網漁」を再現したものといわれている。

　まず鞆から真近にみえる仙酔島で，航海の安全と大漁を祈願する。樽太鼓と大漁節が浜に響き，弁財天の使いである乙姫が舞を舞う。手船を操って弁天島へ行き，弁財天に祈願をした後に，6艘の船を繰り出して網漁を行うのである。指揮船の合図で，2艘の親船が円を描くように，幅100m・長さ1500mほどの網を入れていくが，やがて網を絞っていくと大量のタイが網のなかで跳ねている。観光客はこの様子を船上から眺める。

　また鞆の名物に，保命酒がある。創業者中村吉兵衛吉長は，17世紀なかば（万治年間〈1658～61〉）に大坂の生玉神社そばから移り住んで保命酒の製造に乗り出したため，屋号も生玉堂と称していたという。保命酒は，餅米に麹と焼酎を加え，そこに16種類の生薬を漬け込んだもので，アルコールの働きで薬味成分が体内へ吸収されるのに，すぐれた効果がある。

　中村家は福山藩主阿部家の庇護の下で独占的営業を続け，保命酒は毎年，朝廷や幕府への献上品となっていた。阿部正弘の老中在任中，来航したペリーへの応接の際，食前酒として保命酒が出されている。

　中村家は明治時代中期に廃業となったが，明治時代初期以来，あらたに創業してきた醸造所が伝統的な製法を守り，また創意も加えつつ，現在でも製造されている。

したのである。

　もともと祇園宮は『備後国風土記』にあらわれる「疫隅の国社」で，崇神天皇の勅使派遣による疫病平癒祈願所という伝承をもつ。平安時代初め頃に京都八坂神社から勧請したという。江戸時代の福山藩主水野家も同社を崇敬し，1682（天和2）年本殿を一段高く現在の位置に再建している。また能舞台（国重文）は，水野勝成が伏見城（現，京都市伏見区）にあったものを拝領したと伝えられる。鳥居（県文化）は1625（寛永2）年水野勝重（のち勝俊）が寄進したもので，笠木の上に烏衾形が載せられている。

松永湾と鞆の散策　　127

沼名前神社

　本殿の北側約10mの所にある渡守社は，神功皇后が鞆の浦で船・兵士を備えた際に航海の安全を司る大綿津見命に弓鞆をまつったことから，この地が「鞆」と名づけられ，また「渡守大明神」と号するようになったという伝承をもつ(「貞享二(1685)年」銘棟札)。

　また，安国寺(臨済宗，県史跡)は，鎌倉時代に建立されていた金宝寺を，

安国寺釈迦堂内

1339(暦応2)年に足利尊氏が備後安国寺としたもので，開祖愚谷和尚の師法燈国師の木造法燈国師坐像(国重文)が安置されている。同寺は室町幕府の衰退とともに衰えた。1920(大正9)年失火によって本堂は焼失したが，1599(慶長4)年に安国寺恵瓊が大修理を施した釈迦堂(国重文)は焼失を免れ，禅宗様の仏殿の雰囲気をよく伝えている。本尊の木造阿弥陀如来及両脇侍立像(国重文)の胎内には阿弥陀経・数珠などの納入品があり，胎内銘から1274(文永11)年に金宝寺に納められたことがわかった。

❷ 福山市街を歩く

かつては海と川の交差点に位置した史跡群。いずれも，それぞれの時代の海岸線の位置を知らせてくれる。

福山城跡 ❾
084-922-2117（福山城博物館）

〈M▶P.118, 129〉福山市丸之内1-8
JR山陽本線福山駅 🚶 5分

京都伏見城の遺構を伝える城

　JR福山駅から北へ約100m行くと，福山城跡（国史跡）に着く。福山城は，1619（元和5）年に備後10万石の大名として入封した水野勝成が1622年に築いた城である。徳川秀忠が京都伏見城の松の丸東櫓を移建させたという伏見櫓は，安土桃山時代の気風をよく示しており，筋鉄御門とともに国の重要文化財に指定されている。

　築城当時は海とつながっており，舟で直接城に行くことができた。2008（平成20）年，福山駅前の工事にともなって外堀に面する水野時代の城の石垣が発見され，その一角に御水門跡や舟入り遺構も確認されている。

　水野氏断絶の後，幕府領・松平氏（1代）時代を経て，1710（宝永7）年阿部正邦が入封する。以後，廃藩置県（1871年）に至るまで阿部氏の居城となるが，幕末のペリー来航当時に老中として幕政を主導していた阿部正弘は，この福山藩の藩主である。

福山城跡石垣（発掘調査時）

　1873（明治6）年，福山城は廃城となり，多くの建物が取りこわされたが，さらに1893年，山陽鉄道が敷設されるときに城地の一角を通ることとなり，当該箇所が破壊されたり，外堀の石垣部分が埋め戻されたようである。また第二次世界大戦の末期，1945（昭和20）年8月の福山空襲によって天守閣と御

福山駅周辺の史跡

福山市街を歩く　129

湯殿が焼失したが、戦後の1966年に市制50周年事業として、ともに再建された。

広島県立歴史博物館 ❿
084-931-2513

〈M▶P.118, 129〉福山市西町2-4-1 P
JR山陽本線福山駅 🚶 5分

JR福山駅の北西約100mにある広島県立歴史博物館は、福山市を流れる芦田川の中洲で発見された草戸千軒町遺跡の調査・研究、出土遺物（広島県草戸千軒町遺跡出土品として国重文）の保管・展示を目的として設立されたものである。現在は中洲の掘削によって消滅した遺跡の、町並み遺構の一部を実物大で復元し、当時の人びとの生活を体感できるように工夫しているのが特色である。

草戸千軒町遺跡は、鎌倉時代から室町時代にかけて芦田川の河口（明王院の門前）に営まれ、瀬戸内海を通しての交易活動によって繁栄した港町・市場町の遺跡である。発掘調査によって明らかとなった遺構の位置は、主として、国道2号線に架かる神島橋の南方で、右岸にみえる明王院の前辺りである。芦田川は本来、福山城南側から福山港辺りに向けて流れていたが、洪水防止対策として現在の流路につけかえられたため、遺跡の存在が明らかになった。

発掘調査は、1961（昭和36）年から1994（平成6）年まで、49次にわたって6万7000m²がなされており、道路や水路によって短冊形に区画され、店舗・作業場・市場・居宅などが密集して設けられていた町並みの様子が明らかになった。

千軒町といわれてきたように、最盛期と考えられる室町時代の前半期（14世紀中頃）には、1000軒近い家屋が存在した可能性が指摘されている。当時の草戸千軒町の面積は約100万m²と推定されているので、川底以外の地域を注視しておく必要もあるだろう。

博物館内展示状況

草戸千軒町遺跡を実物大で復元

宮の前廃寺跡 ⓫　〈M▶P.118〉福山市蔵王町宮の前 Ⓟ
JR山陽本線福山駅🚌坪生方面行広尾🚶10分

法起寺式伽藍配置の奈良時代の寺院跡

　国道182号線の，山陽自動車道福山東IC南交差点を北東へ約150ｍ入ると蔵王八幡神社の参道に至るが，本殿への石段の手前が宮の前廃寺跡（国史跡）である。

　これまでの発掘調査によって，参道を挟んで西に金堂跡，東に塔跡が確認された。講堂や回廊・中門などの建物は明らかになっていないが，法起寺式の伽藍配置を基本とした寺院跡であることが知られている。

　塔跡は一辺12.6ｍの正方形の基壇で，高さ約１ｍの塼積みである。北辺がよく残っており，基底に地覆石をおき，その上に平面が30cm四方，厚さ11cmほどの塼を小口・面・小口の順に積んでいる。心礎（中心柱の礎石）と側柱の礎石３個が残存していたが，四天柱と側柱の礎石計13個は補充復元したものである。建物は総柱間が6.66ｍの規模とされ，五重塔の可能性も考えられている。また階段は，発掘調査では確認されていないが，３カ所復元されている。

　金堂跡は，東西25.3ｍ・南北15.5ｍの基壇で，東辺と南辺は塼積み，北辺は石積みが確認されている。基壇上面については全面の調査がなされていないので，建物の規模については明らかではない。

　出土遺物では，丸瓦・平瓦の凸面に箆書きされた文字瓦が注目される。12点が出土しており，「紀臣石女」「栗栖君□」「軽部君黒女」「□部臣飯依女」「水取連□」など，すべて人名であり，女性の名が多い。いずれも同一の工房でほぼ同じ時期につくられ，これらの人びとは寺院造営になんらかの形で関与していたものと考えられている。

　寺院は，軒瓦の編年から，白鳳期（７世紀末）に創建され，天平期（８世紀）を中心に平安時代まで存続したとみられる。この辺りは，

宮の前廃寺跡

福山市街を歩く

当時は海に面した位置であり、『日本霊異記』に記された備後国深津市がこの寺跡付近とする推察もある。ここが神辺や駅家方面の古代山陽道と結ぶ海からの門戸であったことはいえるであろう。

明王院 ⑫　〈M▶P.118〉福山市草戸町1473　P

JR山陽本線福山駅🚌明王院経由鞆線草戸上ノ丁🚶2分

かつて、その門前町として草戸千軒町が栄えた

草戸上ノ丁バス停から西へ100m行った所に明王院(真言宗)がある。寺伝では、前身の常福寺は807(大同2)年弘法大師(空海)が開基したと伝える。本尊の木造十一面観音立像(国重文、非公開)が平安時代前期のものとされるので、寺院としての建立もその頃まで遡るであろう。

本堂(国宝)は、鎌倉時代末期の1321(元応3)年の建築で、和様を中心にして大仏様・禅宗様を加えた折衷様式であり、中世寺院の建築様式としてはきわめて珍しい。尾道の浄土寺金堂や多宝塔などと並んで、瀬戸内海地域におけるもっとも古い寺院建築として著名である。五重塔(国宝)は、1348(貞和4)年に庶民の寄進浄財によって建てられたもので、南北朝時代を代表する和様建築である。

室町時代の記録には「草出　常福寺」とあるが、その頃から門前町としての草戸千軒が栄えていた。

江戸時代にも、福山藩主水野氏や阿部氏の保護を受けて、繁栄をみせている。なお、五重塔の背後には、草戸千軒町遺跡から発掘調査以前に出土した五輪塔などの石塔類が集められており、見学ができる。

明王院本堂・五重塔

3 神辺を歩く

福山市神辺町は，古代山陽道から江戸時代の西国街道まで，交通体系の要衝であり，備後国の東の玄関口であった。

神辺城跡 ⓭ 〈M▶P.118, 136〉福山市神辺町川北
JR福塩線神辺駅 徒歩30分

毛利氏領国の東の最前線基地

JR神辺駅の改札を出て東側の階段をおりると，正面にみえる黄葉山の頂上が，神辺城跡である。城跡へは直進して神辺公民館の前から登山道を歩くか，車で国道313号線から吉野山公園に入り，「神辺歴史民俗資料館」の案内に従って進んでもよい。

神辺城は鎌倉幕府討幕に功があった朝山景連が築城し守護所としたという伝承があるが，史料的根拠に乏しい。1546（天文15）年頃からの尼子氏と大内氏・毛利氏の抗争時の「神辺固屋」が史料上の初見とされる。その後，毛利氏と織田・羽柴両氏との抗争激化とともに，毛利氏は直轄化を推進し，備後国における拠点として整備していった。毛利氏の防長への転封後は，福島氏ついで水野氏が在城したが，1622（元和8）年に水野勝成が福山城に移り廃城となった。

山頂部の本丸を中心に北と西の両方向に階段状の郭群，西側斜面に畝状竪堀群が設けられている。山頂部と北郭群では発掘調査により，礎石建物跡9棟，溝・石垣などが確認され，遺物として瓦・土師質土器・輸入陶磁器・古銭などが出土した。これらは，本丸東南の大堀切の東側尾根にある福山市神辺歴史民俗資料館に展示されている。資料館には，このほか町内の弥生時代の遺物や迫山1号古墳の銀象嵌鍔付大刀などの副葬品，中谷廃寺跡出土の軒丸瓦のほか，近世の村方文書，明治時代以降の生産・地場産業資料や生活民具が展示されている。東麓の吉野山公園はサクラの名所であり，北麓には，式内社天別豊姫神社が鎮座している。

神辺城跡

菅茶山と廉塾跡 ⑭ 〈M ▶ P.118, 136〉 福山市神辺町川北
JR福塩線神辺駅 🚶15分

吉野山公園駐車場から30mほど南西の木立のなかに，菅茶山之墓（県史跡）があり，墓地から東へ400mほどの旧西国街道筋には，茶山が開いた廉塾ならびに菅茶山旧宅（国特別史跡）がある。

菅茶山は，1748（延享5）年に，菅波樗平と半の間に生まれた。父は農業と酒造業を営み，神辺宿東本陣（本荘屋）を継いだこともあり，俳諧にも通じていた。19歳で上京し，古文辞学を学んだが，のちに朱子学に転じた。在京の間，西山拙斎・頼春水らと交友を深め，1781（天明元）年頃に帰郷，神辺宿東本陣の東に私塾黄葉夕陽村舎を開いた。1796（寛政8）年には福山藩の郷塾となり，廉塾・神辺学問所などとよばれ，藩内のみならず西日本各地から塾生が集まった。茶山自身も1801（享和元）年に，藩儒官に準ずる処遇を受け，『福山志料』34巻の編纂とともに，『黄葉夕陽村舎誌』などの賦詩で全国に知られたが，1827（文政10）年に死去した。身分制的な社会秩序の回復・維持のために「学種」を広げるとともに，困窮時に備えて米穀を蓄えさせるなど，朱子社倉法を実践した社会事業家としても知られている。

廉塾跡は江戸時代に七日市とよばれた地の一角にあり，門を入ると旧菜園跡の正面右手に寮舎1棟が現存し，長屋門をくぐると，左手に茶山の居宅・書庫などがあり，正面が講堂である。3部屋20畳敷きで，東側に竹と板を組み合わせた風流な濡れ縁があり，庭先には「方円の手水鉢」が据えられ，その奥が雑木林となっている。講堂と寮舎の間には，高屋川の水を引いた溝が流れ，塾生たちはこの水で，筆を洗ったともいわれる。

塾は所有する水田

菅茶山旧宅縁側

備後の碩学菅茶山の遺跡

134　福山・府中とその周辺

葛原勾当・しげる

コラム

受け継がれた音楽を愛する心

「ぎんぎんぎらぎら夕日が沈む」の歌詞で知られる童謡「夕日」の作詞者葛原しげるは，福山市神辺町八尋(旧，深安郡八尋村)の出身である。東京高等師範学校(現，筑波大学)英語科に在学中から，西洋の名曲に歌詞をつけて合唱歌を提供していたしげるは，東京九段下の精華学校に奉職後も，童謡を雑誌などに発表，中山晋平・弘田竜太郎・宮城道雄らが作曲にあたり，明治・大正・昭和の愛唱歌を数多く生み出した。1945(昭和20)年3月の東京大空襲後に郷里に疎開，1946年4月以降は福山市新市町にあった私立至誠高等女学校(現，県立戸手高校)の校長として教育に尽力した。

こうした音楽・教育との縁は，しげる誕生の2年前に亡くなった，しげるの祖父葛原勾当にちなむものかもしれない。勾当は幼名を柳三，諱を重美といい，1812(文化9)年に八尋村の庄屋の子として生まれ，3歳のとき，病気で視力を失った。9歳から琴をならい11歳で京都にのぼって松野検校の内弟子となり，15歳で帰郷，自宅にて教授を始め，22歳のときに「葛原勾当美濃一」の公称を許された。30歳前後から備前・安芸などにも出張教授を行った。

また16歳からは，代筆や自分で創案した木活字で日記をつけ始め，没年に至るまで世相を折り込んだ日記(葛原勾当日記，県文化)を記すとともに，10冊の琴・三味線稽古墨筆記録(印刷用具とともに，前述の葛原勾当日記 附として，県文化)などを残している。

井原鉄道御領駅から西に徒歩約20分(1.7km)の所に，葛原勾当旧宅・葛原しげる童謡歌碑がある。

の収入で経営され，塾生は「束修」(授業料)を納める必要はなかったが，寮居住が原則とされ，生活費を払えない者も学僕として塾の仕事や家事を手伝いながら学べた。寮には20～30人が常時居住し，茶山や『日本外史』の著作で有名な頼山陽，福山藩の藩儒となった北条霞亭らが都講(塾頭)として素読講釈や輪読の指導にあたった。廉塾跡から約2km北北東に，菅茶山記念館が建てられ，茶山のみならず，ゆかりの文人たちの著作や書・作品が展示されている。

神辺本陣 ⓯

〈M▶P.118, 136〉 福山市神辺町川北
JR福塩線神辺駅 🚶10分

神辺駅前交差点から北に10分ほど歩くと，神辺本陣(県文化・県史跡)がある。三日市や七日市の地名から，神辺は，中世に市町と

神辺を歩く

神辺の史跡

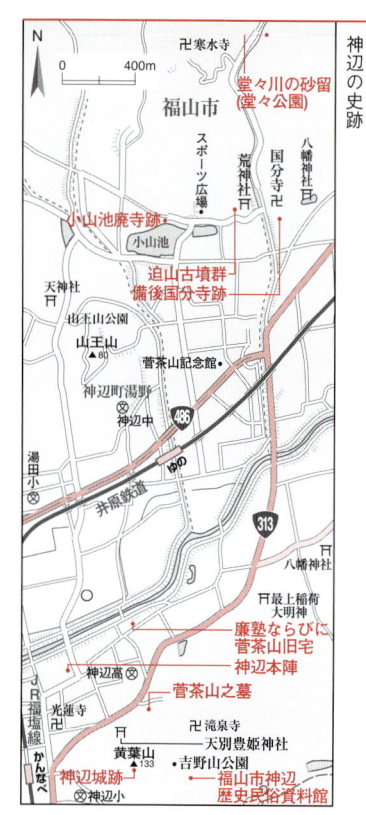

九州大名たちの旅の休息地

して栄えていたという考えもあるが、町並みの原点は、江戸時代に西国街道が整備され、宿駅とされたことにあり、その中核的施設が本陣である。

神辺本陣は、福岡藩主黒田家など九州の大名が参勤交代の際に利用した施設がほぼそのまま残っている。防備のため周囲には、長い黒塗りの土塀がめぐらされ、街道に面した正門を入ると右手に番所があり、前庭の正面には、1748（延享5）年に建てられた本陣座敷の入母屋式台付「玄関の間」が威風をかもし出している。この奥に、二の間・三の間・札の間・仏間が東西に並び、最奥が御成の間となっている。札の間には、大名の投宿のとき門前に掲げられた「筑前少将宿」「松平下野守宿」などの木札が残されている。番所の裏には、街道に面して平入の居室・台所があり、両建物の奥に、米蔵・味噌蔵などの蔵が立ち並んでいた。酒造業を営みながら本陣をつとめた菅波家（尾道屋）に残る、1832（天保3）年の絵図などと比べると、酒蔵などがなくなっているのみである。本陣全体の棟数は27棟、土蔵6棟、湯殿6カ

神辺本陣

所，門3カ所があり，大名が宿泊するときには27部屋，畳数200余枚が使用され，70人ほどが宿泊したとされている。

備後国分寺跡 ❶⓰ 〈M▶P.118, 136〉福山市神辺町
井原鉄道御領駅🚶12分

50年におよぶ地域の人びとの悲願で開通した井原鉄道の御領駅付近は，古代以来，備後国の東の入口の役割をはたしてきた。御領駅の前で国道486号線を渡って西に行った所にある八幡神社境内に，近世の道しるべがある。ここから南西に向かう道が近世西国街道であり，そのやや南から西に向かう道が古代山陽道を継承する道と考えられ，この分岐点のすぐ西側に「国分寺」の標石と松並木の参道がある。1694(元禄7)年再建の真言宗唐尾山国分寺の参道であるが，現国分寺の南側一帯が，聖武天皇の発願になる備後国分寺跡である。

1972(昭和47)年からの発掘調査の結果，参道入口の西端を想定中軸線(推定南門跡)として，東方90mの辺りで南北方向に溝・築地が検出され，中央部に約18m四方の基壇をもつ塔跡と，東西29.4m・南北20mの基壇の金堂跡が東西に並び，北側に版築基壇をもつ桁行7間(東西約30m)の講堂を配した法起寺式の伽藍配置が想定されている。それぞれ9形式の軒丸瓦と軒平瓦や，陰刻文字瓦・鬼瓦・須恵器などが出土したが，推定寺域の北側は，土砂と大石の堆石層が4〜2.5mもあって，明確ではない。国分寺の西側を南北に流れる堂々川は，1673(延宝元)年の堤防決壊を始めとして，土石流や洪水でたびたび流域の村々に被害をおよぼしたと考えられている。

備後国分寺南門跡

堂々川の砂留 ❶⓱ 〈M▶P.118, 136〉福山市神辺町湯野
井原鉄道湯野駅🚶30分

堂々川の土砂災害については，江戸時代の初めから史料があり，

神辺を歩く

堂々川の六番砂留

江戸時代の土石流対策に学ぶ

福山藩は早くから藩内の治山・治水工事に意をそそぎ、砂留（砂防ダム）が神辺平野北部の小河川に40基ほど築造されている。砂留のとくに集中するのがこの堂々川流域であり、2006（平成18）年に6基が国の登録有形文化財に指定された。現国分寺の北西約200mに、1773（安永2）年頃築造されたものが一番砂留で、当初築かれた堰堤20mのうち東袖部の9.6m分（堤高3.2m）が現存し、もっとも上流にある六番砂留は、堤長55.8m・堤高13.3mで城壁を彷彿とさせる。上層部のみが明治時代の増築で、ほかは江戸時代後半の造営であり、周辺は日本庭園風の公園である。両者の間に、上流に向かってアーチ型に張り出す石積みの二番・四番砂留、上層と下層の2段の布積みとなっている三番・五番砂留があり、江戸時代から大正期にかけて、造築・修改築が繰り返されている。

迫山古墳群 ⑱ 〈M▶P.118, 136〉 福山市神辺町湯野迫山
井原鉄道湯野駅 🚶20分

古代山陽道を見下ろす県内最大級の横穴式石室

現国分寺の周辺には古墳が多いが、そのなかでもっとも注目されるのは、現国分寺の西方、堂々川右岸の丘陵にある迫山古墳群である。とくに直径約19m・高さ5mの規模をもち、6世紀後半の造営と考えられる円墳の迫山1号古墳（県史跡）は、1983（昭和58）年の調査で、全長11.6m・幅2.5mの片袖式の横穴式石室をもつことが確認され、銀象眼鍔付大刀や単鳳環頭大刀・馬具・装身具・土器類などが出土した（迫山1号古墳出土品として県文化）ことから、畿内政権と密接な関係をもつ有力豪族の家族墓と考えられている。これらの遺物は、福山市神辺歴史民俗資料館に展示されている。

国分寺跡の南側一帯には、縄文時代から古代にかけての複合遺跡である御領遺跡や、環濠集落遺構である大宮遺跡がある。また、大宮遺跡の北西、県道181号線の北側に小山池とよばれる溜池があ

迫山1号古墳石室

る。池の周辺や渇水期などには礎石や古瓦が確認されていたが，1971(昭和46)年からの調査で，塔跡の基壇と心礎のほか2棟の基壇建物跡が確認された。藤原宮形式の瓦を中心に平安時代までの瓦が出土したので，小山池廃寺跡とよばれている。

亀山弥生式遺跡 ⓳

〈M▶P.118〉福山市神辺町 道上中川
JR福塩線道上駅北へ🚶10分

弥生時代前期の環濠集落

　神辺平野の北縁には2つの独立丘陵が並んでいる。その西側の低い丘陵が，亀山弥生式遺跡(県史跡)である。弥生時代前期の3重の環濠や弥生時代後期の竪穴住居跡が確認され，弥生時代前期後半〜中期前半の地域性の強い土器のほか，多様な石製品が多量に出土している。弥生時代前半の農耕生活を示す重要な遺跡であるが，頂上部では5世紀代の鉄製の武器や短甲などを副葬した粘土槨を主体部とする亀山1号古墳が確認されている。

　亀山弥生式遺跡北の県道181号線を約600m東に進んだ右手の丘の上に，市立道上小学校がみえる。その敷地が中谷廃寺跡で，塔跡と講堂跡と推測される2棟の建物基壇跡と，寺域の西限の溝が確認され，法隆寺式伽藍配置と推定されている。基壇の南辺は，平瓦を小口積みにしており，先端の尖った花弁と細い子葉をもつ十弁複弁の蓮華文の軒丸瓦とともに，周辺の寺院跡とはやや趣を異にする遺跡である。遺物は，神辺歴史民俗資料館に展示されている。

　亀山弥生式遺跡の北側は福山藩番所跡であるが，箱田川沿いに北へ1.5kmほど行った左手丘陵斜面に大坊古墳(県史跡)がある。直径14mの長円墳か方墳で，玄室と羨道は2本の石柱で区分されているが，両者の長さ・幅・側壁の切石の配置・段数などを，ほぼ同じ規格に設計して，左右対称を意識している。福山市新市町戸手の大佐山白塚古墳と類似した，7世紀前半の古墳と考えられている。

神辺を歩く　139

④ 駅家・加茂・新市をめぐる

芦田川下流域は古代遺跡の宝庫で、とくに、古代国家成立直前の畿内と地方の関係を示す特色ある古墳に注目したい。

二子塚古墳 ⑳　〈M ▶ P.118, 143〉福山市駅家町中島・新山　P
JR福塩線近田駅 🚶 25分

この地域最大の墳丘と横穴式石室

JR近田駅の北側から北東方向に約300m進むと、弥生ヶ丘(駅家住宅団地)への入口がある。この団地の東端に弥生ヶ丘東公園があり、そのすぐ東側が二子塚古墳(県史跡)の墳丘(前方部)である。墳丘は全長68m、後円部の直径41mの前方後円墳で、周溝がめぐり、後期古墳としては県内最大である。近年の発掘調査によって、主体部の横穴式石室・出土遺物などが明らかとなった。

主体部の横穴式石室は、後円部と前方部に1基ずつ構築されており、とくに、後円部の巨大な石室や出土遺物は注目すべき内容がある。後円部の横穴式石室は、全長14.9m、玄室の長さ6.8m、奥幅2.1m・奥高3.3m、両袖式の形態で、県内では最大級の規模である。また、羨道の前には、長さ9.8mの墓道がつくられており、ほかに例がない。玄室の羨道寄りには、組合せ式の石棺が動かされた状態で出土したが、2枚の底石はほぼ原位置で残っていた。石棺の石材は、兵庫県高砂市辺りで産出される竜山石であったことは注目される。遺物については、床面が荒らされ、元の位置にあるものは少ないようであるが、馬具類・鉄製武器類・須恵器など多種類のものが出土している。なかでも、大刀の柄につける環頭柄頭は金銅製の優品である。環部は7.8×6.2cmと大型で、環内には2体の龍(双龍)がおり、互いにからみ合い、それぞれが1個ずつ玉を銜えあっている。このような意匠のものはほかに知られていない。

二子塚古墳後円部

140　福山・府中とその周辺

弥生ヶ丘の遺跡

コラム

多くの弥生住居や古墳が発掘された駅家団地

JR福塩線近田駅の北側に，弥生ヶ丘とよばれる駅家住宅団地がある。この駅家町中島の辺りは，芦田川に服部川が合流する付近で，芦田川下流域では古代遺跡がもっとも集中している地域である。団地の東端に接した丘陵上には，大型の横穴式石室をもつ前方後円墳として知られている二子塚古墳（県史跡）があり，近隣の法成寺・新山にかけては，県内を代表するような古墳をいくつもみることができ，この辺りは古墳文化の中心地である。

団地の造成にあたって，1974（昭和49）～75年に発掘調査が行われており，弥生時代中期から後期にかけての住居跡など61棟，古墳27基などが確認されている。

住居跡には，2本柱でその間に炉跡を設けた竪穴住居が十数棟検出されたが，当時はこのような住居例が少なかったことから，その後の調査の指標となった。

古墳はほとんどが5世紀後半から6世紀前半に営まれた小円墳で，主体部は箱式石棺のものが多かった。これらのうち，二子塚古墳にもっとも近い池ノ内古墳群（4基）は，墳丘や主体部はほとんど崩壊していたが，墳丘裾の周溝が検出され，そのなかに埴輪片が多く残されていた。2号古墳からは，入母屋造の家形埴輪が出土しており，破片約110点を接合した結果，平面が80×42cm，高さ79cmの大きさで復元されている。また，3号古墳の周溝からは樽形𤭯とよばれる須恵器が出土している。口径5.5cm，高さ9.2cmの小型なもので，樽状の胴部には小さな穴があけられており，液体を入れる器である。これは初期須恵器といわれる古式のもので，大阪府南部の窯跡で焼かれた製品と考えられている。埋葬にあたって運ばれてきたものとみてよいだろう。

池ノ内遺跡群の調査中に，その東側であらたに古墳1基と壺棺2基などが発見され，これらについては池ノ内第2遺跡として，現在公園の地下で残されている。

古墳の築造時期については，石室の特徴や出土遺物から6世紀末頃と考えられ，7世紀初頭にかけて営まれたようである。芦田川流域を中心に，周辺地域も統治した広域首長の墳墓とみられる。

二子塚古墳の約300m北側には，小山田の小さな谷を挟んで墓地がつくられており，その北端に宝塚古墳がある。直径約15mの円墳で，片袖式の横穴式石室が見学できる。6世紀後半に築造された地域首長墓と考えられる。

駅家・加茂・新市をめぐる　　141

大迫金環塚古墳 ㉑　〈M▶P.118, 143〉福山市駅家町新山大迫　Ｐ
JR福塩線駅家駅🚌服部方面行新山🚶5分

巨石で構築した大型横穴式石室

　服部の谷の新山バス停から西へ約200m行くと，天満宮神社の階段前に至り，そこから西側に進むと，民家の石垣に大迫金環塚古墳の横穴式石室が開口している。

　大迫金環塚古墳(県史跡)は，現在，宅地の一角にあり，道路や庭などで削られているので，墳丘は明らかでなく，石室の天井石や側壁の裏側部分が露出している。石室は羨道の前側が失われているが，両袖式の形態がよくうかがえる。切石状に面を整えた花崗岩の巨大な石で構築されており，玄室は長さ5.65m，奥幅2.5m・奥高2.7mの大型石室である。遺物は，過去に金環(耳輪)と須恵器片が少量出土している。石室の構造からみると畿内型であり，7世紀初頭頃に築造されている。二子塚古墳・二塚古墳につぐ広域首長墓としてとらえられる。

　新山バス停に戻り，北に進んでつぎの永谷下バス停の所から小さな川を渡り，川に沿って50mほど北進した東側の丘陵斜面に北塚古墳がある。古墳は家形石棺が露出した状態でおかれており，これを覆う墳丘が存在したかどうかは明らかではない。花崗岩切石を組み合わせているが，前側の小口石が失われている。家形石棺としては蓋石が大きく，横口式石槨の範囲でとらえることも可能である。いずれにしても，7世紀なかば頃に築造されたものであろう。

大迫金環塚古墳の露出した石室

山の神古墳 ㉒　〈M▶P.118, 143〉福山市駅家町法成寺西組
JR福塩線駅家駅🚌服部方面行法成寺🚶3分

　法成寺バス停から北に約150m歩くと，西側に山の神古墳(県史跡)の墳丘がみえる。墳形は直径約12mの円墳のようであるが，確

実とはいえない。足下に注意しながら墳丘にのぼると、南側に横穴式石室が開口している。

　石室は短い羨道が西側についた片袖式の形態である。玄室は、奥壁・側壁とも横長の石を持ち送ってドーム状に積み、2枚の大きな天井石を架け、天井を高くしているのが特徴である。このような構造の石室は県内ではほとんど類例がないが、奈良県橿原市の沼山古墳などとよく似ていることは注目される。遺物は、金銅製の杏葉・鏡板・雲珠などの馬具類、鉄斧・鉄針など多彩なものがある。6世紀後半頃に築造されており、後期古墳としては、この地域で最初の畿内系の地域首長墓とみてよい。

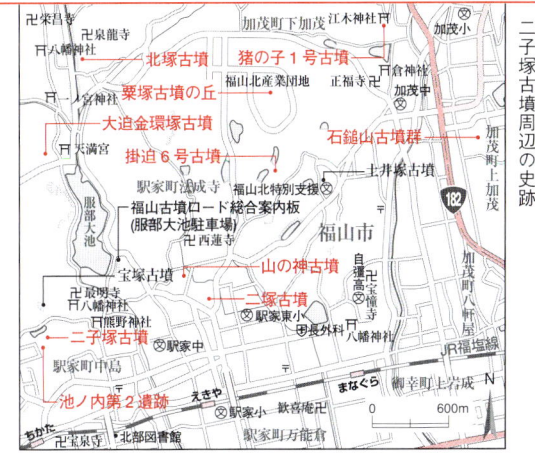

　法成寺(中)交差点を福山北産業団地方面に約50m行った左側の民家の裏庭(見学可能)に、半壊した横穴式石室があるのが二塚古墳である。封土はすでになく、墳形は不明である。石室は玄室の奥部分が露出した状態であるが、奥幅2.42m・奥高3.1mで、巨石を用いた大型石室である。銅鏡・鈴釧・金銅製の馬具類・鉄製武器など多彩な遺物が出土している。6世紀末頃に築造されたと考えられ、二子塚古墳・大迫金環塚古墳とともに、地域を超えた広域の首長墓としてとらえられる。

二子塚古墳周辺の史跡

石を持ち送りながらドーム状に積んだ石室

二塚古墳石室

粟塚古墳の丘 ㉓　〈M▶P.118, 143〉福山市駅家町法成寺 Ｐ
　　　　　　　　　　JR福塩線駅家駅福山北産業団地内🚗5分

移築・復元もしている粟塚古墳群

　法成寺バス停の東側の法成寺(中)交差点から福山北産業団地へ進み，東端の給水塔を目指して行くと，給水塔の南側の丘陵上に粟塚古墳の丘がある。粟塚古墳群は8基からなり，ここには5〜8号古墳が整備されている。また，産業団地造成によって発掘調査した狼塚2号古墳・正福寺裏山1号古墳が移築・復元されており，見学できる。

　粟塚5〜8号古墳は，いずれも小規模な横穴式石室をもつ円墳で，7世紀初頭頃に営まれたようである。

　狼塚2号古墳は，直径12mの円墳で，主体部は全長5.45mの横穴式石室である。石室は幅・高さともに約1.5mで大きくはないが，石室の中央付近に両側から石柱を立て，横石を架けて門状とし，2室に区分しているのが特徴である。このような構造の石室は，近隣の大坊古墳(福山市神辺町)や大佐山白塚古墳(同新市町)と共通しており，基本となる設計図が同じであったとみることができる。7世紀なかば頃に築造された終末期古墳の1つと考えられる。

狼塚2号古墳(復元)

掛迫6号古墳 ㉔　〈M▶P.118, 143〉福山市駅家町法成寺掛迫 Ｐ
　　　　　　　　　JR福塩線駅家駅🚗5分

2基の竪穴式石室が並列している古墳

　JR駅家駅から法成寺方面に北進し，福山北産業団地への道をのぼり始めると，まもなく東側の小さな谷間に入る道があり(掛迫古墳の標示がある)，これを進むと2つの溜池がある。この間の道を南側に行くと，掛迫6号古墳への入口である。

　掛迫6号古墳は尾根上に築造されており，北東側に前方部をもった全長約47mの前方後円墳とみられている。後円部の直径は約26m

掛迫6号古墳の並列した石室

で、頂部には東西に並列する2基の竪穴式石室が、蓋石を取りのぞかれた状態で露出している。ともに板状の石材を小口積みして築かれている。北側の石室が円丘部のほぼ中央にあり、中央石室とよばれている。長さ3.3m・幅0.7～1mの大きさで、壮年男性の人骨・ダ龍鏡とよぶ銅鏡（直径10.8cm）・鉄斧・鉄釘が出土している。南側石室は長さ3.8m・幅0.5～0.8mで、人の歯・玉類・三角縁神獣鏡とよぶ銅鏡（直径21.6cm）が出土している。

2基の竪穴式石室が並列する例は、近隣では石鎚山1号古墳があるが、掛迫6号古墳のように、ほぼ同規模の石室が方向を同じに整然と並んだものは例がない。人骨などの状況からみると、北側石室は頭位が西、南側石室は東であり、この違いは埋葬された時期や被葬者の性格などを反映したものと考えてよいだろう。築造時期については、これまで5世紀代としてとらえられてきたが、墳丘・石室・遺物を総合的に再検討してみると、4世紀後半頃に台頭した、広域首長の墳墓であると考えられる。

猪の子1号古墳 ㉕

〈M▶P.118, 143〉福山市加茂町下加茂猪の子 [P]
JR山陽本線福山駅🚌 東城・油木方面行宇代🚶10分

地方ではきわめてまれな横口式石榔

宇代バス停から国道182号線を約200m北進すると、西側の旧道にくだる三差路がある。ここから小さな宇代橋を渡り、川沿いの旧道を南に約20m行くと、右（西）側へ入る民家の間の小道があり、この突き当りに江木神社の階段がみえる。階段をのぼると、境内の南側に猪の子1号古墳（県史跡）が開口している。車の場合は、神社北側から境内まで入ることができる。現在、円墳状の盛土で覆われているが、これは後世修復したもので、本来の封土や墳形は明らかではない。ここから南東方向に、石鎚山古墳群を見通すことができる。

主体部は花崗岩の切石を組み合わせた横口式石榔で、左右対称を意識して構築されている。羨道の奥に棺を収める石榔を設けた形態

駅家・加茂・新市をめぐる

猪の子1号古墳

である。石槨部は5枚の石を使用し、石材の接合には組み合わせのための細かな加工が施され、合致するよう工夫されている。手前に槨部をふさぐ石があったかどうかは明らかではない。天井面をわずかに湾曲させており、家形石棺の影響がみられる。羨道部は石槨部よりも広くつくられている。全長は6.7m、石槨部は長さ2.82m・幅1.09m・高さ0.89〜0.95mで、他県の例と比べて大きい。とくに、長さは全国で最大級である。

このような横口式石槨は、7世紀後半に築造されたものが多く、主として大阪府や奈良県で、一時的に王族や有力官人の墓として営まれたもので、地方ではほとんどみることができない。そのなかで芦田川下流域に、尾市(1号)古墳・曽根田白塚古墳とあわせて3基が存在していることは注目される。

石鎚山古墳群 ㉖

〈M▶P.118, 143〉福山市加茂町上加茂片側 P
JR山陽本線福山駅🚌東城・油木方面行加茂昭和橋🚶10分

この地域最古級の前期古墳

加茂昭和橋バス停で下車すると、南東側の丘陵上に石鎚山古墳群(県史跡)がみえる。加茂丘団地の造成にともなって発掘調査され、保存されたものである。団地西端の墓苑の所からのぼる道がある。

南から北へ延びる尾根の先端に、2基の円墳が並んでいる。北側の1号古墳は直径20mを測り、墳丘の裾と中腹の斜面に列石をめぐらしている。頂部には2基の竪穴式石室が構築されており、中央部にある1号主体部が中心となる埋葬施設である。1号主体部は長さ2.8m・幅1mの大きさで、石室を覆う蓋石(天井石)は板石を3重にしたもので、その上を拳大の石群で覆うという厳重な造りであった。床面には礫が敷かれ、一面に朱が認められている。また、石室の外に、雨水などを抜く排水溝も設けられていた。内部には木棺に収められていたとされる壮年の男性人骨が残り、銅鏡(斜縁の二神二獣鏡で直径15.8cm)や装身具の玉類などが副葬されていた。

福山・府中とその周辺

石鎚山1号古墳

2号主体部は長さ2.5m・幅0.6〜0.7mで,床面の様子から割竹形木棺(わりだけがた)が収められていたようである。遺物としては,銅製や鉄製の鏃(やじり),鉄剣など武器類が出土しているのが特色である。

2号古墳は直径16mの墳丘で,頂部には2基の主体部が検出されている。ともに木棺を収めた土壙墓(どこうぼ)で,中心となる1号主体部からは,人骨片とともに,内行花文鏡(かもんきょう)とよぶ銅鏡の破片が出土している。

古墳群は,1号古墳が早く築造されているようである。4世紀代の前期古墳で,地域首長墓の候補といえよう。現在,主体部は埋められてみることはできないが,墳丘内の位置がブロックで示されている。

姫谷焼窯跡(ひめだにやきかまあと) ㉗ 〈M▶P.118〉福山市加茂町百谷姫谷(ももたに) P
JR山陽本線福山駅🚌東城・油木方面行姫谷🚶5分

石鎚山古墳群から国道182号線を油木方面に進んで行くと,8kmほどで姫谷に着く。姫谷バス停のそばに姫谷焼についての案内板がある。国道北側の小さな谷に,見下ろす感じで保存されているのが姫谷焼窯跡(県史跡)である。窯跡は埋め戻されてみることはできないが,その位置は植樹によって示されている。

姫谷焼は伊万里(いまり)焼・九谷(くたに)焼とともに,江戸時代前期の三大色絵磁器の1つで,陶工市右衛門(とうこういちえもん)が開いたとされて早くから知られていたが,窯などの実態については明らかではなかった。1977(昭和52)・78年の発掘調査によって,2基の窯跡が重なって存在していることが知られた。上層が2号窯跡,下層が1号窯跡とよばれている。2号窯跡は全長16.8mであり,半地上式(はんちじょう)の階段状連房式(れんぼう)登窯(のぼりがま)とよばれる形態で,約14度の傾斜面に構築されている。1号窯跡の上に整地して粘土でつくられている。各房(焼成室(しょうせいしつ))は平面が規格性の高い長方形で,幅は2.4〜2.8mあり,上の房にいくほど幅が広くなっている。6房が検出されているが,4回ほど修復され,一時期は7

初期色絵磁器の三古窯の一つ

駅家・加茂・新市をめぐる

姫谷焼窯跡

房あったことが確認されている。磁器（染付・白磁・鉄絵・青磁など）・炻器・陶器が出土しており，雑器窯ではなく，特別な注文に応じて生産された窯と考えられている。染付の文様をみると，中皿類の内面には草花文や紅葉文などが多く描かれ，いずれも皿の中央部に一輪（木）がこぢんまりと配置されているのが特徴とされる。これは伝世品の色絵皿の文様と同じ手法とみられている。1号窯跡は全長約12.8mが確認され，構造は2号窯跡と同様であり，5房が検出されている。

2基の窯跡は，いずれも肥前系のやや発達した連房式登窯ととらえられており，窯の構造からみると，17世紀末から18世紀初頭辺りの短期間に稼働した窯と考えられている。

福山市しんいち歴史民俗博物館 ㉘
0847-52-2992

〈M▶P. 118, 155〉福山市新市町新市916 P
JR福塩線新市駅🚶10分

新市町の歴史や文化財が概観できる博物館

JR新市駅から北東方向に約500m行った新市公民館の北側に，福山市あしな文化財センターを併設した福山市しんいち歴史民俗博物館がある。旧新市町（現，福山市）で発掘調査された考古資料や代表的な古墳・遺跡などの文化財をわかりやすく紹介している。新市町には，旧石器時代末期の細石器が出土している宮脇遺跡や，弥生時代後期の標識遺跡である神谷川遺跡を始め，八角形の終末期古墳で

博物館内の備後絣道具

148　福山・府中とその周辺

備後絣

コラム

産

時代を超えて愛用される備後絣

　備後地方で生産された木綿絣を備後絣といい，福岡県の久留米絣・愛媛県の伊予絣とともに，日本の三大絣とよばれている。木綿は藍に染まりやすく，紺地に白を基調とした文様は素朴なぬくもりを感じさせ，多く愛用されてきた。

　この地方で綿織物がいつ頃から行われるようになったかは明らかではないが，それ以前に，絹織物が盛んであったようである。福山市駅家町の「服部永谷」という地名は，平安時代の資料である『倭名抄』に記された品治郡の「服織」郷に由来するものである。この辺りは古墳の様相からみると，古代吉備品治国の中心地域であったと考えられ，少なくとも，古墳時代には先進的な機織りの技術が導入されており，やがて綿織物も発達していったとみられる。

　江戸時代には，幕府や福山藩の倹約令により，絹布は贅沢として禁じられたので，これにかわる綿織物の開発が盛んとなった。芦品郡有磨村（現，福山市芦田町）の富田久三郎は，木綿絣の製法の研究につとめ，1853（嘉永6）年，備後地方で初めて絣の技術を創案したとされている。明治時代以降は，紡績技術の進展や織機の機械化，政府の保護政策などにより，生産量が増大していった。第二次世界大戦によって大きな打撃を受けたものの，戦後の繊維工業の復興はめざましく，1960（昭和35）年の備後絣の生産量は，全国の70％を占めている。しかし，生活様式の変化や化学繊維の進歩などにより，備後絣の生産は徐々に減少しており，現在では新市町を中心とした伝統的地場産業として，関心が高まっている。

ある尾市（1号）古墳，中世以降の吉備津神社や相方城跡など，各時代の特色ある遺跡が多くみられる。これらの史跡を探訪する事前学習として，まず立ち寄るとよい。

　また，この地域の主要産業として知られてきた備後絣の保存・伝承・活用に力を入れているのが，当館の特色である。備後絣の歴史や製造の流れ，機織りや糸紡ぎの機械・道具などが展示されており，機実演室などで体験学習をすることができる。

備後一宮吉備津神社 ㉙
0847-51-3395

〈M▶P.118, 155〉福山市新市町宮内 P
JR福塩線新市駅🚌金丸方面行吉備津神社前🚶
1分

　JR新市駅から県道26号線を金丸方面に約1.5km進むと，西側に

駅家・加茂・新市をめぐる　149

吉備津神社参道

吉備津神社への参道がある。備後一宮吉備津神社（祭神吉備津彦命）は，備後国の一宮で総鎮守とされたが，創建については不詳である。

いっきゅうさんとよばれている備後国総鎮守

火災などに遭い，再建されてきたが，現在の主要建物は，1648（慶安元）年，福山藩主水野勝成の時代に再建されたものである。

参道入口の大鳥居は花崗岩製で，右の柱には「慶安元年」の刻銘がある。随神門を入った広場には，老樹のオオイチョウがある。本殿へ向かう階段をのぼって行くと，途中の左側に小さな小屋があり，木製の白い神馬がおかれている。修復の際，鞍の裏側に「嘉永四（1851）年」の銘が確認されている。寄木造の神馬像の例はあまりないといわれる。2つ目の随神門を通ると1間×2間の神楽殿（県文化）がある。拝殿の奥が檜皮葺きの本殿（国重文）である。七間社入母屋造で3間の向拝が設けられ，千鳥破風・唐破風をもった雄大な江戸時代初期の標準的社殿として高く評価されている。本殿の前面には敷石が施されており，その縁石の側面には，「天文二十一（1552）年」や寄進者名の刻銘があり，石工名も記されている。また，神楽殿の西にある神池のそばの石段の縁石にも「天文二十三年十月吉日」の刻銘がある。これらの資料は，16世紀なかば頃，神社の再興事業が行われていたことを示唆するものであろう。

なお，境内一帯は，元弘の変（1331年）のとき，備後の豪族宮氏の一族である桜山慈俊が楠木正成に呼応して挙兵した地とされ，1934（昭和9）年に一宮（桜山慈俊挙兵伝説地）として国の史跡に指定されている。

尾市（1号）古墳 ㉚　〈M▶P.118〉福山市新市町常芦浦 P
JR福塩線新市駅🚌金丸方面行 渡上 🚶30分

渡上バス停から橋を渡って芦浦の谷に進み，約1.6km行くと八幡宮下に火の見櫓がある。このそばには古墳の案内板があり，北側

尾市(1号)古墳遠景

丘陵頂部に尾市(1号)古墳を望むことができる。

尾市(1号)古墳は尾根先端に築造されており，丘陵麓からのぼるには傾斜がかなり急である。墳丘をみると，墳丘の裾から少し上側に列石(れっせき)がめぐる箇所があり，全体として正八角形となっている。墳端も列石にあわせてつくられているとみてよく，八角墳(はっかくふん)としてとらえられる。墳丘の規模は対角長(ちょう)が15m，列石部分では12mを測ることができる。八角墳は7世紀後半を中心に，主としてヤマト政権の大王(だいおう)が採用した墳形である。畿内以外の地方で築造されることはきわめて異例であり，注目される。

全国に例のない石槨をもつ終末期3個の古墳

主体部は，羨道の奥に方向を違えて3個の石槨を配置した横口式石槨で，全体の平面形が十字形となる他例のない埋葬施設である。主体部の大きさは，羨道と中央石槨をあわせた南北が6.68m，東石槨と西石槨をあわせた東西が4.6mである。中央石槨は，長さ1.68m・奥幅1.16m・高さ1.15mの大きさで，他の石槨もほぼ同様である。石槨はいずれも花崗岩切石を使用し，各面とも1枚石で構築され，石と石との接合部や石面の一部には漆喰(しっくい)が使用されている。漆喰は本来，石面全体に塗られていたとみられる。石槨部と羨道部の境の石は，左右とも縦方向に弧状の加工がなされ，ここに嵌め込(は)み式の扉石(とびらいし)があったことがうかがえる。

遺物については知られていなかったが，発掘調査によって羨道の入口辺りから須恵器片が出土しており，7世紀後半に築造されたと考えられる。終末期古墳の横口式石槨墳が地方で営まれることはまれであるが，複数の主体部をつくった合葬墓(がっそうぼ)であることも珍しい。尾市(1号)古墳が，古代山城(さんじょう)跡の常城(つねき)跡やのちの備後国府(こくふ)跡に近い位置に築造されていることは，被葬者を考えるとき参考となる。7世紀後半は，古代国家成立の直前であり，吉備の西端に備後国を設置しようとした有力官人の活躍がうかがえる。

駅家・加茂・新市をめぐる 151

宮脇遺跡 ㉛　〈M▶P. 118〉福山市新市町常宮脇

JR福塩線新市駅🚌金丸方面行森ノ上🚶2分

全国で最初に発見された旧石器時代の遺跡

　金丸の集落から府中市本山へ向かう旧道沿いの森ノ上バス停そばに品治別神社があり，その本殿西側から背後一帯が宮脇遺跡（宮脇石器時代遺跡，県史跡）である。1946（昭和21）年に豊元国・村上正名らが2カ所にトレンチ（調査区）を設けて発掘調査をしたところ，細石刃や細石核の，いわゆる細石器が出土したが，これが，群馬県岩宿遺跡の発掘（1949年）に先立つ，日本最初の旧石器の発見であったことはあまり知られていない。

　遺跡は東南面に広がるゆるやかな斜面の先端付近にあり，神谷川の下流方向をみることができる。発掘調査によると，土層はおよそ3層であるが，上の2層は境がはっきりとしたものではなかったようである。遺物としては，縄文時代早期の押型文土器や撚糸文土器など，石鏃，細石刃・細石核などの石器が出土している。細石刃は原石から削り取った長さ1cm前後の小さな剥片で，断面は三角形や四角形をなし，これをいくつかつなぎ合わせて利器としたものといわれている。細石核は剥片をとった残りの原石である。これらの細石器や剥片などは70点余り出土しており，この遺跡で細石器を組み合わせた道具を製作していた可能性もある。

　宮脇遺跡での調査が刺激となって，その後，全国で旧石器の発見が続き，日本においても旧石器時代が存在することが確認されることになった。また，県内の考古学研究を進展させたことでも歴史的遺跡といえる。

宮脇遺跡

福山・府中とその周辺

素盞嗚神社 ㉜ 〈M▶P.118, 155〉福山市新市町戸手 P
JR福塩線上戸手駅 徒2分

天王社・祇園社ともいわれ、『延喜式』神名帳にみえる

　JR上戸手駅のすぐ西側の線路沿いに素盞嗚神社（祭神素盞嗚 尊）がある。『備後国風土記』逸文の蘇民 将 来伝説に記された「疫隅の国 社」に比定されている。神社の建物は東向きで,「元禄七(1694)年」の刻銘のある鳥居を通ると，随神門から本殿まで直線的に配置されている。本殿は入母屋造で，向拝のついた拝殿が付設されている。本殿の北側には戸手天満宮があるが，もとは18世紀なかばに再建されたという本地堂であり，三間堂の寺院建築がよく残った例とされている。境内の北側にある2つの門は，相方城の城門を移築したものといわれている。

　神社の北約500m，神谷川沿いの大佐山運動公園のある辺りが，縄文時代から古墳時代にかけての神谷川遺跡（神谷川弥生式遺跡，県史跡）である。過去の調査で多量の弥生土器が出土し,「神谷川式土器」とよばれて県東南部の弥生時代後期の標識遺跡とされている。また，グラウンド建設時には，弥生時代の竪穴住居跡や貯蔵穴などが検出され，縄文時代晩期の土器も出土している。

素盞嗚神社本地堂

大佐山白塚古墳 ㉝ 〈M▶P.118, 155〉福山市新市町戸手中戸手大佐山 P
JR山陽本線福山駅 バス府中方面行戸手 徒50分

花岡岩切石でつくられた横穴式石室

　大佐山白塚古墳（県史跡）は，大佐山(188m)の頂上近くに位置し，芦田川下流域が一望できる高い場所に築かれている。戸手バス停東側の戸手川に沿って北に進み，中戸手の集落を過ぎると十三池（ゴルフ練習場）がある。池の北側からのぼると，徒歩で約30分である。車の場合は，集落の北西にある荒神社から北に進み，大佐池の南端から東側の廃土処理場方面に向かうと，案内標示がある。

　大佐山白塚古墳は大佐山古墳群の主墳で，最高所にある白塚古墳

駅家・加茂・新市をめぐる　153

大佐山白塚古墳石室

の南側尾根上には、6基の小規模な横穴式石室が露出している。白塚古墳は一辺が約12mの方墳で、南辺の裾には部分的に列石がある。主体部は南に開口した横穴式石室で、全長は7.78mである。花崗岩切石で構築されており、石室の中央部の両側に石柱を設け、その上に鴨居状の横石を架し、石室を2つに区分しているのが特徴である。奥室（玄室）は長さ3.7〜3.84m・奥幅1.97mで、前室もほぼ同じ大きさであり、両室の長さを同値にするよう設計されているようである。このような構造の石室は、近隣の大坊古墳（福山市神辺町）や狼塚2号古墳（同駅家町）と共通しており、注目される。石室の発掘調査はなされていないので、出土遺物については明らかではない。白塚といわれているように、石面に漆喰が塗られていたと考えられるが、現在はよくわからない。7世紀前半頃に築造されたと考えられる終末期古墳で、この地域最後の広域首長墓とみられる。

戸手バス停から新市方面に少し進み、上戸手交差点から南に向かうと、芦田川に架かる佐賀田大橋がある。橋を渡り芦田方面に進むと、すぐに汐（塩）首バス停があり、ここから東側への山道をのぼりきった北側の丘陵上に潮崎山古墳がある。後世の墓のある頂部付近から、1827（文政10）年に「日月天王日月」の銘のある銅鏡（三角縁神獣鏡で直径22cm）が出土したが、主体部については明らかではない。墳丘も明確ではないが、全長が30mほどの前方後円墳であった可能性がある。この地域の4世紀を代表する首長墓であろう。

相方城跡 ㉞　〈M▶P.118,155〉福山市新市町相方　[P]
JR福塩線新市駅🚌10分

中世から近世への過渡期の城跡

潮崎山古墳から佐賀田大橋に戻り、南詰からあしな台・新市工業団地方面に進むと、工業団地の西端から城跡にのぼる道がある。途中、後池（ゴルフ練習場）のそばで、横穴式石室の後池1号古墳（道

路崖上）と後池17号古墳（復元）が見学できる。

相方城跡（県史跡）は、芦田川の南側に沿った東西に、細長い丘陵を利用して築かれた山城で、遺構は標高約190mの尾根頂部の郭群を中心に、東西約1km・南北約300mの範囲に分布している。頂部からの眺望はきわめてよく、川を挟んですぐ北には宮氏の本拠地とされる亀寿山城跡、北西には府中市の八ッ尾城跡、東方には神辺町の神辺城跡、さらに、岡山県浅口市の遙照山、また、福山市街地の向こうには、水島灘に臨む笠岡市の御嶽山も望まれ、山陽道・瀬戸内海筋の情報を即座に集約し対応できる立地に恵まれている。

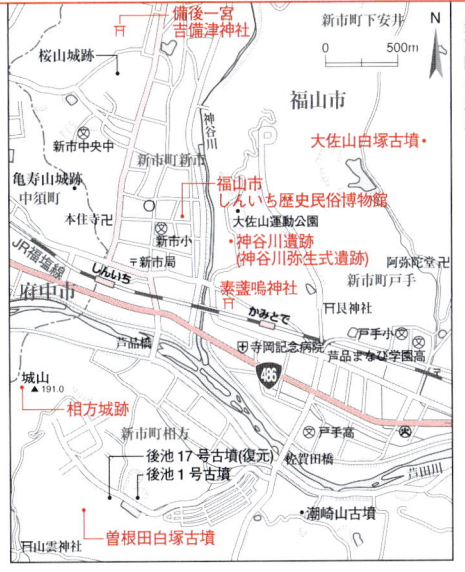

　尾根頂部の郭群は、深い堀切によって東郭群と西郭群に分けられており、規模の大きい東郭群が主郭となるようである。東郭群の西端には、郭にのぼる直角に曲げた２重の石段と城門が設置されており、郭群の南側には、随所に整然とした見事な石垣が築かれている。また、城門２棟が素盞嗚神社に移築されたといわれる。遺物としては、東郭群を中心に、巴文の軒丸瓦や唐草文の軒平瓦を始め、青磁皿・擂鉢・土師質土器などが出土している。

　城の沿革については明確ではないが、戦国時代の終わり頃に、毛利氏が備後国

相方城跡石垣

駅家・加茂・新市をめぐる　　155

南部の要とし，天正年間(1573〜92)末期から文禄・慶長年間(1592〜1615)にかけて大きく改築したものが，現在の遺構のようである。近世城郭への過渡期の山城として注目される。

曽根田白塚古墳 ㉟　〈M▶P. 118, 155〉福山市芦田町下有地久田谷
JR福塩線新市駅🚗10分

花崗岩切石でつくられた横口式石槨

下有地の東ノ面バス停から北西方向に細長い谷間を進み，上東ノ面から久田谷に至ると，道路端(北側)に曽根田白塚古墳への案内標示(バス停から約1.3km)がある。ここから北側の山頂に向けて進むと，傾斜がやや急であるが，徒歩約15分で古墳の正面に着く。

曽根田白塚古墳(県史跡)は，標高約100mの尾根頂部付近にあり，墳丘はややいびつではあるが，直径約9mの円墳とみられる。主体部は，羨道の奥に石槨部を設けた横口式石槨で，花崗岩切石で構築されており，全長は6.7mである。石槨部は長さ2.2m・奥幅1.22m，底の石は敷いていないが，高さは現在1.22mである。奥壁・天井石はそれぞれ1枚，側壁は2枚ずつのようにみえるが，入口からみて右側(東壁)は1枚石に亀裂を入れて2枚のようにみせている。羨道部もあわせ，左右対称を強く意識して構築していることがわかる。各石の接合は切り込みをして組み合わせている。白塚といわれているように，石面には全体に漆喰が塗られていたとみてよいが，現在は数カ所の角部分にわずかに認められるにすぎない。遺物については明らかではない。

この古墳と同様の平面をした横口式石槨として，猪の子1号古墳があり，ともに7世紀後半頃に築造された終末期古墳である。尾市(1号)古墳とあわせ，この地域の古代史を考えるうえで，きわめて重要な古墳である。

曽根田白塚古墳横口式石槨

⑤ 府中市街から芦田川・御調川流域

山陽・山陰を結ぶ街道と，古代山陽道の十字路に展開した歴史の跡をたどる。

伝吉田寺跡 ㊱

〈M▶P.118, 158〉府中市元町
JR福塩線府中駅北東へ🚶10分

古代国府の塔の心礎は何を語るか

古代備後国の国府がおかれた府中市では，早くから畿内の文化的影響がみられる。JR府中駅の北約500mにある県内でも比較的早い小中一貫校市立府中学園の北北西約200mの所にある紫雲山金龍寺境内の塔心礎や，その周辺で採集された藤原宮式瓦はその一例といえよう。1968(昭和43)年の発掘調査でも白鳳期(7世紀後半)の瓦や人物戯画の刻まれた瓦が出土し，東に塔跡，北に講堂跡が検出され，法起寺式の伽藍配置をとる畿内的影響の強い寺院であったことが判明した(伝吉田寺跡，県史跡)。寺伝によると，ここ芦田郡の「芦」が「悪し」に通じるので吉田郡と改め，郡寺的な立場の寺院も吉田寺と称したという。この寺院跡のすぐ東では，石組みの基壇をもつ礎石建物跡や苑池遺構が確認され，軒平瓦や鳥の姿が刻まれた鬼瓦，硯や墨書土器などが出土している(金龍寺東遺跡)。

伝吉田寺跡塔心礎

青目寺 ㊲
0847-45-4459(西龍寺)

〈M▶P.118, 158〉府中市本山町
JR福塩線府中駅🚌本山方面行本山峠🚶15分

平安時代寺院の荘厳さを示す焼失を免れた仏たち

府中学園前の交差点から県道399号線を本山方面へ1.5kmほどのぼり，本山峠バス停から西に1kmほどで青目寺である。現在は無住の寺で，拝観には事前連絡が必要である。収蔵庫には平安時代初期の作風を伝える木心乾漆日光菩薩立像・木心乾漆月光菩薩立像や，両腕は江戸時代の修復である木造聖観音立像・木造天部立像(いずれも県文化)などすぐれた古仏像群が安置されている。また鎌倉時代の五輪塔形曳覆曼荼羅版木(県文化)は，死者を覆う白布に成仏

府中市街から芦田川・御調川流域　157

府中駅周辺の史跡

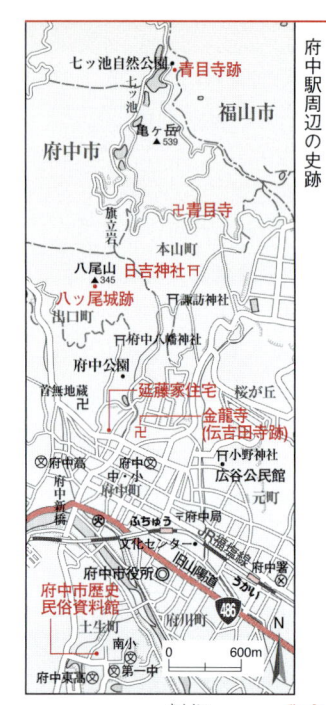

を祈って曼荼羅を描く版木で、全国でも最古級とされている。

青目寺は亀ヶ岳(539m)の中腹にあるが、さらに3.5kmほど山中に進むと七ッ池自然公園がある。この公園内に旧青目寺の建物が点在し、南御堂跡・西御堂跡・中御堂跡などが発掘調査で確認された(青目寺跡、県史跡)。旧青目寺は四国屋島(現、香川県)からきた僧青目が813(弘仁4)年に建立した天台宗寺院で、隆盛をきわめたが、たびたびの火災で衰退し、焼失を免れた仏像が江戸時代に現青目寺に移されたという。なお収蔵庫裏には「正応五(1292)年」銘が刻まれた青目寺塔婆(青目寺五層石塔婆、県文化)がある。また青目寺から南に800mほどくだった青目寺の鎮守である日吉神社の本殿右後方には、花崗岩製の宝塔(県文化)がある。風化は激しいが、基礎には「正和四(1315)年五月八日勧進沙門玄真」の刻銘があり、地下には高さ1.5mの備前焼甕が埋められていた。

奈良時代の正史である『続日本紀』には、719(養老3)年に備後国葦田郡の常城を廃止した記事がみえる。火呑山ともよばれる亀ヶ岳の東側山麓には、常・常城などの地名があることから、奈良時代の朝鮮式山城である常城がこの山に構築されていた可能性が高い。

青目寺五層石塔婆

延藤家住宅 ㊳ 〈M ▶ P.118, 158〉府中市出口町37-1
JR福塩線府中駅🚶15分

国の登録有形文化財となった大豪商の別荘

　JR府中駅から西に400mほど歩き，3つ目の信号のある交差点を右に折れて200mほど歩くと，左手に木造3階建ての建物がある。国の登録有形文化財「恋しき」である。1872(明治5)年創業の旅館で，その後の増改築により望楼風表3階建ての独特の外観をもつようになり，周辺部のみならず中国山地・山陰の物資の集積地として栄えた府中のシンボル的建物となった。揮毫を残した犬養毅(木堂)のほか，岸信介らの政治家や，作家吉川英治・井伏鱒二らが投宿した所であり，現在は改装・補強が施され，食事や茶席貸席・休息所などの複合的施設として公開されている。

　旅館恋しきの命名者は，江戸時代後期からの豪商であった延藤友三郎であったが，恋しきの北西300mの所に延藤家住宅(国登録)がある。1931(昭和6)年に別荘として建造された木造建築で，2階建ての主体部と渡り廊下で結ばれた離れから構成される和館部(洞仙荘)，その玄関脇に建てられた応接用の洋館部とからなる。和館には数寄屋風の意匠でまとめられた座敷や茶室が設けられ，複雑に入り組んだ屋根が瀟洒な外観をかもし出している。また洋館は擬石塗りとハーフティンバー構造の外壁に，ベイウィンドウや出窓・バルコニーを設けるなど，華やかな外観を呈している。外観は見学できるが，事前に許可が必要である。

　延藤家住宅の北500mの所にある府中八幡社裏手から30分ほど歩くと八ッ尾城跡がある。

　八ッ尾城跡は府中盆地の北部に位置する標高346mの所にあり，府中盆地から東は神辺平野，西は御調川沿いに遠方を望むことができ，交通の要衝を掌握する場所にある。城の縄張りは，尾根続きにあたる北側を堀切や空堀を設けて独立させ，

延藤家住宅

府中市街から芦田川・御調川流域

頂部の東西20m・南北50mの郭を中心に、多方向に延びる尾根筋に小さな郭が連続する要害となっている。八ッ尾城は鎌倉時代初期の杉原氏の築城とされるが、史料的には南北朝時代から確認され、備後国府城ともよばれていた。山名時氏や足利直冬方の城として利用され、1437(永享9)年には、山名持豊(宗全)の備後守護就任に反発した山名満熙が、室町幕府将軍足利義教の弟大覚寺義昭に呼応して挙兵した城とされる。持豊はこの反乱を鎮圧し、一族を配して備後国の経営にあたった。

府中市歴史民俗資料館 ㊵
0847-43-4646

〈M▶P.118,158〉府中市土生町882-2
JR福塩線府中駅🚌10分、または府中駅🚶30分

氷高内親王(元正天皇)の封戸の地

府中市の中央部を流れる芦田川左岸に備後国府が推定されているが、その対岸である府中市土生町や用土町・栗柄町域は、古代の葦田郷と推定されている。この地域は、奈良市の長屋王邸跡出土の「備後国葦田郡葦田里」「氷高親王宮春税五斗」と記された木簡から、氷高内親王(のちの元正天皇)と特別な関係にあったことがわかるが、葦田郷を含め国府がおかれた葦田郡域(現、府中市域)の様相を知るうえで訪れたいのが、府中市歴史民俗資料館である。JR府中駅から西に700mほど進み西町交差点を左折、府中新橋を渡りJR福塩線のガードをくぐって1.5kmほど道なりに進んだ、ウッドアリーナ(体育館)や小・中・高校が集合する一角にある。建物は1903(明治36)年に建てられた旧芦品郡役所庁舎が移築されたもので、漆喰の壁に隅石飾り、胴蛇腹や窓枠・庇・玄関の飾りなど外観は建築時のままであり、明治後期の擬洋風建物として文化財的価値が高い。近年の市内における埋蔵文化財調査での出土遺物が、工夫をこら

府中市歴史民俗資料館(旧芦品郡役所)

してわかりやすく展示されており，古代の備後国府の状況を考えるうえで有意義な施設である。

府中市歴史民俗資料館から南に約2kmの所にある栗柄廃寺跡からは，藤原宮式の軒丸瓦や軒平瓦などが採集されており，8世紀前半のこの地域と都との関係が推察される。廉塾を開いた菅茶山らが編纂した『福山志料』では備後国分尼寺とし，現地には石柱も建てられているが，時間的にはそれに先行してその後継続した寺院で，范型が共通する瓦の使用など，伝吉田寺と強い関係にあるとされている。古くから大量の瓦が採集され，その一部が歴史民俗資料館にも保存・展示されているが，礎石などは存在せず，1984(昭和59)年からの発掘調査でも遺構が確認されないなど，謎の多い寺院跡である。

栗柄廃寺跡の北側，別の谷の奥まった所には，南宮神社が鎮座している。江戸時代の建築であるが，県内では類例が少ない五間社の入母屋造である。この境内の一角に府中神宮寺郷土資料館がある。ここには奈良興福寺で印刷された春日版大般若経600巻(県文化，閲覧は事前に連絡が必要。電話0847-45-5118)が保管されているが，収納の櫃には，1422(応永29)年12月に京都相国寺の僧侶が南宮神社に寄進した旨が記されている。また大般若経の転読の際には，本尊として堂内にかけられたであろう，14世紀後半の絹本著色釈迦十六善神像(県文化)も所蔵されている。

安福寺の宝篋印塔 ⓔ

〈M ▶ P.118〉府中市上下町矢野776
JR福塩線矢野駅🚌矢野温泉行終点🚶15分

アヤメの里にたたずむ南朝年号の宝篋印塔

古代国府の所在地府中は，中国地方山間部への分岐点であり，江戸時代のつぎの宿駅は現府中市上下町であった。往時の街道とは経路がやや異なるが，その間にも文化財・史跡が多い。

JR福塩線河佐駅から東方，左手のふたこぶ駱の背のような山が栖崎城跡である。城跡は北方から延びる丘陵部の鞍部に数列の空堀を設けて南側の頂部を城域とし，中央部に平坦な1郭，その南に石垣や横矢がみられる2郭，その南端が桝形の坂虎口となって周囲の帯郭につながっている。一部に畝状竪堀群が施され，河佐川も天然の要害となっている。地頭栖崎氏が本拠としたが，のち毛利氏に

府中市街から芦田川・御調川流域

安福寺石造宝篋印塔

服属，毛利氏の防長転封とともに廃城となった。

　旧府中市と旧上下町の境の水永付近は分水嶺であるが，県道24号線沿いの水永バス停そばに南山古墳(県史跡)がある。県道に面した1号古墳は全長22.5mの前方後円墳で，後円部と前方部との比高差が大きく，前方部は小ぶりながら張り出しが強い。後円部には全長8.3mの横穴式石室が営まれているが，ややいびつな平面形である。1991(平成3)年の調査で少量の須恵器が出土し，6世紀後半～7世紀初頭の古墳と考えられている。

　南山古墳から西へ4kmほど行くと，その多彩なアヤメの花と，壮大な自然の驚異を感じさせる岩海(国天然)で有名な矢野温泉がある。その西側の安福寺本堂裏には，「正平十(1355)年」の南朝方の年号が刻まれた石造宝篋印塔(県文化)がある。当時矢野一帯は北に接する有福郷とともに，有福城で南朝方として活躍した竹内兼幸の支配下にあったと思われる。また境内墓地には，江戸時代の1676(延宝4)年の飢饉に際し，窮状を直訴して打ち首となったという兄弟の墓が並んでいる。また矢野温泉の北側では，平安時代の瓦や「今麻呂東」などの墨書土器が出土している(下郷桑原遺跡)。

幕府領 上下代官所跡 ❹

〈M ▶ P.118〉府中市上下町上下466
JR福塩線上下駅東へ 🚶 5分

石州街道の名残りをとどめる町並み

　石州街道の宿駅上下は，幕府領の代官所，ついで大森代官所の出張陣屋がおかれ，大森銀山産出銀を元手にした代官所公認の貸付業(上下銀)も営まれたため，周辺地域の政治・経済の中心として繁栄した。その幕府領上下代官所跡(県史跡)が，現在の市役所上下支所である。現存するのは石垣のみであるが，上下の町並みの基本はこの時代に築かれたと考えられる。

　代官所跡のすぐ東の吉井寺は，最初の代官ゆかりの寺で，本尊の

備後国府の発掘調査

コラム

姿をみせつつあるまぼろしの備後国府

　古代備後国の政治・経済・文化の拠点であった備後国府が、どこに位置していたのかは現在でも明確ではないが、それに由来する地名の府中市に存在するという想定で、市内地域の発掘調査が続けられている。調査は、家屋の建て込んだ町並みのわずかな空間で行われることが多く、検出された遺構は面として把握しにくい状況である。しかし、市教育委員会の長年の地道な調査により、ほぼ元町地区の辺りに、国府の中心部が存在する可能性が高まっている。

　JR福塩線府中駅の北東部にあたる元町のツジ遺跡は、広谷公民館の南側一帯で、大型方形の柱穴群や方位に沿った掘立柱建物跡が数棟検出されている。全体の規模は不詳であるが、東西5間の大型建物跡も存在する。これらの建物跡やその周辺では、ガラスの小玉を入れた奈良三彩の小壺、円面硯・風字硯などの硯、墨書土器や緑釉陶器など、役所や寺院などでよく使用された遺物が出土している。

　ツジ遺跡の遺構が、国府のどのような性格の建物となるのかは明らかではないが、中枢となる政庁に類するものかどうかは、国府域を推定することとあわせて検討していく必要があろう。

　ツジ遺跡の南東にあたる市立広谷小学校（鵜飼町）前の水田（当時）では、過去に、典型的な国府瓦とされる均正唐草文の軒平瓦が出土しており、国府の範囲を想定するうえで見過ごすことのできない遺物といえる。

　木造薬師如来坐像（県文化）は一部に補色がみられるが、鎌倉時代後期の半丈六仏である。上下にはこのほか鎌倉時代の建立とされる専教寺や善昌寺、明治の文豪田山花袋作『蒲団』で弟子のモデルとされる文学者岡田美知代の生家を改築した上下歴史文化資料館、明治時代の蔵を利用した上下キリスト教会、見張り櫓がそのまま残る旧警察署や町家・旧田辺邸、大正の芝居小屋翁座、白壁の町並みが保存されている。またJR上下駅の東4kmの階見では、亡くなった人の霊を氏神とともにまつる祖霊の信仰があり、階見の若宮信仰資料として県の有形民俗文化財に指定されているが、非公開である。

　上下駅から、国道432号線を北へ2kmほど行った有福は、京都下賀茂神社の荘園で、源平の争乱期には土肥実平が備後支配の拠

点にしようとした所である。荘域の南に位置する有福城跡(県史跡)は，南朝方の武将として活躍した竹内兼幸が青目寺別当らとともにたてこもった城といわれ，戦国時代には毛利輝元が有福元貞に「有福要害」の普請と番衆入城を命じている。頂部には南北60m・東西20mの主郭があり，ここから延びる北東・東・南東の尾根にも，それぞれ深さ10～15mの堀切を構えて独立させた郭群がある。また頂部の4面には竪堀も設けられ，要害化が図られている。麓に土居という地名があり，日常の館があったと思われる。

本郷平廃寺跡 ㊷   〈M▶P.118〉尾道市御調町丸門田
山陽自動車道尾道IC🚗20分

古代山陽道の経路と思われる御調川沿いにも，文化財が多い。府中市街地西端の前原橋南側にある前原遺跡では，瓦葺きの基壇建物跡が確認されており，古代の駅家跡とする意見がある。前原橋から国道486号線を10kmほど西に進むと，尾道と中世大田荘との間の宿駅として栄えた尾道市御調町市の町並みがある。その一角に照源寺(浄土真宗)があり，全国的にも珍しい鎌倉時代の木造仏涅槃像(国重文)があったが，現在は奈良国立博物館に寄託されている。

市の大田交差点から東へ約3.5km，丸河南の集落が途切れた辺りに，御調ダムの大きな案内板がある。この三差路を右に折れると，右手に小高い丸山城跡が聳える。上里氏の城とされ，山頂部に3つの郭をもち，御調川が天然の堀となっている。この麓から北西300mほどの所に観音堂があり，その一帯が本郷平廃寺跡である。

本郷平廃寺跡は，白鳳期から奈良時代の寺院跡で，1985(昭和60)年以後の調査で，塔跡・金堂跡が確認され，3類7型式の軒丸瓦や軒平瓦・六角塼・塑像片などが出土した。軒丸瓦に奈良時代の国

本郷平廃寺礎石

白鳳期からの地方寺院の跡

164　福山・府中とその周辺

府中の伝統産業と現代産業

コラム

知恵と工夫のものづくりの街

備後国府であった府中(現, 府中市)は, 古代国家の解体と在地領主制の展開のなかで, 都市的機能が解体され, 在郷の市町として, 芦田川支流の御調川・阿字川流域の物流の中心地となっていった。

江戸時代の備後の政治・経済・物流の中心は, 福山(現, 福山市)に一元化され, 府中は市町あるいは山陰への宿駅として位置づけられた。しかし, 近世の木綿・煙草など商品作物の生産や, 木綿織・コンニャク・紙漉などの農間稼ぎの流行のなかで, 府中は物資集散・原料加工地としての役割をになうようになり, 明治～昭和期に, 煙草加工・木綿織(備後織)・味噌・指物などの地場産業が成立し, 鉄工・機械などの工場も設立されて, 府中の経済構造の骨格ができあがった。

第二次世界大戦後は, 1950年代に備後絣を中心にした綿織物工業が, 戦前の最盛期を再現, その後, 合繊織物もこれに追随した。さらには, 復興にともなう住宅建設や高度経済成長, 世帯の細分化などの需要増大に対応して, 指物技術を基礎としながら大量生産技術を確立させた家具生産でも,「府中家具」として全国に知られるようになった。

しかし近年は, 輸入家具市場の拡大や少子化, 原材料の高騰などさまざまな原因から, 地方家具産業は構造的な不況に見舞われ, 新しい活路の開発が急務となっている。ダイカスト技術を駆使した機器の製造や, 紡績業からプラスチック容器製造, 電機部門への事業転換を基礎にしたラジコンヘリコプターの技術開発と利用を推進する企業の登場など, 模索が進んでいる。

府系瓦があることから, 駅家(看度駅)が併設されていたとする説もある。出土遺物は国道に並行する旧道沿いの尾道市御調歴史民俗資料館に展示されている。

御調八幡宮 ㊸
0848-65-8652

〈M▶P.118〉三原市八幡町宮内 P
山陽自動車道三原久井IC🚗5分

整備された自然公園に鎮座する平安時代以来の八幡宮

三原久井ICから北東に3kmほど進み, 山陽自動車道の高架をくぐると「やはた川自然公園」の大きな案内板があり, これを右折すると鳥居があり, 参道を700mほど進んだ所に, 応神天皇らを祭神とする御調八幡宮がある。県内では数少ないシイの天然林である社叢(県天然)と, 朱色の橋が印象的である。

伝承では, 769(神護景雲3)年の和気清麻呂事件で備後国に流罪

府中市街から芦田川・御調川流域

御調八幡宮

となった清麻呂の姉和気広虫(法均尼)が,豊前国宇佐八幡宮(現,大分県宇佐市)を勧請した神社であり,平安時代後期には,京都の石清水八幡宮の別宮となった。鎌倉・室町時代に神官が領主化していたが,戦国時代には大名大内氏・毛利氏や国人渋川氏らの崇敬を受け,江戸時代には広島藩や三原城主浅野氏の祈願所として保護された。

創建期の様相は不明だが,中世にはこの地域の人びとの崇拝を受けていたことは,多くの文化財からもうかがわれる。とくに戌年生まれの足利義政による寄進と伝えられる,像高約80cmの木造狛犬1対(国重文)は,全身に力強さを感じさせる優品である。また欠損はあるが,平安時代作とされる像高89cmの木造男神坐像(県文化)は,唇の朱色や口髭・顎髭の繊細な墨線が,造像時の鮮やかさを彷彿とさせる。室町時代初期の作品である木造行道面13面(附 木造菩薩面3面,国重文)や,鎌倉時代の写経活動を伝える紙本墨書出三蔵記集録上巻第二のほか紺紙金泥大般若経1巻(ともに県文化)は,神仏習合の風潮のなかで伝来したものである。また備後の国人である安那定親を願主とする「嘉禎二(1236)年」の刊記年をもつ阿弥陀経板木・法華経普門品板木各2枚と,「嘉禎三年」刊記年の金剛寿命陀羅尼経板木1枚(いずれも国重文)も文化活動を知るうえで貴重である。神社西方の鉾が峯から出土したとされる弥生時代中期の銅戈(県文化)も保管されているが,拝観には事前連絡が必要である。

八幡宮の祭礼日に,江戸時代の周辺5カ村が交替で奉納する花おどり(県民俗)は,道中祓いの鬼を先頭に武者行列を組んで,囃しながら神社に至り,踊り子が円形になって大小の太鼓や笛・手打鉦の調子にあわせて踊り,これに獅子舞がからむ華やいだもので,雨乞いの踊りが住民の娯楽風に改められたものとされている。

Kamo Sera

賀茂・世羅台地

安芸国分寺塔跡

竹林寺本堂

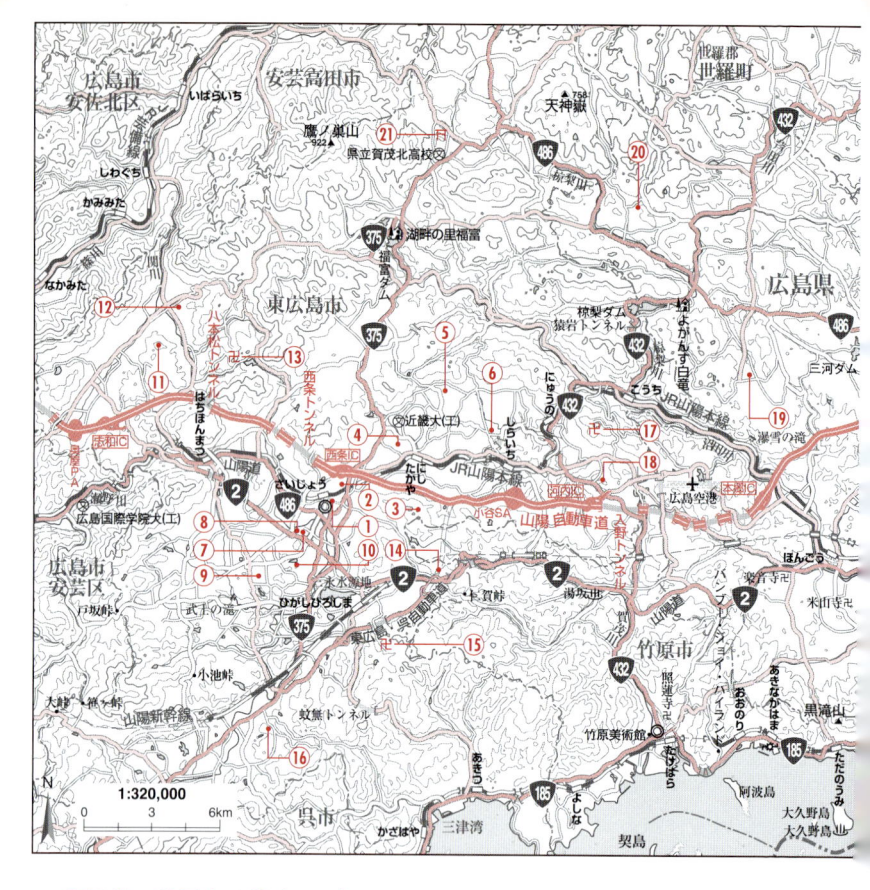

◎賀茂・世羅台地散歩モデルコース

西条市街と周辺コース　　JR山陽本線西条駅_10_国分寺_7_御茶屋(本陣)跡・酒蔵通り_10_中央図書館ガイダンス_3_三ッ城古墳_5_野坂完山の墓_10_旧石井家住宅_15_鏡山城跡_10_JR西条駅

高屋コース　　JR山陽本線西高屋駅_5_西本6号遺跡_10_平賀氏の墓地_1_御薗宇城跡_10_白山城跡_2_旧木原家住宅_15_白鳥古墳_10_JR西高屋駅

河内・大和コース　　山陽自動車道河内IC_5_柚木の石造地蔵菩薩立像_10_竹林寺_10_深山変電所本館_10_椋梨城跡_5_黒谷(黒谷暮坪1号)古墳_15_棲真寺定ヶ原石塔_5_棲真寺_15_山陽自動車道本郷IC

世羅・久井コース　　山陽自動車道三原久井IC_10_久井稲生神社・三原市久井歴

①御茶屋(本陣)跡　⑭三永の石門
②安芸国分寺跡　⑮福成寺
③白鳥古墳　⑯保田古墳群
④西本6号遺跡　⑰竹林寺
⑤平賀氏の遺跡(御薗宇城跡・平賀氏の墓地・白山城跡・頭崎城跡)　⑱柚木の石造地蔵菩薩立像
⑲棲真寺定ヶ原石塔
⑳黒谷古墳
⑥旧木原家住宅　㉑本宮八幡神社
⑦三ッ城古墳　㉒今高野山
⑧野坂完山の墓　㉓世羅町大田庄歴史館
⑨広島大学キャンパス遺跡　㉔康徳寺
⑩鏡山城跡　㉕神田2号古墳
⑪生城山城跡　㉖万福寺跡
⑫志和の時報塔　㉗杭の牛市跡
⑬並滝寺

史民俗資料館 10 世羅町大田庄歴史館 1 今高野山(龍華寺) 5 康徳寺・康徳寺古墳 5 神田2号古墳 3 万福寺跡 20 三原久井IC

① 西条市街と高屋を行く

古代・中世を象徴する国史跡と宿場町を生かしつつ、都市づくりを目指す活況の町を歩く。

御茶屋(本陣)跡 ❶

〈M▶P.168,170〉 東広島市西条本町4-31
JR山陽本線西条駅東へ🚶5分

酒蔵通りに歴史の重みを加える宿駅の顔

急激に都市化が進む東広島市の中心西条は、西国街道の宿駅四日市から発達した町である。その象徴が、御茶屋(本陣)跡である。

西条盆地北部は、古代以来の交通の要衝であったが、江戸時代の初め、幕府の巡見使派遣にあたり巡見使の宿泊する御茶屋が建設されて、宿場町の礎となった。御茶屋はその後、広島藩直営とされ、東西69m・南北66mの敷地の周囲を築地で囲み、部屋数29・畳数214畳の建物を擁し、藩内最大規模を誇った。明治維新後は、賀茂郡役所に転用され、1889(明治22)年に建て替えられた。郡役所廃止後荒廃していたが、1986(昭和61)年に門

御茶屋(本陣)跡

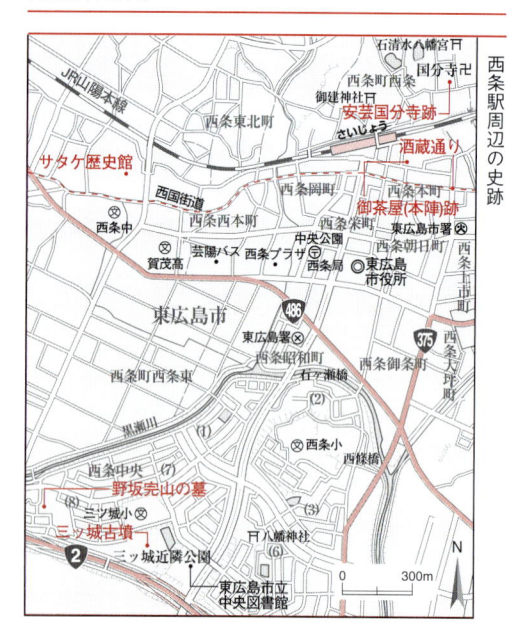

西条駅周辺の史跡

サタケ歴史館

コラム

酒造りとともに歩んだ米加工の歴史をみる

　西条市街地の酒蔵を結ぶ東西の道は、西国街道の一部を含んで酒蔵通りとよばれる。この酒蔵通りの西端に、西条の酒造りのなかで酒米の精白工程をにないながら、籾すり・精米・穀物の選別加工などの分野で、その技術を世界に発信するようになったサタケの本社がある。

　本社敷地内に建設されたサタケクリスタルラボラトリーは、穀物の加工や各種検査の技術を紹介する施設で、4階がサタケ歴史館になっている。100年以上にわたるサタケの歩みと、歴代経営者や先人たちの功績を顕彰し、後世に伝えるために開設されたもので、江戸時代以降の籾すりの機器や精米機などが陳列してあり、米の加工についての近代技術の急速な進展の様子が理解できる。

　同館では、見学だけでなく、米の栽培から食卓までの学習や精米体験などをセットにした「お米の学校」などが、小中学生や一般社会人の団体を対象に開催されている。また本社1階には温室が併設され、世界的なヤシの研究者として知られる佐竹利彦が、世界各国から収集した貴重なヤシ・ソテツ78種類、230株が植えられており、さながらヤシの森の感がある。

と正面築地の部分が復元された。

　宿場町としての発展は絵図や文献史料のほか、1996（平成8）年からの駅前区画整理にともなう埋蔵文化財調査でも、町割が確認された（四日市遺跡）。江戸時代後期には、この地でも酒造業が開始されたが、明治に入り三浦仙三郎らが考案した軟水醸造法を採用するなど品質の向上に努め、また山陽鉄道が開通して西条駅が設置されたことなどもあって、酒どころとして全国に知られるようになった。酒造りに携わる人びとのチャレンジ精神と創意工夫が、「天下第一ノ芳醇地」を生み出したのであるが、現在も、旧西国街道沿いやその周囲の造り酒屋を結ぶ道を酒蔵通りと称して、「まちづくり」が活発化している。

安芸国分寺跡 ❷　〈M▶P.168, 170〉東広島市西条町吉行 P
　　　　　　　　JR山陽本線西条駅🚶10分

　JR西条駅を北口に出て、線路に沿って100mほど東に進み、50mほど北上した後、東方に5分ほど歩くと、左手に現国分寺の仁王門がある。その境内と周辺部が、西条の古代史の象徴国分寺跡である。

西条市街と高屋を行く　　171

安芸国分寺講堂跡

西条盆地の北端部にある竜王山から南西に延びる稜線のゆるやかな南向き斜面にあたり，現在は真言宗御室派国分寺として法灯が守られている。

木簡や墨書土器など豊富な文字資料が出土した安芸国の国華

　仁王門を入った正面が，金堂跡に覆土をして建築された本堂であり，左手の薬師堂には，平安時代後期の木造薬師如来坐像(県文化)が安置されている。本堂の北に講堂跡の基壇が復元され，さらにその北の僧坊跡や両者をつなぐ軒廊も復元されている。また，本堂前から左手の寺外に出ると塔跡が保存されている。

　1932(昭和7)年に聖武天皇の歯を埋めたと伝えられていた塚の発掘調査が実施され，奈良時代の瓦溜りや塔心礎・礎石，基壇が確認されたため，安芸国分寺塔址として国史跡に指定された。1969年から境内の発掘調査が実施され，南門・中門・金堂・講堂が南北に並ぶ伽藍配置と寺域が推定され，安芸国分寺跡として史跡に追加指定された。近年まで，史跡整備のための調査が継続的に実施され，2000(平成12)年に「天平勝寶二(750)年」の年紀をもつ木簡や「安居」など仏教行事を記した墨書土器が出土し，この時期には寺の活動が開始されていたことが判明した。なお，2015(平成27)年には歴史公園が完成し，専用の駐車場も整備された。

白鳥古墳 ❸　〈M ▶ P.168〉東広島市高屋町郷 P
JR山陽本線西高屋駅南へ🚶60分

三角縁神獣鏡が出土した前期古墳

　JR西高屋駅から南東方向の鉄塔アンテナのある山の頂が白鳥古墳である。1910(明治43)年に白鳥神社の神殿を改築した際に，仿製三角縁神獣鏡・三神三獣鏡のほか，碧玉製勾玉・素環頭大刀など(白鳥古墳出土品として県文化)が出土し，付近から埴輪も採集されたことから，古墳であったと考えられている。墳丘の規模や形状，埋葬施設などは不明であるが，三角縁神獣鏡の型式などから4世紀末〜5世紀初頭の古墳とされている。

白鳥古墳・白鳥神社

　前期古墳と考えられる白鳥古墳は西条盆地で最古とされてきたが、山陽自動車道の建設にともない、オヶ迫1号古墳が確認された。この古墳は、北へ延びる尾根の傾斜面を溝で区画して地山を整形した一辺約10mの方墳である。弥生時代の箱式石棺の様相を残した2基の埋葬施設が確認され、鉄製の剣・槍や管玉・勾玉・銅鏃が出土、溝からも土師器の高杯が出土して、4世紀前半の古墳と考えられている。

　またオヶ迫1号古墳から南に約2km、旧西国街道南側に鎮座する丸山神社にも前方後円墳と思われる全長約47mの古墳があり、採集された土師器甕から、4世紀中期～後期のものと考えられている。さらに西高屋駅の北東1.5kmにある仙人塚古墳も5世紀初めの古墳とされ、白鳥山周辺は古い古墳が多い地域である。白鳥古墳やオヶ迫1号古墳の遺物は、東広島市立中央図書館に展示されている。

西本6号遺跡 ❹　〈M▶P.168〉東広島市高屋町大畠
　　　　　　　　　　JR山陽本線西高屋駅⚐20分

謎の神殿遺跡か

　JR西高屋駅から西に向かい、高屋西小学校入口交差点を右折すると、すぐにアスカパーク団地の入口が右手にある。この団地のもっとも奥にある小さな公園が、西本6号遺跡である。遺構の一部が保存され、芝生の斜面に、小さく赤いポールで掘立柱跡が示されているが、意識しないとわかりにくい。この遺跡では、1992（平成4）年の団地造成の際に、丘陵の南東側斜面で掘立柱建物跡10棟とこれをL字形に囲むように、平行する2組の溝状遺構4条が検出され、多量の須恵器や土師器のほか、円面硯や「解□（除カ）」と記された墨書土器、丹塗りの土師器碗、毛彫りの施された金銅製馬具やミニチュアU字形鉄製品などが出土した。「神殿」を思わせる独立棟持柱の建物、供膳具を中心として煮沸具がみられない土器群、墨書土器や鉄製品、区画南東の湧水、須恵器の形状などから、7世紀後半の祭祀関連遺跡と考えられている。

西条市街と高屋を行く　　173

中世武士団の跡 歴史の流れに翻弄される

平賀氏の遺跡(御薗宇城跡・平賀氏の墓地・白山城跡・頭崎城跡) ❺

〈M▶P.168, 174〉東広島市高屋町高屋堀・白市・貞重・高屋東
JR山陽本線西高屋駅より。御薗宇城跡へは北へ約4km

　JR西高屋駅北側の高屋町杵原一帯は，古代の「高屋郷」であり，中世初期には大炊寮の荘園となり「高屋保」とよばれた。この地域に領主制を展開した武士団が平賀氏であり，その遺跡が平賀氏の遺跡として，一括して県史跡に指定されている。

御薗宇城跡

西高屋駅周辺の史跡

　平賀氏は，出羽国平鹿郡(現，秋田県横手市付近)を苗字の地とする鎌倉御家人で，13世紀前半の資宗の頃に高屋保地頭となり，いわゆる東国武士の西遷によって，弘安年間(1278〜88)に惟長がこの地を本拠としたという。その最初の拠点とされるのが，西高屋駅から北に約4kmの所にある御薗宇城跡(県史跡)である。現在は周囲の田畑よりも1段高い丘のようにみえるが，南に延びる尾根の先端に段差をつけながら，5郭に整地した土居形式の中世の館跡で，14世紀前

僧行賢に関係した石造物

コラム

謎の人物行賢が残した石仏や石碑

　東広島市高屋町の一帯には，平賀氏の遺跡が集中していることと関係してか，石塔や板碑など中世の石造物が比較的多く存在している。なかでも，稲木地域には僧行賢に関係した石造物群がいくつかまとまっており，これらのうち６点が僧行賢関係遺品（県文化）として注目されている。

　西山の谷を少し入った山道のそばに，石造地蔵菩薩立像とその前側左右に石造供養碑が立っている。地蔵菩薩立像は高さ１mほどの石材に陽刻されており，像高は55cmで，線刻による蓮の花の上に立っている。裏面には「暦応四（1341）辛巳」の銘が刻まれている。左右に立つ高さ約1.6mの供養碑は，よく似た形状の板碑で，鑿痕の様子からも１つの石材（花崗岩）を半分に切って利用しているようである。右側のものには梵字の下に経，左側のものには梵字の下に「右為入蓮」，「正中二（1325）乙丑十月日」，「願主僧行賢」の銘が刻まれている。

　国道375号線の稲木の交差点を東に約500m行った南側の山裾に薬師堂があり，そのそばの堂状の覆屋に石造不動明王立像と石造多聞天立像が安置されている。この辺りは長楽寺廃寺跡に比定されている。不動明王立像は高さ82cmの石材（花崗岩）に陽刻され，像高は50cmで，赤色顔料が塗られている。裏面に「元亨二(1322)年壬戌六月三日」「願主行賢」の刻銘がある。多聞天立像も同様の造りで，銘はないが，同時に製作されたものと考えられている。

　JR山陽本線西高屋駅の南側に西品寺があり，ここに花崗岩を刳り抜いた方形の石造水槽がおかれている。刳り抜いた部分は，上端の長さ115cm・幅64cmで，深さは58cmである。短辺の縁上面に「元亨二年壬戌七月廿三日行賢」の刻銘がある。長楽寺廃寺跡にあったものがここに運ばれたものという。

　これらの石造物は，紀年銘から，鎌倉時代末期から南北朝時代初めにかけての激動期に製作されたものである。この地域には，ほかに「行賢」の銘を刻んだ板碑などが数点みられるが，行賢がどのような人物であったのかは，文献などの資料もなく，明らかではない。

半の一族間の抗争や，15世紀前半の守護山名氏との抗争など，争乱の舞台ともなった。御薗宇城跡の北西約200mの明道寺跡には，平賀氏の墓地（県史跡）があり，平賀隆宗の墓を始めとして，多くの宝篋印塔や五輪塔が造立されている。

　戦国争乱の開始とともに，平賀弘保は防備をいっそうかためるた

西条市街と高屋を行く　　175

めに，1503(文亀3)年御薗宇城から南東3kmの白市に，白山城を築いたとされる。白山城跡(県史跡)は平賀氏所領のほぼ中央に位置して四方を眺望でき，低丘陵と支谷が入り組む防御に有利な地にあり，木原城・滝山城・新開城などの支城が構築されている。白山城は円錐状の頂上を利用して3段の郭を設け，その周囲を帯郭がまわり，郭群から南下方ならびに南西尾方向に郭が延びている。光政寺へ向かう通路が，大手と考えられている。

白山城跡と県道351号線を挟んで対峙するやや低い丘陵上に，館的施設御土居遺跡がある。2001(平成13)年からの調査で，南側に門を設け，その両側に高い石垣を築き，西側には堀があったことが確認された。宴会や儀礼のための大量の土師質土器皿や，輸入陶磁器・鉄滓・鞴羽口などが出土している。また周辺には，「御屋敷」「宮内殿」「的場」「桜馬場」「土器屋町」「ミセヤ畠」「鉄砲屋町」などの地名が残り，戦国時代後半の平賀氏による城下町整備の様相が明らかになりつつある。

16世紀前半の大内氏と尼子氏の抗争は，平賀氏一族の分裂抗争をもたらし，白山城の北方約3kmの地に築かれていた頭崎城(県史跡)が尼子氏方の拠点となった。頭崎城は急峻な地形を利用し，山頂部には石垣を構築しながら造成された郭群や畝状竪堀群が配置され，桝形の虎口が設けられている。その周囲の尾根筋にも土塁や石垣をもった多くの郭群や畝状竪堀群・堀切などが随所に配置され，井戸なども開掘されている。

その後，平賀氏は，大内氏滅亡後に毛利氏に従い，毛利氏の防長移封とともに高屋の地を離れたが，白市の町は，養国寺(浄土真宗)・西福寺(浄土宗)などの寺院群の存在もあって，安芸国東部の交通上の要衝，地域経済の中心地として江戸時代にも町としての繁栄が続き，牛馬市の開設や劇場長栄座での歌舞伎興行なども行われた。

旧木原家住宅 ❻

〈M ▶ P. 168, 174〉 東広島市高屋町白市1046 P
JR山陽本線白市駅 🚶20分

白市の古風な町並みの中央部に，大戸構えの両側に格子戸を嵌め込んだ白壁の旧木原家住宅(国重文)がある。木原氏は平賀氏の流れ

旧木原家住宅

を汲み，江戸時代には酒造業や沿岸部での製塩業で財をなした豪商で，かつては酒蔵や離れ座敷が立ち並んでいた。現在は主屋と蔵，井戸・庭園の一部が残っている。主屋には，篦書きの「寛文五(1665)年五月廿七日」銘のある鬼瓦が据えられている。江戸時代前期の平入の切妻造で，一部2階建て，間口6間半・奥行5間，東側・南側に角屋がついた町家形式の民家である。

　大戸をくぐると，土間が奥まで続き，左に畳敷きの店と板の間の中の間・次の間・台所が続き，その奥に畳敷きの座敷・納戸と板の間の高間がある。納戸の2階には厨子二階とよばれる天井の低い小部屋があり，また入口横の下店とよばれる土間の上にも2階が設けられている。土間・中の間・次の間の上部は吹放ちで，四天王柱式構法という江戸時代初期の民家のみにみられる独特の小屋組となっており，空間が実際よりも高く感じられる。

　1968(昭和43)年に保存修理が行われ，典型的な商家建築が復元された。住宅内には，江戸時代の民俗資料や地元の小谷焼の作品が展示されている。

江戸時代の豪商の屋敷

三ッ城古墳 ❼

〈M▶P.168, 170〉東広島市西条中央　Ｐ
JR山陽本線西条駅🚌広島大学行中央図書館前🚶5分

整備された県内最大の前方後円墳は誰の墓か

　市立中央図書館の階段をのぼり，駐車場に出ると眼下に，県内最大の前方後円墳である三ッ城古墳(国史跡)が横たわる。南方の八幡山からの尾根の先端を切って盛土・整形し，全長92m，前方部の幅66m，後円部の径も62mで，高さ13m，全体が葺石で覆われている。3段に築成され，円筒・朝顔型・形象の埴輪が平坦面にめぐらされ，左右のくびれ部分に造り出しがある。後円部には3基の埋葬施設があり，うち2基は箱式石棺のまわりに石を組んで槨をつくった独特のもので，透視性覆屋ごしに内部も観察できる。5世紀前半の築造とされ，南側には古墳2基が築造されている。区画整理事業

西条市街と高屋を行く　177

三ッ城古墳

にともなって復元整備され，現在は史跡公園となっている。図書館に入ってすぐ右側の部屋には，築造過程を示したジオラマや，市内の古墳から出土した遺物を展示したガイダンス施設がある。

　三ッ城古墳に埋葬された人物は3人で，後円部中央の棺が中心となる首長のものであろう。被葬者については早くから文献にみえる「阿岐国造」であろうとされている。国造の性格については必ずしも明確にされているわけではないが，ヤマト政権と緊密な関係にある地域の統治者といえる。

　三ッ城古墳の最大の特徴は，県内ではきわめて突出した規模の前方後円墳であり，その形態がヤマト政権の大王墓にできる限り近づけようとした企画で築造されていることである。このような古墳は他に例がなく，県南西部を広く統率した広域の首長墓であることを示している。7世紀後半に「安芸国」が設定される以前に，「阿岐国」が存在し，そこに阿岐国造が設置されていたと想定できるなら，三ッ城古墳の被葬者はそれに該当する人物といえるのである。

　三ッ城古墳の西奥に石室が移築されている助平古墳は，西条盆地で最初の横穴式石室をもつ古墳とされる。直径12mの円墳で，出土遺物から6世紀中頃のものである。また三ッ城古墳の南東約3.5km，広島大学総合運動場研修センター裏のスクモ塚古墳群は，古墳時代中期の古墳群である。本格的な調査は行われていないが，3基のうちもっとも大きな1号古墳では葺石や埴輪が確認されており，5世紀中頃の古墳（直径42m）と考えられている。他の2基は10m前後の円墳であり，2号古墳は内側に赤色顔料が塗られた箱式石棺1基が露出し，かつて獣形鏡・管玉・刀子片が採集されている。

　スクモ塚古墳群の南に広がる三永水源地は，フジの花の名所であるが，同時に呉市民の水甕の1つである。その要として，1943（昭

賀茂・世羅台地

和18)年につくられた，長さ145m・高さ14mの呉市水道局三永水源地堰堤は，国の登録文化財に指定されている。また，農業用水の確保に苦労した西条盆地では，多くの溜池が造成されているが，市内には農業用水の確保に関連した近代化遺産が2カ所ある。1つは後述の三永の石門(国登録)であり，他の1つは水源地から西約5kmの郷曽 柏原にある中の峠隧道(国登録)である。後者は1926(大正15)年の渇水を契機に，村の人びとの手で開掘されたものである。

野坂完山の墓 ❽

〈M ▶ P.168, 170〉 東広島市西条中央8
JR山陽本線西条駅 🚌 郷田線蓮花寺橋南東へ🚶5分

農村に生きた碩学の医師

三ッ城古墳の北側の住宅街を西に進み，小高い所にある墓地の西端，蓮花寺橋からでも200mの所に，江戸時代の野坂完山之墓(県史跡)がある。

完山は，1785(天明5)年に賀茂郡寺家村(現，東広島市西条町)の医師の家に生まれ，広島・京都に遊学して漢方医学を修得し，帰郷後は名医として近隣に名を馳せ，広島藩の藩医師格となった。一生を村医師として過ごすとともに，予防医学に尽力し，1822(文政5)年のコレラ流行時には，近隣の村々に予防薬を配った。また貧しい旅行者の救済施設をつくり，宿泊・給食・施薬などを行う一方，私塾を開いて儒学・医学などを講じて人材を育成し，門人は中四国・北部九州におよんだ。『医事窺斑』など著述も多く，安芸・備後両国における村ごとの地誌の集大成を目指した『芸備大帳外史』や，没年(1840年)の直前まで書き継がれた64巻の『鶴亭日記』は，安芸国の社会・経済や文化を知るうえで，貴重な史料となっている。墓碑は完山の十三年忌に，門弟たちによって建立された。

蓮花寺橋から南へ約700m，道路の左手に四日市の町家を移築・復元した旧石井家住宅がある。「兜造」という当地域の特徴的建物で，江戸時代前期の延宝年間

野坂完山の墓

西条市街と高屋を行く　179

(1673～81)頃のものとされてきたが，鬼瓦に「寛政七(1795)年」の銘があるので約100年新しくなった。内部は座敷を表通り側に配置するなど一般的な町家とは異なるが，全体的に古い形式を残している。市内のよく似た建築物も，築造年代について学術的な検討が必要であろう。

広島大学キャンパス遺跡 ❾

〈M▶P.168〉東広島市鏡山1 P
JR山陽本線西条駅🚌広島大学行広大中央口🚶5分

広大な大学敷地に展開するキャンパス丸ごと博物館

　旧石井家住宅を出て南西に向かい，学生街を南に抜けると1kmほどで広島大学である。1997(平成9)年に広島市・福山市などからの25年におよぶ統合移転が完了したが，その過程で多くの遺跡(広島大学キャンパス遺跡)が確認され，遺跡や大学の歴史，学問・研究の歴史を紹介するために，「環境と人間の共生」をテーマとした「キャンパス丸ごと博物館」構想のもと，整備が進められている。

　教育学部の一角にある総合博物館には，瀬戸内海の干潟のジオラマのほか，平安時代の厳島神社社殿の復元模型などが展示されている。博物館の東にある文学部サテライト館には，考古学や人文学関係資料の展示がなされている。また博物館の200m南にある埋蔵文化財調査室サテライト館には，キャンパス遺跡から出土した10万点にのぼる遺物が保管され，代表的な遺跡のパネルや遺物が展示されている。キャンパス遺跡には，弥生時代の鴻の巣遺跡や鴻の巣南遺跡，古墳時代の窯跡である山中池南遺跡(第2地点)，旧石器時代の住居跡が確認された西ガガラ遺跡(第1地点)，鎌倉時代の館跡や室町時代の砦跡が確認された鏡西谷遺跡などがある。

西ガガラ遺跡旧石器時代住居跡現地説明会風景

180　賀茂・世羅台地

鏡山城跡 ❿   〈M▶P.168〉東広島市鏡山2 Ⓟ
JR山陽本線西条駅🚌広島大学行鏡山公園入口🚶20分

　広島大学の建物群と，JR西条駅を結ぶ道路(通称ブールバル)の中間部南側に，ひときわ高い頂上部を削平した山(比高110m)がある。この山頂部が，鏡山城跡(国史跡)である。

　城跡は，サクラの名所である鏡山公園の一角に整備・保存されているが，それに先立ち，城跡の踏査や試掘調査が実施された。その成果によると，城は東西に延びる尾根を大堀切などで遮断し，主体部には5つの郭が，また南北には小さな郭が複数配置され，南を大手口とし，南北の斜面には畝状竪堀群が設けられていた。城内には15基の石組井戸や溜井跡が確認され，土師質の皿や鍋・擂鉢，備前焼・石製茶臼・青磁などが出土した。

　現在の東広島市から呉市の一部にかけては，中世に東西条といわれ，周防の大内氏の直轄領として，細川氏や尼子氏に対抗する東の最前線であった。その中核が鏡山城であり，東西条代官となった大内氏の有力家臣が城督(城代)を兼ね，西条衆が城の守備勢力であった。『大内氏壁書』には「安芸国西条鏡城法式条々」が定められ，城番の責務や食料の備蓄，出入りの制限などが定められている。

　1523(大永3)年に，尼子氏勢力の攻撃によって鏡山城は落城，大内氏はいったん回復したが，まもなく拠点を西の曾場ヶ山城・槌山城に移した。曾場ヶ山城は鏡山の北西約5km，JR山陽本線最高地点の八本松駅(標高255m)南側の山頂(比高380m)にある。東西方向に連なる尾根にそれぞれ郭群が造成され，中央部に堀切群が設けられているが，北西方向の尾根の先端部は古代以来の山陽道の難所の1つ大山峠の切通が残っている。鏡山城跡の西約7kmの槌山城跡(比高260m)も，東西方向に4つの郭群が造成されている。

鏡山城跡

大内氏の安芸国支配の拠点

西条市街と高屋を行く

❷ 西条盆地縁辺を行く

西条盆地の縁辺部にも，中世から近代に至るさまざまな史跡群が存在し，今なお地域の人びとの生活に根づいている。

生城山城跡 ⓫

〈M ▶ P. 168, 182〉 東広島市志和町志和東 P
(光源寺の許可が必要)
JR山陽本線八本松駅🚌志和循環線六日市🚶45分

中世国人領主天野氏の拠点 屋敷跡と光源寺

六日市バス停で下車すると，すぐに生城山城跡・光源寺の案内板があるのでそれに従い細い道をあがっていく。光源寺の東から尾根筋を行く道と，西から谷筋を行く道がある。

志和荘西村地頭職の天野氏は鎌倉時代末期に伊豆国天野郷(現，静岡県伊豆の国市)から移り，戦国時代の初め頃，興定が生城山城を築いたという。天野興定は安芸国衆連合の一員として大内氏に従ってきたが，1523(大永3)年の尼子氏による東西条鏡山城(現，東広島市鏡山)攻撃にあたって，毛利元就ら他国衆とともに尼子氏に従った。しかし，勢いを盛り返した大内氏に，当時本拠としていた米山城(現，志和東)を攻撃され，先に大内氏方に転じていた毛利元就の仲介で服属し，米山城を明け渡した。

比高約230mの山頂に位置する生城山城跡からは，ほぼ志和盆地全域が眺望でき，また遺構も本丸を中心に，二の丸・

生城山城本丸跡

志和町の史跡

182　賀茂・世羅台地

三の丸・見張りの壇・侍屋敷などが整えられている。館は、現在の光源寺辺りにあったとされる。

なお、現在では光源寺関係者や地域の人びとによって、城跡への山道が定期的に清掃され、地域で文化財を守る努力が続けられている。

志和の時報塔 ⑫

〈M▶P.168,182〉東広島市志和町志和堀字二ノ平3324-7
JR山陽本線八本松駅🚌志和循環線志和堀🚶10分

「時ハ金ナリ」の精神的シンボル

志和堀バス停で下車すると、東側に千代乃春酒造株式会社の建物や煙突がみえる。その北側道路沿いに、時報塔(国登録)が立っている。1921(大正10)年在郷軍人会志和堀分会が、当時アメリカ合衆国に在住していた志和堀村出身者15人に依頼して、アメリカ製の時計を寄贈してもらったことを受け、翌年5月「定時励行」普及のために設置したものである。

高さ7.8mで、上部の木造部分をのぞいて鉄筋コンクリート製になっており、壁面に凹凸をつけてレンガ造り風にみせている。真ん中には、それぞれ「定時励行」「時間節約」「時ハ金」の文字が刻まれている。

1942(昭和17)年上部にサイレンが取り付けられ、今もなおサイレンで時を告げている。歴史的建造物でありながら、現在も地域の人びとの生活に根づいているといえる。

志和の時報塔

並滝寺 ⑬

〈M▶P.168,182〉東広島市志和町志和東3439 Ｐ
JR山陽本線八本松駅🚌志和循環線笹🚶45分

江戸時代寺院の面影を伝える文化財

笹バス停から湖粋園(温泉・食事施設)の案内に沿って坂道をあがって行く。湖粋園のすぐ上に、並滝寺がある。733(天平5)年開基の伝承をもっており、かつて末寺48坊を有する大寺院であったとされるが、毛利氏の後に入封した福島正則のときに衰えたと伝えられている。しかし浅野氏の時代になって復興され、1757(宝暦7)年

西条盆地縁辺を行く

並滝寺本堂

の大風による倒壊以降の再建工事で，現在の景観に整えられたという。

参道の入口は並滝寺池に突き当った所にあるが，湖粋園の前を通って参道に出ることもできる。仁王門をくぐって石階段をあがると右手に庫裏があり，室町時代後期の作といわれる延命地蔵菩薩半跏像が安置されており，また同時代の作とされる唐絵涅槃像も収められている。

再び石段をあがり茅葺きの楼門をくぐると，正面に本堂がみえる。本堂は1771(明和8)年の再建で，唐様を主体としているが，屋根は重厚な茅葺きとなっている。江戸時代この地域の寺院はほとんど茅葺きであったが，その面影をよくとどめている。

三永の石門 ⓮

〈M▶P.168〉東広島市西条町三永710-2
JR山陽本線西条駅🚌竹原駅行石門🚶3分

明治時代前期のアーチ型石門

石門バス停の西約200m，東広島呉道路と国道2号線が交差する地点の東側に，アーチ型の三永の石門(国登録)がたたずんでいる。本来は南東100mほどの所にあったが，1977(昭和52)年国道2号線の拡張工事にともなって，地元の人びとの惜しむ声で，主要部が現在地に移されて保存されるようになった。

もともとこの石門が築かれたのは，1877(明治10)年当時「新国道」建設のため用水路が切断されることになり，地元農家が国道をまたぐ形で用水路を築くという条件で了解したことによるという。

三永の石門

184　賀茂・世羅台地

この石門は，広村(現，呉市広町)の石工がアーチ型石橋の工法を用いて，5年の歳月をかけて完成させたといわれ，その構造が独特の美観を形成するとともに，上からかかる荷重を分散させる役割もになっていると考えられる。かつてはこの石門の上を農業用水路と歩道が通り，下に国道が走っていたが，この地域の産業と流通の姿を物語る貴重な建造物である。

　なお，石門から北西約500mの所にある東広島呉道路建設にともなって発掘調査された日向一里塚は，かつての西国街道において，広島から9里(約36km)・尾道から10里の地点を示すものであり，道路脇に復元されている。

福成寺 ⑮

〈M▶P.168〉東広島市西条町下三永3641　P
JR山陽新幹線東広島駅🚶60分，または東広島駅🚌5分，またはJR山陽本線西条駅🚌竹原線ゴルフ場下🚶45分

大内氏ゆかりの名刹

　JR東広島駅から「東広島天文台」の表示に従って進む。歩いてゴルフ場を横断する道を通りそこから坂道をのぼって行くと，やがて真言宗の古刹福成寺の山門に着く。

　当初福納寺と称していたが，11世紀初め頃，僧覚引が現在地に移し，寺号も福成寺に改めたとされる。源平争乱のときに焼失し，その後再建されたというが，南北朝時代には，後醍醐天皇と後村上天皇から寺領安堵の綸旨(福成寺文書　附 福成寺縁起文として県文化)を得ており，南朝方との関係が深かった。

　南北朝時代から戦国時代にかけて，大内氏がこの東西条の地を支配し，室町幕府・細川氏方と対峙したが，近くの鏡山城(現，東広島市鏡山)はその最前線に位置していた。こうしたことから，福成寺は大内氏の菩提寺であった山口の氷上山興隆寺の末寺となっている。飾り金具に大内菱の紋が入った本堂内厨子及び須弥壇附鬼板・

福成寺本堂・スギ

西条盆地縁辺を行く　　185

板絵(国重文),「寛正二(1461)年」の刻銘がある銅鐘(県文化)がある。

大内氏滅亡後は毛利氏の保護を受け、長宗我部氏に攻められた伊予(現,愛媛県)の河野通直が,毛利輝元とこの寺で会談したことを示す毛利輝元書状(福成寺文書として県文化)も残されている。

境内には福成寺巨樹群(スギ,クロガネモチ,トチノキ,モッコクなど,県天然)がある。なお,近くの墓地には,多数の宝篋印塔や五輪塔が残されており,また近年,約200m東に広島大学の天文台が設置された。

保田古墳群 ⓰

〈M▶P. 168〉東広島市黒瀬町小多田
JR山陽本線西条駅🚃西条線小多田🚶20分

1つの墳丘に3基の横穴式石室が並ぶ

小多田バス停で降り,すぐそばの国近交差点から東南へ約1km行くと,保田窯の案内板がある。案内に従って保田窯へ行くと,その庭に保田古墳群がある。

古墳群は東西に隣接する2基からなる。東古墳は墳丘が長径約27mのややいびつな長円形墳で,中央部に横穴式石室が開口している。その左右(東西)に大盗掘坑があるが,2005(平成17)・06年の発掘調査で,ここにも横穴式石室の存在が確認されており,1つの墳丘に3基の石室が並列した特異な古墳で,県内では類例がない。中央部の石室は発掘していないが,その左側の石室から出土した須恵器などから,7世紀初頭頃の築造と考えられる。西古墳は直径約12mの円墳で,小規模な横穴式石室が開口している。

小多田地区の隣にある宗近柳国には,岩幕山古墳もあり,出土土器などから6世紀後半の築造と推定されている。

保田古墳群東古墳

186　賀茂・世羅台地

八本松原村演習場

コラム

第五師団以来の歴史を背負う演習場

　現在，東広島市八本松町原に，自衛隊中部方面隊第十三旅団の演習場がある。

　これは，1878(明治11)年広島鎮台(のちの第五師団)の兵が演習のため民家に宿泊したことが機縁となって，1884年約20万坪の土地を陸軍用地として買収し，八本松原村演習場としたものである。1895年に，兵舎5棟・付属建物5棟が建設され，1910年には演習条例によって陸軍の係官が常駐するようになり，さらに翌年用地を拡大して52万坪弱となった。

　ここでは，第五師団だけではなく，呉におかれた海軍陸戦隊も演習を行っていた。呉から列車に乗り海田駅で山陽本線に乗り換えて行った場合もあったが，陸路黒瀬(現，東広島市黒瀬町)を通って八本松に向かったケースもあった。黒瀬で少年時代を過ごした人は，その行軍の様子を記憶している。

　第二次世界大戦後，GHQ(連合国軍最高司令官総司令部)が進駐してくると，呉に駐屯したイギリス軍などがジープやトラックで八本松に向かった。通過地であった黒瀬の子どもたちは，進駐軍兵士たちからチョコレート・缶詰などをもらったという。

　講和・独立後は自衛隊が使用するようになり，主として海田に駐屯する第13師団(1999年より旅団)が演習場にしてきた。戦後は用地が縮小されてゴルフ場や宅地などになったが，現在の敷地面積は約87万坪であるから，大正・昭和時代にかなり拡大していたことがわかる。

　なお原に近い川上地区にある弾薬庫は，1940(昭和15)年海軍によって突然買収された約79万坪の広大な敷地に存在している。戦後はアメリカ軍の管轄となり，立ち退かされた人びとは，払い下げを求める活動を進めてきたが容易に実現せず，現在アジアでも有数のアメリカ軍の弾薬庫であるといわれている。

西条盆地縁辺を行く

③ 河内・大和・豊栄を行く

安芸と備後の境界地域に展開する賀茂台地の町々には，歴史をもった遺跡や寺社などが点在している。

竹林寺 ⑰

082-437-0473

〈M▶P. 168, 188〉 東広島市河内町入野3103 P
JR山陽本線河内駅🚶10分

山岳寺院 篁山の山頂付近に営まれた

竹林寺は標高535mの篁山に造営されている真言宗の寺院で，室町時代作の紙本著色竹林寺縁起絵巻（県文化，非公開）によると，奈良時代に行基によって開かれ，平安時代の小野篁の生誕・出世などの説話が伝えられている。

竹林寺にのぼるには，北側の中河内からと南側の入野とからがあるが，車道は北側が整備されており，市立河内中学校東側の新沼田川大橋を渡ってのぼると，中腹の駐車場に至る。ここからさらに上の駐車場まで行くことができるが，徒歩で参道を進むと山門まで20分余りである。

山門は仁王門とよばれ，2体の木造金剛力士像が安置されている。寄木造で，過去の補修によって改変があるが，鎌倉時代の作風をよく伝えているといわれる。ここからまっすぐ進むと正面に本堂，西側に護摩堂，東側に十王堂が並んでおり，いずれも方三間の寄棟造である。本堂（国重文）は解体修理の結果，1511（永正8）年に建立されたことが明らかになった。どっしりとした感があり，組物の形などには室町時代後期の様式がうかがわれる。護摩堂は，棟札から1724（享保9）

竹林寺層塔・宝篋印塔

年の再建が知られる。十王堂については資料がないが、建築の様式から18世紀前半頃の建立とされており、十王尊の坐像が安置されている。

前庭には2基の石塔が立っている。1つは7重の層塔で、塔身に「享禄三(1530)年八月日　名井光叶」の銘がある。名井氏は代々平賀氏の重臣で、層塔の隣の宝篋印塔は光叶の墓といわれている。また、池のそばにある南無阿弥陀佛碑には、「名井光叶　永正十一(1514)年」の銘があり、竹林寺と名井氏との深いつながりがうかがえる。

杣木の石造地蔵菩薩立像 ⑱

〈M▶P.168, 188〉東広島市河内町入野　P　山陽自動車道河内IC🚗5分

室町時代の石造物が並ぶ5体の地蔵菩薩像

山陽自動車道河内ICから、国道432号線を河内・世羅方面に約600m北進し、三差路を右(東)折すると杣木バス停がある。ここから約300m進むと道路東側に標柱があり、東側の丘陵へ数分のぼった墓地の南側に杣木の石造地蔵菩薩立像が立っている。

地蔵菩薩立像は、真西を向いて前列に3体、数m離れた後列に2体があり、いずれも花崗岩製である。前列中央の立像は、高さ130cm・幅70cmの舟形の光背状の面に、錫杖と宝珠をもった像高90cmの地蔵像を陽刻したものである。像の向かって右側に「應永二十五(1418)戊戌」、左側に「沙門永音十月日」の銘が刻まれている。左右の立像は、全高は110～120cm、円形の光背をもち、合掌した姿で、像高はともに93cmである。後列の2体は、高さ約120

杣木の石造地蔵菩薩立像

河内・大和・豊栄を行く

cmの石材の上半分に，像高50cmほどのやや小型の立像を陽刻したもので，合掌した姿である。

5体の地蔵菩薩立像は，後列の2体が，その簡素な造りからみて前列のものよりやや新しいようであるが，全体の形態は前列のものと共通しており，連続する時期の作品と考えられている。造立の経緯や願主の永音（がんしゅ）については資料がなく明らかではないが，中世の地域の仏教文化を語る貴重な石造物である。

棲真寺定ヶ原石塔（せいしんじじょうがはらせきとう）⑲ 〈M▶P.168〉三原市大和町平坂（みはら だいわちょう ひらさか） P
JR山陽本線河内駅 🚗20分

JR河内駅から国道432号線を北に進むと，すぐに椋梨川の渓谷の深山峡（みやまきょう）があり，その入口にあたる道路沿いに深山変電所本館がある。1918（大正7）年に竣工した中国電力の旧椋梨川（きりづな）発電所本館で，切妻造の石造平屋建てである。壁面は花崗岩ブロックを布積（ぬの）みし，アーチ型の窓を配した重厚な洋風建築である。現存している石造の発電所跡は数例しかなく，国の登録有形文化財に指定されている。内部は見学できないが，外から観察できる。

国道を川沿いに北進し，椋梨ダムを過ぎて白竜湖（はくりゅうこ）（ダム湖）に沿って世羅方面に行くと，道の駅よがんす白竜がある。この手前で白竜湖に架かる翔竜大橋（しょうりゅう）を渡り，農業公園・果実の森公園を経由して約6km進むと，棲真寺山オートキャンプ場へ向かう三差路があり，この少し西側の旧道そばに棲真寺定ヶ原石塔（県史跡）がある。

石塔は，現在の高さが約1.6mの宝篋印塔で，4段の基壇（きだん）の上に構築されている。下段の基礎石は，一辺が68cm四方の大きさで，しっかりとした反花（かえりばな）が刻まれている。塔身は失われ，修復されており，笠石（かさいし）は隅の突起（とっき）がほぼ垂直に立ちあがっている。銘はみられな

棲真寺定ヶ原石塔

鎌倉時代の様式をもった宝篋印塔

いが，棲真寺に住み，1228(安貞2)年に没した寿庵尼の墓と伝えられている。寿庵尼は，棲真寺を建立したといわれる土肥遠平の夫人妙仏の母とされており，この寺で子の菩提を弔ったといわれる。宝篋印塔は鎌倉時代の様式を備えた代表的なものとされている。

　石塔の東側の三差路から，林道棲真寺線を南へ進み，オートキャンプ場のそばを経由して1.7kmほど行くと棲真寺に着く。

黒谷古墳 ⑳　〈M▶P.168〉三原市大和町下草井黒谷　P
JR山陽本線河内駅🚗15分

石室の奥に棚のような小部屋をもつ珍しい古墳

　白竜湖北東の和木交差点から，国道486号線を豊栄方面に約2km進むと，南側に椋梨氏が拠点としたという椋梨城跡がみえてくる。南から北に延びた小丘陵を利用しており，堀切で独立させている。比高が20mほどで，長さ約60m・幅25mくらいの平坦面があり，南端には土塁がある。空堀で囲まれていたようで，とくに東側から南側にかけてよく観察できる。

　ここからさらに1.5kmほど行くと，北側に椋梨小学校跡がある。学校跡の西側から市道黒谷線を北に進むと，古墳の下に到着する。

　黒谷(黒谷暮坪1号)古墳(県史跡)は，丘陵の南側斜面を利用して築造されているが，周辺は早くから開墾されたためか，墳形や墳丘の規模については明らかではない。直径または一辺が9mほどの大きさと推測される。主体部の横穴式石室は，玄室と羨道の区別がない形態のもので，全長6.85m，幅は奥壁部では1.28m，入口部では1.67m，高さは奥壁部2.2mである。

　石室の最奥部には，棚のような箱形の小室(小部屋)が設けられており，全国ではほかに例のない構造である。両側の側壁幅を広げ，その上に棚状に一枚石を架し，その手前に衝立状に一枚石を立てて囲い，奥壁とあわせて横長の小室をつくったものである。小室は，

黒谷古墳石室奥部

河内・大和・豊栄を行く　　191

内法を測ると、横幅約2m・縦幅約95cm・高さ(深さ)約85cmで、石室の長軸に対して、横置きに木棺を収める石槨であると考えられる。小室から遺物が出土したかどうかは明らかではない。

石室の床面からは、これまでの調査で須恵器や鉄鏃片などが出土しており、遺物からみると、6世紀後半に築造され、7世紀初頭まで使用されていたようである。特色ある槨をもつ石室がどのような背景でつくられたのかは明らかではないが、この古墳が三原へ流れる沼田川の上流域に位置することは、それを考える留意点といえるだろう。

本宮八幡神社 ㉑

〈M▶P.168〉東広島市豊栄町乃美214 P
JR山陽本線西条駅 豊栄行乃美 10分

神社の社叢は針葉樹の林相が特色

山陽自動車道西条ICから国道375号線を北進して豊栄町に入ると、県立賀茂北高校の北側にこんもりとした森がみえるのが本宮八幡神社である。神社の沿革については明らかではないが、棟札から「永正十六(1519)年」に再建されていることが知られる。参道周辺の森は、モミ・スギ・ツクバネガシ・ウラジロガシ・ヒノキなどを主として、針葉樹の林相を示しており、本宮八幡神社の社叢として県の天然記念物に指定されている。以前は、スギの巨木が知られ、なかでも、社殿前の大スギは県内有数の大木であったが、台風によって倒れ、現在は根株が残されている。

参道入口の南側から、森のなかの山道を西へ約400m歩くと、横穴式石室をもつ宮ヶ迫古墳がある。石室の天井石が一部崩落しており、墳頂に大穴があいているが、墳丘は比較的残っており、直径約14mの円墳である。石室は全長約9m・奥幅2.1m・奥高約2.1mの大きさで、入口に向けて幅が少し狭まっている。過去の調査によ

本宮八幡神社社叢

鳥形・亀形・環状の須恵器

コラム

葬儀に使われた特色ある形の瓶

　古墳時代の須恵器のなかで特色ある形状のものとして、水鳥や亀を模した瓶(液体を入れる器)や胴部を環状とした瓶がある。これらは、鳥や亀の頭部・頸部を瓶の口とした平瓶、環体の上側に、水筒状に口をつけた提瓶の変形品である。このような鳥形瓶・亀形瓶・環状瓶は全国各地に存在しているものではなく、広島県特有の須恵器といっても過言ではない。現在県内では、鳥形瓶8点・亀形瓶1点・環状瓶4点が確認されているが、出土状況については明らかでないものが多い。安芸高田市向原町の千間塚古墳からは、鳥形瓶1点と環状瓶2点が一緒に出土しており、この例などから、横穴式石室墳などの副葬品としてとらえられ、およそ7世紀前半の資料といえる。

　これらの瓶の出土分布をみると、県内でも沼田川流域とそれを遡って戸島川、可愛川を経由して三次盆地へ至るルート沿いに点在しており、それはのちの安芸国と備後国の境界付近にあたる。このことは、埋葬にあたって、この瓶を葬儀の特別の品として副葬した首長・集団が、特定地域に存在していたこと、あるいは、葬儀への特定の参加者が、宗教的な儀器として供えたことを示している。その背景については明らかではないが、7世紀という時期の政治情勢や鳥形瓶・亀形瓶・環状瓶の分布状況が、それを探る大きな鍵となるようである。

一ツ町古墳(向原町)出土亀形瓶

って、管玉・切子玉などの玉類、銀環(耳輪)、須恵器などが出土している。東広島市内では最大級の石室で、6世紀末頃に築造されたようである。これと類似した石室構造の古墳として、約3km南方にある小松古墳(東広島市福富町久芳)があげられる。宮ヶ迫古墳の石室よりやや小さいが、奥壁の石組みや側壁の様相などがよく似ており、被葬者は互いに密接な関係があったとみてよい。国道375号線の三ッ橋バス停から北西方向の民家の裏側にある。

河内・大和・豊栄を行く

④ 世羅・久井を歩く

高野山領大田荘に栄えた今高野山。宮座の風習を今に伝える久井稲生神社。中世文化の名残りを世羅・久井に訪ねる。

今高野山 ㉒
0847-22-0840
〈M▶P.169,194〉世羅郡世羅町大字甲山152 P
JR山陽本線三原駅🚌甲山バイパス東口行終点🚶10分

12中世荘園経営の中心院の遺跡に往時を偲ぶ

世羅盆地は、北流して日本海にそそぐ江の川水系と、南流して瀬戸内海に流入する芦田川・沼田川水系の水源地帯である。この盆地東部を中心とする旧甲山町域に備後国大田荘があった。在地の豪族橘氏が開発し、平家に寄進された大田荘は、さらに平重衡から後白河院に寄進された。平氏滅亡後の1186(文治2)年、後白河院は平氏永代供養料として高野山金剛峯寺(和歌山県高野町)に寄進、以後、高野山領として経営されることになる。

高野山が大田荘経営の政所寺院としたのが今高野山(県史跡)である。822(弘仁13)年真言密教の霊場として弘法大師(空海)が開いたといわれ、西の別格本山とされた。盛時には龍華寺を始め、7堂12院が建てられ、高野丹生明神(現、丹生神社)も勧請されて繁栄したという。

甲山バイパス東口バス停東側の国道184号線の今高野山入口交差点を南に曲がり、芦田川に架かる高野橋を渡ると、正面の参道入口に室町時代の今高野山総門(県文化)が聳える。ゆるやかな坂道の両側にはかつて12院の僧坊があったが、現存するのは福智院本堂のみで、安楽院本堂(県文化)は龍華寺境内に移築されてい

粟島神社石鳥居

今高野山周辺の史跡

194　賀茂・世羅台地

る。安楽院跡に立つ粟島神社鳥居(県文化)は南北朝時代の作。高さ2.18mの石鳥居で,柱に「ころび」がなく直立した古式のものである。台石は蓮華座で,右側の柱の裏に「康暦二(1380)年二月十三日」の刻銘がある。

　参道をのぼりきると,右手に御影堂・観音堂があり,境内奥には鎮守神の丹生神社がまつられている。

　現在,今高野山本寺とされる龍華寺(真言宗)は,もとは12院の1つであった。観音堂の本尊木造十一面観音立像2体(国重文)はいずれも藤原時代初期の作で,背刳りから延喜通宝(907年鋳造)が発見されている。御影堂の本尊絹本著色弘法大師像(県文化)は鎌倉時代初期の作。そのほか,寺宝として密教法具の独鈷・三鈷各1口,絹本著色釈迦十六善神像(いずれも県文化)がある。以上の文化財は,毎年8月20日のみの公開となっている。

　東の塔の岡にはかつて多宝塔があったといわれるが,現在は五輪塔を残すのみである。多宝塔の旧本尊木造大日如来坐像(県文化)は,現在安楽院の本尊とされている。

世羅町大田庄歴史館 ㉓
0847-22-4646

〈M▶P.169,194〉 世羅郡世羅町大字甲山159 [P]
JR山陽本線三原駅🚌甲山バイパス東口行終点
🚶8分

大田荘と世羅の歴史を学ぶ

　今高野山総門から入って右手,12院の1つ成道院跡に世羅町大田庄歴史館がある。大田荘域(旧甲山町域)の歴史と文化を紹介し,文化財の保存と活用を行う目的で,1995(平成7)年に開館した博物館であるが,2004年の世羅・世羅西・甲山3町の合併により,世羅町全域の歴史を紹介する博物館として再スタートした。

　施設は1階の常設展示室と2階の企画展示室および学習室からなっている。常設展示室では,世羅町域の歴史を各時代ごとに紹介している。古墳時代の展示コーナーでは康徳寺古墳(県史跡)の模型があり,墳丘の現状と横穴式石室の構造を立体的にあらわしている。本館の中核的テーマである大田荘については,古文書や伝領関係などのパネルと関連史料でその歴史を解説している。12院を連ねた最盛期の今高野山を再現した模型は,現地探訪に際し事前に見学しておくと,往時の姿を想像するのによいだろう。展示の後半は近世以

世羅・久井を歩く　　195

降の歴史に関するもので，なかでも備後国鋳物師の丹下氏に関する展示が興味深い。丹下氏は宇津戸(現，世羅町宇津戸)を本拠地として室町時代後期から活躍した鋳物師であり，「惣大工職」として製作した梵鐘が県内に多数残されている。

1301(正安3)年作で丹生神社伝来の木造獅子頭(国重文)や，井原八幡神社所蔵の木造狛犬(県文化)なども展示されている。

康徳寺 ❷　〈M▶P.169〉世羅郡世羅町大字寺町1386　P
0847-22-0635　JR山陽本線河内駅🚌甲山バイパス東口行寺町中🚶5分

　世羅町大田庄歴史館から，国道184号線ついで国道432号線を西に約2km進む。右手に聳える正徳山の南麓に康徳寺(臨済宗)がある。山号を瑞田山と号す，備後きっての古寺である。寺伝によれば1353(文和2)年，宗旨を臨済宗に改め，名僧石室善玖を開山として再興したという。当時は12坊の子院があり，広島藩の地誌『芸藩通誌』では「備後禅林第一」と評された。しかし，元和年間(1615〜24)に衰微し，本寺を残すのみとなったという。庭は雪舟の作とされ，統一新羅時代(676〜935)のものと伝える金銅造誕生釈迦仏立像，開山石室善玖の語録写本1巻を蔵する。また康徳寺廃寺の瓦や心柱なども保管している。

　康徳寺門前の南斜面に，奈良時代前期の寺院遺跡康徳寺廃寺がある。造り出しをもつ礎石が民家の庭や境内に残されており，出土した白鳳期の軒丸瓦は複弁蓮華重圏文で，いわゆる「水切り」のついた備後北部特有の瓦である。これらの瓦を焼いた窯跡は芦田川対岸の谷で発見されている。

　参道の西側に，横穴式石室の石組みを露出させた康徳寺古墳(県史跡)がある。郡内最大の横穴式石室をもつ円墳で，直径約15m・高さ約5m。石室前方は畑の開墾によって削

康徳寺古墳石室

古代から現代までつながる祈りの場

られており、羨道部がのぞいている。石室は片袖式で現存長7.65m（玄室長6.55m）、奥壁部幅2.45m、羨道部幅1.9m、高さ2.7mの規模である。各部の石材は大型の自然石を使用しており、天井石は7枚を架け、羨道部に向かってしだいに傾斜させている。玄室と羨道部の境部分は天井石を約70cmほど下げて区別している。また、この部分の右側壁には三角形状の立石がある。石室内からの出土遺物は少ないが、須恵器（杯身、甕）が出土しており、その形態から築造時期は6世紀末～7世紀初頭とみられる。

神田2号古墳 ㉕

〈M▶P.169〉 世羅郡世羅町大字堀越字神田1057
JR山陽本線河内駅🚌甲山バイパス東口行 京丸会館🚶
5分

特異な軸式扉石をもつ古墳

　康徳寺から三原市大和町方向に約2km進み、京丸会館バス停から北東へ小道を約400m行くと天神社がある。神田2号古墳（県史跡）は神社の南側にある民家の裏手にある。

　古墳は開墾によって墳丘左側が削られ、石室の扉石と東側側壁の石材が抜き取られ、扉石は付近の水路の橋に用いられるという状態だったが、現在は修復工事によって復元されている。2号古墳の東約10mの斜面には、半壊した1号古墳の石室がある。

　墳丘の詳細は不明だが、測量結果から一辺約9mの方墳であった可能性が考えられている。石室の形態は、平面が横長の、玄室に短い羨道がつく両袖式であったとみられ、全長3.4m、玄室の長さ約1.5m・奥幅約3mの規模である。

　この古墳の最大の特徴は、玄室入口に軸式片開きの扉石が設置されていたことである。扉石は花崗岩切石の1枚石で1m四方、厚さ10～15cmの大きさである。片側の上下に椀型の突起を設けて軸部とし、玄門部の軸を受ける石材にも軸受け穴が彫り込まれている。全国でも軸式扉石が現存する

神田2号古墳扉石（復元）

世羅・久井を歩く　197

ものはまれである。

築造年代は、出土遺物がないため明らかではないが、同様の軸式扉石が石槨内に現存している奈良県桜井市の花山西塚古墳などから、7世紀後半頃の終末期古墳と考えられる。

なお、古墳の復元には模造した扉石が用いられており、実物は世羅郷土民俗資料館(世羅町賀茂)で保管されている。

万福寺跡 ㉖ 〈M▶P.169〉世羅郡世羅町大字堀越
JR山陽本線河内駅🚌甲山バイパス東口行京丸会館🚶10分

神田古墳群背後の天神山の山裾に天神社谷がある。この谷に中世寺院**万福寺跡**(県史跡)がある。万福寺は臨済宗、山号を小坂山と称し、康徳寺の末寺であった。大田荘京丸地頭大田氏、ついで月山城(現、世羅町堀越)主小寺氏の保護を受けて栄えた。毛利氏に従った小寺氏が、1581(天正9)年に伯耆国(現、鳥取県西部)に移されたことにより大檀那を失い、その後衰微したとみられる。現在は木造薬師如来像を本尊とする小堂を残すのみである。

寺跡は三方を丘に囲まれ、南に開けた谷間の奥にあり、奥行約100m・幅約60mの広さとみられる。周辺には宝篋印塔や五輪塔・板碑・地蔵などの石造物が多数残されている。西側尾根上に**廃万福寺塔婆**(七層石塔婆、県文化)がある。花崗岩製で現高419cm、相輪の請花宝珠が欠損している状態である。基礎の前面に「大工藤原行□　応安第三(1370)庚戌八月時正廿七日　大願主敬白」という銘文が陰刻されており、基壇の地下には一字一石経が納められていた。

西側尾根裾に**大乗妙典塔**がある。花崗岩の自然石に、1555(天文24)年に「道永禅定門」と「宝智妙□禅定尼」が大乗妙典五千部の読誦を行ったことが陰刻されている。小寺家文書に、毛利元就が小寺佐渡守に父

万福寺跡七層石塔婆

戦国武将の祈りが伝わる石造物

久井稲生神社の御当

コラム

今に伝わる中世宮座の祭事

　三原市久井町は，京都伏見稲荷社(現，伏見稲荷大社)の荘園杭荘の故地であり，久井町江木にある久井稲生神社は伏見稲荷社からの勧請と伝えられる。祭礼としては，県内唯一のはだか祭りである御福開祭が有名だが，とりわけ異彩を放つのが，10月19日に近い日曜日に行われる大祭，通称御当とよばれる宮座の御神酒献供行事である。1598(慶長3)年の記録によると，この祭事に参加することができたのは，御当田を所有する名主層であり，荘内8村の領家分47人，地頭分49人，合計96人で座衆が構成されていた。

　御当は，現在でも古式に基づいてとり行われている。まず，神式・巫女舞の終了後，神楽殿で神職・社人による巫女座が行われる。その後，本殿前の左庭で領家の座(東座)が，ついで右庭で地頭の座(西座)が行われる。いずれも露天に筵を敷き(東座の筵は矩形に敷き，西の座は三角形に敷くという違いがある)，御当田を所有する各座の座衆48人が座る。神前に供えられた神酒とタイは座衆にくだされ，場の魚とよばれる行事に入る。タイがさげられる際，据え方がまな板に載せたタイを目の高さに掲げながら進み，包丁方に渡す。包丁方は渡されたタイを手で触れることなく，金箸と包丁でさばく。座衆はさばかれたタイの身を神酒，大根なますとともに食すが，これは両座とも終始無言のうちに行われる。

　御当は中世宮座の風習が色濃く残る貴重な祭事であり，国の選択無形民俗文化財に選ばれている。

若狭守の追善供養を万福寺で行うよう促した文書があり，小寺氏と石塔とのつながりが推測される。また，東側の尾根上には「正平十二(1357)年」の銘が陰刻された宝篋印塔がある。全高244cmの花崗岩製で，世羅郡内では最大の宝篋印塔である。これら多数の石造物は，往時の万福寺の隆盛を示している。

杭の牛市跡 ㉗
0847-32-6883
(三原市久井歴史民俗資料館)

〈M▶P.169〉三原市久井町江木43-1(三原市久井歴史民俗資料館) P
JR山陽本線三原駅🚌甲山行国保病院口🚶5分

　世羅町から県道25号線を約8km南下し，世羅高原の南端に位置する三原市久井町に入る。県道25号線から県道156号線に進み，久井郵便局を左手に行くと，三原市久井歴史民俗資料館に至る。この一帯が杭の牛市跡(県史跡)である。

世羅・久井を歩く　　199

久井稲生神社

久井の岩海

日本三大牛馬市の1つ 福木をめぐって裸男が勇壮さを競う

　江木地区は，かつて伯耆国（現，鳥取県西部）の大仙市，豊後国（現，大分県）の浜の市と並んで，三大牛馬市と称された盛大な牛馬市が開かれていた所である。最盛期には年7回の市が開かれ，中国・九州地域から集まった1万7000頭以上の牛馬が商われたという。市跡を見下ろす室山には，牛馬市の記念碑が立っている。

　資料館では，牛馬市盛時の資料や，初節句の祝いに贈られた節句どろ人形（県民俗）が展示されている。

　資料館背後の亀甲山に鎮座する久井稲生神社は，京都伏見稲荷社（現，伏見稲荷大社）の分霊を勧請したものである。当地には伏見稲荷社の荘園杭荘があったが，社家の秦氏が稲荷社の分霊をまつる社殿を創建し，杭の伊奈利大明神と称したことに始まるという。代々領主の篤い崇敬を受けており，小早川隆景寄進の紙本墨書大般若経（県文化，非公開）が伝来する。

　江木地区から東に約3.5km，宇根山（699m）の南麓に久井の岩海（国天然）がある。緩傾斜の3条の谷間に沿って，直径1〜7mの巨岩・奇岩が，最大で長さ550m・幅100mにわたって帯状に積み重なっており，西側から「銭亀ごうろ」「中ごうろ」「大ごうろ」「小ごうろ」と名づけられている。これは花崗閃緑岩の岩盤が，寒暖差から節理やひび割れに沿って剥離・破砕され，風化によって土壌化した部分は流れ去り，岩礫化したものが残ってできたものである。2007（平成19）年，「日本の地質100選」に選定されている。

三次・庄原と神石高原

Miyoshi Shōbara

浄楽寺・七ツ塚古墳群

比婆山のブナ純林

◎三次・庄原と神石高原散歩モデルコース

三次市街北部コース　　JR三江線尾関山駅 5 頼杏坪役宅・三次社倉 5 三勝寺 5 鳳源寺・尾関山公園 5 熊野神社 10 陣山墳墓群 5 寺町廃寺跡 5 JR芸備線・福塩線塩町駅

三次市街近辺コース　　JR芸備線三次駅 5 岩脇古墳 10 若宮古墳 1 花園遺跡 1 日光寺住居跡 3 下本谷遺跡 5 矢谷墳墓 5 高杉城跡 5 広島県立歴史民俗資料館・みよし風土記の丘（浄楽寺・七ツ塚古墳群）10 JR三次駅

吉舎市街と周辺コース　　JR福塩線吉舎駅 5 三玉大塚古墳 5 下素麵屋一里塚跡 3 南天山城跡・善逝寺 2 田中写真館 3 吉舎歴史民俗資料館 5 大慈寺 10 JR吉舎駅

①頼杏坪役宅・三勝寺
②鳳源寺
③熊野神社
④陣山墳墓群
⑤寺町廃寺跡
⑥松雲寺石造五輪塔
⑦岩脇古墳
⑧花園遺跡
⑨下本谷遺跡
⑩矢谷墳墓
⑪高杉城跡
⑫広島県立みよし風土記の丘
⑬浄楽寺・七ツ塚古墳群
⑭稲荷山古墳群
⑮旧蟠山家住宅
⑯三玉大塚古墳
⑰吉舎歴史民俗資料館
⑱大慈寺
⑲須佐神社
⑳庄原田園文化センター
㉑瓢山古墳
㉒蘇羅比古神社
㉓唐櫃古墳
㉔旧寺古墳群
㉕円通寺・甲山城跡
㉖荒木家住宅
㉗蔀山城跡
㉘大富山城跡
㉙八鳥塚谷横穴墓群
㉚六の原製鉄場跡
㉛熊野神社
㉜内堀の神代垣内落鉄穴跡
㉝大迫山1号古墳
㉞五品嶽城跡
㉟帝釈寄倉岩陰遺跡
㊱神石高原町立神石民俗資料館
㊲帝釈観音堂洞窟遺跡
㊳辰の口古墳
㊴油木八幡神社
㊵豊松堂面洞窟遺跡
㊶小畠代官所跡

庄原市街と周辺コース　　中国自動車道庄原IC‥5‥庄原田園文化センター‥8‥唐櫃古墳‥5‥宝蔵寺宝篋印塔‥2‥瓢山古墳‥10‥円通寺・甲山城跡‥5‥亀井尻窯跡‥8‥庄原IC

東城・神石高原コース　　中国自動車道東城IC‥5‥大迫山1号古墳‥3‥五品嶽城跡‥20‥時悠館‥2‥帝釈寄倉岩陰遺跡‥15‥神石高原町立神石民俗資料館‥10‥帝釈観音堂洞窟遺跡‥20‥東城IC

① 馬洗川右岸の三次と周辺

可愛川・馬洗川・西城川の合流点に築かれた三次町には，古寺・旧蹟が集まる。周辺の丘陵地帯にも多くの遺跡が残る。

頼杏坪役宅・三勝寺 ❶
0824-62-6191（三次市教育委員会）
0824-63-4340（三勝寺）

〈M▶P.202, 205〉三次市三次町1828-2／三次町1157
JR三江線尾関山駅 徒5分／徒5分

頼杏坪の遺徳を偲ぶ「運甓居」

　三次町は，当地の国人領主三吉氏の居城比熊山城の城下町として発展した。江戸時代，福島正則の重臣尾関正勝が山麓の小丸積山に居館を定め，さらに広島藩の支藩三次藩が，南の氾濫原に馬蹄形に堤（旭堤）を築いて惣構えの城下町を整備した。三次藩廃絶後は，広島本藩の郡代支配下におかれた。

　JR尾関山駅から東へ約300mの三次藩の「御館」があった旧館内地区に，頼山陽の叔父頼杏坪が三次町奉行であった当時の役宅「運甓居」（県史跡）がある。杏坪は藩儒として広島藩に仕え，1813（文化10）年以来，備北4郡（三次・恵蘇・三上・奴可）の各郡代官を歴任し，民政につくした。その後，1828（文政11）年から3年間，三次町奉行をつとめた。

　運甓居は，入母屋造・茅葺きの平屋建てで，名称は中国東晋の時代，荊州の役人であった陶侃が，毎朝夕に100枚の敷瓦を運んで，他日の労に備えたとの故事に由来する。

　頼杏坪役宅の南東約50mに三次社倉（県史跡）がある。広島藩では1779（安永8）年に，藩内全村に飢饉対策として，社倉法の実施が命じられた。三次社倉は頼杏坪の町奉行在職中に設けられ，明治時代初期まで存続した。

　頼杏坪役宅から北へ約500m行った栄町に，三勝寺（浄土宗）がある。1536（天文5）年，旗返城

頼杏坪役宅

204　三次・庄原と神石高原

三次の雲海と鵜飼

コラム

3本の川が巴なす三次を彩る風物詩

秋から早春にかけての冷え込みが厳しい晴れた日の早朝、三次盆地は霧の海で包まれる。これが三次の雲海である。四方を山で囲まれ、可愛川・馬洗川・西城川が合流し、江の川となる三次盆地特有の地形から、川筋や谷間で発生した霧が、まとまりながらゆっくりと盆地に流れ込む。市街地を包み込んだ乳白色の霧の高さは最大で300～400mに達し、市西部の高谷山(491m)山頂にある「霧の海展望所」から眺めると、霧に覆い隠された盆地に覗く山の頂は、さながら大海に浮かぶ島々のようである。

三次の夏といえば鵜飼である。6月から8月にかけて、風折烏帽子に法被・腰箕姿の鵜匠が、馬洗川に船を繰り出し、華麗な手綱で鵜を操り、つぎつぎと魚を仕留めていく。1人の鵜匠が1度に8～10羽もの鵜を操るさまを、観光客は鵜舟と併走する遊覧船に乗って、間近で楽しむことができる。

三次の鵜飼は戦国時代の永禄年間(1558～70)に尼子氏の落武者が始めたといわれる。その後、寛永年間(1624～44)に三次藩主浅野長治により鵜匠制度が確立され、藩の手厚い保護もあって、小舟を使い数羽の鵜を操る舟鵜飼が盛んになった。1915(大正4)年広島・三次間に芸備鉄道(現、JR芸備線)が開通すると、遠来の観光客がふえて納涼遊覧が流行し、泊まり客に鵜飼を公開する観光鵜飼が盛んになり、現在に至っている。

早春の盆地を包む雲海、夏の川面に映える鵜飼の篝火、いずれも巴峡の季節を彩る風物詩である。

尾関山駅周辺の史跡

(現、三次市三若町)主の菩提寺として開山され、浅野長治の三次入封の際に現地に移されたという。この寺に伝来する銅鐘(高さ87cm・口径50cm、県文化、要事前申込み)は鐘銘によると、1376(永和2)年、播磨国永良荘(現、兵庫県市川町)の護聖寺のために鋳造されたが、1487(長享元)年に守護大名大内政弘によって、周防大島三

馬洗川右岸の三次と周辺

205

浦本庄志駄岸八幡宮(山口県周防大島町)に奉納されたものである。その後，どのような経緯で三勝寺に納められたのか不明であるが，三吉氏が比熊山城で陣鐘として使用していたとの伝承がある。

鳳源寺 ❷
0824-62-3680
〈M▶P.202, 205〉三次市三次町1057 P
JR三江線尾関山駅 🚶 5分

赤穂浪士四十七士と阿久利姫ゆかりの寺

　JR尾関山駅から北へ約400m行った所にある鳳源寺(臨済宗)は，三次藩主浅野長治が，入封の翌年，1633(寛永10)年に比熊山南麓に建立した浅野家の菩提寺である。境内には藩主の墓を始め，藩士の墓約300基がある。また，長治の女阿久利姫が赤穂藩(現，兵庫県赤穂市ほか)主浅野長矩に輿入れした縁から，赤穂浪士大石良雄の手植えと伝えるサクラや，浪士47人の木像を安置する義士堂がある。また，長矩自刃後に落飾して瑤泉院と称した阿久利姫の遺髪塔が安置されている。本堂裏の築山庭園は，愚極和尚が築庭したことにより愚極泉の名で知られる，備後有数の名庭園である。

　鳳源寺の南西約200m，江の川河岸の小丸積山に尾関山公園がある。毛利氏の防長(周防国・長門国〈現，山口市〉)移封後，芸備両国を領した福島正則が重臣尾関正勝を配した尾関山城の跡である。出雲街道と江の川水運を押さえる要衝の地であり，備北支配の重要拠点であった。山頂には浅野長治が建てた天文台発蒙閣がおかれたという。公園整備後はサクラの名所として市民に親しまれ，アララギ派歌人中村憲吉は，「この山の　桜にむかひ　流れくる　川広くして　水の光れる」と詠んでいる。

　鳳源寺の背後に聳える日隈山(標高332m・比高170m)に比熊山城跡がある。三吉氏が，1591(天正19)年にそれまでの居城比叡尾山城(現，三次市畠敷町)から本拠を移すために築いた城である。馬洗

江の川に臨む尾関山公園と比熊山城跡

川が山裾を洗う日隈山の，南東から北西へ延びる尾根上を大規模に造成して築かれている。千畳敷とよばれる本丸は，約100m×約50mという広大な面積で，東端には天守台状の郭がついている。本丸西側にも同規模の郭が連続し，土塁で仕切られている。北西に延びた尾根には，2条の堀切と10条の畝状竪堀群が築かれ，登城口にあたる本丸南の郭には桝形虎口が配される。北側に延びる郭は普請途中で造成が中止されており，毛利氏の防長移封によって，三吉氏の築城事業が頓挫した，その名残りといえる。

熊野神社 ❸
0824-62-0863
〈M▶P.202〉三次市畠敷町628　P
JR芸備線三次駅🚌三次市内循環熊野神社口🚶7分

城山の麓にたたずむ古社

鳳源寺から西城川に架かる旭橋を渡り，県道434号線を庄原方面に約3km進むと畠敷町に入る。畠敷の家並みを睥睨する山塊が三吉氏の居城比叡尾山城跡で，熊野神社はその南麓にある。

三吉氏は，本姓は近江佐々木氏とも安房藤原氏ともいわれるが，その系譜は不明な点が多い。『太平記』には1333（元弘3）年の船上山合戦において，江田氏・広沢氏とともに後醍醐天皇に加勢したと記されている。室町時代を通じて備後国の有力豪族として勢力を誇り，戦国時代には毛利氏に従った。

三吉氏が代々尊崇した熊野神社は，県道沿いの熊野神社口バス停から北へ行き，突き当りを右へ進んだ所にある。旧名を若一王子権現といい，雄略天皇（若一王子）が熊野大神をまつらせたとの伝承に由来するという。三吉氏の篤い保護を受けて幾度も再建されており，本殿旧柱金具には，戦国時代の「藤原致高・藤原隆亮」の名が刻まれている。境内の宝蔵（県文化）は木材を井桁状に積み重ねたいわゆる校倉造で，戦国時代に三吉氏によって寄進・建築されたものと考えられている。鉄製釣灯籠・金銅製板塔婆・木造阿弥陀

熊野神社宝蔵

馬洗川右岸の三次と周辺　　207

如来坐像(いずれも県文化)など，三吉致高・隆亮父子の寄進した社宝を多く伝える。

比叡尾山城跡は，標高420m・比高200mの急峻な比叡尾山全山に築かれた大規模な山城である。全体で5つの郭群，約50の郭で構成されており，堀切・土塁で防備をかためている。山頂の本丸は東西40m×南北70mで，一部に石垣が築かれている。谷を挟んだ約300m東方の峰にある高源寺跡には三吉氏一族の墓があり，山麓には城下町をうかがわせる今市・五日市の地名が残る。

陣山墳墓群 ❹　〈M▶P.202〉三次市四拾貫町・向江田町 Ｐ
JR芸備線三次駅🚌11分

四隅突出型墳墓の謎に迫る遺跡

四拾貫町から向江田町に通じる市道山家線は，馬洗川右岸に連なる標高約200〜250mの丘陵上を南東から北西に貫いている。この沿線一帯は市内でも有数の遺跡密集地帯であり，陣山古墳群や日野目古墳群などの群集墳が知られている。国道183号線から市道山家線に入り，約2km進むと，正面の丘陵の尾根上緩斜面に陣山墳墓群(国史跡)がある。

陣山墳墓群は，5基の四隅突出型墳墓で構成されている。四隅突出型墳墓は，弥生時代中期後葉(1世紀)から古墳出現前(3世紀後半)に，中国地方山間部から山陰・北陸地域にかけてあらわれた特異な墳墓である。陣山墳墓群はその最古の部類に属することから，三次盆地でこの形の墳墓が発生したとする説の有力な根拠とされている。

陣山墳墓群

5基の墳墓すべてから，三次地方の弥生時代中期後葉の指標土器である塩町式土器が出土しており，築造期間は比較的短期間であったとみられる。貼石に大きな平石を使用しており，貼石の構造が明確に

名瀑常清滝

コラム

「日本の滝100選」に選ばれた名瀑

常清滝は、三次市の北部、旧作木村にある。江の川に流れ込む作木川の支流にかかる滝であり、高さ126m、3段に分かれており、上段が荒波の滝(36m)、中段が糸の滝(69m)、下段が玉水の滝(21m)と名づけられている。周囲は鬱蒼としたケヤキ・アベマキ・コナラを主とした落葉広葉樹で覆われている。

三次市街地から国道54号線を北上、布野支所を約1km過ぎた所で、県道62号線に分かれる。ここから作木方面へ約8km向かうと作木支所に至る。支所側の駐車場から山を見上げると、常清滝を流れ落ちる水が望見できる。駐車場から滝までは約500m、整備された遊歩道をゆっくりとのぼって行くと、眼前に雄大な姿をあらわす。

江戸時代に広島藩が編纂した地誌『芸藩通誌』においても、滝を挟んで両山が高く聳え、老木・奇岩と瀑水とが織りなすさまは、双三郡第一の奇滝であると絶賛されている。1960(昭和35)年に県の名勝に、1975年には自然環境保全地域に指定されており、県内では唯一「日本の滝100選」に選ばれている。

把握できるという特徴がある。また、2～4号墳それぞれが、墳丘の規模、突出部の形状や列石の有無、四隅の石の配列方法などで明瞭な相違がみられ、四隅突出型墳墓の発展過程とその古墳への変化を考えるうえで、重要な手掛かりとなる遺跡である。

寺町廃寺跡 ❺

〈M ► P. 202〉三次市向江田町寺町
JR芸備線塩町駅 5分

「三谷寺」とも目される「水切り瓦」の出土する寺院跡

陣山墳墓群から丘陵をくだり、備北広域農道に合流する。向江田交差点・JR芸備線を越え、中国横断道の下をくぐって進むと左側に寺町廃寺跡(国史跡)がある。この遺跡は白鳳時代(7世紀後半)から平安時代(9世紀)にかけて営まれた備後北部最古の地方寺院跡である。東に塔、西に金堂、これを回廊が取り囲み、中央北に立つ講堂に回廊が取り付いた法起寺式とよばれる伽藍配置である。

この遺跡の特徴の1つは朝鮮百済系の影響がうかがわれることである。金堂や塔の基壇は、版築土を盛った上に、百済の寺院で多用された塼(粘土で直方体状に形どり焼いたもの)を並べ、その上に瓦を積むという構造をとっている。

また、「水切り瓦」とよばれる特徴的な軒丸瓦が出土しているこ

馬洗川右岸の三次と周辺

寺町廃寺跡

とも特筆される。「水切り」とは瓦当面の下部を箆で削り出した三角形状の突起のことであり、安芸・備中(現、岡山県西部)・出雲(現、島根県東部)の古代寺院遺跡で確認されている。とくに岡山県総社市の栢寺廃寺出土の瓦は、寺町廃寺の軒丸瓦と同笵であり、両地域間の人や物・技術の往来をうかがわせる事例として注目される。この軒丸瓦に用いられた素弁蓮華文も、また百済系統の紋様である。

寺町廃寺跡の北1.5kmの丘陵斜面にある大当瓦窯跡(三次市和知町)からは、寺町廃寺と同笵の軒丸瓦や鬼瓦がみつかっており、奈良時代後期から平安時代にかけて、寺町廃寺に瓦を供給していたとみられる。

平安時代に編纂された仏教説話集『日本霊異記』には、三谿郡郡司の祖先が百済からの渡来僧弘済を招いて三谷寺を建立したとの記事が載せられており、百済文化の影響が濃厚な寺町廃寺が、この三谷寺ではないかと考えられている。

松雲寺石造五輪塔 ❻

〈M▶P.202〉三次市布野町上布野1762-1 P
JR芸備線三次駅➡作木方面行二井殿🚶5分

開山墓塔として守り伝えられた五輪塔

三次市中心部から国道54号線を北東に向かい、県境の布野町を目指す。布野町は陰陽(山陰・山陽)を結ぶ出雲街道が貫通する交通の要地である。江戸時代には、広島藩最北端の宿駅布野宿がおかれ、石見銀山(現、島根県大田市)から積み出された幕府運上銀・銅を運ぶ人馬が毎年秋になると列をなし、尾道までの銀山街道を往来した。

上布野の二井殿交差点を右折し、国道東側の丘陵をのぼって行くと、二井殿地区の小高い丘の上に松雲寺(臨済宗)がある。もとは三次町の西江寺(もと高源寺、三吉氏菩提寺)の末寺であった。1501(文亀元)年、雲厳悦和尚の開基とされるが、一説には1321(元亨元)

四隅が突出した弥生時代の墳墓

コラム

三次地域独特の弥生墳墓

　県北部の江の川の支流域に、四隅が突出した方形や長方形の墳墓が、確かなもので10遺跡19基存在しており、広島県の弥生時代中期から後期における地域文化として注目される。この四隅突出型墳墓は、島根県や鳥取県・北陸地方など、日本海側に地域性をもって分布している。県内では、西は山県郡北広島町から東は庄原市にかけて確認されているが、中心となるのは、三次市の馬洗川と美波羅川が合流する付近である。

　四隅を突出させる理由については明らかではないが、墳丘の裾周りには列石や貼石が設けられており、墓域の角をより強く意識させたことがわかる。山陰地方では、弥生時代後期になると、突出部が長大となるものもあらわれており、呪術的意味合いを強めているようである。

　1995(平成7)年、馬洗川右岸の陣山墳墓群(国史跡)で、南北に隣接して5基の四隅突出型墳墓が発掘された。裾の溝などから、三次地方特有の塩町式土器とよばれる中期の壺・甕・高杯などが出土した。四隅突出型墳墓としては古式の墳墓群である。主体部は木棺墓がほとんどで、とくに大きなものはなく、共同墓地といえるものである。

　一方、馬洗川を挟んで、西方約2.5kmにある矢谷墳墓(矢谷古墳、国史跡)は、後期につくられた四隅突出型の前方後方形の墳墓で、ほかに例がみられない。陣山墳墓群とは違って主体部はほかより一段と大きい墓壙があり、墳丘ともあわせて、明らかに地域の首長墓としてとらえられる。そして、山陰の土器に加え、岡山県南部のいわゆる吉備の特殊壺と特殊器台(矢谷古墳出土品として国重文)が供えられていた。

　このように、三次地域において、山陰地方と交流しながら四隅突出型墳墓を営んだ集団は、やがて、地域の首長を生み出し、出雲(現、島根県東部)と吉備の間を取り持ちながら、地域の統治を確立したのであろう。

年大勧進沙弥宗円の創建とも伝える。

　松雲寺正面道路側には、鎌倉時代末期につくられた石造五輪塔(県文化)がある。高さ2.3m、花崗岩製で、塔の基礎(地輪部)に「元亨二(1322)年 壬戌五月日 勧進沙弥宗円」と陰刻されている。銘のある五輪塔としては県内最古である。宗円は布野村内にあった黒平城主で、出家して宗円と号した人物と伝えられるが、詳細は不明である。同寺では開山の墓塔として今日まで守り伝えてきたとい

馬洗川右岸の三次と周辺　　211

松雲寺石造五輪塔

う。

　松雲寺から国道を島根県境に向かって約10km進むと、陰陽の国境赤名峠に至る。現在は延長約600mの赤名トンネルが貫通しており、たやすく県境を越えることができるが、かつては険しい峠道を人馬が行き交った。旧布野村出身のアララギ派歌人中村憲吉は、この峠道を「君を送りて　国のさかひの　山越えの　深き峡路に　わかれけるかも」と詠んでいる。

　赤名峠へはトンネル手前の林道から入り、徒歩10分ほどのぼると、標高680mの峠の頂上に至り、国境の碑がある。当初は木柱の国境碑であったが、広島藩が三次藩をあわせた後の1721(享保6)年に石柱に取り替えられ、さらに1832(天保3)年「従是南芸州領」などと刻まれた石柱が新造されたという。その後、1887(明治20)年の道路改修に際して、2基の石碑は布野町横谷の瀬戸八幡神社に移設されていたが、2007(平成19)年に天保3年の石碑がもとの場所に戻され、往時の姿が再現されている。

② 馬洗川左岸の三次と周辺

三次市街地の南側一帯は古代遺跡の宝庫で、群集した古墳を中心に、国や県指定の史跡を多く見学することができる。

岩脇古墳 ❼ 〈M▶P.202〉三次市粟屋町字柳迫 P
JR芸備線三次駅 🚗 5分

三次地域では最古の古墳

　JR三次駅前から約1.2km西のことぶき橋を渡り、国道54号線を北に進むと、西側丘陵山腹に国民宿舎三次長寿村があった。この建物の北側が古墳公園で、現在、大きな墳丘の岩脇古墳(県史跡)と5基の小円墳が整備されている。古墳群は、日本海へ流れる江の川に、支流の馬洗川などが合流する付近の丘陵上に営まれており、河川流域や市街地がよく眺望できる位置にある。

　古墳群の主墳である岩脇古墳は直径31mの円墳で、墳頂部には中心の主体部である竪穴式石室と、これを囲むように箱式石棺墓4基、石蓋土壙墓1基の合計6基の埋葬施設が確認されており、見学ができる。竪穴式石室は長さ2.4m・幅0.7mほどで、それほど大きな規模ではない。過去の調査で、内部から人骨片が出土しているが、ほかに遺物はなかったようである。箱式石棺墓のなかには、幼児を葬ったとみられる小規模のものもあり、家族墓の様相がうかがえる。このような主体部の状況からみると、4世紀に遡る、三次地域では最古級の地域首長家族墓としてとらえることができる。

　古墳群と国民宿舎との間の傾斜面には、弥生時代末期頃の箱式石棺墓などが確認されており、その一部が保存されている。

　三次駅から国道375号線を南下し、三次IC入口交差点を右折、西方向の酒屋交差点を過ぎてさらに西に進むと、中国自動車道のガードの手前で、北西方向に送電線の鉄塔のある森が望まれるが、そこに酒屋高塚古墳(県史跡)がある。現在は、墳丘が3分の1ほどとし

岩脇古墳主体部

馬洗川左岸の三次と周辺　213

三次駅周辺の史跡

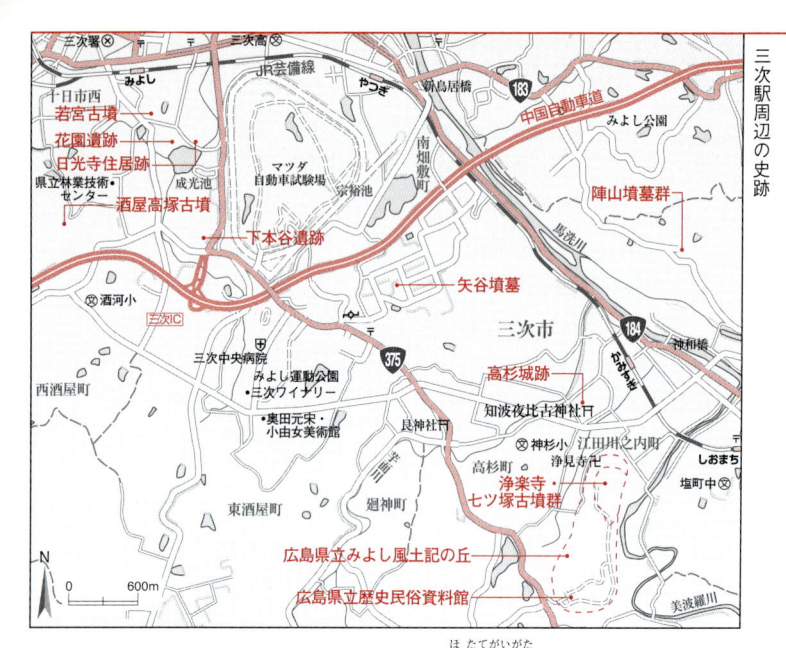

か残っていないが、本来は全長46mの帆立貝形(式)古墳である。主体部は竪穴式石室が２基あったが、取り去られており、そのうちの１基は広島県立みよし風土記の丘(三次市小田幸町)に復元・展示されている。過去の調査で、第１主体から画文帯神獣鏡とよばれる銅鏡(直径20.8cm)が出土している。５世紀後半頃築造の、地域首長の墳墓とみられる。

花園遺跡 ❽ 〈M ▶ P. 202, 214〉三次市十日市町花園 P
JR芸備線三次駅🚌三次中央病院行・三次工業団地行三次ロイヤルホテル前🚶10分

弥生時代の大規模な集団墓地

　JR三次駅南側の丘陵上に若宮神社があり、その南端に若宮古墳(県史跡)がある。花園古墳群の主墳で、三次地域では例の少ない典型的な前方後円墳である。全長は約36mである。これまで調査されたことはなく、主体部や遺物については明らかではないが、この地域の前・中期古墳の動向を知るうえで重要な位置にある。

　若宮古墳から東に進み、土人形で知られる三次人形窯元の前を経由して約300mで花園遺跡(国史跡)に着く。三次市斎場の背後(南側)にあり、斎場の改築による発掘調査によって遺跡の存在が明ら

三次人形・ワニの刺身

コラム

三次地方の風物誌

　三次地方の風物といえば鵜飼がよく知られているが、三次人形やワニ料理もこの地域の特色をよく示すものである。JR三次駅の南側の丘陵に花園遺跡(国史跡)があるが、そのそばに1軒の三次人形の窯元がある。明治時代に開かれた丸本家の窯で、現在、操業しているのはここだけである。

　三次人形は、粘土を型取り整形して素焼きし、胡粉をかけ色を着けた土人形で、白磁のような艶のある美しい顔が大きな特徴とされる。「男物(武者物)」「女物」「天神」の3種類に大別され、このほかに金太郎の人形もつくられている。

　三次人形の起源は、江戸時代の寛永年間(1624～44)と伝えられているが、明治・大正時代(1868～1926)には、この地域の3月の節句の贈り物とされた特産物として知られており、節句にあわせて人形の市も開かれ、繁盛したようである。

　三次市・庄原市・双三郡などの中国山地周辺では、ワニ(わに鮫、フカともいう)を刺身で食べる習慣がある。とくに、秋から冬にかけて食べられており、秋祭りなどの馳走には欠かせないものとなっている。このような習慣は明治時代の後半になってからといわれ、島根県大田市辺りでのフカヒレを目的としたワニ漁の飛躍的な増加と関係したもののようである。ワニはアンモニア分が多く、日にちが経っても腐りにくいことや、色や舌触りがビンチョウマグロやカジキマグロに似ていることから、江戸時代の銀山街道を経由して三次地方に運ばれ、マグロの代用として刺身で食されたものであろう。ただ、時間が経つほど臭みが強くなるのでショウガを添えるが、好き嫌いの分かれるところである。

かになった。

　花園遺跡は弥生時代後期を中心とした集団墓地で、2基の墳丘墓と6基の溝による区画墓などが検出されており、現在、墳丘墓が保存・整備されている。墳丘墓のうち規模の大きな1号墓は、東西約31m・南北約20mの長方形をなし、周囲の斜面に貼石を設けて区画している。このなかには、箱式石棺墓や土壙墓など215基が密集して確認され、その多くは東西方向に配置されている。2号墓も貼石で区画され、東西約14m・南北約9mの長方形の墓域に、箱式石棺墓や土壙墓などが21基みつかっている。棺内からの遺物はほとんどなく、1号墓の箱式石棺の1つからガラス製の管玉が出土したく

花園遺跡

らいである。そのほか、溝などから壺や器台などの弥生土器が出土している。

発掘調査では300基以上の墓が確認されているが、調査区域外にも墓地が広がっており、全体で500基ほど存在するとみられる。これらの墓群には、個人を特定して埋葬したような墓はみられないので、墳丘墓は有力集団の共同墓地としてとらえることができる。

花園遺跡からさらに東に約100m進むと、成光池のそばに日光寺住居跡（県史跡）がある。道路工事中に3棟の竪穴住居跡が発見されたもので、現在は2分の1ほどが保存されている。古墳時代後期（6世紀）頃の集落遺跡である。

下本谷遺跡 ❾

〈M ▶ P. 202, 214〉三次市西酒屋町下本谷 P
JR芸備線三次駅 🚌 三次中央病院行・三次工業団地行成光団地入口 🚶 10分

中国自動車道三次IC入口の交差点を北側に進むと、三次市街地に至るが、この道路（国道375号線）は丘陵を切り通しており、削られたこの丘陵に、三次郡衙跡の中心部の建物が存在していた。現在、成光団地入口バス停から南へ約400m行った道路西側上の墓地のそばに、中心部の北西の建物と柵または塀の一部が下本谷遺跡（三次郡衙跡、県史跡）として保存され、柱の跡を植樹で示している。

遺跡は、1975（昭和50）年以降、数回の発掘調査が行われ、6間×4間の四面庇の掘立柱建物を中心に、その前の左右に7間×2間の細長い掘立柱建物を2棟ずつ縦列させ、全体としてコ字形の配置とした建物群が検出されている。これらの建物は郡衙跡の中枢部と考えられる正殿と、その左右の脇殿に該当しており、周囲は柵または塀で区画されていた。また、正殿の背後（北側）には、柵または塀で区画したなかに、東と西の2棟の掘立柱建物が設けられていた。この西の建物が現在保存されている箇所である。このほか、区画の

中心部が削り取られた三次郡衙跡

下本谷遺跡

外にも倉庫とされる総柱の建物も数棟存在していた。遺物としては,役所でよく使用される緑釉陶器や円面硯(円形の硯)も出土している。遺物からみると,7世紀後半(白鳳期)から10世紀(平安時代初頭)頃まで営まれていたようである。郡衙の政庁の遺構が発掘された例は,県内ではほかにない。

郡衙跡の北側に延びる丘陵上には,ほぼ全域にわたって流紋岩・安山岩・石英・水晶製の旧石器が出土している。遺構は検出されていないが,後期旧石器時代(約2万5000〜3万年前)の遺跡が広がっていることが確認されている。

矢谷墳墓 ❿　〈M▶P.202, 214〉三次市 東酒屋町松ヶ迫 P
JR芸備線三次駅 🚌 三次工業団地行終点 🚶 4分

県内で唯一の四隅突出型前方後方形墳墓

三次工業団地バス停から南西へ約300m,市立酒屋体育館すぐ裏側の小高い丘陵上に,史跡公園として残されているのが矢谷墳墓(矢谷古墳,国史跡)である。この辺りは松ヶ迫遺跡群とよばれ,工業団地の造成にともなって,弥生時代の墳墓を始め,古墳時代後期を中心とした集落跡や須恵器の窯跡など,多くの遺跡が発掘調査されている。このうち,矢谷墳墓と近隣の須恵器窯跡が保存・整備されている。

矢谷墳墓は,墳丘の隅が飛び出した四隅突出型の前方後方形墳墓で,県内では例のない特異な墳形である。全長18.5m・幅10〜12mの大きさで,高さは1mほどの台状をなしている。墳丘の斜面には貼石を行い,裾には列石を配し,周囲には2〜2.7m幅の浅い溝をめぐらしている。墳丘には11基の埋葬主体が確認されているが,中心となる主体部は後方部にあり,大型の墓壙に木棺を納めていた。内部からは管玉や小玉が出土している。この墓壙の上部には礫群と多くの土器片があり,埋葬の際にお供えをし,祭儀を行ったようである。

馬洗川左岸の三次と周辺　　217

矢谷墳墓

また、周溝からは山陰系の弥生土器や、吉備型とされる特殊器台・特殊壺（矢谷古墳出土品として国重文）が出土していることが注目される。特殊器台・特殊壺は弥生時代末期（3世紀前半頃）に、岡山県南部でつくられた葬送用の儀器で、古墳に立てられる円筒埴輪の祖形と考えられている。矢谷墳墓の被葬者の葬儀にあたって、吉備地方から運ばれ、供えられたものであろう。

一方、墳丘の特徴である四隅突出と方形系の形態は、出雲地方を中心とする日本海地域で発達した文化である。

このような特徴をもった矢谷墳墓は、山陰・吉備との交流・交易を通して、弥生時代末期に三次地域で最初に台頭した地域首長の墓であったといえるであろう。

現在、墳丘の貼石が復元されており、墳形の様子を知ることができる。主体部は埋め戻されているが、その位置の輪郭が示されている。出土遺物の特殊器台・特殊壺は、広島県立みよし風土記の丘にある広島県立歴史民俗資料館（三次市小田幸町）に展示されている。

高杉城跡 ⓫

〈M▶P.202, 214〉三次市高杉町神杉 Ｐ
JR芸備線神杉駅 🚶10分

　JR神杉駅から南西へ500mほど行くと、高杉城跡（県史跡）がある。馬洗川方向へ延びた低い丘陵の先端付近に位置しており、周囲の水田との比高は4～5mである。城の範囲は微高地に広がるようであるが、遺構として確認できるのは、知波夜比古神社の境内を中心とした地域である。

　城跡は神社の周囲東西約70m・南北約80mの方形に堀をめぐらして区画した方形館で、南側（参道方向）を入口としている。堀は幅4.5～7m・深さは1.4mほどで、水を溜めた箱堀の形態である。現在は北側から東側に残っているが、本来は周囲にめぐっていたもの

県内では例の少ない中世の方形館

高杉城跡遠景

と考えられる。堀内の規模は間口(東西)56m・奥行(南北)73mで、南側前面には付属する郭があると想定されている。土塁は北辺・東辺・南辺によく残っており、幅5.5m・高さ0.6～1.5mで、一部途切れている所が虎口(出入口)となるようである。土塁で囲まれた内側の広さは東西45m・南北56mで、約770坪と試算されており、ここには現在、神社の本殿や社務所などが立っている。城内では若干の陶磁器片などが採集されているが、発掘調査は行われておらず、建物などの遺構も明らかではない。全体の現状からみると、石垣を築いた形跡もなく、早くから神社としても使用されてきており、防御機能を備えた館の性格が強いようである。

　記録によると、高杉城は、戦国時代にはこの地域を統治した江田氏の支城であったが、1553(天文22)年、大内・毛利軍によって攻略されており、このとき、神社も焼失している。築城時期は明らかではないが、神社の宮司で城主であったとされる祝氏の記録によると、南北朝時代に遡る可能性もある。城跡の南約500mの、浄楽寺古墳群のある丘陵裾に、祝氏のものと伝える墓地があり、宝篋印塔と自然石の墓標がある。

広島県立みよし風土記の丘 ⓬
0824-66-2881(歴史民俗資料館)

〈M▶P. 202, 214〉三次市小田幸町122　P
JR芸備線三次駅🚌敷名方面行風土記の丘入口🚶3分

先史・古代の遺跡・遺物の展示が充実

　国道375号線の風土記の丘入口バス停すぐ東にある広島県立みよし風土記の丘は、約30haの面積をもち、県内最大の古墳群である浄楽寺・七ツ塚古墳群(国史跡)を中心とする遺跡が整備されている。丘内は説明板と遊歩道に従って自由に探訪・散策ができ、開発などで現地に残せなかった古墳の石室や古墳時代のたたら跡なども移築・復元して展示している。なかでも庄原市高町から移築した

馬洗川左岸の三次と周辺

矢谷墳墓出土特殊壺・器台の展示状況

篠津原3号古墳の横穴式石室は、ブロック状にした切石を積んで構築された終末期古墳として注目される。また、世羅町戸張から移築された江戸時代初期の旧真野家住宅（国重文）や、復元古代住居も見学できる。

古墳群を見学する前に、丘内にある広島県立歴史民俗資料館を訪れ、事前に学習しておくとよい。風土記の丘の古墳だけではなく、この地域の古代遺跡の様子がわかりやすく展示・解説されている。

展示資料で特筆されるのが、矢谷墳墓（矢谷古墳、国史跡）から出土した特殊器台・特殊壺（矢谷古墳出土品として国重文）である。葬られた人物の葬儀のために、吉備地方（岡山県南部）から運搬されてきたものである。器台は高さが約1mあり、これほど大きなものはあまり例がない。

資料館では、企画展示を始め、文化財講座・ふどきの丘体験教室など多くの催しが行われている。

移築された旧真野家住宅

浄楽寺・七ツ塚古墳群 ⓭

〈M▶P. 202, 214〉三次市小田幸町 P　JR芸備線三次駅🚌敷名方面行風土記の丘入口 🚶5分

中国地方で最大の群在する古墳群

広島県立歴史民俗資料館から少しのぼった丘の上が七ツ塚古墳群の中心地域で、ここから北側に進んだ辺りに浄楽寺古墳群が広がっている。2つの古墳群は、江の川の支流馬洗川に合流する美波羅川の西岸沿いに、南から北に延びた丘陵上に累々と営まれており、浄

220　三次・庄原と神石高原

浄楽寺12号古墳

楽寺・七ツ塚古墳群として国の史跡に指定されている。

　浄楽寺古墳群(116基)は，帆立貝形(式)の１号古墳以外は円墳と方墳であり，円墳が圧倒的に多い。墳丘規模の最大のものは円墳の12号古墳で，直径45m・高さ６mを測り，県内でも最大級である。現状ではあまり観察できないが，封土には葺石が施されている。過去の調査で，墳頂には主体部として２基の粘土槨が確認されており，鉄鏃や刀子・玉類などが出土している。12号古墳の少し南側の37号古墳は，直径29.5mの比較的大きな円墳で，主体部として大型の箱式石棺があり，見学ができる。石棺からの遺物は知られていない。

　七ツ塚古墳群(60基)は，前方後円墳である９号古墳(全長29.5m)，帆立貝形(式)古墳である10・11号古墳以外は円墳と方墳である。９〜11号古墳は丘陵の頂部付近に近接して築造されており，また，この古墳群では最大の円墳である15号古墳(直径28m)もすぐそばにある。これらの古墳は墳形の違いがあるものの，その規模はほとんどかわらないことや，円墳である15号古墳が丘陵のもっとも高い位置に存在していることは，古墳群の成立背景を考えていくうえで，留意すべき事実である。

　浄楽寺・七ツ塚古墳群は，５世紀を中心に営まれたとみられ，それらは他地域ではみられないほど密集しており，最大規模の円墳が首長墓であることが注目される。

　風土記の丘入口から国道375号を東広島方面に約２km行くと，左側水田中に大きな墳丘が見えてくる。この墳丘が糸井大塚古墳(県史跡)で，直径約56mの円丘部に小さな造出し部が付いた帆立貝形古墳である。墳丘の周囲には幅約30mの周庭帯がめぐらされており，県内では例がない。埋葬主体部については明らかでないが，５世紀初め頃に造営された三次地域では最大の首長墓である。

馬洗川左岸の三次と周辺

3 三良坂・吉舎・甲奴を行く

中国山地の山並みを越え，日本海と瀬戸内海をつないできた地域の史跡と文化財をめぐる。

稲荷山古墳群 ⑭

〈M▶P.202〉三次市三良坂町三良坂字烏ヶ峠・錆山
JR福塩線三良坂駅 🚶30分

馬洗川沿いの円墳だけの大古墳群

三良坂町域には，500基を超す古墳があるが，JR三良坂駅の南東方向にみえる丘陵尾根にある稲荷山古墳群が，最大の古墳群である。住宅団地が造成され，一部は公園化されている。

稲荷山古墳群

古墳群は馬洗川に向かって延びる丘陵上に営まれており，総数は68基で全て円墳であることが確認されている。A〜Eの支群に分類され，最も群在しているのは27基からなるD支群である。ここには古墳群最大規模のD-16号古墳があり，墳頂には稲荷社がある。直径約38m，高さ約7mで3段に築成され，円墳としては県内有数規模である。墳丘斜面には葺石が認められる。埋葬主体部や出土遺物については不詳であるが，5世紀後半頃の築造と考えられている。

このほか三次庄原農免道路沿いの田利にある，石室開口方向が不統一な横穴式石室を主体とする7基の古墳（野曽原西古墳群）や，県道61号線の兎峠付近にある，5〜7世紀の16基の古墳（植松古墳群）が知られている。とくに後者では，横穴式石室の床に須恵器を敷き詰めたものや，鉄製品を副葬したものが確認されている。

旧幡山家住宅 ⑮

0824-62-6182（三次市教育委員会）
〈M▶P.202, 224〉三次市三良坂町灰塚字流田 P
JR福塩線三良坂駅東へ🚕10分

備北地域の農民の暮らしを偲ぶ

JR三良坂駅から県道78号線を3km東に進むと「ハイヅカ湖畔の森」の案内がある。これを左折して1kmほど坂をのぼると，和智氏一族が檀那であった福善寺（曹洞宗）に着く。本尊の木造薬師如来

灰塚ダムと発掘調査

コラム

ダム建設で多くの遺跡が発掘

　三次市三良坂町の上下川に，2006（平成18）年，灰塚ダムが竣工した。このダムは日本海に流れる江の川の総合開発事業の一環として建設されたもので，三次市など支流域の洪水調整や灌漑，生活水の供給確保などを目指した多目的ダムである。ダムの建設によって水没する範囲は，三良坂町を中心に，吉舎町（現，三次市），総領町（現，庄原市）の一部にわたる410haで，移転数は332戸にのぼっており，その移転地である生活再建地が事前に整備された。

　水没地域と生活再建地には，旧石器時代から平安時代にかけての集落跡・墳墓・古墳，中世の山城跡・古墓，近世の民家など，各時代の遺跡がおよそ30ヵ所存在していた。これらの遺跡は，寺津古墳群のように，発掘調査中に，県内では数少ない前方後方墳（3号古墳）が含まれることが確認されて，現状保存されることになった例もあるが，ほとんどが調査後消滅している。

　水没地域の遺跡では，弥生～古墳時代の住居跡が多く検出されている。そこからは，土森遺跡の土錘・石錘（網につけるおもり）や，弥生土器の表面に描かれた魚または舟とみられる絵画など，河川との結びつきを示す遺物や，油免遺跡の古墳時代の土師器（壺・甕），土森遺跡で出土した筒状の山陰型甑形土器など，山陰地方との交流・交易がわかる資料がみられる。

　三良坂町の灰塚生活再建地（のぞみが丘）では，見尾東遺跡・見尾西遺跡・道ヶ曽根遺跡が，鍛冶作業に携わった6世紀後半～8世紀初頭の集落跡として注目された。なかでも，道ヶ曽根遺跡では，丘陵南側の急な斜面に竪穴住居64棟，掘立柱建物76棟などが階段状に営まれ，一般的な集落とは様相を異にした状況がみられる。集落の規模がもっとも大きくなったのは7世紀の後半にあたっており，鉄素材をどこかから搬入し，鍛冶作業によって製品化することを専業とした集落であったことが推察されている。

　ダム堰堤のそばには，灰塚ダム記念公園や展示ギャラリー，ダム湖（ハイヅカ湖）周辺には，自然を生かした公園などが整備されている。

坐像（県文化）は，素朴ながらも威容をたたえた面相で，12世紀後半の秀作とされるが，33年に1度（直近の開扉は1983年）しか開扉されない。また大仏宝殿の棟札から，1423（応永30）年に住持源光が創建したことがわかるが，山門の左手墓地の宝篋印塔には，「正平十（1355）年」という南朝方の年号が刻まれており，開基はさらに

三良坂・吉舎・甲奴を行く　　223

旧幡山家住宅

遡るであろう。参道の前には灰塚のナラガシワ(県天然)が堂々と茂っている。

福善寺は,同寺から北北西3kmにあり,広沢氏一族の和智時基が明徳年間(1390〜94)に豊前の宇佐八幡宮(現,大分県宇佐市)から勧請したという,田利八幡宮の別当寺としても栄えた。田利八幡宮には,1405(応永12)年に和智元実が寄進した,空心作の木造神像3体(県文化)が所蔵されていたが,現在は所在不明である。また,絹本著色十六善神像(県文化,県立歴史民俗資料館寄託)は,良質な金泥の描線や織目の粗い素絹の使用などから,室町時代中期の作品と考えられている。

県道78号線に沿うのぞみが丘住宅地には,旧幡山家住宅(国重文)がある。入母屋造・茅葺き,桁行6間半・梁間3間半の民家で,灰塚ダム建設にともない,2000(平成12)年に現地に移築された。内部は,入って左手に広い土間があり,右手は「おもて」「おおで」「かって」「なんど」が田の字型に

配置されている。土間まわりから「かって」にかけて上屋柱が連立している点など，18世紀中期以前の古風な構造手法をもち，保存状態もよく，飾り気の少ない素朴な民家である。外観は常時公開されているが，内部見学には事前連絡が必要。

三玉大塚古墳 ⓰ 〈M▶P.202,224〉三次市吉舎町三玉 P

JR福塩線吉舎駅南南東テレビ中継所方向へ🚶130分

発掘調査された帆立貝形古墳の典型

　三良坂方面から国道184号線の馬洗川に架かる敷地大橋を渡り，梅の木交差点を左折してゆるい坂をくだると，一の渡橋に出る。橋の東側にある川沿いの狭い道を400mほど行くと，和智豊広が建立したとされる西光寺（臨済宗）がある。本尊の木造阿弥陀如来坐像（県文化）は，玉眼であるが，翻波式の刀法を残すなど古式な尊相を呈している。また梵鐘は，東大寺鋳物師の鋳造による。

　橋の南，一の渡バス停の東側段丘上の木立のなかに，1788（天明8）年に建築された奥家住宅（国重文）があるが，公開されていない。

　梅の木交差点から，国道を1kmほど南に走った，右手丘陵上に八幡山1号墳がある。全長約45mの帆立貝形（式）古墳で，周濠をもつ。珠文鏡・鉄刀・鉄剣・甲冑などが副葬されていたとされるが，盗掘などで詳細は不明である。墳形や規模，副葬品などから5世紀後半の築造と考えられている。さらに1kmほど吉舎寄りの東側丘陵に，27基の古墳（海田原古墳群）がある。全長42mと同33mの帆立貝形（式）古墳と，径10m程度の円墳で構成される。盗掘や未調査のため詳細は不明であるが，古墳時代中期の造営とされている。

馬洗川中流域では，帆立貝形古墳が首長墓であるのが特徴である。八幡山1号古墳から海田原4号古墳，そして三玉大塚古墳へと継続している。

　JR吉舎駅の南南東方向にある三玉大塚古墳（県史跡）は，1903（明治36）年と1980（昭和55）年の2度の調

三玉大塚古墳

三良坂・吉舎・甲奴を行く

査で復元整備された。全長41mの帆立貝形(式)古墳で、墳丘の高さ8m・幅15mの造り出し部をもち、幅3mの周濠がある。3段に築成されて葺石が貼られ、円筒埴輪や馬形・家形・衣蓋などの形象埴輪が立てられ、墳頂から椀形須恵器や壺・甕などが出土した。主体部は竪穴式石室で、鋸歯文鏡・珠文鏡・管玉・滑石製小玉・鉄刀・短甲・兜・馬具などが副葬され、5世紀後半の築造と考えられている。出土品の一部は、現在、吉舎歴史民俗資料館に展示されている。

吉舎歴史民俗資料館 ⓱

0824-43-2231

〈M▶P.202,224〉三次市吉舎町吉舎 P
JR福塩線吉舎駅南へ🚶15分

JR吉舎駅から南に200m、毘沙門橋を渡り吉舎の町に入った左手に、下素麺屋一里塚跡(県史跡)の案内板がある。尾道・府中から石見・出雲(ともに現、島根県)へ向かう街道の一里塚のマツが1991(平成3)年まで残っていたが、現在は切り株のみとなっている。さらに、南西の小さな桜谷に沿って500mほどのぼると右手に、和智資実開基の善逝寺(臨済宗)がある。本尊木造釈迦如来坐像(県文化)は、高さ43cmで彩色の保存もよく、1369(応安2)年に資実の子師実が寄進した旨の胎内銘がある。

善逝寺と谷を隔てて、町並みの南西に聳えるのが南天山城跡である。南北朝時代の後半に、和智師実が三玉の平松城から本拠をこの地に移し、和智誠春が毛利氏に粛清された、1569(永禄12)年頃廃城となったと考えられる。頂部には土塁を設けた3段の郭が造成され、その北には尾根を利用した8段の郭群が連なり、南西にも堀切を挟んで郭群があり、畝状の竪堀が施されている。軒平瓦・軒丸瓦のほか、鉄滓などが出土している。

南天山城跡

街の中央部の巴

和智氏の本拠南天山城とその周辺

橋袂(たもと)にある田中写真館(国登録)は，1928(昭和3)年に建設された木造モルタル地上3階・地下1階の建物で，むくり屋根を柱頭飾(ちゅうとうかざ)りつきの円柱(えんちゅう)で受けた玄関部や，カイゼル髭(ひげ)風のユニークな窓などで人びとに親しまれてきた建物である。巴橋の南には吉舎歴史民俗資料館がある。三玉大塚古墳や南天山城跡から出土した遺物や，和智氏一族関係資料，1566(永禄9)年に小早川隆景が仏通寺へ寄進(こばやかわたかかげ　ぶっつうじ)し，和智氏が建立した能引寺(のういんじ)を経由して吉舎町檜(ひのき)の鎮守四王堂(ちんじゅしおうどう)に保存されてきた法華経版木(ほけきょうはんぎ)(県文化)などが展示されている。

大慈寺(だいじじ) ⑱　〈M▶P.202,224〉三次市吉舎町白根(しらね) P
0824-43-2129　JR福塩線吉舎駅🚶38分

備後の有力国人和智氏の菩提寺・ゆかりの寺

　吉舎歴史民俗資料館の東には市立吉舎中学校があり，その北東約1.5kmの山中に大慈寺がある。1421(応永28)年に和智氏実(うじざね)が開いた臨済宗の寺であり，仏通寺開山愚中周及(ぐちゅうしゅうきゅう)の高弟である宗綱(しゅうこう)が開山となった。寺には宗綱の日用品や遺偈(ゆいげ)・語録のほか，彼の墓とされる無縫塔(むほうとう)がある。また，氏実の肖像画やその墓とされる五輪塔(ごりんとう)，さらには和智豊広とその子豊郷(とよさと)の法名が刻まれた宝篋印塔なども造立されている。このほか，1138(保延4)年に書写山円教寺(ほうえん　しょしゃざんえんきょうじ)(兵庫県姫路市(ひめじ))の僧侶たちが書写した紙本墨書大般若経(しほんぼくしょだいはんにゃきょう)25帖(非公開)や，金泥をおもに丹(たん)・朱(しゅ)・群青(ぐんじょう)・緑青(ろくしょう)などで丁寧かつ彩色豊かに描かれた絹本著色観音三十三身像(けんぽんちゃくしょくかんのんさんじゅうさんじんぞう)(ともに県文化)がある。

　本堂左手には，1569(永禄12)年建立の唐様(からよう)観音堂(附(つけたり)厨子(ずし)1基，棟札(むなふだ)2枚，県文化)がある。1439(永享(えいきょう)11)年に和智時実(ときざね)の建立した仏堂が，戦国時代に炎上したため和智元郷(もとさと)が再建したもので，当時の仏堂の形態をよく残している。事前の連絡で拝観可能なものもある。

　市立吉舎小学校前の宝寿寺(ほうじゅじ)(臨済宗)にも，和智誠春の持仏とされている，像高48cmで寄木造(よせぎ)の木造地蔵菩薩坐像(じぞうぼさつ)(県文化)が安置されている。また，吉舎中学校の南600mにも，和智実勝(さねかつ)が1407(応永14)年に開いた和智氏の菩提所浄土寺(ぼだいしょじょうどじ)(浄土宗)があり，近くには和智実勝と豊広の墓と伝えられる五輪塔もある。1535(天文4)年に豊広が寄進した本尊の木造阿弥陀如来坐像や木造阿弥陀如来坐像(ともに県文化)が安置されているが，非公開である。

三良坂・吉舎・甲奴を行く　　227

須佐神社 ⑲　〈M▶P.202〉三次市甲奴町小童 P

JR福塩線甲奴駅🚶25分

疫病を払いのけてきた豪壮な大神輿

　大慈寺から県道27号線を甲奴・上下方面に東進すると，中山一里塚(県史跡)の麓に至る。出雲石見街道(通称雲石路)に設置されたものの1つで，道をさらに東にとり，JR甲奴駅前から県道51号線を南西に約2km行くと，須佐神社がある。

　祭神は素戔嗚尊で，鎮座する小童地区が，平安時代末期に京都祇園社領荘園小童保となった後に，祇園社の神霊を勧請して創建されたものと考えられる。祇園社との関係は室町時代まで続き，その後は毛利氏の保護などを受けた。現在の社殿などは，元禄年間(1688～1704)の広島藩主浅野氏による再建であり，江戸時代までは牛頭天王社・祇園社とよばれ，小童の祇園さんとして親しまれている。社殿北東のフジ(県天然)は，日本特産種ヤマフジの白花品(シラフジ)で，最大幹囲3.5m，2本のスギにからみついて高さ25mに達する県内有数の巨樹で，初夏には白い花が咲く。

　7月の第3日曜日から3日間開催される祇園祭(祇園さん)には，遠く県外からも参拝がある。神幸には，大名行列を先頭に4基の屋台や子ども太鼓・獅子舞・太鼓打ちなど総勢200人以上が続き，3基の荒れ御輿に続いて，府中市矢野の人びとが矢野の神儀(県民俗)を奉仕し，最後に神輿(県文化)が大綱に引かれて，御旅所に渡って行く。

　神輿は高さ3.4m・重さ3tで，八角形で基盤側面には剣巴文の文様が施されている。釘を使わずに室町時代の様式をそのまま伝え，内部も一般的な一室構造ではなく，心柱をもつ珍しい構造である。内部左板壁に，1517(永正14)年に製作した旨の墨書がある。

矢野の神儀

④ 庄原市街と備北山地を行く

県内有数の遺跡密集地である庄原地域には、出雲や吉備地方との交流によってはぐくまれた歴史がうかがえる。

庄原田園文化センター ⑳
0824-72-1159
〈M▶P. 202, 229〉庄原市西本町2-20-10 P
JR芸備線備後庄原駅🚶15分

庄原地域の歴史や文化を展示・紹介

　JR備後庄原駅の南西約1km、国道432号線沿いの中央児童公園の隣に、庄原市立図書館、郷土の作家倉田百三の資料を収集展示する倉田百三文学館、歴史民俗資料館、多目的ホールで構成される、複合文化施設庄原田園文化センターがある。1階の図書館には、火野葦平（郷土）コーナーが設けられている。

　歴史民俗資料館は2階にあり、庄原市の歴史の概説や発掘調査された遺跡の出土遺物の展示などがなされており、遺跡探訪の事前学習ができる。展示資料のなかでは、庄原市新庄町で調査された和田原遺跡から出土した、ミニチュアの銅鐸形土製品2点が注目される。弥生時代中頃のものと考えられ、県北地域では出土していない銅鐸を真似て、集団での祭りの道具としたものであろう。また、東本町の妙見山遺跡と峰田町の尾崎遺跡から出土した山陰型の甑形土器2点がある。これは用途が明らかでない土器ではあるが、古墳時代初頭頃の山陰地方との交流を知る資料として貴重である。

備後庄原駅周辺の史跡

瓢山古墳 ㉑
〈M▶P. 202, 229〉庄原市本町上野山 P
JR芸備線備後庄原駅🚶15分

5世紀を代表する前方後円墳

　JR備後庄原駅の東約700mに、江戸時代に灌漑用の溜池として改修されたという上野池があり、池のまわりの上野総合公園はサクラの名所として知られている。池の北側にラジオ中継放送所のアンテナが立っており、そのそばに瓢山古墳（県史跡）がある。全長41mの

庄原市街と備北山地を行く　229

瓢山古墳

前方後円墳で、公園として整備されている。墳丘には葺石がなされ、現在、観察はできないが、円筒埴輪列もあるという。埋葬の主体部や出土遺物については、未調査のため不詳である。築造時期も明らかではないが、市街地周辺には、5世紀から6世紀にかけての典型的な前方後円墳がいくつかあり、墳丘の状態などからみて、5世紀を代表する古墳と考えられる。

池の西端にある丑寅神社を経由して北側に進むとすぐに宝蔵寺があり、本堂の南側の庭に宝蔵寺宝篋印塔（県文化）が1基ある。高さ2mほどの細身のもので、基礎石の4面に銘文が刻まれている。その背面には「延文四(1359)年亥」とあり、南北朝時代の供養塔である。

宝蔵寺宝篋印塔

蘇羅比古神社 ㉒

〈M▶P.202〉庄原市本村町本 P
JR芸備線備後庄原駅🚌上本方面行中本 🚶5分

中国自動車道庄原IC入口の交差点から国道432号線を上下・総領方面に進み、途中の赤川交差点を左折し、東城方面への県道23号線に入り約5.5km行くと、市立本小学校があり、そこからさらに約600m行った北側の山腹に蘇羅比古神社がある。

神社は、かつては備後国三上郡の『延喜式』式内社として栄えていたという。参道沿いには大きなスギが並び、とくに、随神門のそばの2本は県内でも有数のスギ（県天然）である。境内には「元禄二(1689)年」銘の大きな手水鉢や、「弘化五(1848)年」銘の石灯籠な

参道の大スギが雄大な古社

蘇羅比古神社大スギ

どがある。

門前の道を東に約300mくだった道路南側の民家の前に、横穴式石室が露出した鍬寄古墳がある。すぐ前は谷を挟んで中国自動車道が走っている。墳丘は失われ、天井石が１枚残存している状態である。石室は、向かって右側壁の前側は失われており、本来の規模や形態は明確ではない。現在の長さは8.7m・奥幅2.25m・奥高1.8mである。奥壁は１枚石、側壁は２段積みにし、石面はかなり整えられている。遺物については知られていない。県北地域では大型の石室であり、石室の様相からみると、７世紀初頭頃に築造された地域首長の墓と考えられている。

唐櫃古墳 ㉓　〈M▶P.202, 229〉庄原市川西町　P
JR芸備線備後庄原駅🚌西城方面行明賀橋🚶10分

県北最大の横穴式石室墳

明賀橋バス停から対岸の丘の上に、整備された唐櫃古墳（県史跡）の墳丘が望まれる。以前は明賀古墳とよんでいたが、文化財指定にあたって変更された。

古墳は西城川の谷がもっとも狭まった丘陵上に位置しており、河川や交通路を意識して築造されたことがわかる。全長41.4mの前方後円墳で、後円部は２段に築成され、前方部は小さめである。主体部は後円部に構築された横穴式石室で、長さ13.1m・奥幅2.1m・高さ2.5mで、大型の石室である。石室なかほどの向かって左側壁には石柱状の立石があり、ここが玄室と羨道との境だとすると、玄室の長さは7.2mである。

整備にあたって発掘調査がなされており、石室から須恵器を始め、金環（耳輪）・クチナシ形空玉などの玉類・金銅製の鈴・大刀の金具・轡などの馬具・鉄鏃・釘などが出土している。

築造時期は遺物などからみると、６世紀末頃築造され７世紀初頭頃まで使用されたようである。前方後円墳で大型の横穴式石室を構築した古墳は庄原・三次地域では例がなく、また石室規模は県内で

庄原市街と備北山地を行く

唐櫃古墳

も有数のものである。被葬者はこの地域だけでなく、かなり広汎な統治域をもった広域首長であったとみてよいだろう。

なお、石室の前側の天井石は、以前から失われていたので、整備にあたって3枚を架して復元しているが、これが本来の姿であったかどうかは明確ではない。

旧寺古墳群 ㉔　〈M▶P. 202, 229〉庄原市掛田町旧寺 [P]
JR芸備線備後庄原駅🚌高野方面行掛田🚶15分

国道432号線の掛田バス停から明神瀬橋を渡り、南側へ約200m行くと、丘陵裾に旧寺古墳群への登り口がある。

旧寺古墳群(県史跡)は、前方後円墳である1号古墳を中心に、その周囲に11基の小円墳があり、合計12基からなっている。1号古墳は全長61.7m、後円部の直径39.3m・高さ6.5mの大きさで、庄原・三次地域では最大の規模である。墳丘は2段に築成されており、葺石や埴輪も確認されている。埋葬の主体部については、未調査のため明らかではないが、後円部の頂部には盗掘の穴があり、竪穴式石室の可能性もあるようである。遺物については知られていない。

周囲の円墳のうち、1号古墳の前方部の前側にある9号古墳がもっとも規模が大きく、直径16.2mである。また、最小は後円部のそばにある3号古墳で、直径は5.5mであるが、古墳かどうか疑問ももたれている。ほかの円墳もあわせて、主体部や遺物については明ら

旧寺1号古墳

庄原地域では最大の前方後円墳

232　三次・庄原と神石高原

かではない。

築造時期については墳形の形態などからみて、5世紀なかば頃に営まれたものと考えられる。墳丘の規模からすると、少なくとも庄原地域全体を統治した首長墓と考えられる。

円通寺・甲山城跡 ㉕　〈M▶P.202〉庄原市本郷町370　P　JR芸備線七塚駅🚗10分

JR七塚駅から国道183号線を西へ約1.8km行き、七塚西交差点を右折して県道458号線を口和方面に約1.5km行くと円通寺入口の標示があり、前面の丘陵が甲山城跡(県史跡)である。車の場合は、丘陵の西側にまわってのぼるのがよい。

庄原北部や西部一帯は、地毘荘とよばれた荘園がおかれ、鎌倉時代に地頭として山内首藤氏が入ってきており、円通寺はその菩提寺といわれている。円通寺本堂(国重文)は、天文年間(1532〜55)に山内直通のとき再興したとされる、桁行3間・梁間3間の入母屋造で、禅宗様の諸特徴を備えている。本堂中央の厨子も禅宗様の優品とされ、本堂の附として国の重要文化財に指定されている。

本堂の西側裏に甲山城跡への登り道がある。標高384m、比高120mの山頂を中心に、北東・南・西方向などに延びる尾根上に階段状に多数の郭を設けており、広大な山城を構築している。山頂部の郭群は、櫓台の高まりのある1郭を中心に、そのまわりを取り囲む幅20〜30mの2郭(北側)・3郭(南側)を配した構えである。山頂部の郭群の北東方向の尾根には、2郭と堀切で画して続く郭群が約450mにわたって延びており、もっとも山頂に近い4郭は長さ約100m・幅約30mの広さがある。この郭はその広さからみて、山頂部の郭群と一体のものとしてとらえることができる。この城は、広い領域、豊かな鉄資源などを基盤にした、備後北部最大の国衆山内氏の拠城である。山内氏は姻戚関係にあった宍戸氏を介して、戦国時代には毛利氏に従っている。

国道に戻って庄原方面に進むと、国営備北丘陵公園入口交差点の北側の民家の間に、三角屋根の小さな建物(覆屋)があり、なかに亀井尻窯跡(県史跡)が発掘した状態で保存・展示されている。奈良時代の瓦を焼いた平窯で、軒丸瓦は、文様が三次市の寺町廃寺跡

山内氏の菩提寺と拠城

庄原市街と備北山地を行く　233

円通寺本堂

などで出土している複弁の蓮華文と共通し、また、瓦当面の下側が三角状に突出した、いわゆる「水切り瓦」もみられることが注目される。県内で、瓦窯跡が見学できるのはここだけである。交差点のそばにある熊野口バス停のすぐ西側の道を北側に進むと車も入れる。

荒木家住宅 ❷⑥ 〈M▶P.202〉庄原市比和町森脇 P
中国自動車道庄原IC🚗15分(庄原市役所比和支所)

江戸時代の神官の住宅

　庄原市役所比和支所から国道432号線を高野町方面へ約5km行くと、吾妻山に向かう森脇の三差路がある。県道255号線へ右折するとすぐに、東側の山裾に茅葺きの荒木家住宅(国重文)がみえる。車の場合は、もう少し先の永昌寺前から東折し、森脇神社の前を通って南側に進むとよい。

　この住宅は、森脇神社の神官を代々つとめてきた荒木家の居宅である。桁行20.6m・梁間10.9mの入母屋造で、全体の半分が農作業のための土間と、ウシを飼うための「だや」などに利用されている。床上部分は5室あり、そのなかに、床を一段高くして神棚とした「たかま」が設けられているのが特色である。建物構造などから、17世紀末～18世紀初め頃の建築と考えられている。現在、常住ではないため、普段は内部の見学ができないが、森脇神社の秋祭り(11月初旬)のときは可能である。

　ここから北側にみえる高い山が、国定

荒木家住宅

234　三次・庄原と神石高原

公園吾妻山である。比婆山連峰の1つで標高は1239mあり、四季を通じて変化するブナ林などの自然景観の美しさはよく知られている。

蔀山城跡 ㉗　〈M▶P.202〉庄原市高野町新市　P
中国自動車道庄原IC🚗40分

> 陰陽の境をおさえた多賀山氏の山城跡

比和町から国道432号線で高野町に向かうと、谷間から新市の盆地部へ出た道路沿いの北側の険しい山が、蔀山城跡（県史跡）である。この西側山裾に大山神社の鳥居があり、ここから城跡へのぼる歩道が整備されている。頂部まで徒歩約40分である。

城跡は、頂部（1郭）標高775m・比高220mで、ここから、主として東側と南側に延びる尾根上に階段状の郭群を配している。1郭と東側の2～4郭が主要な郭群である。1郭からは、西に新市の盆地全体が一望でき、また、北には毛無山・吾妻山が眺望できる。2郭と3郭との間付近の南側斜面下には井戸があり、現在も水が湧いている。この山城は、備後北部から出雲南部（現、島根県）にかけて大領域を形成し、鉄資源をもとに強い勢力をもった多賀山氏の拠城である。多賀山氏は姻戚関係を結んだ山内氏が毛利氏に従った際に、行動をともにした。

城跡から約1km南西の南上には、スギ・モミ・アベマキなどを中心とした南の八幡神社社叢（県天然）があり、山内氏が植樹したものと伝えられている。

蔀山城跡から国道を西へ行き、県道39号線に入って三次方面に約2km進むと住宅前バス停があり、ここの三差路を南東へ約200m行くと堀江家住宅（国重文）がある。桁行19.8m・梁間10.5mの入母屋造である。17世紀のなかば頃までには建てられていたとみられ、古い農家の形態をよく残している。見学は可能であるが、事前に庄原市教育委員会へ連絡しておいた方がよい。

蔀山城跡

庄原市街と備北山地を行く　235

❺ 東城・西城・神石高原を行く

備中・伯耆・出雲の国境地帯に展開する吉備高原には，鉄生産の歴史と地域間交流を示す史跡が点在している。

大富山城跡 ㉘　〈M▶P.202〉 庄原市西城町入江・栗
JR芸備線備後西城駅🚗25分

> 中国山地に活躍した国人領主宮氏の天然の要害

西城川沿いの小さな谷あいに，趣のある町並みをみせる西城，その南側に聳えるのが大富山城跡（比高180m）である。JR備後西城駅から南に向かい川を渡ると，『延喜式』式内社である邇比都売神社が鎮座し，その南には，中国明代の人で日本に漂着し，医療で活躍し全政寺を建立した林頓慶の屋敷跡がある。

屋敷跡の前の三差路を右にとりJR芸備線のガードをくぐると，左手に大富山城跡への登り道がある。大富山城は，1533（天文2）年宮高盛が築いたもので，その後5代にわたって本拠とされた。本丸とみられる主郭は多くの帯郭を擁し，南西部に大きな堀切を備えている。堀切の南には山頂部を利用した郭群が続いている。

城跡をくだると西城川の川沿いに蓮照寺（浄土真宗）があり，その背後の芸備線が走る付近が，宮氏の館跡とされている。西城川を渡って南に1.5kmほど進み，大正大橋の手前を西に進んで芸備線の踏切を横切って，北に500mほどのぼると浄久寺（曹洞宗）がある。16世紀中頃に，鼎庵宗梅を開山として宮高盛が建立した宮氏の氏寺で，1567（永禄10）年の紙本著色宮景盛像，1582（天正10）年の絹本著色藤原盛勝像，1580（天正8）年に寄進された絹本著色覚海禅師像など3幅の寿像（いずれも県文化，非公開）がある。境内のカヤ（県天然）は，胸高幹囲4m・樹高22mで樹勢のよい巨木である。

大富山城跡

236　三次・庄原と神石高原

八鳥塚谷横穴墓群 ㉙

〈M▶P.202〉庄原市西城町八鳥塚谷
JR芸備線備後西城駅🚶45分

県内唯一ともいえる横穴墓群は出雲地域の影響を受けた墓制か

　JR備後西城駅を出て、左手にほぼまっすぐに2kmほど北行し、西城交通のバス車庫を通り過ぎると大佐上バス停がある。その北約60mの所で3方向に道が分かれており、右手の石碑のある道を1kmほど進み、八日市から清正の集落に入ると、左手に白山神社の鳥居がある。大きくカーブする参道を約500m進んだ、神社の階段手前右手の丘陵が八鳥塚谷横穴墓群(県史跡)である。砂岩を刳り抜いた横穴墓6基が直線的に並んでいる。県内では、現在、観察できる数少ない横穴墓群で、6世紀末頃に造営されたものである。

　県内では備北地区を中心に、古墳時代末期の横穴墓が約60基確認されているが、出雲などの風習が伝播したものと考えられる。なお大富山城から国道183号線を進み、美古登小学校前の信号を右折し西城川を渡ると、先の3方向の分岐点に出ることができる。

八鳥塚谷横穴墓群

六の原製鉄場跡 ㉚

〈M▶P.202〉庄原市西城町油木 🅿
JR芸備線備後落合駅🚗15分

神話伝説の地に展開する鉄づくりの遺構

　八鳥塚谷横穴墓群から西城川を渡って国道183号線に戻るとJR比婆山駅である。周辺の田園地帯では、神座の前で打竹を使って弓の弦を打ち鳴らし、祭文を奏して神楽を斉唱する、民俗芸能の神弓祭(県民俗)が継承されている。

　比婆山駅から国道314号線を経て国道374号線に入り、比婆山温泉で左折、六の原川沿いを約15km進むと県民の森に着く。

　県民の森は、1200m級の山々と高原が織りなす比婆道後帝釈国定公園の一角に、森林の保護と県民の保養などを目的に1971(昭和46)年にオープンした施設で、登山やスキーなどに利用されている。

　この県民の森の石碑前面の園地一帯が江戸時代の六の原製鉄場跡

東城・西城・神石高原を行く

六の原製鉄場跡

(県史跡)である。正面の杉木立には、たたらの守護神金屋子神社が鎮座し、その前面の芝生の下に、1972(昭和47)年の調査で東西2基の炉跡が確認された。神社から200mほど山手には鉄穴流しの跡が復元され、砂鉄の採集から製鉄まで、一連の遺構が周辺に分布している。

六の原遺跡の園地を西に抜け、木立のなかを1時間30分ほど歩くと比婆山の頂上に着く。別名を美古登山といい、『古事記』神代巻に「出雲国と伯伎国との堺の比婆の山に葬」られた伊邪那美尊の墓がこの山頂にあるとして、古来から信仰の対象となってきた。山頂の比婆山伝説地(県史跡)には、「神聖之宿処」という徳富蘇峰の言を刻む石碑が建てられている。山頂から山腹にかけて23haに広がるブナ純林は、国の天然記念物である。

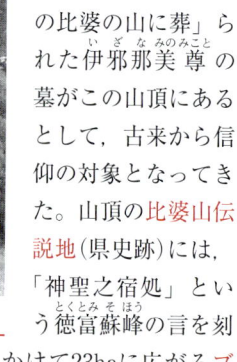

金屋子神社

熊野神社 ㉛　〈M▶P.202〉庄原市西城町熊野尺田
JR芸備線比婆山駅🚗10分

県民の森から六の原川に沿う道を引き返すと、途中に一の原製鉄場などがあり、市道をさらに10kmほど南西へ行くと熊野神社の石段の下に出る。比婆山連峰の南東端に位置し、伊邪那美尊の埋葬地とされる比婆山信仰の遙拝所として、人びとの崇拝を集めている。社殿には1502(文亀2)年宮盛親の寄進による旨の棟札が残されている。幕末以後、比婆山信仰の広がりとともに神陵参詣者がふえ、

比婆山信仰の遙拝地と天然記念物

熊野神社本殿

熊野神社への参詣も多かったが、1887(明治20)年頃に比婆山を神陵と称することが禁じられた。

100本を超える老杉によって形成される社叢のうち、目通り幹囲5m以上のもの11本が熊野神社の老杉として県の天然記念物に指定されている。社叢を抜け、竜王山への登山路を30分ほど入った所にある20m余りの滝は、熊野にちなみ那智の滝とよばれる。水量は少ないが、一服の涼風を満喫できる。

熊野神社の南西約2km、熊野川流域の中尺田には、根周り12m、樹高30mの熊野の大トチ(国天然)が力強く根づいている。熊野川には、日本固有の高山魚であるイワナの一種のゴギ(県天然)が棲息している。中国地方の特有種とされ、地質時代寒冷期の残存種が陸封されたものとされる。

内堀の神代垣内落鉄穴跡 ㉜

〈M▶P.202〉庄原市東城町内堀
JR芸備線東城駅🚌小奴可(栗田)線内堀🚶20分

たたらの遺跡

県民の森からJR油木駅に出て、県道444号線を東に進むと、大正時代まで操業され、製錬場跡としての高殿・元小屋・銑破砕工場・砂鉄再洗場・落池遺構や大鍛冶場跡が確認された小鳥原砂鉄製錬場跡(大谷山たたら、県史跡)がある。さらに約4.7km進んで、国道314号線に入り、JR芸備線に並行して南東方向に向かい、JR小奴可駅前で左折して、県道448号線を4kmほど東に走り、内堀バス停から北に1.5km進むと、内堀の神代垣内落鉄穴跡(県史跡)がある。この地では、江戸時代中期から昭和時代にかけて鉄穴流しが行われており、上流部に設けられた2つの池から洗場までの600mにわたって、幅約1mの鉄穴横手(水路・はしり)の跡や、鉄分の多い真砂土をとった鉄穴洞・洗場などが残されている。

大迫山1号古墳 ㉝

〈M▶P.202,240〉庄原市東城町川東大迫山
JR芸備線東城駅南南東🚶15分

大迫山1号古墳(大迫山古墳群として県史跡)は、東城の町並みを

東城・西城・神石高原を行く　239

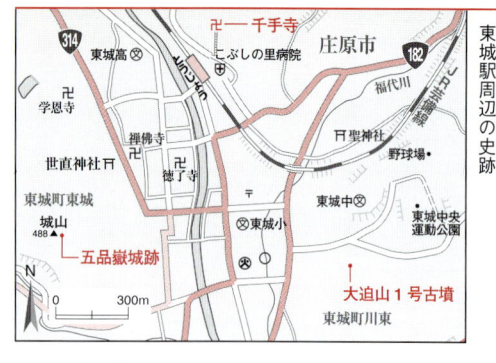

東城駅周辺の史跡

畿内的要素をもつ中国山地の前期前方後円墳

見下ろす小高い丘陵先端に築造された前方後円墳で，全長約46m，後円部直径27m・高さ5m，前部の幅19.5m・高さ2mで，河原石積みの葺石が3段にめぐっている。

後円部中央に埋葬施設があり，全長5.14m・幅1.10m前後の竪穴式石室で，棺内から中国製獣首鏡や勾玉・管玉・ガラス製小玉，棺外から鉄槍・鉄鏃・鉄剣・鉄刀・鉄手斧や筒形銅器・銅鏃などが出土している。副葬品などの出土遺物から4世紀中頃のものと考えられ，ヤマト政権との深いつながりが想定されている。

また，大迫山1号古墳の南西約10km，国民休暇村帝釈峡の南約2kmの所にある，東城地域最初の横穴式石室をもつ古墳とされる6世紀中頃の犬塚1号古墳(県史跡)では，石室内から須恵器・鉄器・玉類などが出土し，吉備地域との関係が指摘されている。

五品嶽城跡 ㉞ 〈M▶P.202, 240〉庄原市東城町東城・久代

戦国時代から江戸時代への移行を示す城跡

JR芸備線東城駅南西へ🚶40分

JR東城駅の川向い，東城川右岸の城山(比高170m)の尾根を巧みに利用して築かれたのが五品嶽城跡(県史跡)である。東麓にある世直神社裏手からのぼる。備中・備後・伯耆の国境付近に勢力をもっていた宮氏が，景友の時代に南東4kmにある久代比田山城から本拠を移して造営，その後，築城された西城町大富山城とともに，東城・西城として宮氏の領域支配の中核となった。宮氏が毛利氏に臣従した後は，石見国(現，島根県西部)から国衆佐波宏忠が移され，さらに福島正則の代には家老長尾隼人が城主となった。

頂上部に3つの郭が連なり，西側に大切岸と5条の堀切を設け，北側は畝状竪堀または土塁で防御をしている。常の丸とよばれる最高所の1郭には西側に天守台と思われる石垣，東南部には桝形があり，2郭の中央部には築山と池がつくられている。「太鼓の平」と

塩原の大山供養田植

コラム 芸

中国山地の地域信仰が生みだす花田植

　日本海を望む伯耆(現,鳥取県西部)の大山は秀麗な山容で知られるが,この大山に霊力を認めるさまざまな信仰が,大山にある大山寺や大神山神社を拠点に中国山地の諸地域で行われた。このうち広島県の備北地域では,大山智明大権現(大山さん)を牛馬,とりわけウシの守護神,それに連なる五穀豊穣・家内安全を祈念する神として,村々の小高い山上に大山神社を建立し,牛馬舎の入口にこれをまつる信仰が人びとに受け入れられ,牛馬の霊を供養する田植えが備北の各地で行われてきた。そのうち庄原市東城町の塩原の大山供養田植は国の重要無形民俗文化財に指定され,現在は4年ごとに開催されている。

　氏神である石神社境内でのさげや早乙女による田植おどりから始まり,飾られたウシが花宿から田植え田(花田)に入るまでの間に神事法要で供養を受けながら供養棚をくぐる供養行事,田のなかでの「かきて」と飾り牛による「しろかき」,早乙女たちの歌いながらの行進と花田入りの後,さげ棟梁の指揮のもと,太鼓にあわせて挿秧する太鼓田植,田植終了後に供養棚にまつられていた供養札を多飯が辻山の大仙神社に納めに行くお札納めから構成されている。

　直近の執行は,2006(平成18)年5月28日であり,次回は2010年が予定されている。

塩原の大山供養田植

よばれる3郭の東側で尾根が北と東南に分かれ,これを利用するように郭群が続いている。2つの尾根に挟まれた谷頭にも,砂防堤の石垣を築き,2つの郭が造成されている。北方の「カヤの平」とよばれる郭には,石積み井戸や礎石が残り,土塁中央部に虎口がある。

　五品嶽城跡は,宮氏が築造した中世城郭遺構の上に,佐波氏・長尾氏時代に石垣・櫓・瓦葺き建物などの近世的要素が加えられ,その後はほとんど手が加えられないまま保存されてきた,学術的にも貴重な城跡といえる。城山東麓の町並みは,長尾氏時代に整備されたとされ,城下町の風情がただよう。南北に家老・与力の館群,道を挟んで東側に町人の屋敷が軒を連ねるように整然と並び,直線的な道路に桝形などが設けられている。

東城・西城・神石高原を行く　241

東城川の河底は、第三紀中新世(2300～500万年前)の泥岩・砂岩・礫岩などの岩盤であるが、東城大橋の周辺には、東城川の急流がこれらの岩盤をえぐった甌穴(県天然)が数多くみられる。橋を渡ったJR東城駅の裏手には、佐波氏や長尾氏ゆかりの千手寺があり、ここには1578(天正6)年の絹本著色仏涅槃図(県文化)が所蔵されているが、絹本著色当麻曼荼羅図(西方寺蔵)・絹本著色五大明王像(法恩寺蔵)など旧東城町内の他の県指定重要文化財と同様、一般には公開されていない。境内墓所には、1619(元和5)年に長尾隼人の供養のため造立された五輪塔がある。

帝釈寄倉岩陰遺跡 ㉟

〈M▶P.202〉庄原市東城町帝釈未渡 P
中国自動車道東城IC🚗20分

石灰岩がつくる原始時代のタイムカプセル

　五品嶽城跡の南を走る県道23号線を西に向かい、帝釈トンネルをくぐると、比婆道後帝釈国定公園の上帝釈に入る。帝釈郵便局の交差点を左折し坂道をのぼって行くと、「時悠館」と帝釈寄倉岩陰遺跡への分かれ道となっている。ゆるやかな上り坂をさらに1.5kmほど進むと、帝釈峡まほろばの里があり、道路に面して石灰岩地帯のドリーネをイメージした建物である時悠館の入口がある。トンネルのなか、時を遡るように、帝釈峡遺跡群を中心に東城地域の歴史や自然、伝統的民俗文化の展示がなされており、最初に訪れて全体像を理解しておくと、歴史散歩も楽しく有意義になるであろう。

　時悠館からは遊歩道を通って、帝釈寄倉岩陰遺跡(国史跡)に行ける。帝釈峡や周辺の石灰岩地帯では、1961(昭和36)年以来の広島大学を中心とした継続的調査で、50カ所以上の岩陰遺跡・洞窟遺跡(帝釈峡遺跡群)が確認され、10カ所以上で発掘調査が実施されている。帝釈寄倉岩陰遺跡はこの遺跡群のなかで最大の規模で、中国・四国地方における縄文土器の編年の基準となる遺物を提供する重要な遺跡である。遺跡は西面する石灰岩の岩陰にあり、縄文時代から鎌倉時代までの遺物が出土しているが、縄文時代の文化層は、晩～早期の15層にわたって、各時期の土器の形式の変化が確認された。また縄文時代後・晩期の、成人骨群と幼児骨群が46体分出土し、縄文時代の葬送を考える資料となっている。遺跡には、アーチ式の保存施設が設けられ、堆積層の一部が見学できる。

比婆荒神神楽

コラム / 芸 / 中国山地の民俗芸能

東城・西城など旧比婆郡地域では，中世の「名」の名残りと考えられる集落ごとに，守護神・農業神として本山三宝荒神がまつられている。比婆荒神神楽は，その荒神社の式年（7年・9年・13年・17年・33年など各社ごとに定められている）ごとに奉納される神楽で，かつては4昼夜にわたって神職だけが奉仕する形式で行われてきた。現在では神職と民間の神楽大夫の共同で日時も2日間に短縮されることが多い。東城町（現，庄原市）の神楽は国の重要無形民俗文化財に指定されている。

初日は小当屋にて湯立神事をした後，「荒神さん」を始め，諸神霊を迎えて，神楽が始まり，七座神事や土公神遊び，神職が神がかりして名中の氏子の吉凶が託宣される荒神遊びなどが奉仕される。3日目には田のなかや荒神社の前に仮設の高殿（神殿）が仕構（準備）されて，荒神さんの神体などは高殿に遷って神楽が奉仕されたが，近年では大当屋の奥座敷や神社の拝殿で使われることが多い。湯立神事の後，神殿遷りが行われ，以後，七座神事・祝詞・神能（能舞）が徹夜で演じられた。4日目に王子舞（五行舞），竜押しが行われた後，神職が神がかりの状態になって舞を舞い，託宣を行った（荒神納め・舞納め）後，荒神さんがもとの社殿に帰る荒神送り，夜に当屋のいろり端での灰神楽（竈遊び）がとり行われて一連の行事が終了する。すでに17世紀の中頃には確認され，地方色あふれたものである。

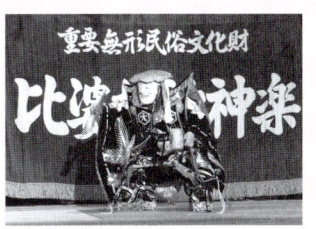

比婆荒神神楽

帝釈寄倉岩陰遺跡の北約1.3kmの帝釈川と馬渡川の合流部分には，帝釈峡遺跡群発見のきっかけとなった帝釈峡馬渡遺跡（県史跡）がある。岩陰に沿った長さ約10m・幅3mの範囲で，厚さ約5mにおよぶ旧石器時代末期～縄文時代前期の5つの文化層が確認され，とくに第4層と第5層は，旧石器の時代から土器が出現する時期の文化層であり，前者では横剝ぎの刃器やオオツノジカの骨が，後者では石槍・石鏃と，わが国最古の土器に属する繊維土器やオオツノジカの骨，カワシンジュガイなどが出土している。

帝釈峡の石灰岩地帯は，原始時代の人びとに雨露をしのぐよすが

帝釈峡馬渡遺跡

を与えただけでなく、帝釈川の浸食作用によって洞窟・奇岩からなる景勝を提供し、新緑・紅葉を愛で、涼を求める人びとの憩いの場ともなっている。

　帝釈寄倉岩陰遺跡から帝釈川沿いに300mほど下流には、帝釈峡の鍾乳洞を代表する白雲洞、さらに約1km下流には、全長約90m・幅約18m・厚さ約24mの石灰岩の天然橋である雄橋（国天然）がある。雄橋の上は東城から庄原へ通じる旧街道として利用されていた。なお、雄橋に至る途中で合流する未登川の上流には、帝釈名越岩陰遺跡（県史跡）があるが、現在は立ち入りが困難になっている。

神石高原町立神石民俗資料館 ㊱

〈M▶P.202〉神石郡神石高原町永野 [P]
JR芸備線東城駅🚌上下行神竜湖🚶2分

　神竜湖畔に1976（昭和51）年に開設されたのが、神石町歴史民俗資料館（2004年の合併で神石高原町立神石民俗資料館と改称）である。

　上帝釈からでも帝釈峡スコラ高原を経由して7kmである。県道25号線を利用するのがよい。東城から県道を利用する場合は、上久代バス停付近で左折し、2.5kmほど南東にある寿福寺の禅堂（県文化）を見学するのもよい。寿福寺は曹洞宗寺院で1534（天文3）年の創建とされ、禅堂は、天井や天井長押の装飾、宝形造の特異な屋根など、中世の和風禅堂の意匠を伝える貴重な文化財である。

寿福寺禅堂

帝釈峡遺跡群と神石牛の歴史

名勝帝釈川の谷（帝釈峡）

コラム

自然と人工の妙の織りなす風景

　帝釈峡（帝釈川の谷，国天然）は高度600m前後の石灰岩台地を，帝釈川が浸食して形成された石灰岩峡谷で，峡谷の深さは約100〜200m，福桝川との合流点からダム湖神竜湖の堰堤までの約6kmを下帝釈，堰堤から帝釈天を本尊とする永明寺（真言宗）上流までの約10kmを上帝釈という。1923（大正12）年に国の名勝となり，1963（昭和38）年に比婆道後帝釈国定公園の一部とされた。

　帝釈峡の地層は，石炭紀・二畳紀頃（3億6000万〜2億5000万年前）に海底で形成され，その隆起以後に浸食が進み，更新世後期（13万年前）が洞穴形成の最盛期で，その末期にあたる旧石器時代から，洞穴や岩陰への人の居住がみられるようになったとされている。

　上帝釈は，国の天然記念物である雄橋や，白雲洞，唐門，サンゴ・ウミユリの化石がみられる断魚渓など石灰岩地帯が織りなす造形美，神竜湖のたたずまい，新緑や紅葉とのコントラストなどから有数の行楽地となっている。神竜湖は，電力需要の増大にあわせて1924（大正13）年に建設された帝釈川ダムにより，帝釈峡の中央部に出現した人造湖である。神竜湖には早くから遊覧船が就航し，1934（昭和9）年3月には遊覧船が沈没，遠足の児童12人と引率教諭2人が犠牲になるという惨事もあった。毎年4月には，安全祈願祭と湖上での張り子の竜によるくす玉割りなどが行われる「帝釈峡湖水開き」が開催され，帝釈峡観光の中心となっている。これに対し，下帝釈にも景勝地は多いが，人を寄せつけない秘境の趣が強い。峡谷にはオオサンショウウオや野生猿なども棲息し，イチョウシダ・ツメレンゲ・イワシデなど，アルカリ性土壌のみに生ずる石灰岩植物も多く生育している。

雄橋

　神石高原町立神石民俗資料館は，合併によって広大な町域となった神石高原町のなかで，最北に位置する町立の施設である。帝釈峡遺跡群のなかで，下帝釈を代表する観音堂洞窟遺跡出土の遺物を中心とした考古資料，明治から大正にかけての品種改良の結果，全国畜産博覧会などで優秀な成績を収め，全国にその名が知られる神石牛に関する資料，下帝釈地域の民具や芸能・民間信仰資料，下帝釈

に棲息する鳥獣類の250点におよぶ剝製標本など，下帝釈の歴史や民俗，自然を知るうえで基本になる資料館である。

帝釈観音堂洞窟遺跡 ㊲

〈M►P. 202〉神石郡神石高原町永野 P
JR芸備線東城駅🚌上下行神竜湖🚶60分

縄文土器のタイムカプセル

神石高原町立神石民俗資料館周辺は神竜湖遊覧の基地で，とくに紅葉の時期は車両で混雑する。この混雑も県道259号線に入ると一挙に解消され，南に約 5 kmほど行くと，正面に帝釈観音堂洞窟遺跡の入口がみえる。1964(昭和39)年から30回におよぶ発掘調査が実施され，遺物の包含層は深さ10m以上におよび，26層まで確認されている。

遺物は旧石器時代から中世にまでおよび，とくに縄文時代については約 4 mの堆積層から，各時期の遺構や遺物・灰層が順序良く包含され，縄文土器の良質な編年資料を提供した。石鏃や敲石・石錘などが出土し，狩猟や漁労・植物採取などが複合的に営まれていたことがうかがわれる一方，この地域には産出しないサヌカイトの原材や，鹹水域の貝殻を利用した遺物が出土するなど，日本海や瀬戸内海地域との交易も知られる。

旧石器時代の堆積層からは，ナウマンゾウ・ニホンムカシジカ・タイリクハタネズミ・ヒョウなど絶滅動物や外来動物，現在はこの地域に棲息しないヒグマなどの化石化した骨とともに，刃器などが出土している。これらの動物化石は，約 2 万2000年前の火山灰層より下層から出土したことから，地質学的年代が推定できる数少ない学術資料であるとともに，旧石器時代の自然環境を考えるうえで貴重な資料といえる。

辰の口古墳 ㊳

〈M►P. 202〉神石郡神石高原町高光字上郷
中国自動車道東城IC🚗20分

謎に包まれる端麗な県北最大の前期前方後円墳

辰の口古墳は神石高原町立神石民俗資料館から，県道25号線を南西に 7 kmほど行った神石郵便局の東の丘陵上に位置する。全長は約77mとされており，後円部が高く前方部が低いという前期古墳の特徴を示し，横からみると美しい。細長く延びる尾根筋上部の地山を削り出して整形して盛土をし，2 段ないし 3 段に造形する丹念な工法で，石灰岩の葺石が斜面上に貼られ，造営当初は全体が真っ白

備後砂

コラム

日本風園芸の趣をかもす逸品

　庄原市東城町の夏森鉱山など帝釈峡の石灰岩地帯では、石灰岩が黒雲母花崗岩の貫入を受けた際に、その接触部が高熱のため変質して糖晶質に再結晶した白色粒状の石灰岩が産出する。この塊を砕くと、すべて八角形の小さな粒状になる備後砂は、別名を苞砂・八方砂ともいい、江戸時代の『大和本草』（貝原益軒編、1709年刊）に「備後国三上郡帝釈の渓間にあり。鮮白にして愛づべし。鉄槌を以てこれを砕き、盆石底にしく。水を得て其の光、いよいよ潔白なり。これを得る者、坐上の珍玩と為す」とあるように、盆石（一枚の盆のなかに石や砂で風景を表現する）や盆栽・庭園などの蒔砂・敷砂として、全国的に珍重された特産品であった。

　すでに戦国時代の備後の国人領主であった山内隆通は、室町幕府将軍足利義輝に太刀・ウマとともに「備後沙」10俵を音信物（進物）として献上している。義輝はこれを庭に敷き、京都に無類のものとして喜んだことが知られる。この献上は、国人領主としては破格の待遇である毛氈鞍覆いと白笠袋の使用を隆通が将軍義輝から認められたことの御礼だったようである。これ以前に備後随一の国人領主と認められていた山内氏一族による地域の富の献上であった。

　備後砂は、わび・さびを標榜する室町時代東山文化の具体的表現である枯山水など、庭園・盆石・盆栽の技術が飛躍的に発展した時代に、有用にして稀物と評価された産物であり、京都やその周辺の文化人の強い関心の的であった。

にみえたであろう。内部には長さ6.7m・幅0.8m・高さ1.1mという長大な竪穴式石室が、厚さ2～3cmの板石2000枚以上を小口を揃えるように丹念に積みあげられていたが、調査以前に石室の一部が開口しており、副葬品としては碧玉製の管玉が1点出土したのみである。墳丘西側のくびれ部付近で円筒埴輪を利用した埴輪棺が1基検出されており、4世紀後半頃の古墳と考えられている。

辰の口古墳

東城・西城・神石高原を行く　　247

100基近い旧神石町域の古墳は，ほとんどが直径10mほどの横穴式石室をもつ古墳時代後期の円墳であり，辰の口古墳のように墳丘の規模や形，石室の大きさと工法など，いずれをとっても県内有数の前期古墳が孤立的に造営された意味は，謎に包まれている。

油木八幡神社 ㊴

〈M▶P.202〉神石郡神石高原町油木
JR山陽本線福山駅🚌油木方面行油木🚶10分

＊原生林的な社叢に包まれる民俗信仰の証

　明治・大正時代に神石郡の郡役所や，神石牛の増殖と改良のための県種育所，葉煙草の収納所などがおかれて賑わった油木のバス停から，北西へ約10分ほど歩くと，油木八幡神社と吉備津神社が北と南に並ぶように鎮座する。油木八幡神社の祭神は神功皇后らで，902(延喜2)年に豊前国宇佐八幡宮(現，大分県宇佐市)から分霊を勧請し，1032(長元5)年再建の棟札もあったとされるが明確ではない。神社の周辺には，県内有数の巨木とされるスギ・モミ・シラカシ・ヤマモミジ・ヤマザクラなどの巨樹を含む木々が生い茂り，この地域の原生林の景観を呈していることから，油木八幡の社叢として県の天然記念物に指定されている。

　宮司家には，十種神宝や三元加持などの神札を製作する版木，霊印・御洗米印・調整具などの神札用具(県民俗)が非公開ではあるが保管されており，近世・近代の氏神や小祠に対する信仰，加持祈禱の性格を知るうえで貴重な資料である。

　また，友禅の下着に押絵模様の鎧を着し，尾長鳥の羽根でつくった「しゃぐま」をかぶって，太鼓を叩き踊る，当社秋祭りの神儀は，県の無形民俗文化財に指定されている。なお1373(応安6)年から1375(永和元)年にかけて尾道で写経された紙本墨書大般若経(県文化)が所蔵されているが，一般には公開されていない。

　油木八幡神社の北東約7kmの小野には，1929(昭和4)年に建築された木造の平屋建ての旧小野尋常小学校校舎を転用した，小野公民館(国登録)がある。

豊松堂面洞窟遺跡 ㊵

〈M▶P.203〉神石郡神石高原町豊松
JR山陽本線福山駅🚌油木行終点乗換え豊松行天田🚶13分

＊縄文時代の埋葬を考える

　油木の町から5kmほど東には，豊松堂面洞窟遺跡(県史跡)があ

248　三次・庄原と神石高原

豊松堂面洞窟遺跡

る。帝釈峡遺跡群のほぼ最南端に位置する遺跡で、1983(昭和58)年まで15次の発掘調査が実施された。その結果、12層の包含層が確認され、縄文時代早期以後の土器や貝製品が出土したが、遺物の内容や時期は、帝釈川流域の遺跡群と類似するものであった。また縄文時代後期の層からは屈葬された人骨14体分が確認されたが、いずれも副葬品はなく、抜歯のみられるものが多かった。また墓壙の上には置石がみられ、一次埋葬のあり方を考える資料を提供している。

　堂面洞窟遺跡から旧豊松村の中心部に入ると、豊松支所の東方に下豊松鶴岡八幡神社社叢がみえる。社叢はスギの大木を含む、原始性を有した神石高原の代表的なシラカシ林であり、県の天然記念物に指定されている。また、祭神は神功皇后以下40柱におよび、かつては豊松のみならず、油木など8荘の総氏神であったと伝えられる。荒神神楽・吉備(備中)神楽とともに、豊松の神楽(県民俗)を構成する八ヶ社神楽が、毎年秋の例祭に8社の神職によって舞い継がれてきたのも、このような歴史性のゆえであろう。また荒神神楽は、人びとが荒神名を結び、当屋(祭礼の中心となる当番の家)を選んで、春または秋に当屋や遊び当屋の家々で演じられてきたものである。

　さらに秋祭り前夜には、近辺の神々を迎える神殿行事があり、祭りの当日には渡り拍子・宮座・御湯立神事・流鏑馬神事などの神事(県民俗)が行われる。5月には伯耆の大山さんを迎えて、牛馬の供養と五穀豊穣を祈願する供養田植(県民俗)が4～5年ごとに行われるなど、伝統的な信仰や行事が多く伝えられている。このような民間信仰にともなう、祭祀用具・祈禱用具・神楽用具・直会用具・大田植用具など1000余点が豊松の信仰用具として国の重要有形民俗文化財に指定され、神社に隣接する孖山公園内に設けられた神石高原町立豊松歴史民俗資料館に展示されている。なお公園内に

東城・西城・神石高原を行く

は，横穴式石室をもつ前方後円墳または円墳と考えられる，孖山古墳がある。

小畠代官所跡 ❹

〈M▶P.202〉神石郡神石高原町小畠宮谷 P
JR山陽本線福山駅🚌西廻り油木線小畠🚶5分

　神石高原町役場の一角には，井伏鱒二の筆になる「小畠代官所址」の石柱がある。1717（享保2）年に，幕府領であった神石郡22村・甲奴郡12村・安那郡2村からなる2万石が豊前中津藩（現，大分県北部）領となり，その代官所がおかれた場所である。中津藩は，父木野村庄屋村田知賢を代官に任命し，以後，明治維新まで，その子孫が行政にあたった。

　神石高原町南西部のこの地域は，倉敷市に流れる高梁川の支流小田川の上流域にあたり，町内でもっとも広い沃田地帯である。備後南部地域の古墳と共通する特徴をもつ後期古墳群が多く，古代神石郡4郷のうち，志摩・神石の2郷が比定される。中世には志摩利荘が立荘され，国人馬屋原氏が領主制を展開した地域であり，町役場の北西には馬屋原氏の拠城であった固屋城跡や館跡，支城と考えられる九鬼城跡・竜王城跡などがあり，代官所跡の北東約2kmの岩屋寺（臨済宗）は馬屋原氏の菩提寺とされる。寺の300m東には馬屋原氏一族のものとされる五輪塔数十基がある。馬屋原氏は毛利氏に従って萩（現，山口県）に移り，その後は福島氏領を経て福山藩水野氏領となったが，その断絶後に幕府領とされた。

　役場のすぐ西側にある亀山八幡神社（祭神神功皇后ほか）は，平安時代後期に石清水八幡宮（京都府八幡市）を勧請したものとされる。馬屋原氏の崇拝を受け，中津藩時代には藩主の祈願所となっていた。石段の右横には樹齢約300年とされるツガ（県天然）がある。

備後国内に豊前中津藩の飛び地

小畠代官所跡

三次・庄原と神石高原

高田高原と芸北地域

Takata-kōgen

郡山城跡

木造薬師如来及両脇侍像（古保利薬師堂）

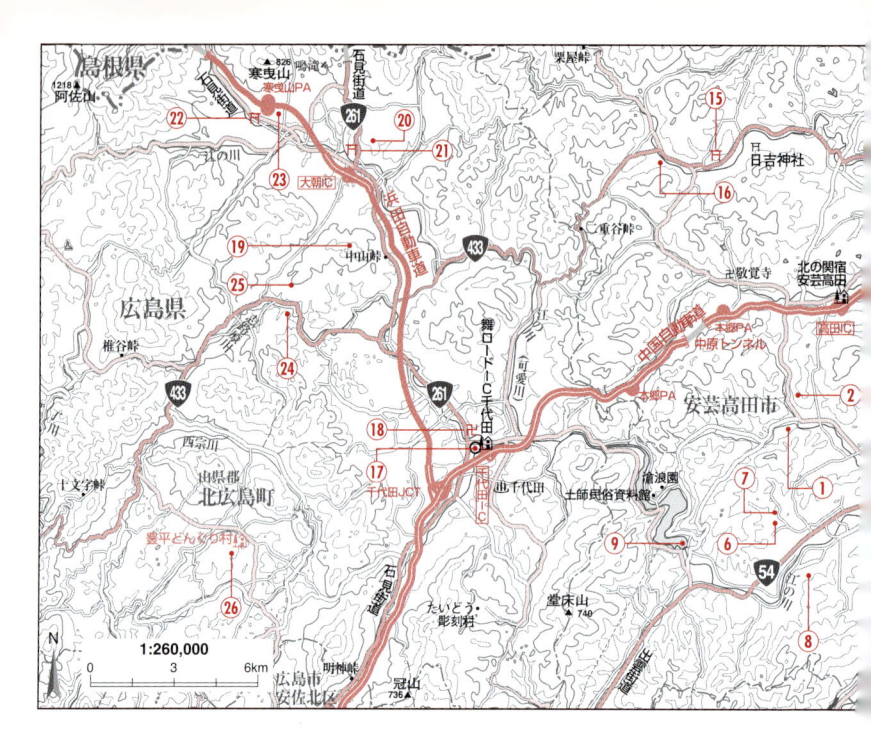

◎高田高原と芸北地域散歩モデルコース

吉田コース　　JR山陽本線ほか広島駅_90_安芸高田市役所前バス停_10_安芸高田市歴史民俗博物館_40_郡山城跡・清神社_10_多治比猿掛城跡_10_千川１号古墳_40_明官地廃寺跡・中馬八ッ塚古墳群_40_鈴尾城跡_80_JR広島駅

向原・甲田周辺コース　　JR芸備線向原駅_5_大土山入口バス停_5_千間塚古墳_15_城平バス停_10_戸島大塚古墳_10_城平バス停_10_甲立駅前バス停_15_高林坊_15_五龍城跡・宍戸司箭神社_10_唯称庵跡のカエデ林_15_理窓院（宍戸元源墓・末兼隆忠墓）_5_JR芸備線甲立駅

中世吉川氏の史跡探訪コース　　JR山陽本線ほか広島駅_60_千代田ICバス停_15_古保利薬師堂_15_日山城跡・吉川興経墓所（常仙寺跡）_10_大朝郷土資料室・龍山八幡神社_5_小倉山城跡_15_駿河丸城跡・枝の宮八幡神社_30_吉川元春館跡_7_万徳院跡_25_千代田ICバス停_60_JR広島駅

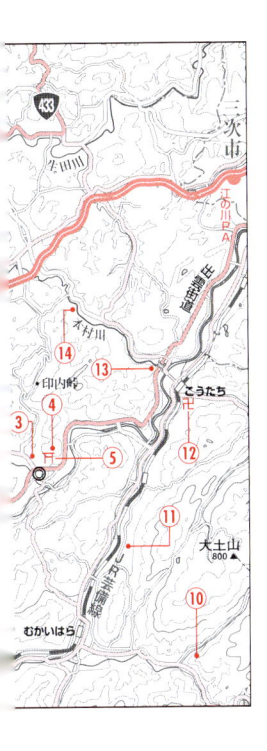

① 多治比猿掛城跡
② 千川1号古墳
③ 安芸高田市歴史民俗博物館
④ 郡山城跡
⑤ 清神社
⑥ 明官地廃寺跡
⑦ 中馬ハッ塚古墳群
⑧ 鈴尾城跡
⑨ 土師ダム
⑩ 千間塚古墳
⑪ 戸島大塚古墳
⑫ 高林坊
⑬ 五龍城跡
⑭ 児玉家住宅
⑮ 西尾山八幡神社
⑯ 是光1号古墳
⑰ 芸北民俗芸能保存伝承館
⑱ 古保利薬師堂
⑲ 日山城跡
⑳ 小倉山城跡
㉑ 龍山八幡神社
㉒ 枝の宮八幡神社
㉓ 駿河丸城跡
㉔ 吉川元春館跡
㉕ 万徳院跡
㉖ 坤束製鉄遺跡

1 吉田・八千代を歩く

毛利氏の郡山城で知られる吉田は、山陰・山陽を結ぶ可愛川と雲石路が貫き、古代以来の史跡と文化が色濃く残る。

多治比猿掛城跡 ❶

〈M▶P.252〉安芸高田市吉田町多治比 P
JR山陽本線広島駅🚌広島バスセンター乗換え広電吉田出張所行終点乗換え津々羅行多治比局前🚶40分

毛利元就が幼少期を過ごした城

　吉田町中心部から県道6号線を美土里町方面に向けて進む。丹比郵便局を目印に左折して県道319号線を700mほど進むと、左手にそびえる山が多治比猿掛城跡(国史跡)である。

　猿掛城は、1500(明応9)年、毛利弘元が嫡男興元に家督を譲った後、郡山城(現、安芸高田市吉田町)から2男元就を連れて移り住み、以後、元就が1523(大永3)年に27歳で本家を相続するまで過ごした城と伝えられる。

　城跡へは旧丹比西小学校脇の道から教善寺(浄土真宗)へ通じる道をのぼる。途中、弘元の菩提寺叟悦院跡があり、鬱蒼とした木立のなかに毛利弘元夫妻墓所がある。教善寺の裏手から急峻な山道をのぼりきると、丘陵先端部の本丸を中心とする郭群に至る。本丸からは遠く郡山城を望むことができる。城跡は猿掛山山頂、標高376m・比高120mの物見郭を最高所に、中心部の郭群と、そこから60mくだった斜面中腹にある寺屋敷郭群、そして教善寺東方に半島状に突き出した出丸の4群で構成されている。このうち出丸が平時の館としての機能をはたし、そのほかの郭群が緊急時の避難所である詰城として、有事に備えたと考えられる。

　猿掛城跡の北、日南地区にはかつて毛利氏に所縁のある光明寺があった。今は観音堂を残すのみであるが、その近くに伝杉の大方の墓が

多治比猿掛城跡

254　高田高原と芸北地域

ある。杉の大方は毛利弘元の継室で、5歳で母を失い、10歳で父と死別した元就の養母となった女性である。

千川1号古墳 ❷

〈M ► P.252〉安芸高田市吉田町多治比
JR山陽本線広島駅🚌広島バスセンター乗換え広電吉田
出張所行終点乗換え津々羅行多治比局前🚶10分

多治比川流域の大型横穴式石室墳

猿掛城跡から県道319号線まで戻り、多治比交差点を左折して、県道6号線を美土里町方面に約500m進む。奈良谷の入口近く、県道の右手の山裾を5mほどあがった所に千川1号古墳がある。

古墳は丘陵の先端部を利用して築造されており、古墳の背後には、造成時に削り取られた斜面が残っている。墳丘は直径約17m・高さ約5mの円墳で、石室は片袖式の横穴式石室。全長約8m、玄室は長さ3.9m・奥幅2.2m、奥壁の高さは約2mある。この石室の大きな特徴は、玄室の天井に架した大型の石4枚が、中央が高く持ち上げられている点である。石室の造りは中馬八ッ塚古墳群のものに類似しており、7世紀代の古墳と考えられる。

県道6号線を吉田町中心部に向けて約3km南下し、佐円バス停の交差点から県道326号線を印内方面に約2km北進する。古墳の案内板を目印に上山部に入り、東側の谷奥に約1km進む。案内板が立っているので、そこから鉄塔の立つ東側の谷に向けてのぼって行くと、最奥部に山部大塚古墳（県史跡）がある。

この古墳は径13mの円墳とみられ、石室は南西の谷間に向かって開口している。玄室は長さ2m・幅3.5m・高さ2.3mの平面長方形をしており、これに長さ4m、幅1.6mの羨道をつけたもので、石室の平面形はT字状の特異な形となっている。床面には、30～50cmの平らな石が散在しているため、当初は敷石をしていたと考えられる。出土品は、羨道付近から出土したといわれる須恵器の台

千川1号古墳石室

吉田・八千代を歩く

付長頸壺があり，7世紀頃の築造と考えられている。

安芸高田市歴史民俗博物館 ❸
0826-42-0070

〈M▶P. 253, 257〉安芸高田市吉田町吉田278-1 P
JR山陽本線広島駅🚌広島バスセンター乗換え広電吉田出張所行安芸高田市役所前
🚶5分

郡山城下に毛利氏の歴史を学ぶ

　山部大塚古墳から県道326号線を県道6号線との交差点に向けて戻る。交差点右手の丘の上にある宮崎神社は，毛利師親（元春）が観応年間（1350～52）に，相模国（現，神奈川県）より勧請した八幡宮である。神体としてまつられている「鐙石」は，広島銘菓の「川通り餅」命名の由来となっている。

　吉田町は，日本海に向かって北流する可愛川に，支流多治比川が合流してできた沖積地にある。古代には高宮郡の中心として郡山山麓に郡衙がおかれ，山中には郡衙に関連した山岳寺院があったと考えられている。中世には毛利氏の本拠郡山城の城下町として発展し，江戸時代以降も山陽と山陰を結ぶ宿場町として賑わった。

　安芸高田市役所前バス停から北西へ約550mの所にある安芸高田市歴史民俗博物館は，郡山の南麓に1990（平成2）年に開館した。「郡山城古図」にみる城郭建物のイメージを基にした入母屋造の外観となっている。当館は，吉田町を中心とする市域の歴史と文化を調査・研究し，紹介する活動を行っている。展示内容は，常設展示の「通史ゾーン」「中世吉田ゾーン」の2部構成で，2つのゾーンの中間に郡山城解説コーナーを設けている。「中世吉田ゾーン」は，1997年のNHK大河ドラマ「毛利元就」放映を受けて，中世吉田荘と毛利氏，郡山城の歴史を紹介するために設けられた展示コーナーであ

安芸高田市歴史民俗博物館

高田高原と芸北地域

る。毎年，毛利氏にかかわる特別企画展を開催しており，市域の文化財調査事業も継続的に行っている。

郡山城跡 ❹

〈M▶P.253, 257〉安芸高田市吉田町吉田 P
JR山陽本線広島駅🚌広島バスセンター乗換え広電吉田出張所行安芸高田市役所前🚶40分

> 毛利氏隆盛の名残りを今に伝える巨大な山城

　安芸高田市吉田歴史民俗資料館を発ち，郡山城跡に向かう。約250m進むと，右手に安芸高田少年自然の家がみえるが，敷地内には，1956(昭和31)年に建てられた「三矢の訓」石碑がある。さらに約150m進むと，1571(元亀2)年に75歳で亡くなった毛利元就を荼毘に付したという元就火葬場跡がある。さらに約300mのぼると駐車場に着く。正面にみえる青光井山は，1540(天文9)年の郡山合戦の際に，尼子氏が本陣をおいた山である(青光井山尼子陣所跡)。駐車場東方には毛利隆元墓所がある。また，駐車場下の大通院谷では，発掘調査によって約2万年前の石器や高宮郡衙跡，毛利氏が築いた大規模な薬研堀，家臣団の屋敷跡が確認されている。

　鳥居をくぐり，元就の菩提寺であった洞春寺跡に整備された毛利氏墓所に向かう。毛利氏歴代の墓所には，向かって右から毛利時親から豊元までの8代の合墓，隆元夫人・元就の甥の幸松丸・元就の兄の興元の墓が並ぶ。墓所の最上段は元就の墓である。墓所を抜けて百万一心碑の脇から登山道をのぼると，嘯岳鼎虎禅師の墓がある。嘯岳禅師は元就によって招かれた高僧で，洞春寺の開山でもある。さらに500mほどのぼると，御蔵屋敷跡・釣井の壇跡(井戸を設けた郭)を通り，二の丸跡を経て本丸跡に至る。最高所の物見櫓跡は標高389.9m・比高約200mである。本丸・二の丸・三の丸一帯には，崩れた石垣・石塁などが残っている。

　郡山城跡(国史跡)は，毛利氏が吉田荘地頭として安芸国に

> 安芸高田市中心部の史跡

吉田・八千代を歩く

毛利元就墓

下向した南北朝時代から本城としてきた城である。城の遺構は，可愛川と多治比川に挟まれた吉田盆地の北に位置する郡山全山におよぶ。当初は郡山南東の支尾根に築かれていた（通称本城）が，元就が家督を相続し，1540（天文9）年の郡山合戦後に中国地方に勢力を拡大するのにともない整備を進め，孫の輝元の代に最大規模となった。城域は東西約1.1km・南北約0.9kmで，山頂部から放射状に延びる6本の尾根とその支尾根6本の計12本の尾根上に，大小270以上の郭が築かれていた。

城内の様子については，文献調査からさまざまなことがわかっている。元就は山頂の「かさ」とよばれる郭で起居し，嫡男隆元は本丸から約60mくだった尾崎丸にいた。政務に参加する桂・粟屋・国司氏らの年寄衆・奉行人が各郭におかれ，城中には満願寺などの寺院があった。南麓には内堀がめぐらされ，その外側に「町」が形成され，祇園縄手・油縄手・竪縄手などの道路で区画されていた。城下には，三日市・六日市・十日市の3つの市があった。

なお，吉田の清住寺には，もと郡山山中にあった平安時代初期の千手観音菩薩立像（県文化，33年に1度開帳）が残されている。

清神社 ❺
0826-42-0123

〈M▶P. 253, 257〉安芸高田市吉田町吉田477
JR山陽本線広島駅🚌広島バスセンター乗換え広電吉田出張所行安芸高田市役所前🚶5分

八岐大蛇伝説に由来する古社

郡山南麓に位置する清神社（祇社）は，郡山の鎮守社として毛利氏に篤く崇敬された神社である。祭神は素盞嗚尊，相殿に素盞嗚の妃稲田姫とその両親脚摩乳・手摩乳をまつる。これは素盞嗚尊の八岐大蛇退治の舞台が安芸可愛川であるとの一説があり，それを由緒とするためである。そのほか5男3女神を合祀する。末社に伊勢神社，杉の大方をまつる梠若社がある。

現在の社殿は1694（元禄7）年の再建で，五間社入母屋造・平入，

毛利元就と「三矢の訓」

コラム

「三子教訓状」に込められた毛利元就の想い

大内・尼子の二大勢力に挟まれ、翻弄されつつも、この二大勢力を打倒し、安芸の一国人領主から中国地方随一の戦国大名へとのぼり詰めた毛利元就は、戦国時代でも稀代の勇将・知将として知られる。その元就にまつわるエピソードとして有名なのが「三矢の訓」である。

これは、病床にあった元就が、毛利隆元・吉川元春・小早川隆景の3兄弟を枕元によび寄せ、1本の矢はたやすく折れる、3本の矢を束ねるごとく兄弟結束せよ、と説いた遺訓とされるものである。

実際は、元就(1571年)よりも先に隆元(1563年)が死没していることから、江戸時代以降に創作された話と考えられているが、元就が生前から息子たちに兄弟の結束を説いていたことは事実である。

『毛利家文書』に伝わる14カ条の元就自筆書状(いわゆる「三子教訓状」、毛利博物館蔵)がそれである。これが書かれたのは、毛利氏が大内氏を滅ぼした後の1557(弘治3)年11月25日であるが、そのなかで元就はつぎのように記している。

元春と隆景はそれぞれ他家を継いでいるが、隆元の下知に服して毛利の2字を末代までも疎かにしてはならぬ、3人の間柄が少しでも悪くなれば3人とも滅亡すると思え、毛利の子孫たる者は他の国衆らから憎まれており、兄弟が結束してこそ隆元は毛利の家を思うに任せ、元春・隆景は吉川・小早川各家を治めることができるのだ、と。

一挙に台頭した毛利氏の権力基盤がいかに危ういものかを自覚する元就は、ややもすると不協和音をかなでる3兄弟を諫め、かつ女婿の宍戸隆家に協力させて毛利家の存続を図ったのである。幾多の苦難をくぐり抜けた元就の、毛利家の行く末への憂いと、子らへの想いが教訓状には込められている。

千鳥破風・軒唐破風の向拝付きの大きな造りである。棟札(県文化)は鎌倉時代の「正中二(1325)年」のものを始め、室町時代から江戸時代にかけての合計16枚が伝来している。そのほか、1563(永禄6)年に聖護院道増が墨書した「感神院」

清神社本殿

古田・八千代を歩く

の社額，1572(元亀3)年に京都吉田神社神主吉田兼右が参籠したことや，1576(天正4)年に公卿の九条稙通が『源氏物語』の講釈を行ったことなどを記した在銘連子窓断片(棟札の 附，県文化)を伝える。

境内には6本の巨大なスギが聳える。最大のものは幹周り4.3mある。1999(平成11)年に台風で倒壊した通称「観音杉」(幹周り4.8m・樹高45m)を確認したところ，樹齢700年を超えていたという。

明官地廃寺跡 ❻

〈M▶P.252〉安芸高田市吉田町中馬明官地
JR山陽本線広島駅🚌広島バスセンター乗換え広電吉田出張所行可愛学校🚶28分

「水切り瓦」の出土した古代寺院遺跡

可愛学校バス停から国道54号線を西へ行き，1つ目の山手西交差点を右折し，400m進んだ所でさらに左折，油川に沿って700mほど進み，中川橋を渡り，300m進んだ先に明官地廃寺跡がある。

明官地廃寺跡は7世紀後半頃に建立された寺院遺跡で，標高240m，油川との比高10mという低い丘陵上に位置する。現在は水田となっているが，1986(昭和61)年から行われた発掘調査により，金堂跡や塔跡，版築土と推定される土層，溝などが確認されている。三彩陶器・鴟尾・墨書土器などが出土しており，「高宮郡内了(部)寺」と線刻した平瓦の発見により，郷名「内部郷」を寺院名としていたことがわかっている。

この寺院跡で注目される点は，火炎文のついた3種の軒丸瓦が出土したことである。TⅠ型と分類されたものは，三原市本郷町の横見廃寺跡・奈良県の山田寺跡・檜隈寺跡出土のものと同型で，また同類のものが安芸高田市向原町の正敷殿廃寺跡で発見されている。一方，TⅢ型に分類された，子葉のなかに綾杉状の毛羽をも

明官地廃寺跡

つ瓦は，いわゆる「水切り瓦」であり，こちらは地域性が強い。

この火炎文軒丸瓦は，渡来系氏族の東漢氏がかかわる寺院に使用された特異な瓦であり，檜隈寺とは，造瓦技術・建物基壇の化粧なども類似する。

なお，明官地廃寺跡の近くにある中馬観音堂の境内には，1588（天正16）年作の天正の石仏（石造阿弥陀如来立像）がある。

中馬八ッ塚古墳群 ❼

〈M ▶ P.252〉安芸高田市吉田町中馬 P
JR山陽本線広島駅🚌広島バスセンター乗換え広電吉田出張所行可愛学校🚶30分

中馬の丘陵に古墳が群れ集まる

明官地廃寺跡から北東に向かって約300m進むと，左手に八塚ひろばがある。中馬八ッ塚古墳群はこの広場の北から西一帯にある。

古墳群は，11基の横穴式石室墳で構成されており，丘陵の支尾根に沿って2～3基ごとにまとまって築造されている。最大のものは3号古墳であり，径15m・高さ2.5～5mの円墳である。長さ7.8m（うち，玄室の長さは5m），幅1.7m・高さ1.7mの石室をもつ。石室は片袖式で南方に開口し，玄室天井部は中央部を高くしている。隣接する4号古墳は，径13m・高さ2～5mの円墳で，長さ5.7m（うち，玄室の長さは3.8m）・幅1.5mの石室をもつ。3号古墳につぐ石室の規模であり，天井部の構造なども類似している。他の古墳は墳丘・石室とも規模が小さい。

出土遺物がないため，古墳群の築造時期は不明であるが，6世紀後半から7世紀前半のものと考えられている。なお，中馬の谷には，ほかにも明官地古墳群（11基），金広山古墳群（12基），カワチ迫古墳群（4基）などの横穴式石室墳が多数あり，これらの古墳は中馬古墳群として市の史跡に指定されている。

中馬八ッ塚3号古墳

吉田・八千代を歩く　261

鈴尾城跡 ❽

〈M ▶ P.252〉安芸高田市吉田町福原 P
JR山陽本線広島駅🚌広島バスセンター乗換え広電吉田出張所行宮の城🚶40分

「毛利元就誕生伝説地」の城

　中馬八ッ塚古墳群から国道54号線に戻り，吉田方向に進み山手交差点を右折する。可愛川に架かる新除橋を渡ってすぐに右折し，福原地区に向かう。田園風景のなかに聳える丘陵が鈴尾城跡（県史跡）である。

　鈴尾城は，毛利氏の一族福原氏の居城である。福原氏は，14世紀末，毛利元春の5男広世が長井氏を継ぎ，さらに父元春から内部荘福原村（現，安芸高田市吉田町福原）を譲られて移り住み，福原氏を称したことに始まる。城は半島状に延びた丘陵先端を利用して築かれており，背後の尾根続きを空堀で切り落とし，頂上の本丸を中心に，北の郭・東の郭・台所屋敷・井の壇・土居の壇（福原氏館跡）などの郭を幾重にも築いている。

　登山口から約5分のぼると土居の壇に至る。ここに「毛利元就卿誕生之地」と刻んだ石碑が立っている。毛利元就の母は福原広俊の女で，毛利弘元に嫁し，兄興元と元就を生んだ。1497（明応6）年3月14日に元就はこの城内で誕生したと伝えられている。

　さらに10分ほどのぼると本丸に着く。標高316m・比高110mの山頂からは，可愛川対岸にある桂城跡（標高295m・比高80m）が望める。両城の直線距離は1kmという近さである。

　　　　　　　　　　　　　　　鈴尾城跡の東約300mの山麓には，福原氏の菩提寺であった楞厳寺跡があり，8基の墓が並んでいる。これらは福原広俊・貞俊・元俊らの墓と伝えられる。

鈴尾城跡

高田高原と芸北地域

土師ダム ❾

0826-52-2841
(土師ダム記念公園)

〈M▶P.252〉安芸高田市八千代町土師1194-1 P
JR山陽本線広島駅🚌広島バスセンター乗換え広電下土師行終
点🚶30分

鈴尾城跡から国道54号線に戻り，約2km南下して勝田交差点を右折し，県道5号線を4kmほど進むと，土師ダムに架かる土師大橋がみえてくる。

土師ダムは，広島市周辺地域への都市用水の供給，可愛川の洪水調節や灌漑用水の補給，発電を目的として，1974(昭和49)年3月に完成した，県内最初の本格的多目的ダムである。総貯水容量は4730万m³，県内第5位の貯水量を誇る。このダムの完成によって，陰陽(山陰・山陽)の分水嶺を越えて，江の川水系から山陽の太田川水系に分水されることとなった。

土師大橋を渡ると土師ダム記念公園である。公園内の土師民俗資料館は，ダム建設により水没した土師地区の農家の民具や発掘調査された遺跡の出土品が保存・展示されている。

資料館前庭には滄浪園が移築されている。もとは土師地区の豪農岡崎家の庭園で，天明年間(1781～89)，縮景園(広島市中区上幟町)の拡張と改造に従事した京都の庭師清水七郎右衛門の指導を得て造庭したものである。枯山水，築山に名木奇石を配した県内でも有数の名庭園である。

記念公園から500mほど上流のダム河川敷に土師大迫古墳(県史跡)がある。直径12m・高さ3mの円墳で，横穴式石室は全長5.56m・最大幅1.88m・最大高1.78mを測る。この古墳の最大の特徴は，石室壁面が全面赤色顔料によって彩色されている点であり，県内では唯一の事例である。須恵器・耳環・勾玉・ガラス小玉・鉄鏃などの遺物の出土状況から，6世紀後半に築造されて以後，6世紀末までに4回以上の埋葬があったと考えられている。現在は，石室に保存処理を施した後，埋め戻されており，内部は見学できない。

2 向原から美土里を行く

戸島川は古代以来、広島湾と中国山地を結ぶ重要な交通ルートであった。流域に残された古墳時代以来の遺跡を訪ねる。

千間塚古墳 ⓾ 〈M▶P.253〉安芸高田市 向原町 坂
JR芸備線向原駅🚌豊栄方面行大土山入口🚶5分

異色の須恵器から考える古代人の死生観

　JR向原駅から県道37号線を南に進み、向原支所入口交差点を左折、県道29号線を豊栄方面に約2km行くと、左手に大土山 憩の森方面への三差路がある。ここから市道大土山線を北へ約600m進むと、左手に下りの小道が延びている。この三差路の下に千間塚古墳の横穴式石室がある。

　林道造成や畑の開墾によって、墳丘と羨道部が破壊されており、石室の奥壁部付近（長さ約1.6m）がかろうじて残存している状態である。奥壁は幅1.1m・高さ1.3mで、小型の石を2枚立てて並べ、その上に2段ほど横積みしている。石室は南西方向に開口しており、三篠川沿いの坂の集落を見渡すことができる。

　1915（大正4）年に発掘されており、多くの須恵器が出土している。なかでも環状提瓶2点や鳥形瓶2点など、装飾性の強い須恵器（東京国立博物館所蔵）が含まれていたことが注目される。環状提瓶や鳥形瓶は液体を入れる器で、葬送用儀器と考えられる。鳥形瓶については、鳥が死者の霊魂を運ぶという鳥船信仰をもつ渡来系集団によってつくられたとの推察もある。これらの須恵器は7世紀初頭頃、沼田川流域から可愛川上流域にかけての特定地域から出土するという地域色をもち、それらの古墳が営まれた背景をみていくうえでポイントである。

千間塚古墳石室

264　高田高原と芸北地域

戸島大塚古墳 ⓫　〈M▶P.253〉安芸高田市向原町戸島
JR芸備線向原駅🚌吉田営業所行 城平🚶10分

戸島川流域独特の石室をもつ古墳

　JR向原駅から県道37号線を三次方面に約2km北上する。城平バス停のそばに戸島大塚古墳の案内板があるので、これを目印に戸島川を渡り、東方の山裾に向かう。JR芸備線の踏切を渡り、市道下滝川線に出ると、「大塚古墳入口」の標石があり、林道を約400m進むと説明板がある。

　戸島大塚古墳（滝川第1号古墳、県史跡）は、8基からなる滝川古墳群では最大の古墳である。墳丘は一辺が約18mの方墳で、高さは前側で4.5m、背後は3mある。墳丘表面には角礫が葺かれており、積石塚の様相をなしている。横穴式石室は南西方向に開口しており、全長約12mある。石室の中央両側壁に柱状の石を立て、横石を架して玄門とし、入口側の羨道と奥の玄室とを区分した玄門式横穴式石室である。玄室は長さ6.1m・幅1.8m・高さ2.2mで、切石状の整った石で整然と構築されている。玄室の床面には、敷石や間仕切り石とみられる石が散乱している。出土遺物は明らかではないが、石室の様相から、7世紀初頭頃の築造と推定されている。

　玄門式横穴式石室墳は、戸島川流域から可愛川下流域に集中的に分布する地域色の強い古墳であり、そのなかでも戸島大塚古墳は、最大規模である。向原町から甲田町にかけて勢力をおよぼした広域の首長墓であったとみられる。

戸島大塚古墳

高林坊 ⓬　〈M▶P.253, 267〉安芸高田市甲田町高田原929　Ⓟ
0826-45-2064　JR芸備線甲立駅🚶15分

　戸島大塚古墳から県道37号線に戻り、三次方面に約6km進む。三和分かれ交差点を右折して県道52号線を約800m進むと、右手に高石垣を築いた大きな寺院がみえてくる。これが高林坊（浄土真

向原から美土里を行く　　265

高林坊銅鐘

安芸国における浄土真宗布教の拠点

宗)で，本尊は木造阿弥陀如来立像である。

寺伝では，1496(明応 5)年，浄誓の開基と伝える。浄誓とは新田義重の孫福間藤左衛門義高の子宮徳丸で，本願寺実如に従い薙髪し，甲立の五龍城主宍戸氏の招きを受けて，城下に一宇を建立したという。その後，慶長年間(1596〜1615)の末頃，西願によって現在地に移転し，三次の照林坊(三次市三次町)と縁戚関係を結んで勢力を拡大，芸備両国に16カ寺の末寺，28カ寺の孫末寺，寺内に4カ寺の下寺をもつ大寺となり，安芸の本山と称されるまでになった。

本堂の銅鐘(県文化)は銘文によると，1383(永徳 3)年，豊後国朝見郷(現，大分県別府市)の吉祥禅寺のために鋳造され，その後，1579(天正 7)年に厳島大願寺(廿日市市宮島町)の円海が，和智誠春の菩提を弔うため，喜捨で集めた金と誠春の腰刀を添えて買得し，安芸国佐西郡玖波村(現，大竹市玖波町)の栖雲院に寄進した，とある。

和智誠春は，戦国時代に備後国三谷郡吉舎(現，三次市吉舎町)を本拠とした国人領主で，1568(永禄11)年毛利元就によって厳島に幽閉され，翌年正月に殺害された人物である。誠春の供養のために栖雲院に寄進された鐘が，いかなる経緯で高林坊に伝来したのか，その詳細は不明である。

なお，当寺の庭は慶長年間の作庭であることから，「慶長の庭」とよばれており，庭園史家重森三玲から築造の妙をきわめた名園と賞賛されている。シダレザクラの老木が，春には満開の花を咲かせる。

五龍城跡 ⓭ 〈M ▶ P. 253, 267〉 安芸高田市甲田町上甲立 P
JR芸備線甲立駅 🚶25分

高林坊から県道37号線に戻り，甲立駅口交差点を左折して県道52

号線を可愛川に向かって進む。対岸に聳える山が国人領主宍戸氏の居城，五龍城跡(県史跡)である。

宍戸氏は，八田知家の子家政が，常陸国宍戸荘(現，茨城県笠間市)を領して宍戸氏を称したことに始まる。南北朝時代，宍戸朝家が足利尊氏に従い，安芸高田郡甲立荘(現，安芸高田市甲田町)を与えられて安芸国に下向した。初め柳ケ城を築いて居城としたが，のち元木山に五龍城を築いて移り，安芸国の有力国人領主として，一帯に勢力を拡大していった。毛利氏とは所領を接していたため衝突を繰り返したが，1534(天文3)年，毛利元就の2女が宍戸隆家に嫁し，両家は強く結ばれ，宍戸隆家は吉川元春・小早川隆景につぐ毛利氏一門として重んじられた。

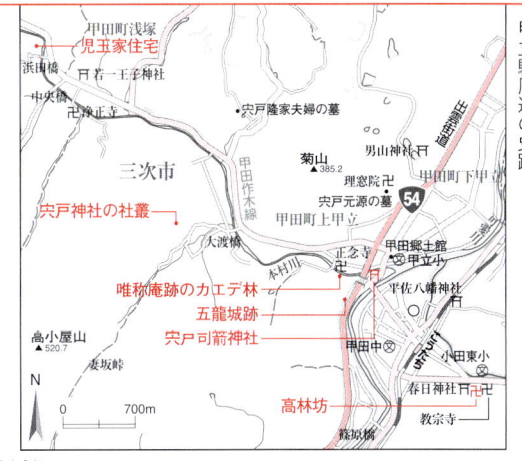

城跡は，標高310m・比高130mの元木山の尾根筋上に築かれている。尾根を堀切と土塁で遮断し，3つの郭群に分けている。中央の郭群は，城の中核をなしており，本丸・二の丸・三の丸などの郭跡がある。本丸の西端は，高さ約5mの土塁があり，堀切の底からの高さは約16mである。西端の郭群は，御笠丸の名をもつ郭を始め，長大な郭が多い。

本村川と可愛川の合流点に突き出した尾根首に築かれた尾崎丸には，現在宍戸司箭神社がある。祭神は宍戸元源の弟宍戸家俊。家俊は貫心流剣法・司箭流薙刀

甲立駅周辺の史跡

可愛川に臨む宍戸氏の城

五龍城跡

向原から美土里を行く　267

の祖であり，武神として，また鎮火風病難除けの神として崇敬されている。

なお，上甲立に宍戸隆家夫妻墓，下甲立の理窓院に宍戸元源墓，元源2男の末兼隆忠墓がある。

児玉家住宅 ⓮　〈M▶P. 253, 267〉安芸高田市甲田町浅塚
JR芸備線甲立駅🚌高宮方面行浅塚🚶2分

大きな造りの豪農の住宅

五龍城跡から県道52号線を北へ進んで五龍橋を渡り，本村川沿いに約1km進むと，五龍城麓の川岸に**唯称庵跡のカエデ林**（県天然）がある。樹高7～20mのカエデが約40本あり，見事なカエデ林を形

唯称庵跡のカエデ林

成している。1823（文政6）年唯称庵主の本励上人が京都高雄（現，京都市右京区）から取り寄せたと伝えられる。

さらに県道4号線を北西に向かう。途中，本村川対岸の田口地区に**宍戸神社の社叢**（県天然）が遠望できる。約3km進むと，甲田町浅塚地区に至る。浅塚三差路交差点を直進して県道179号線に入り，さらに進んで浅塚浜田バス停のある浜田橋を渡ると，茅葺きの大きな古民家がみえる。これが**児玉家住宅**（県文化，内部非公開）である。

児玉家はかつては「玉屋」を称したこの地域の豪農であった。現在の母屋は，享保年間（1716～36）の建築と推定さ

児玉家住宅

268　高田高原と芸北地域

美土里神楽

コラム 芸

神と人との戯れ、美土里神楽

　神楽とは、神座が転じたものといわれる。神座とは神の宿る所を意味し、神々を降ろし、神の力を招き鎮めることによって、穢れを祓い、神の意志を聞く、神人一体の宴を催す場であり、そこでの歌舞が神楽とよばれるようになったと考えられている。

　安芸高田市美土里町に伝わる美土里神楽は、神を降ろす「儀式舞」と神を慰む「能舞」からなる出雲流神楽が、勇壮で華麗な舞の石見神楽として、江戸時代にこの地域に伝えられたと考えられている。

　伝播の過程で、九州の八幡系神楽や高千穂神楽、岡山の備中神楽、さらに中国山地一帯に古くから伝わる農民信仰などの影響を受けて、現在の形式に至ったといわれる。演劇性の強い、大衆的でのびのびとした民俗芸能であり、川角山八幡神社の「神楽―神迎え」以下5つの神楽が県の無形民俗文化財に指定されている。

　美土里町内には氏神社ごとに13の神楽団があるが、美土里神楽を満喫できる施設が神楽門前湯治村である。1998(平成10)年に開業した温泉湯治・観光施設で、「神楽ドーム」では、4～11月の日曜日・祝日に、これらの神楽団による公演が行われる。神楽の歴史と資料を展示した神楽資料館もあり、資料館内に設けられた小劇場「かむくら座」では、毎週土曜日に公開練習が行われる。また、体験工房では、指導を受けながら神楽面の絵付けを体験することができる。

美土里神楽(岩戸)　　　　　美土里神楽(八幡)

れている。木造、寄棟造・茅葺きの屋根で、桁行9間半・梁間5間半、つし2階(家の屋根裏を使った2階)をもつ。土間に入って左手には3室が連なる。土間奥の「台所」の左手には、庇部分が奥まで続いており、道具などの収納場所となっている。「なんど」が大きく、かつ室数が多く、非常に規模の大きな造りである。
　屋根には箱棟がついており、棟束を立て通し、貫を桁行に上下2

カ所，梁行に1カ所通し，別に扠首を束と結んでいる。土間の上部の梁組は，この地方独特の2重の井桁せいろ組みである。

「なかのま」東北隅の小屋束には太鼓台があり，また，つし2階には，北と土間側の2カ所に鉄砲穴が設けられ，非常時に備えたと伝えられる。

西尾山八幡神社 ⑮ 〈M ▶ P.252〉安芸高田市美土里町北 P
中国自動車道高田IC 10分

美土里神楽の拠点の1つ

児玉家住宅を出て，県道179号線を北西に向かう。高宮町を過ぎ，途中国道433号線に合流する丁字路を左折して美土里町北地区に入る。児玉家住宅からここまで約15kmの道のりである。さらに進んで北郵便局を過ぎると，まもなく右手の丘の上に西尾山八幡神社（祭神品陀別命・帯中津彦命・息長帯日売命）がある。1084（応徳元）年に豊前国宇佐八幡宮（現，大分県宇佐市）より角竹山に勧請され，現在地には，北村桜尾城主の北村新左衛門が永禄年間（1558～70）に遷したとされる。1650（慶安3）年および1688（元禄元）年の棟札があり，現在の本殿は1688年の再建である。三間社入母屋造・妻入，千鳥破風・軒唐破風の向拝付き，屋根は銅板で葺いている。元禄時代の建築らしく，精巧な彫刻と巧妙な細工物により組立を行い，華麗な建築美を演出している。とくに彫刻は，近隣には類例のない精巧なものである。

美土里町域は県内でも有数の神楽の盛んな地域である。西尾山八幡神楽（県民俗）は毎年9月第3土曜日に奉納される。1819（文政2）年に高田郡北村（現，安芸高田市美土里町北）から提出された『国郡志下調書出帳』に，当社祭礼の前夜，村内の者が異形の鬼面をかぶって踊りを舞うとあり，これが現在の神楽にあたると考えられる。

西尾山八幡神社本殿

同じく北地区にある日吉神社神楽

殿は「広島県民文化100選」に選定されている。前方を開放した平屋建ての神楽殿は，長い石段の上に立つ本殿を見上げるように建てられている。同社の社叢は寄せ植えのスギ古木群やモミの古木・ミズリハの古木で構成されており，神社前庭の東側湿地には，オロレンの自生帯がある。

是光1号古墳 ⑯ 〈M▶P.252〉安芸高田市美土里町生田
中国自動車道高田IC🚗10分

小室をもつ特異な横穴式石室墳

西尾山八幡神社を発ち，国道433号線を島根県境に向けて進む。約2km行くと右手にひまわり保育所がみえてくる。是光1号古墳は，保育所からみて生田川を越えた西方の丘陵地にある。

この古墳は，生田川と支流桑田川の合流地点を見下ろす丘陵の北端に立地している。墳丘は比較的良好に残っており，直径約10m・高さ2～3mの円墳とみられている。横穴式石室は河川の合流地点に向けて開口しており，長さ4.4m，入口部分の幅は1.4mである。この石室の大きな特徴は，左側側壁のいちばん奥に，幅60cm・奥行90cmの小室が設けられていることである。この小室をあわせると，最奥部はおよそ横幅2.18m・縦（長さ）0.9mの規模となる。これは木棺を納置するのに寸法的に合うため，棺を石室の主軸に対して直交する形で横置きしたものと推測されている。

築造時期については，石室奥部の特徴的な構造から，7世紀の古墳と考えられている。

是光1号古墳

向原から美土里を行く

③ 北広島を歩く

山県郡の平安仏教文化を示す古保利薬師の仏像群，吉川元春館跡や万徳院跡など，中世武士団の文化と遺跡を訪ねる。

芸北民俗芸能保存伝承館 ⑰
0826-72-5088

〈M▶P.252〉山県郡北広島町有田1234
P
JR山陽本線広島駅🚌千代田方面行千代田ICバス停🚶1分

きらびやかな花田植民俗芸能を守り伝える

　北広島町の中心部（旧千代田町域）は，南流する可愛川に，東流する志路原川，北東流する冠川が合流する氾濫原に開けた土地である。盆地を見下ろす丘陵地には，弥生時代の集落遺跡や墳墓，古墳，中世の山城跡などの遺跡が多数確認されている。中世には厳島神社領の壬生荘・寺原荘があり，石見街道の中継点，陰陽（山陰・山陽）を結ぶ交通の要衝として栄えた。

　芸北民俗芸能保存伝承館は，中国自動車道千代田ICを出てすぐ，北広島町役場の西隣にある。この施設は，この地域の民俗芸能を保存・伝承・公開することを目的に設立された。1階展示室では，芸北の染織用具および草木染めコレクションや壬生の花田植（ともに国民俗），有田神楽・本地の花笠おどり（ともに県民俗）など，芸北地域の民俗芸能に関する模型や用具を展示している。2階には，芸能練習室・芸能研修室などがあり，有田神楽団など地元の伝統芸能の練習に活用されている。

　伝承館の南西約800mにある有田城跡は，1517（永正14）年に毛利元就が，佐東・山県・安南分郡守護の武田元繁を討ち取った有田中井手合戦の古戦場として有名である。付近には「武田元繁討死之地」の石碑や，武田家臣甲斐宗瑞の供養塔などがある。

芸北民俗芸能保存伝承館

272　高田高原と芸北地域

壬生の花田植

コラム / 芸

水田に響く早乙女の田植歌

　田に張られた水が温まる5月下旬から6月にかけて，米どころ山県郡北広島町の各所で，花田植とよばれる農耕芸能が行われる。田植時に声を掛け合い，楽器を囃したてながら苗を植える芸能をはやし田というが，北広島町壬生のはやし田は，その華麗さ・衣装の煌びやかさもあり，花田植の名でよばれている。

　進行指揮役の「サンバイ」（音頭取，サンバイとは田の神の名称）の指図の下，大太鼓や小太鼓，笛や手打鉦の囃子にあわせて，早乙女が田植歌を歌いながら田植をするという風習で，豊穣を祈る農耕儀礼が，労苦をともなう田植えを慰める農耕芸能へと転化したものとされる。

　壬生の花田植（国民俗）は，毎年6月第1日曜日に行われる。壬生神社で豪華な飾りつけをされた飾り牛が田に入り，代掻きを行う。代掻きが進むといよいよ囃し手と早乙女の登場である。サンバイの指図に従い，囃し手と早乙女の一団が花田に入り，苗取り歌を歌いながら植苗の苗取りを行う。続いてサンバイの歌と囃し手の囃子にあわせて，早乙女の田植えが始まる。ツヅミ打ちの大太鼓のリズムに小太鼓・鉦が唱和し，笛の音に彩られた早乙女の歌声が花田に響く。花田植の進行に従い，酒が出される頃には酒歌が，飾り牛が田をあがる頃には代掻きをほめる歌が歌われ，終盤のオナリ送りの歌，そして洗い川の歌が歌われて，賑やかな花田植が終了する。

　昼過ぎから始まる花田植は約2時間におよび，その間に45声もの歌がつぎからつぎへと歌い出される。新緑の山々に太鼓と田植え歌が響き渡り，絣の着物に菅笠をかぶった早乙女の艶姿が水田に映える，初夏の一大行事である。

古保利薬師堂 ⑱
0826-72-5040
（千代田歴史民俗資料館）

〈M▶P.252〉山県郡北広島町古保利224　P
JR山陽本線広島駅🚌千代田方面行千代田ICバス停🚶15分

平安の祈りを今に伝える古保利の仏

　芸北民俗芸能保存伝承館を出て，国道261号線八重バイパスを北西に歩く。正面にみえてきた低い山が古保利山である。「古保利薬師」の標識を目印に参道をのぼると，古保利山福光寺（廃寺）跡に建てられた古保利薬師堂に着く。

　福光寺は，山県郡郡司の凡氏が，9世紀初めに氏寺として建立したと伝えられている。戦国時代には吉川氏の菩提寺・祈願所となり，最盛期には49の塔頭と300石の寺領を有したが，吉川氏が岩国

北広島を歩く　273

千代田歴史民俗資料館

(現,山口県)に移って衰微し,明治時代に無住となった。

福光寺の本尊木造薬師如来及両脇侍像など,12軀の仏像が国重要文化財の指定を受けている。薬師如来坐像は,平安時代初期,貞観年間(859〜877)の作と考えられている。脇侍の日光・月光両菩薩立像もまた,平安時代初期の仏像である。

これらの仏像は収蔵庫に保管されており,見学は境内にある千代田歴史民俗資料館に申し込む必要がある。資料館では,旧千代田町域の遺跡の出土品や,燈火用具(県民俗)などが展示されている。収蔵庫前の大ヒノキは,県の天然記念物に指定されている。

古保利薬師堂の裏山には,5世紀から6世紀前半にかけて築造された古保利古墳群がある。前方後円墳1基を含む54基の古墳からなり,鎧(挂甲)や鉄鏃・金銅製馬具・須恵器が出土している。

日山城跡 ⑲

〈M▶P.252〉山県郡北広島町新庄・舞綱 P
JR山陽本線広島駅🚍千代田方面行千代田ICバス停🚗15分

山陰を抑える戦国武将吉川氏の要の城

古保利薬師堂から国道261号線に戻り,大朝方面に向かう。中山峠をのぼりきると,右手に中山地区の集落がある。中世末には中山市として栄え,流通に携わる「市衆歴々」がおり,吉川氏の目代(代官)がおかれていた。近世には駅所がおかれ,人馬・荷物の継送りが行われて,陰陽の物資流通をになった。

国道沿い左手に立つ「日山城跡」の案内板を目印に,約400mほど道をのぼる。途中に常仙寺跡(国史跡)がある。この寺跡には毛利元就の2男元春の吉川家相続によって命を絶たれた吉川興経の墓があり,左手上には主人興経の首をくわえて持ち帰ったというイヌの墓がある。

常仙寺跡から道をさらにのぼると約1時間で日山城跡(国史跡)に至る。日山城は,標高705m・比高300mの火野山(日野山)に築かれ

小倉山城本丸跡から日山城跡を望む

た山城である。興経が大内氏・毛利氏に対抗するため、小倉山城にかわる本城として1546(天文15)年頃に築いたと考えられており、吉川家を継承した元春は、1550年、大内氏の支援を受けて入城し、相続を完了している。以後、改修・拡張が続けられ、吉川広家(元春3男)が1591(天正19)年に出雲国富田城(現、島根県安来市)に移るまで、吉川氏の本城として機能した。

城の遺構は、山頂を東西に延びる尾根上約700mの範囲に築かれた郭群と、南山腹の郭群などからなっている。本丸・二の丸・三の丸・大広間の段など、大小の郭が30近く築かれ、枡形虎口や土橋を設け、石垣を多用して防御をかためている。

城跡からは南の山県方面・北の新庄方面を見通すことができる。毛利氏の領国支配の一翼をになう吉川氏の本城として、石見街道を押さえ、山陰地方に睨みをきかせる重要な城である。

小倉山城跡 ❷ 〈M▶P.252, 276〉山県郡北広島町新庄字小倉山 P
JR山陽本線広島駅🚌浜田駅行大朝ICバス停🚶25分

発掘により盛時の姿が復元された中世山城

日山城跡から大朝地区の中心部に向けて、国道261号線を約3km北上する。大朝IC前交差点を右折し、1kmほど進むと「小倉山城跡」の案内板がみえる。小倉山城跡(国史跡)はここから約400mほど入った所にある。

小倉山城は、15世紀中頃に築かれ、1546(天文15)年頃に日山城が築かれるまで、吉川氏の本城として機能した城である。新庄盆地の北、標高460m・比高80mの独立丘陵に築かれており、山頂から三方に延びる尾根に、本丸・二の丸・三の丸の郭が築かれている。城の北側には、新庄市から亀谷峠を越えて石見国邑智郡(現、島根県邑智郡)に抜ける道(近世における大森街道)が通っているが、これらの郭群は街道を意識した配置となっており、小倉山城には新庄支配の拠点機能のみならず、芸石国境の押さえの城という役割が期待

北広島を歩く 275

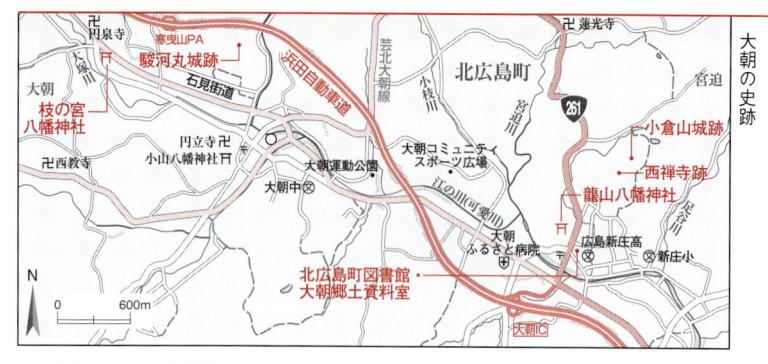

されていたと考えられる。

　1999(平成11)年から行われた本丸郭群の保存整備にともなう発掘調査によって、15世紀から16世紀前半にかけて拡張整備が進められたことが明らかになっている。本丸跡からは10基の鍛冶炉、鞴の羽口、鉄滓などがみつかっている。そのほか、備前焼を中心とする国産陶磁器のほかに、青磁を中心とする中国・朝鮮産陶磁器が出土しており、かつての栄華が偲ばれる。現在、本丸郭群は史跡公園として整備されている。

　小倉山城跡から南西に約200m、南向きの緩斜面に吉川氏の菩提寺であった西禅寺跡(国史跡)がある。15世紀なかば頃の建立と伝えられ、境内は東西約70m・南北約60mである。

　小倉山城跡から大朝IC方向に戻る際、左手に平屋建ての北広島町図書館がみえてくる。この施設の一角に大朝郷土資料室がある。大朝地区の歴史を紹介しており、小倉山城跡の出土品など、遺跡の発掘成果も展示されている。図書館から東へ約500m、新庄横路の谷奥に吉川経高の墓がある。

龍山八幡神社・枝の宮八幡神社 ㉑㉒
0826-82-2105 / 0826-82-2082

〈M▶P.252, 276〉山県郡北広島町新庄1008-1／北広島町大朝6
JR山陽本線広島駅🚌浜田駅行大朝ICバス停🚶10分／大朝ICバス停🚗5分

県内有数の古社建築
地域色の色濃い社殿

　北広島町図書館の北西約200mに龍山八幡神社(祭神応神天皇ほか5神)がある。龍山八幡神社は、1313(正和2)年、吉川経高が駿河国(現、静岡県)より安芸国大朝本荘に入部した際、本貫地の駿河国入江荘吉川邑(現、静岡市清水区入江)より八幡宮を勧請したこ

とに始まるという。以来,駿河八幡宮と称し,吉川氏が氏神として篤く崇敬して社領260石を寄進,隆盛をきわめたが,福島正則の社領没収により衰微し,明治時代初期に現在の社号に改めたという。

本殿(附 棟札3枚)は,三間社流造・銅板葺きで,国重要文化財の指定を受けている。1558(永禄元)年の造営で,県内では厳島神社(廿日市市宮島町)につぐ古い建物といわれている。内陣の柱に,「永禄元年」に珎融という宮大工が建立した旨を記した墨書銘がある。彫刻などの木割が見事で,手挟は大胆な図柄の面と精細な絵様の面とを組み合わせている。

なお,境内の摂社治功神社は,吉川興経の霊を弔うために,吉川元春が1573(天正元)年に創建したものである。

龍山八幡神社から県道5号線を北西に約4km行くと,左手に枝の宮八幡神社(祭神 足仲津彦命ほか2神)がある。古くから「三輪荘大麻三荘鎮守枝宮」と崇められた古社である。本殿(県文化)は三間社流造で,屋根は銅板葺き。1575(天正3)年建立の棟札が残るが,後世の修復が繰り返されたために,造営当初の部材の残りは悪い。向拝の蟇股は当初の部材で,龍山八幡神社本殿の蟇股によく似ているが,その出来栄えはやや劣る。

駿河丸城跡 ㉓

〈M▶P.252, 276〉山県郡北広島町大朝字間所
JR山陽本線広島駅🚌浜田駅行大朝ICバス停🚶5分

大朝支所から北に約800mの寒曳山南麓にある小高い丘陵が駿河丸城跡(国史跡)である。県道5号線から間所川沿いに北に進むと案内板が立っている。

駿河丸城は,鎌倉時代末期に吉川経高が駿河国(現,静岡県)から安芸国大朝本荘に地頭として入部した際に築いた城とされ,小倉山城に移るまで吉川氏の本城とされたと考えられてきた。しかし近年の研究で,駿河丸城を本拠とした経高系の惣領家は,南北朝時代から15世紀初めにかけて,しだいに活動がみられなくなり,かわって石見吉川氏の経兼が大朝新荘地頭職を得,さらにその子経見が小倉山城を築いて本拠とし,惣領家になりかわっていったと指摘されている。

城の遺構は,寒曳山から南に延びる2本の尾根を堀切によって独

馬蹄形の館型山城

北広島を歩く

駿河丸城跡

立させた，東西2カ所の丘陵先端部に築かれている。

西郭群(にしくるわ)は，最高所が標高442m・比高35mあり，屋敷を構えていたとみられる中心の郭を，本丸・二の丸が馬蹄形(ばていけい)に囲んでいる。東郭群は，中心にある2段の郭と2カ所の小郭からなり，西郭群の出丸(でまる)として機能したと考えられる。

吉川元春館跡(きっかわもとはるやかたあと) ❷

〈M ▶ P. 252〉山県郡北広島町志路原字海応寺(かいおうじ) [P]
中国自動車道千代田IC🚗15分，または浜田自動車道大朝IC🚗15分

発掘成果から明らかにされた戦国武将の生活

大朝支所を出発し，県道79号線を約1km進み，左手の県道312号線に入る。曲がりくねった山道を約8km行くと，志路原川に並走する国道433号線に出る。ここで左折して千代田方面に2.7km進むと，対岸に吉川元春館跡(国史跡)がみえてくる。

この遺跡は，吉川元春が隠居所として1583(天正11)年頃に建てた館跡で，日野山の西南麓，志路原川右岸の河岸段丘(かがんだんきゅう)に築かれており，東西約120m・南北約80mの規模である。

東側の正面には高さ3mの石垣が80mにわたって築かれ，中央に幅7mの入口が設けられている。巨大な岩石を柱のように立て，その間を埋めるように大小の石を充塡(じゅうてん)する手法を用いており，同様の石垣が厳島神社参道でも確認されている。

志路原川に面する

吉川元春館跡

278　高田高原と芸北地域

天狗シデの群落

コラム

天狗シデの異様な樹形

　民謡詩人野口雨情が，1936（昭和11）年に作詞した『大朝小唄』に「アリャ　シデの木ァ　天狗が来てとまる」という一節がある。このシデの木とは，島根県との県境，熊城山東斜面に群生する大朝町田原（現，北広島町）の天狗シデ（大朝のテングシデ群落，国天然）のことである。

　地元には，月夜の晩に天狗がシデの木に降りてきて，舞を舞うという言い伝えがあり，この木を切ったり，掘って持ち帰ったりすると祟りがあるといわれてきた。

　天狗シデは，本州・四国・九州・朝鮮半島・中国大陸に分布するイヌシデの一種で，鋸の歯のような葉先をもち，幹が曲がりくねって枝垂れる特徴をもっている。

　しかし，大朝町田原の天狗シデは，突然変異により幹や枝が屈曲する変異種が群生しており，世界中でもこの地だけに自生している。学術的にきわめて貴重とされ，1937（昭和12）年に県天然記念物の指定を受け，1979年には環境庁により特定植物群落に選定されている。

　指定地域内にある100本のうち，最大のものは胸高幹囲が約3m，樹高は14mある。幾重にも屈曲し絡み合う枝振りは，みる者に奇っ怪な印象を与えるが，地元民と関係機関の保全の努力によってこれまで守られてきた。しかし，近年は観光客に踏み固められて裸地化した根元や，車の排気ガスの影響が心配されている。

北側は削り落として石垣と土塁を築き，南側も土塁と空堀を築いている。館の背後は元春の菩提寺海応寺跡や元春・元長父子の墓所へと続くなだらかな傾斜地となっている。

　発掘調査から，建物跡・庭園・井戸・水溜・土坑など，さまざまな遺構がみつかっている。正面入口の両脇にあった大型の礎石建物2棟は庭園を備え，表向きの政庁施設とみられる。この庭園（国名勝）は，一乗谷朝倉氏遺跡（福井市城戸ノ内町）の庭園と並び，戦

吉川元春館跡庭園

北広島を歩く　279

国時代のものとしては遺存状況がすこぶる良好で，築山と滝組，石組の護岸と敷石の池底を備える。この建物を取り囲む形で，日常生活を営む奥向きの施設が建てられていたと考えられる。

特筆されるのはトイレ遺構の調査結果である。便槽として埋設された2基の木製桶からは，籌木や折敷・筒状竹製品・人形形代・聞香札などが発見されており，また土壌から寄生虫卵や花粉・種実などが検出されている。

そのほか，輸入陶磁器や土師質土器，墨書木簡や将棋の駒，下駄など多量の出土品から，中世武家の生活文化の片鱗がうかがわれる。

なお，志路原川沿いの狭い谷間一帯は，吉川氏家臣団の屋敷地が連なっており，土居ヶ原屋敷跡，松本屋敷跡（国史跡）などの城館遺跡がある。

なお，館跡の北側に「戦国の庭 歴史館」が開館し，吉川氏の歴史や出土遺物が展示されている。

万徳院跡 ㉕

0826-83-0126
（万徳院跡ガイダンスホール「青松」）

〈M▶P.252〉山県郡北広島町舞綱字万徳　P
中国自動車道千代田IC🚗18分，または浜田自動車道大朝IC🚗18分

戦国武将の祈りが込められた「諸宗兼学」の寺

吉川元春館跡の北，志路原川を挟んで日野山山麓に続く道を約1kmのぼると万徳院跡（国史跡）に至る。

万徳院は，1575（天正3）年頃に吉川元春の嫡男吉川元長の発願により建立された寺院である。元亀年間（1570～73）末頃から毛利氏の領国支配に参画した元長は，疑心暗鬼に苛まれるみずからを罪深き者と自覚し，そのような者が合戦に勝利して長寿を祈るためには，大勢の神仏の加護が必要と考えた。そこで建立されたのが「諸宗兼学」の寺院，万徳院であった。

1587（天正15）年に元長が病死した後，吉川家を継いだ弟の広家が，元長の菩提寺として改修を加え，規模を拡大した。しかし，関ヶ原の戦い（1600年）の後，吉川氏が岩国（現，山口県）に移されると，万徳院もこれに従い移転した。

1991（平成3）年から実施された発掘調査によって，本堂・庫裏・風呂屋形・水道施設・庭園・炭窯などの遺構が確認された。本堂の西と北に築かれた庭園は，旧万徳院庭園として国名勝に指定されて

万徳院跡風呂屋形(復元)

いる。西庭園は、旧谷川の地形を生かした大ぶりな池に、中島を船に見立てている。北庭園は本堂8畳間に付属した小規模な坪庭で、小滝と小池がある。戦国大名による寺院付属庭園として貴重である。

　本遺跡は調査後、歴史公園として参道・石垣が整えられ、風呂屋形が復元された。この風呂屋形は実際に使用できるようにつくられており、年に数度、蒸し風呂体験会が実施されている。なお、本堂を実寸大に再現したガイダンスホール「青松」では、出土した法華経版木や竹製の裏目物差し、当時の境内地の復元模型が展示されている。

坤束製鉄遺跡 ㉖

〈M▶P. 252〉山県郡北広島町阿坂字下阿坂　P
広島自動車道広島北IC　25分

中世製鉄遺跡を学ぶ絶好の遺跡

　吉川元春館跡から国道433号線を豊平方面(西)に向かう。途中、中原地区の陰陽分水嶺を越えて約9.5km進むと、北広島町豊平支所前に至る。ここで左折して県道40号線を4.6km進むと「道の駅豊平どんぐり村」に至る。「どんぐり村」運動公園からさらに町道を600mほど進んだ山中に坤束製鉄遺跡がある。現在は鉄のふるさと公園として整備されている。竜頭山登山口バス停からは、南へ約1km行くと着く。

　豊平地区は、砂鉄を豊富に含む真砂土と木炭の原料となる森林資源に恵まれた、県内でも有数の鉄生産地帯であった。『厳島文書』の「山県郡三角野村検注名寄注進状」(1246年)によると、鎌倉時代前期、厳島神社領の三角野村(現、北広

坤束製鉄遺跡製鉄炉(復元)

北広島を歩く　281

島町西宗
にしむね
付近)では，年貢米
ねんぐまい
を鉄に換算して賦課
ふか
する鉄年貢があったことが知られる。

　豊平地区では，中世のものを中心に，200カ所近い製鉄遺跡が確認されており，坤束製鉄遺跡以外にも，大矢
おおや
製鉄遺跡や矢栗
やぐり
製鉄遺跡など4カ所の製鉄遺跡が発掘調査され，11世紀から14世紀にかけての製鉄炉の構造とその変遷過程が明らかにされている。なお，坤束・矢栗製鉄遺跡と槇ヶ原
まきがはら
製鉄遺跡の3遺跡は，豊平町
ちょう
中世製鉄遺跡群として県史跡に指定されている。

　坤束製鉄遺跡は，標高370〜385mの丘陵東斜面にある。急斜面を大きく削って，東西8m・南北約20mの平坦面をつくり，製鉄炉・送風機の鞴
ふいご
をおく鞴座・砂鉄置場・半地下式の炭窯などの製鉄施設を設けていた。製鉄炉は，船底型の本床
ほんとこじょう
状遺構の両側に溝を設けた形で，製鉄炉から流れ出た鉄滓
てっさい
を受ける湯溜
ゆだま
り土坑と排滓溝
はいさいこう
があった。類例などから，13〜14世紀頃のものと考えられている。

　遺構は表面硬化剤で覆
おお
って保護したうえで，製鉄炉や鞴・炭窯などを復元して，製鉄遺構の全容がわかるようになっている。中国山地に展開した製鉄遺跡の往時の姿を学ぶのに最適の施設といえよう。

あとがき

　本書で紹介した遺産のほか，"消えた"遺産は少なくない。保存史は，破壊史と切り離しては考えられない。

　ユネスコの世界遺産条約は，遺産を保護し，保存し，整備し及び将来の世代へ伝えることが，国家・国民，国際社会の責務であるとし，登録によって世界的な遺産の損傷や滅失を防ごうとしている。

　本書は，項目として国県などの指定で見学可能なものをあげた。2006年に分担を決め，全員が全ての原稿に目を通す方針で取り組んだ。遺産の現状について認識を共有するため全員で臨地見学を行い，また個別にもそれぞれ現地を歩いたが，遺産をとりまく環境は厳しいように感じた。とりわけ世界文化遺産の原爆ドーム・厳島神社，国史跡の広島城跡・福山城跡，国名勝の鞆などは，近年たびたび報道されてきたが，国（文化庁など）・広島県・広島市・廿日市市・福山市などによる適切な施策と工夫が待たれる。行政が権限をもちながら，保存管理計画を策定しても，その保護を総合的な計画の中に組み入れるための一般的な政策をとることなく，結果的に無策に等しい状態で長期間をすごすならば，遺産の将来は一層厳しい。

　世界遺産条約は，過去の損傷や滅失の歴史を踏まえ，第27条に教育及び広報事業計画をおき，そこで公衆（国民）の役割を重視し，公衆に遺産を脅かす危険を除くことや，遺産の価値を共有して保護・保存を強化することを期待している。こうした条約の精神は，ユネスコ憲章に基づくが，世界遺産に限らず，国県市町の指定や身近にある風習と生活に関わるものを含め，全ての遺産に共通する。

　本書が，こうした精神にそって，県内の遺産の案内書の一つとして，見る姿勢に注意しながらその価値を学び，保護の方向等を構想し，地域の視座から人間の営みの尊厳を考える歴史観を成熟させていく時代の要請に役立つことができれば，誠に幸いである。

　　2009年1月

『広島県の歴史散歩』編集代表

岸田裕之

【広島県のあゆみ】

地域文化成立への動き

　広島県域で人が生活を始めた痕跡は，およそ後期旧石器時代（約3～1万年前）のものである。旧石器の出土地は約70カ所におよび，東広島市の西ガガラ遺跡では約2万年前の住居跡などの遺構が発見された。西中国山地の冠遺跡（廿日市市）では，旧石器時代から安山岩を加工した石器を製作していた。三次盆地の酒屋高塚古墳下層遺跡（三次市）出土のナイフ形石器には，香川県産のサヌカイト製のものがあり，すでに瀬戸内方面との交流がうかがわれる。

　約1万年前に氷河期が終わり，海水面が上昇して瀬戸内海が形成されたが，広島湾の比治山貝塚（広島市）や松永湾の大田貝塚（尾道市），福山湾の大門貝塚（福山市）などから，5000～3000年前の定住集落が想定できる。その土器文様や形態は，岡山県や香川県と類似し，中部瀬戸内文化圏に属している。

　カルスト地形の広がる帝釈峡（庄原市）一帯には，洞窟や岩陰に縄文時代を中心とした生活面が，連続して層位として残る遺跡群があり，長期にわたる定住生活を確認できる。ここでは石器の石材としてサヌカイト，大分県姫島産や島根県隠岐島産の黒曜石，ハマグリ・アワビなど貝を利用した製品が出土し，瀬戸内海や中国山地を越えた日本海側の地域との交易を示している。

　弥生時代前期には，北部九州から伝播した水稲耕作が普及し，それにともなう環濠集落が芦田川下流域でみられる。中期には祭祀道具としての銅剣・銅戈・銅鐸が広島市の木の宗山遺跡で一括発見されており，これらは北部九州文化圏に属するものである。後期になると，集落も増加して大規模なものもみられ，土器の様式は，県西部では西瀬戸，東部とくに芦田川流域では岡山県西南部のもの，北部では三次地域を中心とした塩町式土器といった地域性が明らかとなってくる。

　そうしたなかで階級社会への動きを示すのが，三次地域の墳墓のあり方である。陣山墳墓群（三次市）に代表される四隅突出型墳墓は，塩町式土器をつくった集団が営んだ家族墓であったが，後期の終わり頃にはその最大規模の矢谷墳墓があらわれる。中心に大型墓壙をつくっており，特定の個人を埋葬した首長墓と考えられる。葬儀の際の供え土器として，吉備（現，岡山県全域と広島県東部）地方でつくられた特殊壺・特殊器台や出雲（現，島根県東部）地方の土器があることは注目される。矢谷墳墓に埋葬された首長は，出雲の勢力と提携しながら，吉備の勢力とも関係を強めていたことがうかがわれる。こうした状況が，のちに三次地域を備後に含めた理由であろう。

　4世紀になると，ヤマト政権と同盟した地域の首長が台頭してくる。そのことを顕著に示すのが前方後円墳の出現であり，太田川下流域，芦田川下流域，東城川・帝釈川上流域などで造営される。前二者は瀬戸内海航路，後者は備中（現，岡山県

西部)高梁川の上流域にあたり，備中・備北(現，庄原市・三次市域)・出雲とつながる内陸路との関係が考えられる。

5世紀には，西条盆地に県内最大の前方後円墳である三ッ城古墳(東広島市)が造営される。この時期には，松永湾や沼田川下流域・庄原地域で前方後円墳や大型円墳，馬洗川流域で大型の円墳や帆立貝形(式)古墳が築造されるものの，規模はそれほど大きくはない。こうした状況から県南部では，ヤマト政権と同盟し，三ッ城古墳に埋葬された首長を頂点とする広域文化圏が形成されていたと考えられる。

6世紀には，横穴式石室墳がつくられ，その規模や副葬品などから，地域の特色がうかがわれる。大型のものは，海田湾・沼田川下流域・芦田川下流域でみられ，それぞれの地域に，ヤマト政権とかかわって台頭した広域の首長が存在していたことがわかる。なかでも沼田川下流域の三原市本郷町では，県内最大級の横穴式石室や切石の石室，畿内型の家形石棺の搬入などがみられ，畿内色が著しい。

一方，芦田川下流域では，6世紀後半には二子塚古墳・二塚古墳・大迫金環塚古墳(いずれも福山市)などのように，畿内色の著しい広域首長の古墳が営まれた後，7世紀後半になって，畿内では王族や特定の有力官人の墳墓にのみ採用された横口式石槨墳(尾市〈1号〉古墳〈福山市〉など)3基が築造されており，これは中国地方の他地域では類例をみない。

この沼田川下流域と芦田川下流域に畿内型の終末期古墳が営まれた背景には，ヤマト政権が古代国家建設を行うにあたって，地方行政組織を整備する政策のもとで，国づくりの使命を帯びた有力官人の存在があったと考えられる。

7世紀後半の律令制国家の成立とともに，安芸国と備後国が設置された。沼田川下流域は芸備国境に位置づけられ，また芦田川下流域は，ヤマト政権にとって抵抗勢力である吉備の西端にあたった。そこを押さえて備後国府(現，府中市)をおき，吉備氏系氏族を西から強く牽制しようとしたと考えられる。

律令体制のなかの地域性

『延喜式』によれば，安芸国は沼田・賀茂・安芸・佐伯・山県・高宮・高田・沙田の8郡，備後国は安那・深津・神石・奴可・沼隈・品治・葦田・甲奴・三上・恵蘇・御調・世羅・三谿・三次の14郡を管轄した。

中央政府はとくに，備後国南部の郡設置や郡域の変更などに強権的な施策を実施したが，それは吉備地域における上道氏・下道氏らの強力な地域勢力に対抗して備後をかためるとともに，備北(現，庄原市・三次市域)地域で産出される鉄や鍬の貢納を円滑にするためでもあった。

安芸国の特産品には樽(皮がついた木材)がある。船建造の良材であるクスなどの常緑広葉樹が繁茂しており，倉橋島(現，呉市)などで造船も行われた。都から宮廷所属の造船技術者が派遣されてきたが，工人を現地からも徴発したとみられ，従来からの内海交易にともなう操船とあいまって，造船技術の高さは安芸の特徴となっ

た。

陸上の交通体系は、都と大宰府（現、福岡県）とを結ぶ山陽道が整備され、駅馬20匹の配備も行われた。『延喜式』には、備後に3駅、安芸に13駅が記載されており、そのルートに沿って、備後国分寺（現、福山市）・安芸国分寺（現、東広島市）が造営されている。

海上交通は、当初は外交使節団や南海道・西海道の渡海などに限定されていたが、奈良時代末期～平安時代初頭には、官物が海上輸送によって都へ運ばれた。その結果、海上交通の発達にともない、9世紀なかば頃から海賊が跳梁してくる。939（天慶2）年の藤原純友の乱は、こうした海に生きる人びとを基盤にし、彼らを統轄しようとする受領や下級官人の確執と考えられる。

河・陸・海の幹線交通とは別に、内陸部への道、たとえば瀬戸内や吉備から備北・出雲（現、島根県東部）に至る道は文献上は不詳であるが、三次市の寺町廃寺跡で出土する水切り瓦が、備北・芸北（現、安芸高田市、山県郡安芸太田町・北広島町域）の古代寺院に波及していることによって、相互交流に基づいた地域固有の文化が確かめられる。

9世紀になると、仏教文化の進展に対し、地域の神々への信仰も確認されるようになる。811（弘仁2）年に伊都岐島（厳島）神や速谷神が名神に列せられ、全国的な神祇秩序のなかに位置づけられたが、それは、安芸国司による国支配を円滑に進めるためであった。その後、厳島神社（廿日市市）は安芸一宮としての立場を築きあげる。

10世紀になると、政府は受領に国の支配を請け負わせた。そのため受領は、地域の郡司の系譜をもつ者や有力者を活用し、時代の変化にあわせた地方行政組織の改編を行った。そうした在地勢力はその基盤を強め、在地領主制を展開していく。

11世紀後半には皇室領、中央の寺社領や摂関家領など多くの荘園が立券（設立のための文書を作成）され、荘園公領制が進んだ。中央権門の荘園が、在地勢力に支えられて発達するが、その年貢輸送などは、畿内と芸備（安芸・備後）地域の交通・流通を活発化させた。また、その安定を図るために組織されたのが、平氏や源氏の武家棟梁であった。平氏は安芸国を知行国とし、厳島神主家佐伯氏と関係を強めた。

芸備の中世社会

古代末期の安芸国衙の実力者は介源頼宗であったが、1189（文治5）年の源頼朝による奥州平泉（現、岩手県）の藤原氏攻めに参陣の途中、駿河国（現、静岡県）から引き返し、所領を没収された。その結果、頼宗の所領は守護が領有するところとなった。

承久の乱（1221年）後に、佐伯氏にかわって厳島神主となったのは藤原親実であった。この藤原姓神主家は戦国時代まで続く。親実は、1235（文暦2）年には朝

廷から安芸国衙領を厳島造営料所として与えられ，幕府からは安芸守護に任じられた。公武両権力の強力な支援のもとに，焼失した社殿の造営をはたしている。

このように鎌倉時代の政治の特質は，朝廷と幕府，地方においては国衙と守護が併存したところにあった。承久の乱後には東国武士たちが西国に所領を与えられ，元寇(1274・81年)頃には西遷して土着するようになる。そして土着の領主と婚姻を取り結んで勢力を扶植する。

一方，備後守護は，承久の乱後に長井氏が相伝する。守護は本来大犯三力条という軍事・警察権をもち，狼藉があれば取り締まるべき立場であるが，長井貞重はその権威を背景に，1319(元応元)年に高野山領大田荘の倉敷地として繁栄していた尾道浦に代官らを乱入させ，狼藉を行っている。そこには南北朝動乱の前兆ともいえる動きを見出すことができる。

元寇の頃からは北条氏得宗の力が伸び，また御家人をふやすために庶子家の独立化政策をとったこともあって，幕府御家人制はゆるみ，崩壊に向かった。そうした動きを基盤として，南北朝の動乱は展開した。安芸では国衙領が守護武田氏，周防・長門(ともに現，山口県)守護大内氏，安芸国人らに押領された。

安芸・備後の地域的特性は，畿内と九州の境目地域という点にある。室町幕府は細川氏をして備後まで勢力を伸ばし，防長両国(周防・長門)と北部九州を領有する大内氏や山陰の山名氏と対抗した。

その結果，中国地方は東部は幕府・細川氏，西部は大名大内氏の支配を受け，中部(安芸・石見〈現，島根県西部〉)はその境目地域という，3特性が明確になった。境目地域の安芸の国人領主は，惣領家も庶子家もそれぞれ他氏と婚姻関係を巧みに結びながら，しだいに連合を進めた。

室町時代の国人領主家の特質は，惣領権が強くないことである。その理由は，分割相続によって惣領家の所領高も庶子家筆頭の所領高もあまり大きくは異ならなかったからで，優位に立つには，多数の庶子家を味方に引き入れてみずからの勢威を高めるしか方法がなかった。しかし，惣庶間の紛争の際に国人領主連合の援助を得るなどして，惣領家はしだいに庶子家を押さえ込み，戦国時代に入ると，庶子家は親類衆として上層の家臣に位置づけられ，惣領のもとで家中の運営に参画した。惣領は家中を代表して国衆連合を結び，領域支配を強化するとともに，国内秩序の安定を図った。その盟主となったのが高橋氏であり，1529(享禄2)年に高橋氏を討滅した毛利元就であった。

毛利元就は，井上元兼一族を誅伐するなどして家中統制を強めるとともに，安芸国衆との結束をかため，また備後へ進出して備後国衆らとも盟約していく。

こうして勢力を拡大した毛利氏は，厳島合戦(1555年)で陶晴賢，続いて大内義長を討滅し(1557年)，また尼子氏も降伏させ(1566年)，中国地方に覇権を確立する。これにより毛利氏は，赤間関(現，山口県下関市)や美祢(現，山口県美祢市)の銅，

広島県のあゆみ

美保関(現,島根県松江市)や出雲の鉄,石見銀山(現,島根県大田市)などの経済資源を手中に収めた。しかし,畿内で織田信長の勢威が強まると,中国攻めの大将羽柴秀吉は,備前(現,岡山県南東部)の宇喜多氏を調略して毛利氏から離反させた。毛利氏と羽柴氏の戦線は備中国(現,岡山県西部)で膠着状態に陥り,本能寺の変(1582年)による和睦後に備中高梁川を領界と決定する。

毛利氏は陶晴賢と断交した1554(天文23)年には,みずからの領国を「国家」と称しており,秀吉の統一政権下に入ると,四国の長宗我部氏攻め,京都東山の方広寺大仏殿の造営,聚楽第の毛利氏屋敷地の家作など,秀吉の命令を「国家一大事之儀ニ候」「国家のために候」とし,その論理で家臣らに軍役・土木普請役を賦課している。秀吉の「天下」の下に組み込まれた毛利氏「国家」として,大きな危機を感じていたのである。

中世の地域資源に鉄・材木・塩などがある。とくに材木とその流通は,鎌倉時代の厳島神社領,守護宗孝親が地頭職を有した可部荘,熊谷氏の三入荘,沼田小早川氏の沼田荘などに具体的に確かめられ,沼田川では河口に借上人が待ちうけており,その商品化がうかがわれる。秀吉の方広寺大仏殿の造営材木は,西は屋久島(現,鹿児島県),東は富士山麓(現,静岡県)から伐り出されているが,毛利氏領国では北浦(長門国の日本海側)や安芸三篠川流域,備中高梁川流域などから伐り出され,尼崎(現,兵庫県)へ輸送されている。

中世は海に国境のない時代であった。大内氏・山名氏・毛利氏ら大名,陶氏・厳島神主家・沼田小早川氏ら国人領主,そして商人的領主たちは,みずから流通・貿易を積極的に行った海洋領主であった。しかし,そうした性格は,秀吉が長崎の直轄領化,外国船の長崎回航,海賊の停止などを布令して統制を加え,流通経済権益を統一政権のもとに集中・独占していく政策を実施する過程で消失した。

毛利輝元は1588(天正16)年に初めて上洛し,翌年には広島に新しい城郭と城下町の建設を始めている。広島の町づくりの始まりである。

近世の芸備地方

関ヶ原の戦い(1600年)後に毛利氏が防長両国(周防・長門〈ともに現,山口県〉)へ移封された後,広島城に入り,芸備両国(安芸・備後)を統治したのは福島正則であった。この時期には,岡山城の池田氏が江戸幕府方の前線の藩とされ,備中(現,岡山県西部)には小藩や旗本領がおかれた。

しかし,1619(元和5)年に福島氏が改易されると,広島城に浅野氏が入って安芸1国と備後8郡計42万石を領有し,あらたに福山藩がおかれて,備後7郡と備中小田郡の一部計10万石の大名として譜代の水野氏が入部した。水野氏断絶(1698年)後には譜代大名阿部氏が入部(1710年)し,幕末まで続いた。

こうして幕府との関係において,備後福山と安芸広島は大きく性格が異なることになる。すなわち,毛利氏ら西国の外様大名を意識した「西国の鎮衛」の役割が福

広島県のあゆみ

山藩に与えられた。そして長州藩と接する広島藩は，徳川家康女が浅野光晟の母，光晟の室は前田利常女という婚姻関係を結び，また浅野長晟は将軍秀忠から江戸城の奥の座敷に召され，親戚同然であり，「広島の儀は中国の要」であると期待されている。西国の藩の配置は，毛利氏を強く意識して行われたのである。

そうした意味で広島藩は，幕府側（水野氏・阿部氏）と毛利氏の境目の藩であり，約2世紀半を経た幕末，長州軍が，盟約した広島城下を平穏に通過しながら，福山城に対しては抵抗の意志がないにもかかわらず砲撃を行ったことに，明確な差異がみられる。

福島氏の入部は，それまでの在地領主制を断ち切り，兵農分離という近世の秩序が形成される契機となった。毛利氏は防長両国への移封の際に，家臣の知行高を5分の1に減知したため，芸備両国内には毛利氏の旧家臣団が地侍的存在として残っていた。福島氏は彼らを「郡中案内者」として召し抱え，当面の地域支配の安定を図る一方，検地を繰り返し，地侍層も百姓身分として庄屋などの村役人とし，同様に兵・農と商人らもまた分離した。

こうして，戦国時代までの在地領主制下の時代には未分業であった社会が構造的に分業化され，城下町の建設・集住，新田開発，製鉄業・製塩業などの盛行は，樹木の伐採と川下しを活発化させた。物資輸送のための河川交通は整備され，広島城下町と太田川流域との関係は日常的に強まっていった。そして，広島城下の太田川分流や運河などに架橋し，西国街道が通り抜けるよう整備された。また，広島・尾道・福山から中国山地を越えて石見（現，島根県西部）・出雲（現，島根県東部）に至る陰陽（山陰・山陽）間の道路も整備された。

藩境を越えた物資の大量輸送は，17世紀後半に西廻り航路が開かれてから大きく発展し，それは船の巨大化にともない，地乗りよりも沖乗りが行われ，主要航路となった島嶼部の御手洗などの港津を繁栄させた。

藩主導の大規模新開や荒地の開発が進められ，溜池の築造や灌漑の整備にともなって，農業生産力は向上した。芸備地方の特産品としては，たたら製鉄による鉄や入浜式塩田の開発による塩，安芸木綿，畳表，麻苧（網などの原料）などがあり，大坂や諸国へ輸送された。網などは西日本一帯のほか，蝦夷地（現，北海道）とも取引された。こうした特産品の生産に従事する人びとも多数にのぼった。

また，生活の向上や富の蓄積は，塩田地帯の竹原の町人文化や，神辺の菅茶山の黄葉夕陽村舎（のち廉塾）に象徴されるように，儒学を中心とした学問の発展，それによる人材養成を促した。

江戸時代には，朝鮮通信使や琉球（現，沖縄県）の使節が，西国街道や瀬戸内海沿岸の港に寄りながら往来した。そうした機会に，藩の役人だけでなく，一般民衆が食事の提供などの生活支援に動員され，さまざまな国際交流が活発に進められた。そのため，鞆などの港町では，朝鮮語と日本語の対訳辞書も作成されている。

広島県のあゆみ

学者や文人たちが漢詩によって交流を深めたこともよく知られている。
軍事県から「平和のとりで」へ
　明治政府は，富国強兵・殖産興業政策を進め，近代国家の創設を目指したが，それに抵抗する動きや回帰の思いもあるなかで，近代啓蒙思想家の視野の広い提言や動きは重要であった。備後安那郡(現，福山市)の村医窪田次郎はそうした1人である。学制の制定，議会の創設を始め，公衆衛生などに貴重な提言を行っている。
　広島県は軍事県といわれる。広島鎮台(1873年)や呉鎮守府(1889年)の設置，関係する軍需産業の振興，幹線輸送路としての山陽鉄道も，1894(明治27)年に広島まで開通した。そうしたところに日清戦争の開戦(1894年)となり，広島から宇品港まで鉄道(宇品線)が急ぎ敷設され，続々と兵士や物資が宇品港から大陸へ輸送された。このとき，大本営が広島城跡におかれ，天皇や首相も来広し，帝国議会が開かれ，軍事予算も議せられ，臨時の首都と化した。
　日清戦争を機に広島や呉の軍事施設は拡大し，一時戦争景気に沸いたが，広島県民の戦死者も多く，また税負担や軍隊の宿舎とされた寺や民家の負担も多く，大きな犠牲を強いられた。
　いわゆる大正デモクラシーの高揚も，軍事県としての位置づけの前に盛り上がることはなかった。江戸時代から安芸門徒(安芸地方を中心とする浄土真宗本願寺派の信徒)として働き者が多く，他国への出稼ぎが盛んであったが，そうした風土からこの時期には，九州の炭坑地域などへの出稼ぎや，ハワイ・北米・南米・カナダ・メキシコ・東南アジアなどの外国への移民が行われた。
　広島は1945(昭和20)年8月6日の原爆被災，続く敗戦によって，軍事県としての役割を終えた。原爆被害は，広島市内の建物の92％が半壊・半焼以上の状態で，1945年中の死者は約14万人と推定されている。人的・物的，そして精神的損失は甚大であり，戦後の何よりも平和を願う思いは，広島平和公園や，周辺の随所に立つそれぞれの慰霊碑からも知ることができる。原爆ドームはその象徴である。
　1960年代から県内でも重工業化が進められ，農山漁村の人びとは工業労働力として沿岸の都市へ大移動した。また中国自動車道の建設によって物流が盛んとなり，内陸部にもその輸送基地や工場の造成が進められ，地域は大きく変貌した。
　これは国民生活を物質的に豊かにする一方で生れ故郷を遠くし，その歴史的・文化的遺産を破壊・滅失させることにもつながっていった。家族形態も大家族から小家族(核家族)へと大きく変化し，生活スタイルは個性的となったが，新しい生活地と生れ故郷・先祖地との交流などは細くなりつつある。
　戦後60年が過ぎ，日本国憲法も還暦を越えた。今どのような時代に入っているのだろうか。そして広島県内の歴史的文化的遺産はどのような役割をはたすべきなのだろうか。
　原爆ドームと厳島神社が世界文化遺産に登録されたのは，1996(平成8)年のこ

とである。ユネスコが「世界の文化遺産及び自然遺産の保護に関する条約」を採択したのは1972(昭和47)年のことであるが、日本国が批准したのは、それから20年を経た1992(平成4)年であった。以来、1993年の法隆寺・姫路城・京都を始めとして、国内の「顕著な普遍的価値を有する」遺産の登録が進められてきた。

　ユネスコは、その憲章の前文において、「戦争は人の心の中で生まれるものであるから、人の心の中に平和のとりでを築かなければならない。相互の風習と生活を知らないことは、人類の歴史を通じて世界の諸人民の間に疑惑と不信をおこした共通の原因であり、この疑惑と不信のために、諸人民の不一致があまりにもしばしば戦争となった。ここに終りを告げた恐るべき大戦争は、人間の尊厳・平等・相互の尊重という民主主義の原理を否認し、これらの原理の代わりに、無知と偏見を通じて人間と人種の不平等という教義をひろめることによって可能にされた戦争であった。文化の広い普及と正義・自由・平和のための人類の教育とは、人間の尊厳に欠くことのできないものであり、且つすべての国民が相互の援助及び相互の関心の精神をもって果たさなければならない神聖な義務である。政府の政治的及び経済的取極のみに基づく平和は、世界の諸人民の、一致した、しかも永続する誠実な支持を確保できる平和ではない。よって平和は、失われないためには、人類の知的及び精神的連帯の上に築かなければならない」と述べ、第1条でその目的を「教育、科学及び文化を通じて諸国民の間の協力を促進することによって、平和及び安全に貢献することである」と明記している。そして、その目的を実現するための行動の1つとして、「世界の遺産である図書、芸術作品並びに歴史及び科学の記念物の保存及び保護を確保し、且つ、関係諸国民に対して必要な国際条約を勧告すること」があげられている。

　広島県には、世界文化遺産が2カ所もある。ほかにも危機に瀕した価値の高い遺産があるが、地域社会の人びとが築きあげた一つひとつの遺産を、教育や文化面においてどのように活用していくか、今ユネスコ憲章の精神を身近に感じながら、それを具体的に成熟させていく時代に入ってきているのではなかろうか。

【地域の概観】

広島市とその周辺

　広島湾の沿岸部地域，太田川流域ならびに三篠川の深川辺りが対象である。海の道・河の道・山陽道が絡み合っていた地域である。

　廿日市市の冠遺跡は，冠山の安山岩を原石として，旧石器〜縄文時代に石器を製作した遺跡で，県南部方面への供給が想定される。広島湾地域では，縄文・弥生時代には北部九州や西瀬戸地域との交流が盛んで，古墳時代には当時海上交通の要衝を押さえていた地域首長がヤマト政権と同盟して台頭していた。太田川河口の県内最古級の前方後円墳である宇那木山2号古墳（広島市安佐南区）や，三角縁神獣鏡や甲冑類が出土している中小田古墳群（同市安佐北区）は，そうした首長の墳墓と考えられる。

　可部は太田川・根谷川と三篠川の合流地域として経済的に発達した。古墳時代には県内でも有数の横穴式石室墳の群集した地域で，内陸部とも交流をもった大きな集落が形成されていたと推察される。平安時代末頃には，源頼信・頼綱父子という商人的領主の存在が確かめられる。材木などの物資を商売して富を蓄えたものであろう。また，当時の河口の佐東郡（旧佐伯郡東部）地域は海上流通との接点であったが，伊福郷堀立（現，安佐南区下祇園）には，山県郡の厳島社領の倉敷地が設けられ，厳島神社や京都の八坂神社の神人らが商業活動の拠点とした。現在の安神社は，そうした活動にともなって創建されたものである。

　一方，広島湾西部の佐西郡（旧佐伯郡西部）は，極楽寺山など600m級の山が沿岸部に迫り，石内川などがつくる谷地に集落が展開した。その生業は海上交易であったと考えられる。

　安芸国では数少ない『延喜式』式内社である厳島神社・速谷神社は佐伯氏の氏神であったが，日宋貿易を進めた平清盛の篤い信仰を背景に，厳島神主佐伯景弘が安芸守に就任すると，海神としての厳島神社の影響力は高まった。

　平氏滅亡後，佐伯氏は承久の乱（1221年）で後鳥羽上皇方に与したため没落し，直後に神社は焼失した。その造営は新神主に就任し，あらたに安芸守護に補任された藤原親実がになうところとなったが，彼は朝廷と幕府の支援によって再建をはたした。その造営料所とされた安芸国衙領は厳島神社の社領となっていった。

　藤原姓神主家が安芸国に下向するのは南北朝時代中頃と考えられるが，国内の社領が周辺領主の押領にさらされるなかで，佐西郡を神領として国人領主化の動きを進めた。

　可部から広島湾頭の政治的・経済的要地を押さえたのは，鎌倉時代初期に最初の安芸守護となった武田氏であり，南北朝時代中頃に安芸国衙領を押領した大内氏であった。藤原姓神主家は大内氏と強く結びついたが，戦国時代に尼子氏の安芸侵攻に武田氏とともに呼応したものの敗退し，討滅された。その後，厳島神社領は大内

氏・陶氏の支配するところとなるが，その滅亡後は毛利氏が領有した。

　厳島の重要性は，廿日市とともに外国貿易と連動した内海流通の要港であるところにあり，たとえば京・堺の商人が薩摩（現，鹿児島県西部）・大隅（現，鹿児島県東部・大隅諸島）・日向（現，宮崎県・鹿児島県の一部）の港津で外国産品を購入する途次に立ち寄る重要な港町であった。それは宗教行事としての法会やそれにともなう市立の際には，内海地域最大の賑わいをみせた。また，山口の大内氏のもとに下向する文化人・芸能者らの寄島・滞留なども多く，戦国時代には町衆の文化も展開した。

　毛利輝元が広島に築城し，関ヶ原の戦い（1600年）後に福島氏，そして浅野氏によって城下町の整備が進むにつれ，一大消費地としての広島が形成された。島嶼部から海産物，太田川流域から鉄・材木・薪・炭・野菜など，さまざまな生活物資が運ばれ，流域からの船は帰途に城下町の糞尿を肥船に積み，持ち帰って田畑の肥料とする１つの生活循環ができあがる。こうした生活循環は，近代の下水道施設の敷設・普及まで続いた。

　幕末期には，幕府軍と長州軍の戦争によって佐伯郡沿岸地域は大きな被害を受けた。厳島大願寺には，勝海舟と広沢真臣が講和交渉をした部屋も残る。

　明治維新には，古来から神仏習合であった厳島神社に神仏分離の嵐がふりかかり，大願寺や座主大聖院（別当寺）は分離された。島内では，大経堂（千畳閣）や五重塔，また仁王門などにあった仏像のなかには大願寺に移されたものもあり，供僧方の僧坊は多く消滅した。政治権力の交代・変革によって神道が国教化された結果，神仏習合の有様は構造的に断ち切られた。

　1878（明治11）年の郡区制度・町村制度の施行，それ以後におけるたび重なる合併，とくに広島市の政令指定都市化で，佐伯郡などは消滅した。

　日清戦争（1894年）にともなう臨時首都化から軍都として発展した広島は，原爆被災により平和都市としての道を歩み出した。第二次世界大戦後の1965（昭和40）年頃からの高度経済成長期には，農地だけでなく山を削っての大規模宅地化が急速に進み，乱開発ともよばれ，都市計画の重要性が問われた。

　しかし，太田川の中州地帯では，現在も伝統的な広島菜の生産が続けられており，また，水資源の保全のため，市民により中国山地の太田川源流地域におけるブナ林の保護も行われている。

呉・竹原と瀬戸の島々

　この地域は，芸南とよばれ，「平成の大合併」によって呉市・竹原市・江田島市，一部は東広島市になった。地形的には，平地の少ない複雑な地形と島嶼部から成り立っている。

　律令制下の郷としては，安芸郡安満・舩木，賀茂郡香津，沼田郡都宇の４郷があるが，たとえば安満郷は安芸郡沿岸や島嶼部で活動する海人たちの生業地域であ

ろう。また，都宇郷は畿内色の濃い横大道古墳群(竹原市)付近一帯で，古代山陽道が通る地域であった。

平安時代後期になると，国衙領の荘園化が行われ，皇室領安摩荘(江田島・波多見島・呉浦など)，摂関家領倉橋荘，興福寺領日高荘(蒲刈島)，下賀茂社領都宇・竹原荘，石清水八幡宮領呉保など，中央権門の領有するところとなる。

鎌倉幕府が成立し，元寇(1274・81年)以後，北条氏得宗の勢力が強まると，内海流通に着目した海賊の動きが活発化する。安芸守護は北条氏一門の名越氏であったが，幕府は亀頸(倉橋島)に警固役所をおき，海賊の取締りにあたった。

南北朝動乱期になると，伊予国(現，愛媛県)の海洋領主たちの勢力が北上し，また竹原小早川氏の勢力が広がってくる。山口を本拠として北部九州にまで大領国を形成した大内氏が安芸国に入ると，伊予国出身の山本・多賀谷・野間氏ら呉衆はその支配下に入り，また竹原小早川氏も大内氏方の国衆として，室町幕府・細川氏方の沼田小早川氏と対峙する。

呉衆は大内氏・陶氏の滅亡にともない毛利氏に討たれ，この地域は，竹原小早川氏を継ぎ，沼田小早川氏の家督も相続した毛利元就3男の隆景が支配するところとなる。小早川隆景の海上基盤は，芸予諸島に分出していた庶子家のみならず，広島湾頭にもおよび，織田氏との戦争時には備中(現，岡山県西部)・備前(現，岡山県南東部)まで水軍を派遣した。

江戸時代になって社会が安定してくると，竹原の製塩を始め，諸産業の発展がみられた。17世紀なかば頃から開発された竹原塩田は，瀬戸内海を代表する塩田に発展し，18世紀以降には竹原町人文化の隆盛をもたらした。

海上交通は，沖乗り航路の要港御手洗，幕府公認の海駅三之瀬，そして諸国廻船が出入りした忠海などが繁栄をきわめた。また，呉や吉浦，阿賀・長浜・川尻など，各地に町場の様相をもった漁業集落が点在していたことも地域の特色である。

1889(明治22)年に呉鎮守府が開庁され，呉海軍工廠も設置されると，関係する人びとが集住して都市となり，呉港は海軍の要塞として第二次世界大戦の敗戦まで重要な役割をはたした。戦後は，造船や鉄鋼の工場を誘致し，復興・発展を遂げた。

竹原市域は明治時代以降も塩田の町として発展したが，第二次世界大戦後に塩田跡地に官公署を移し，商業街化も進められた。また，江戸時代の歴史的な町並みが保存され，観光地として人気をよんでいる。

三原・尾道とその周辺

瀬戸内海沿岸における備後国の西端は御調郡，安芸国の東端は沼田郡である。中世までは高山城と新高山城(ともに現，三原市本郷町)の間は入り海であり，現在の沼田川は国境とはならず，やや東の仏通寺川沿いの真良までが沼田郡に含まれた。

三原市は旧備後・安芸両国の国境周辺の市や町が合併してできた。この地域は東

西文化交流の境目であり，言葉にもそうした特徴がみられる。

三原市本郷町では，6世紀後半に沼田川支流の尾原川沿いに県内最大級の横穴式石室をもつ梅木平古墳が築造され，兵庫県高砂市付近で産出する竜山石でつくった家形石棺が4セットも搬入されているなど，畿内色が著しい。また，7世紀なかばには，大和（現，奈良県）地方の切石の横穴式石室と構造が共通する石室をもつ御年代古墳も営まれている。

沼田郡は，9世紀頃までは，采女を貢進した佐伯直氏や佐伯渟田連氏らの佐伯姓の豪族が確認されるが，平安時代後期までには，藤原姓の沼田氏の支配権が拡大した。そして沼田氏によって，蓮華王院領沼田荘として立券される。しかし，沼田氏は源平争乱期に平氏に随い没落し，あらたに鎌倉幕府地頭として土肥遠平が入り，小早川氏を名乗って内陸部や島嶼部へ庶子家を分出し，大所領を形成した。

鎌倉時代中期には，沼田川下流域の干拓が進められ，自然堤防上に沼田本市や新市が成立し，沼田川の河川水運と内海流通の接点となって賑わった。沼田小早川氏の惣領家は，市場統制などにより商人の掌握に努めて経済力を高め，またみずからも，朝鮮貿易を行う海洋領主的性格を強く備えていた。こうして得た富は，1つには菩提寺の仏через寺の創建など，造寺・造塔にも投じている。

沼田小早川氏は，南北朝・室町時代には，幕府・細川氏と地域大名大内氏の抗争のなかで，一貫して幕府・細川氏方勢力の最前線として行動した。しかし，惣領家と庶子家の対立が激しかった時期もあり，一族統制にも苦しんだ。

一方，現在の尾道市域は，平安時代末頃に高野山領の大田荘の倉敷地として出発した。鎌倉時代には内海商人たちによって，流通で蓄積された富が活用され，浄土寺などの造寺・造塔が行われた。

しかし，1319（元応2）年に備後守護長井貞重は，代官らを高野山領尾道浦に乱入させ，神社・仏閣・民家などに放火し，民衆に対して殺害・刃傷を行い，年貢物などを略奪している。

室町時代には，尾道に守護山名氏の館がおかれ，備後国支配の拠点となった。山名氏は直属船を所有し，畿内へ在京生活物資を輸送するとともに，銅などを積載して明と貿易を行った。そうした富は，一族で行った西国寺の造営にも活用された。

守護や領主，内海を往来する商人たちによって多くの寺院が造営され，現在に伝えられていることは，内海流通や貿易に従事した人びとのそれぞれの階層や意識に基づいた篤い信仰を示している。

1544（天文13）年に毛利元就の3男隆景が大内氏方の最前線の竹原小早川氏の家督，続いて1550年に幕府・細川氏方の沼田小早川氏の家督も相続したことによって，大内氏・毛利氏方としての強大な国衆小早川氏が成立した。そして，城郭は，沼田川東岸の高山城から西岸の新高山城に移された。隆景はさらに三原に海城を構えた

地域の概観　295

ので，三原は塩・酒・鍛冶・鋳物師などの商人・職人の活動が盛んとなり，また沼田市の商人たちも移住して城下町の形成が進んだ。

関ヶ原の戦い(1600年)，福島正則の改易(1619年)を経て，福山に水野氏が入ると，広島城に入った浅野氏は三原に家老浅野氏を入れた。西国街道も城下に整備され，三原は尾道とともに海陸交通の要衝として発展した。西国街道は現在の本郷町地域を通過し，本郷には宿駅がおかれるなどした。

尾道は1898(明治31)年，三原は1936(昭和11)年に市制を施行し，以後は，旧御調郡や豊田郡，沼隈郡の町村を編入し，現在の大市域形成の端緒となった。

福山・府中とその周辺

福山市には神辺と鞆という，古代以来の備後国陸海の玄関口がある。神辺には本陣跡が残り，鞆には中世以来の地割の方法を示す建造物も遺存し，海岸線は江戸時代中・後期のものであって，港湾諸施設も存在する。内海の潮目の良港として国際交流も活発に行われ，朝鮮通信使の「日東第一形勝」との賞讃は有名である。

芦田川下流域の神辺平野には，旧石器時代後期頃から人の居住が確かめられ，弥生時代前期の亀山遺跡や大宮遺跡などの環濠集落も知られる。また，古墳時代各期の多数の古墳や規模の大きな横穴式石室墳が集中する地域である。なかでも駅家町の二子塚古墳・二塚古墳・大迫金環塚古墳や，神辺町の迫山1号・9号古墳，大坊古墳などはヤマト政権と深いかかわりをもった大型古墳であり，その被葬者は「吉備品治国造」や「吉備穴国造」に比定される。吉備を冠するが，備前(現，岡山県南東部)・備中(現，岡山県西部)の下道氏や上道氏とは系譜を異にし，それぞれ大和国(現，奈良県)の和邇氏，多遅麻君や針間阿宗君と同祖関係にある。

南北朝時代には，備後国一宮吉備津神社の社家宮氏が在地領主として勢力を発展させ，幕府奉公衆として備中国においても行動しており，備後・備中の南部地域が緊密に関係していたことがわかる。この宮氏が大内氏や毛利氏らの連合軍に攻め滅ぼされたのは，1552(天文21)年のことである。その直前には，大内氏と尼子氏の間で神辺城の攻防戦が展開され，大内氏・毛利氏の勝利となり，尼子氏方であった神辺城主杉原氏は毛利氏に帰順した。その結果，毛利氏は神辺城とその周辺領域の直轄領化を進め，領国東部の重要拠点と位置づけ，惣国検地後には毛利元康を配置し，相方城と連携して領国東部をかためた。一方，鞆は毛利氏の直轄領として代官支配が行われることになった。

関ヶ原の戦い(1600年)後に芸備両国(安芸・備後)を支配した福島正則と，その改易後に入部した水野勝成は鞆城を活用したが，水野氏は福山城を築き(1622年完成)，西国大名への幕府の最前線の要となった。神辺は西国街道の宿駅機能に特化され，本陣も設けられ，周辺地域の人びとは交通・旅足にともなう稼ぎも多かった。また農村において綿作や木綿織が盛んに行われ，農家の重要な収入源となり，こうした商品作物生産の発達は，農村を商品経済の展開に巻き込んだ。そうした状況が農民

層の分解を招き，1717(享保2)年や1786(天明6)年の百姓一揆の原因となった。

　神辺から芦田川を上流にたどると，備後国府がおかれた府中に至る。山陽道という幹線交通路が神辺から北寄りになった理由については，地形と備後国北部への利便性などが考えられる。福山市北西部から府中市域にかけては，芦田川両岸に条里制の地割も存在し，また平城京の長屋王邸跡からは葦田郷が氷高内親王（のちの元正天皇）の封戸であったことを示す木簡も出土している。

　山陽道は芦田郡を経て御調郡に入るが，尾道市御調町市付近に看度駅がおかれたと考えられる。御調郡は，平安時代に石清水八幡宮や摂関家の荘園が成立し，大田荘や小童保などから尾道への南北路の中継地ともなった。室町・戦国時代における国人領主らによるこの地域の争奪戦は，こうした特性に基づく。市が江戸時代に宿駅・在郷町として発展した背景には，地理的な位置と，それまで東西・南北交通上の経済的要衝としてはたした地域の役割があった。また府中から北上して三良坂・三次に至る上下には，幕府直轄領として代官所がおかれ，石見銀山（現，島根県大田市）往来の宿駅として繁栄し，石見銀山銀を元手とした貸付なども行われ，政治・経済の中心となった。

　1871(明治4)年の廃藩置県によって福山藩領は福山県となり，その後，旧備中一円を加えて深津県が成立した。1872年に笠岡を県庁として小田県と改称，1875年に岡山県に合併された。1876年に岡山県から備後6郡が分離，広島県に移管され，現在の広島県域が確定した。歴史的に備中南部との結びつきが強い。

賀茂・世羅台地

　東広島市の西条地域は，三ッ城古墳・安芸国分寺跡・鏡山城跡と3件の国指定史跡が存在するように，古代・中世において，安芸国の政治・文化の中心であった。平成以降は，広島大学の移転にともない，都市基盤の整備が進められている。

　広島大学の移転にともなう発掘調査によって，大学敷地内に各時代のさまざまな遺跡が確認されている。なかでも西ガガラ遺跡では，旧石器時代の掘立柱による平地式住居跡が検出され，全国的に注目されている。県内最大規模の前方後円墳である三ッ城古墳は，5世紀中期のものであるが，ヤマト政権と同盟し，急速に台頭した広域首長の墓と考えられる。古墳時代後期の横穴式石室墳は石室規模の大きなものはないものの，西条市街地北側でまとまって確認されるが，これは国分寺の造営につながるものであろう。条里制の施行も西条市街地西北の「一ノ坪」，国分寺東方の「郷（五）之坪」などの地名からうかがわれる。また，『日本三代実録』貞観元(859)年紀に采女を貢進する郡司一族として，賀茂郡の凡直氏の存在が知られる。

　東広島市は「平成の大合併」で，沿岸部の安芸津から内陸部の河内町・豊栄町を含む広域となった。三原市大和町や世羅郡への交通も，西条や河内が起点となる。世羅は大田荘の故地であり，世羅町内には横穴式石室をもつ康徳寺古墳やこれ

に続く康徳寺廃寺，県内では他例のない軸式扉石をつけた終末期の神田2号古墳が存在するなど，早くから畿内系文化の浸透がみられる。

東広島市域は，中世には東西条とよばれた。南北朝時代に大内氏は，守護今川了俊(貞世)が九州の南朝方攻めに下向(1371年)した後，国衙領を押領し，支配下の軍勢に預けおいている。

大内氏は西条盆地の中央部の鏡山に城郭を構え，重臣を東西条代官としておき，地域の中小領主を西条衆として編成し，安芸国支配の拠点とした。また日名内へ越える峠を，室町幕府・細川氏方の沼田小早川氏との境界とした。大内氏は，毛利氏・天野氏・平賀氏・竹原小早川氏・阿曽沼氏らに給地を与えて編成を進めるが，安芸国の秩序は，彼ら国衆の婚姻を基盤とした領主連合と大内氏の支配を両輪として保たれた。

1523(大永3)年の尼子氏の鏡山城攻撃に敗れた大内氏は，拠城を槌山城へ移すが，1551(天文20)年の大内義隆の死後，西条盆地は毛利元就による支配に移る。

山陽道は西条から瀬野川沿いに西へ進むが，必ずしもこの道を通行したのではなく，たとえば1575(天正3)年に薩摩(現，鹿児島県)の島津家久は，伊勢参詣の途中に安北郡の八木の渡しで太田川を渡り，玖村・狩留家から湯坂(現，広島市安佐北区)を越え，志和町の七条椛坂から西条に入る道をとっている。

江戸時代の広島藩政下においては，四日市に賀茂郡の郡役所がおかれるとともに，本陣・宿駅がおかれ，賀茂郡の政治・経済の中心となって発展した。

四日市次郎丸村は，1890(明治23)年に町制を敷いて西条町となり，1894年には日清戦争遂行に向けて山陽鉄道が開通し，大きく発展することとなった。

とくに日清戦争の兵站基地として広島の産業振興が図られると，日本酒の需要も増大し，また三浦仙三郎らによる軟水醸造法などの酒造技術面の改良もあって，西条では酒都としての原型が確立した。その発展を基盤として，西条地域は現在も銘醸地として知られ，毎年10月には町おこし活動として，「酒まつり」が行われている。

三次・庄原と神石高原

備後の南北路のうち，芦田川水系から上下川・馬洗川などの江の川水系をたどる道は，福山・尾道から上下・甲奴・吉舎・三良坂・三次へと進む。この道は，さらに赤名峠を越えて出雲(現，島根県東部)・石見銀山(現，島根県大田市)にも至る要路である。芦田川水系と江の川水系の分水嶺は上下町(現，府中市)であり，甲奴町(現，三次市)との間の峠道も険しい。

三次地域では，弥生時代には地域性の強い塩町式土器をつくった集団が四隅突出型墳墓を造営し，その最後に築造された矢谷墳墓は，まさに出雲と吉備(現，岡山県全域と広島県東部)の接点であることを如実に示している。また，古墳時代にかけての集落遺跡には，山陰系の土器を出土するものが多く，鍛冶炉・鉄滓をともなうものもあって，鉄産業と関係が深いことがうかがえる。

鉄資源については，平城宮跡で746(天平18)年に三上郡から調として鍬を輸納した木簡が出土しており，また805(延暦24)年には，太政官が備北8郡から調として鍬鉄を輸納することを決めたことなども知られる。

　鎌倉時代になると，広沢氏や長井氏らの関東武士団が入部する。彼らは南北朝時代に周辺の荘園を押領するなどしたが，室町時代の応永の乱(1399年)後に守護となった山名氏のもとに編成された。

　応永の乱後に備後守護に山名常熙，石見守護に山名氏利，安芸守護に山名満氏が任じられたのは，防長両国(周防・長門〈ともに現，山口県〉)の大内盛見を討滅するためであったが，これに対して，石見や安芸の大内氏方国人は，一揆を形成して軍事的に対抗した。ここには，幕府の勢力と大内氏の勢力の境目の政治状況がよくあらわれている。

　戦国時代に入ると，出雲の尼子氏勢力の南下が始まり，山名氏と結んで備後国に進出した大内氏と対抗する。こうしたなか，杵築大社(現，出雲大社)の御師坪内氏が，三吉氏・江田氏ら備北の国衆を訪れて信仰をとりもち，尼子氏の使者となって調略も行った。また中国山地を越えた物資の流通も盛んになった。

　関ヶ原の戦い(1600年)，福島氏の改易(1619年)後，甲奴郡内は広島藩領と福山藩領に分けられ，1698(元禄11)年の水野氏断絶後は，神石・甲奴郡などは幕府直轄領とされた。代官所は上下におかれた。

　この南北路沿いは，江戸時代中期には楮紙の生産など商品経済も浸透し，百姓一揆勃発の舞台となることもあった。しかし，その繁栄による賑わいも，明治時代になると大きく衰退し，それは1938(昭和13)年に福塩線(現，JR福塩線)が開通したことによっても，回復するのはむずかしかった。

　山陰へはこれとは別に，奴可・神石・東城から出雲へ越える交通路がある。この地域は，備中国倉敷(現，岡山県倉敷市)で瀬戸内海へそそぐ高梁川水系の流域でもあり，備中とのつながりが強い。中国山地では珍しい4世紀代の前方後円墳である大迫山1号古墳や辰の口古墳が営まれたのも，こうした地理的背景からであろう。また石灰岩地帯であり，洞窟や岩陰を利用した帝釈峡遺跡群(庄原市・神石高原町)も著名であり，黒雲母花崗岩・石英閃緑岩の地質は，たたら製鉄という地域の特徴的営みを生んだ。広島県のなかでも特色ある地域性が形成されたのは，出雲からの道，吉備からの道，備後南部からの道などを利用した交流が，それぞれの文化を融合させたからであり，こうした地域性は現在も続いている。

　戦国時代の戦争は，こうした地域資源の争奪がねらいであったが，地域資源にも時代の文化と密接にかかわったものがある。帝釈峡夏森で採取される備後砂(八方砂)とよばれる良質の大理石である。戦国時代に国衆山内氏は，将軍足利義輝に献上しており，敷き砂や盆石の材として，わびさびの文化的風潮を進めた。

　江戸時代に奴可郡域を領した広島藩は，1712(正徳2)年以降に，たたら・鍛冶

地域の概観　　299

屋所を三次・恵蘇両郡とともに藩直営とし，原料の砂鉄採取は民間に委ね，当地域は一大鉄産業地域として発展した。

　神石地域は福山藩領から1698(元禄11)年に幕府領となるが，起伏に富んだ地形を利用した水田耕作が行われ，畑作や牧畜も盛んになった。牛小作の慣行とあいまって，明治・大正・昭和時代の改良を経て，神石牛は黒毛和牛の優良牛としての評価が確定している。

　奴可・恵蘇・三上の3郡は1898(明治31)年に比婆郡となったが，「平成の大合併」により庄原市となり，神石郡は神石高原町となった。

高田高原と芸北地域

　この地域は江の川水系の可愛川流域にあたるが，一部太田川上流域や三篠川上流域も含まれる。地形的には，広島市可部から可愛川流域の安芸高田市八千代にかけては，上根峠という南北の分水嶺が横たわるが，安芸高田市向原においては，三篠川と可愛川の支流戸島川はきわめて近距離に接するようにあり，両水系の人びとの交流・混在が予想される。

　現在は，「平成の大合併」により，安芸高田市と山県郡北広島町・安芸太田町になっている。

　『和名抄』の高田郡の郷は，三田・豊島・風早・麻原・川立・舩木・粟屋の7郷である。平安時代後期の風早郷を本拠とする凡氏については，厳島神社文書中に関係史料があって研究が進み，広く知られている。この地域は，古墳時代には，戸島大塚古墳(安芸高田市)に代表される，玄門式横穴式石室(玄門によって玄室と羨道を区分した石室)が集中して営まれているという地域的特色がある。このような古墳を営んだ集団の動きが高田郡成立の母胎となったとみてよい。

　また，高宮郡には苅田・内部・竹原・高宮・丹比・訓寛の6郷がおかれた。内部郷に関しては，畿内とのつながりが深い明官地廃寺跡で「高宮郡内了(部)寺」と刻んだ文字瓦が出土しており，古代寺院名と郷名が一致するきわめてまれな例として注目される。

　吉田(現，安芸高田市)は高宮郡衙がおかれた所である。背後の郡山には密教の山岳寺院がおかれ，南北朝時代には「郡山坊主権大僧都」とよばれる僧がいた。山頂近くには満願寺跡の伝承地もあり，平安時代初期作の千手観音立像も現存する(清住寺所蔵)。南麓には祇園社(清神社)があり，吉田荘が平安時代末頃に祇園社一切経会の料所となって以来，地域神として崇敬されている。

　内部地頭は介源頼宗一族であった。その没落後に入部したのが，吉田荘地頭毛利氏の庶子家福原氏や中馬氏らである。毛利氏惣領家は福原氏らの援助を得て，三篠川や戸島川流域に分立した庶子家麻原氏や坂氏と合戦を繰り返したが，応仁・文明の乱(1467〜77年)中に惣領豊元が西軍の大内氏方に属し，麻原氏を在地から追放して以降は，惣領権がしだいに強まった。

郡衙の裏山に郡の寺がある吉田郡山と似た状況にあるのが，山県郡衙と福光寺である。山県郡の凡氏は譜代郡司であるが，平安時代末頃の厳島社領壬生荘の状況からすると，福光名(現，北広島町)ほか大規模名の名主でもあった。現在，古保利薬師堂のある山には古墳群が存在しており，薬師堂に安置されている平安時代初期の薬師如来や日光・月光両菩薩立像は，凡氏の氏寺福光寺にあったものと考えられ，山間地域の富と文化の豊かな時代像をうかがえる。

　毛利氏は，初め郡山の東南部の独立峰，通称本城を要害としたが，戦国大名化とともに郡山の全山城郭化を進め，山岳寺院の満願寺の堂宇も取り込んだ形となった。地域民の山岳寺院への信仰は，こうして修理・造営，そして祭祀などを主宰する領主毛利氏の支配の深まりと重なっていく。

　山県郡には，室町時代に守護武田氏の力が浸透するが，しだいに毛利氏の力が伸び，戦国時代には，壬生氏らは毛利氏に属した。承久の乱(1221年)後に大朝荘に入った吉川氏は，材木や鉄資源を活用して発展し，室町時代には，武田氏や出雲(現，島根県東部)の尼子氏，石見(現，島根県西部)の国衆らと結んで大きな勢力を形成した。しかし，戦国時代に入って武田氏が滅亡すると，毛利元就の2男元春を家督に迎え，その一翼となった。

　この地域には，毛利氏の郡山城・猿掛城，宍戸氏の五龍城，吉川氏の日山城などの国衆の大規模山城，吉川元春館跡・万徳院跡などの城館・氏寺遺構が残されている。文献史料とあわせると，その生活や文化性が豊かに描き出される。

　関ヶ原の戦い(1600年)後に毛利氏が防長両国(周防・長門〈ともに現，山口県〉)に移封されると，郡山城は廃城となり，幕末には麓に広島藩の陣屋が営まれた。また，吉田は雲石路の宿駅で，可愛川水運の湊もあり，物資の集散地として栄えた。

　山県郡は農業・林業・鉱山業を中心としたが，とくに豊平・芸北地域では，たたら製鉄が盛んに行われた。太田川流域の地域では，薪や炭などの生活物資を広島城下へ，広島城下からは肥料の干鰯などが運ばれた。

　中国山間地域のため冬期は雪が深く，1963(昭和38)年の豪雪で村を出た人たちも多い。芸北の臥竜山などにはブナ林もみられ，人造湖の樽床ダム(聖湖)と三段峡は，季節にはハイキングなどを楽しむ人も多い。

地域の視座から考える

　最後に，芸備両国(安芸・備後)が日本列島全体のなかでどのような地域性をもつか，述べておきたい。

　各時代の中央の政治権力は，前代の社会構造の継承と断絶，そして創造のなかで列島支配を展開させたが，その支配領域に対して均質な支配を行い得たわけではなかった。それは，前近代社会においては当然のことであった。

　中国地方は東西に長いが，東部は京阪神，西部は九州とのつながりが強く，旧安

芸・旧石見(現,島根県西部)はその境目地域という特色がある。こうした構図は,地理的要因と東西関係の積み重ねの結果である。そこでは流通経済面での友好的交流も行われたが,政治的には中央政権の都合によって,隣国であっても相互に牽制・対抗させられた場合もある。

そうした特色を定着させたのは,約650年前の南北朝の動乱であったと思われる。南北朝時代中頃の観応の擾乱(1350～52年)期頃に作成された京都の公家たちの日記類には,「中国」という言葉が地域呼称としてあらわれる。たとえば,1354(文和3)年に室町幕府将軍足利義詮は,細川頼有に「中国凶徒退治」を命じたり,1356(延文元)年には足利直冬や彼を庇護する山陰の山名時氏,防長両国(周防・長門〈ともに現,山口県〉)の大内弘世らの南朝方勢力を打倒する「中国討手」のことが議せられたり,またその命令を受けて下向した細川頼之は,「中国管領」などと呼称されている。

「中国」は,ほぼ現在の中国地方を指す広域的な地域呼称として,南北朝時代中頃に京都の支配者層に認識され,しかも京都政権に敵対する者がいる地域とされた。この呼称の由来は,地理的には京都と九州との中間という意味であるが,政治的には京都政権と南朝を奉じてそれに対抗する九州の領主,山陰の山名氏,防長両国の大内氏との"中間"という意味を有した。したがって,京都政権からみると,東部は味方地であるが,西部は敵方地,中部はその境目にあたる構図であった。

大内氏は幕府側に転じたものの,領国を北部九州に拡げ,朝鮮・中国・琉球などの東アジア諸国との貿易に基づく経済力を基盤にして,独自性・主体性を保持した。海に国境のない中世における京都政権の列島支配の不均質性は明らかである。

今,仮に中央の政治権力を中心軸に同心円を3つ,たとえば「中央」「境目」「辺境」と想定してみよう。なお,「辺境」は,隣接する他国の外縁部=「辺境」と重なる,外国の新しい技術や文化を入手しやすい国際性豊かな地域である。これを動態的にみると,「境目」が「中央」に従って行動すると,「辺境」は圧迫される。逆に「境目」が「辺境」とともに行動すると,「中央」の政権は崩壊する。真中の「境目」がどう動くか,ふくらむか,狭まるか,そしてまた「中央」「辺境」のどちらの動きと協同するか,それによって,政治・経済・社会の変革は行われ,時代はかわる。それはこれまで歴史が歩んできたところである。

したがって,とりわけ前近代社会においては,日本史を一国史観や中央中心史観で解き明かそうとすると,大きな見落としをする危険がある。

地域性という地域固有の特質は非常に重要な論点であり,地域の視座は心得るべき重要な歴史観といってよい。

本書で述べた広島県の地域性も,こうした中国地方,そして西日本地域のそれのなかに位置づけてとらえられる。

【文化財公開施設】　　　　　　　　　　　　　　　　　　①内容，②休館日，③入館料

厳島神社宝物館　　〒739-0588廿日市市宮島町1-1　TEL0829-44-2020　①平家納経，厳島神社に奉納された刀剣・武具・舞楽面・楽器など，②無休，③有料

宮島歴史民俗資料館　　〒739-0500廿日市市宮島町57　TEL0829-44-2019　①宮島の民俗資料，詩歌・絵画・宮島案内記・宮島歌舞伎番付など，②月曜日，年末年始，③有料

廿日市市郷土資料室　　〒738-0023廿日市市下平良1-1-4　TEL0829-30-9206(廿日市市教育委員会)　①廿日市市の歴史・文化・自然，民具などの資料，②第2・4日曜日のみ開館(平日は電話予約にて利用可)，③無料

吉和歴史民俗資料館　　〒738-0301廿日市市吉和3523-1　TEL0829-77-2111　①旧吉和村域の民俗資料・埋蔵文化財，②土・日曜日，祝日，年末年始，開館日も予約が必要，③無料

佐伯歴史民俗資料館　　〒738-0205廿日市市玖島4368　TEL0829-74-0602　①小田家文書，考古・民俗資料，②月・火・木・金曜日，年末年始，③無料

広島城　　〒730-0011広島市中区基町21-1　TEL082-221-7512　①再建された広島城天守閣，城下町広島の歴史資料，②年末年始，③有料

頼山陽史跡資料館　　〒730-0036広島市中区袋町5-15　TEL082-542-7022　①頼山陽を始めとする江戸時代の広島の歴史と文化に関する資料，②月曜日(祝日の場合は翌日)，年末年始，③有料

広島平和記念資料館　　〒730-0811広島市中区中島町1-2　TEL082-241-4004　①原爆と広島の被害に関する資料，②年末年始，③有料

広島市郷土資料館　　〒734-0015広島市南区宇品御幸2-6-20　TEL082-253-6771　①牡蠣養殖・山繭織りなど広島市域の地場産業と郷土の歴史を紹介，②月曜日(祝日の場合は翌日)，祝日の翌日，年末年始，③有料

広島大学医学部医学資料館　　〒734-8553広島市南区霞1-2-3　TEL082-257-5099　①江戸時代の木製骨格模型「身幹儀」(レプリカ展示)など医学部所蔵資料，②日・月曜日，祝日，年末年始，③無料

府中町歴史民俗資料館　　〒735-0006安芸郡府中町本町2-14-1　TEL082-286-3260　①府中町域の地形・自然・産業・歴史に関する資料，②月曜日，年末年始，③無料

海田町ふるさと館　　〒736-0005安芸郡海田町畝2-10-20　TEL082-823-8396　①海田町の考古・歴史資料，敷地内に畝観音免古墳がある，②月曜日(祝日の場合は翌日)，年末年始，③無料

熊野町郷土館　　〒731-4200安芸郡熊野町3606　TEL082-855-2559　①熊野筆の歴史，筆問屋の店先を再現，②月～金曜日，年末年始，③有料

筆の里工房　　〒731-4293安芸郡熊野町中溝5-17-1　TEL082-855-3010　①筆の歴史，筆づくりに関する資料，②月曜日(祝日の場合は翌日)，③有料

呉市入船山記念館　　〒737-0028呉市幸町4-6　TEL0823-21-1037　①旧呉鎮守府司令長官官舎，旧海軍関連資料・近世文書など，②火曜日(祝日の場合は翌日)，年末年始，③有料

大和ミュージアム(呉市海事歴史科学館)　　〒737-0029呉市宝町5-20　TEL0823-25-3017　①戦艦大和の10分の1復元模型や人間魚雷回天などの海軍兵器，軍港呉の歴史と造船業に関わる資料，②火曜日(祝日の場合は翌日)，4月29日～5月5日・7月21日～8月31日・12月29日～1月3日は無休，③有料

長門の造船歴史館　〒737-1377呉市倉橋町171-7　TEL0823-53-0016　①復元遣唐使船など造船と海運業に関する資料・模型など，②月曜日，年末年始，③有料

倉橋歴史民俗資料館　〒737-1377呉市倉橋町443　TEL0823-53-2010　①海底から引き上げられたナウマンゾウの化石，考古資料，造船・海運・漁業資料，②月曜日(祝日の場合は翌日)，年末年始，③有料

安浦歴史民俗資料館(南薫造記念館)　〒737-2507呉市安浦町内海南2-13-10　TEL0823-84-6421　①洋画家南薫造の生家・アトリエを改修，南家所蔵の美術品・民俗資料，②火曜日(祝日の場合は翌日)，年末年始，③有料

松濤園(御馳走一番館・陶磁器館・あかりの館・蒲刈島御番所)　〒737-0301呉市下蒲刈町下島2277-3　TEL0823-65-2900　①朝鮮通信使の行列の復元模型，関連資料，中国・朝鮮陶磁器など，②無休，③有料

豊町歴史民俗資料館　〒734-0302呉市豊町御手洗255-1　TEL0846-66-2111(豊公民館)　①旧御手洗町の歴史資料と明治・大正時代の船舶・漁業資料，②土・日曜日，祝日，③無料

教育参考館　〒737-2195江田島市江田島町国有無番地　海上自衛隊第一術科学校内　TEL0823-42-1211　①特攻隊員の遺書など旧海軍関係の資料を展示，②年末年始，③無料

木江ふれあい郷土資料館　〒725-0402豊田郡大崎上島町沖浦1911　TEL0846-62-0005　①大崎上島の造船と海運関連の資料，操舵体験もできる，②月曜日(祝日の場合は翌日)，年末年始，③有料

三ッ城古墳ガイダンスコーナー　〒739-0025東広島市西条中央7-25-11　東広島市立中央図書館内　TEL082-422-9449　①三ッ城古墳の概要や出土品，白鳥古墳出土品など，②月曜日，祝日，年末年始，③無料

東広島市三永歴史民俗資料館　〒739-0023東広島市西条町下三永930　TEL082-420-0977(市教育委員会)　①江戸時代中期の古農家を移築，当時の農民の生活を再現，②土・日曜日，祝日，年末年始，③無料

東広島市八本松歴史民俗資料館　〒739-0144東広島市八本松南2-1-2　TEL082-428-5713(市立美術館)　①赤瓦など東広島市産の焼物，梵鐘・風呂釜・農機具などの鋳物，②月曜日，年末年始，③無料

安芸太田町歴史民俗資料館　〒731-3501山県郡安芸太田町加計5908-2　TEL0820-22-1117　①加計地区に伝わる民具，太田川流域の文化と民俗を紹介，②年末年始，③無料

美和郷土館　〒731-2206山県郡北広島町移原157-4　TEL0826-35-0070　①たたら製鉄などの歴史資料，②申込みにより開館，③有料

戦国の庭　歴史館　〒731-1703山県郡北広島町海応寺255-1　TEL0826-83-1785　①吉川元春館跡の案内施設，吉川氏の歴史と館跡の発掘成果など，②月曜日(祝日の場合は翌日)，年末年始，③有料

千代田歴史民俗資料館・古保利薬師収蔵庫　〒731-1532山県郡北広島町古保利224　TEL0826-72-5040　①遺跡出土品や民俗資料，薬師如来像など仏像を多数収蔵，②月曜日(祝日の場合は翌日)，年末年始，③有料

大朝郷土資料室　〒731-2103山県郡北広島町新庄1031-1　TEL0826-82-3775　①旧大朝町域の考古・民俗資料，吉川氏関係資料・史跡を紹介，②月曜日(祝日の場合は翌日も)，祝

日，年末年始，③無料

芸北民俗博物館　〒731-2552山県郡北広島町西八幡原867　TEL0826-37-0048　①榾床・八幡山集落の生活用具，中門造りの民家（清水庵）を移築，②冬季12～4月，5～11月の月・火曜日，③有料

万徳院跡ガイダンスホール「青松」　〒731-1505山県郡北広島町舞綱　TEL0826-83-0126　①万徳院跡の発掘成果，風呂屋形の復元，②月曜日（祝日の場合は翌日），年末年始，③無料

芸北民俗芸能保存伝承館　〒731-1533山県郡北広島町有田1234-1　TEL0826-72-5088　①壬生の花田植など芸北地域の民俗資料，②月曜日（祝日の場合は翌日），年末年始，③無料

土師民俗資料館　〒731-0301安芸高田市八千代町上師1194-1　TEL0826-52-2841（サイクリングターミナル）　①土師地区出土の遺物や民具，古庭園滄浪園，古墳石棺など，②土・日曜日，祝日（開館日でも予約必要），③無料

安芸高田市歴史民俗博物館　〒731-0501安芸高田市吉田町吉田278-1　TEL0826-42-0070　①毛利氏関係資料，安芸高田市域の歴史と考古資料・文化財，②月曜日，祝日の翌日，年末年始，③有料

甲田町郷土館　〒739-1104安芸高田市甲田町上甲立387-2　TEL0826-45-4311　①宍戸氏関係資料，庶民生活資料，和算研究者三上義夫の蔵書，②水曜日以外，年末年始，③有料

竹原市歴史民俗資料館　〒725-0022竹原市本町3-11-16　TEL0846-22-5186　①竹原の塩田経営資料，頼家などの竹原町人文化の歴史資料，②火曜日，年末年始，③有料

竹原市重要文化財松阪邸　〒725-0022竹原市本町3-9-22　TEL0846-22-5474　①廻船業・醸造業を営んだ豪商邸宅，塩田経営資料，②月曜日，祝日の翌日，年末年始，③有料

三原市歴史民俗資料館　〒723-0015三原市円一町2-3-2　TEL0848-62-5595　①三原城の古絵図・立体模型・写真・古文書，②祝日，年末年始，③無料

三原市久井歴史民俗資料館　〒722-1304三原市久井町江木43-1　TEL0847-32-6883　①節供どろ人形，牛市関連資料などの考古・歴史・民俗資料，②日曜日，祝日（年末をのぞく）のみ開館，③有料

浄土寺宝物館　〒722-0043尾道市東久保町20-28　TEL0848-37-2361　①木造聖徳太子立像など浄土寺伝来の仏像・曼荼羅・文書など，②無休，③有料

因島水軍城　〒722-2211尾道市因島中庄町3228-2　TEL0845-24-0936　①因島村上氏伝来の古文書など歴史資料，②木曜日，年末，③有料

尾道市因島史料館　〒722-2211尾道市因島中庄町3222-2　TEL0845-24-0887　①製塩土器などの考古資料，漁業関係資料，家船の漁業・生活用具，②木曜日，年末，③有料

椋の里ゆうあいランド民俗資料館　〒722-2321尾道市因島椋浦町1069　TEL0845-22-4469　①廻船業関係資料，船大工道具など，②月曜日，年末年始，③無料

尾道市おのみち歴史博物館　〒722-0045尾道市久保1-14-1　TEL0848-37-6555　①考古資料，尾道豪商関連資料など，②火曜日（祝日の場合は翌日），年末年始，③有料

尾道市御調歴史民俗資料館　〒722-0343尾道市御調町丸河南86-1　TEL0848-25-7367　①本郷平廃寺出土瓦などの考古資料，串柿生産用具などの民俗資料，②第3日曜日，希望日（団体）のみ開館，③無料

尾道市向島郷土文化保存伝承施設　〒722-0071尾道市向島町立花2200　立花自然活用村内

文化財公開施設

TEL0848-45-2319 ①向島の塩田開発の歴史や民俗資料など，②火曜日，年末年始，③無料

尾道市瀬戸田歴史民俗資料館　〒722-2411尾道市瀬戸田町瀬戸田254-2　TEL0845-27-1877(市立瀬戸田図書館)　①瀬戸田島の廻船資料と漁具，製塩道具などの民俗資料，②月～金曜日(祝日をのぞく)，③無料

耕三寺博物館　〒722-2411尾道市瀬戸田町瀬戸田553-2　TEL0845-27-0800　①宝冠阿弥陀如来坐像，仏教・茶道関係資料，近代美術品，②無休，③有料

世羅町大田庄歴史館　〒722-1123世羅郡世羅町甲山159　TEL0847-22-4646　①高野山領備後国大田庄域から出土した考古資料や大田庄関係資料，②月・火・木曜日，年末年始，③有料

世羅町世羅郷土民俗資料館　〒722-1626世羅郡世羅町賀茂3132-2　TEL0847-27-0001(西大田公民館)　①弥生～古墳時代の土器・須恵器・祭祀遺物，民俗資料，②第3日曜日，希望日のみ開館，③無料

世羅町せらにし郷土民俗資料館　〒729-6711世羅郡世羅町黒川明神山　せらにし青少年旅行村内　TEL0847-37-2115(せらにしタウンセンター)　①袈裟襷文銅鐸や須恵器などの出土品，民俗資料，②毎週火曜日(1～3月)，第3火曜日(4～12月)，③無料

福山市人権平和資料館　〒720-0061福山市丸之内1-1-1　福山城公園内　TEL084-924-6789　①福山市の戦災史と平和，人権活動に関する資料，②月曜日(祝日の場合は翌日)，年末年始，③有料

福山市立福山城博物館　〒720-0061福山市丸之内1-8　福山城公園内　TEL084-922-2117　①福山城と水野藩，福山市の考古・歴史資料，②月曜日(祝日の場合は翌日)，年末，③有料

福山市山野民俗資料館　〒720-2602福山市山野町山野3782　TEL0849-74-2851(山野公民館)　①旧山野町域に伝わる養蚕・農耕・畜産用具など，②月～土曜日，年末年始，③無料

福山市松永はきもの資料館　〒729-0104福山市松永町4-16-27　TEL084-934-6644　①はきものコレクションなど古今東西の履物，②月～木(祝日は開館)，年末年始，③有料

福山市しんいち歴史民俗博物館　〒729-3103福山市新市町新市916　TEL0847-52-2992　①旧新市町域の考古・歴史資料，「備後絣」に関する展示と保存活動，②月曜日(祝日の場合は翌日)，年末年始，③無料

菅茶山記念館　〒720-2122福山市神辺町新湯野30-2　TEL084-963-1885　①朱子学者菅茶山の書，茶山と交友のあった文人たちの作品，②月曜日(祝日の場合は翌日)，年末年始，③無料

福山市神辺歴史民俗資料館　〒720-2123福山市神辺町川北6-1　TEL084-963-2361　①旧神辺町内出土の考古資料と民具，②月曜日(祝日の場合は翌日)，年末年始，③無料

広島県立歴史博物館　〒720-0067福山市西町2-4-1　TEL084-931-2513　①草戸千軒町遺跡出土品など瀬戸内地方の交通・交易や民衆生活に関する資料，②月曜日(祝日の場合は翌日)，年末年始，③有料

福山市田尻民俗資料館　〒720-0203福山市田尻町1945-2　TEL0849-56-0219(高島公民館)　①田尻地区に伝わる農業，漁労用具，②月～土曜日，年末年始，③無料

福山市鞆の浦歴史民俗資料館(潮待ちの館)　〒720-0202福山市鞆町後地536-1　TEL084-982

-1121　①鞆の歴史・文化に関する資料，鯛網漁法の模型，朝鮮通信使関係資料，②月曜日（祝日の場合は翌日），年末年始，③有料

府中市上下歴史文化資料館　〒729-3431府中市上下町上下1006　TEL0847-62-3999　①上下地域の歴史や文化財，文学者岡田美知代関係資料，②月曜日（祝日をのぞく），年末年始，③無料

府中市歴史民俗資料館　〒726-0021府中市土生町882-2　TEL0847-43-4646　①備後国府遺跡の出土品，縄文時代以降の考古資料，②月曜日，祝日，年末年始，③無料

吉舎歴史民俗資料館　〒729-4211三次市吉舎町吉舎545-1　TEL0824-43-2231　①三玉大塚古墳の出土品，和智氏関係資料，②月曜日，年末年始，③有料

三次市歴史民俗資料館　〒728-0021三次市三次町1236　TEL0824-64-3517　①『稲生物怪絵巻』や三次人形など，三次市の考古・歴史・民俗資料，②月曜日，年末年始，③無料

三和町郷土資料館　〒729-6702三次市三和町敷名1496　TEL0824-52-2948　①旧佐々木家住宅を移築・復元，考古・歴史・民俗資料，②土・日曜日・祝日をのぞく希望日に開館，③無料

広島県立歴史民俗資料館　〒729-6216三次市小田幸町122　TEL0824-66-2881　①県内の考古資料を中心に展示，②月曜日（祝日をのぞく），年末年始，③有料

庄原市立口和郷土資料館　〒727-0114庄原市口和町永田9　TEL0824-87-2115（口和生涯学習係）　①農具・民具，蓄音機・テレビ・電話機など，②火・水・金・日曜日，年末年始，③無料

庄原市西城歴史民俗資料館　〒729-5722庄原市西城町大佐739-1　TEL0824-82-2445（西城教育課）　①大富山城跡などの史跡，たたら製鉄の紹介，比婆荒神神楽などの民俗関係資料，②月曜日（祝日の場合は翌日），祝日，年末年始，③無料

庄原市歴史民俗資料館　〒727-0013庄原市西本町2-20-10　TEL0824-72-1159（田園文化センター）　①考古・歴史資料，倉田百三文学館・火野葦平コーナーを併設，②火曜日（祝日の場合は翌日），祝日，年末年始，③無料

庄原市総領郷土資料館　〒729-3703庄原市総領町下家家278　TEL0824-88-3067（総領生涯学習係）　①木屋の紙漉き用具や山村の生活用具・古文書などの歴史・民俗資料，②土・日曜日，祝日，年末年始，③無料

庄原市帝釈峡博物展示施設時悠館　〒729-5244庄原市東城町帝釈未渡1909　TEL08477-6-0161　①帝釈峡遺跡群を中心とする東城町の歴史と文化，帝釈峡の自然，②水曜日（祝日の場合は翌日），年末年始，③有料

庄原市比和郷土文化保存伝習施設　〒727-0301庄原市比和町比和1119-1　TEL0824-85-3005（比和生涯学習係）　①夏緑広葉樹林のジオラマを始めとする中国山地の林業に関する民俗資料，②年末年始，③有料

神石高原町立神石民俗資料館　〒729-3602神石郡神石高原町永野36-1　TEL0847-86-0151　①帝釈峡遺跡群・観音堂洞窟遺跡の出土品，神石牛関連の民俗資料，②月曜日，12月1日〜3月19日，③有料

神石高原町立豊松収蔵庫　〒720-1704神石高原町下豊松830-5　TEL0824-89-3344（教育委員会教育課）　①豊松の信仰用具など，民俗・歴史資料，②土・日曜日，祝日，年末年始，③無料

文化財公開施設

【無形民俗文化財】

国指定

安芸のはやし田	山県郡北広島町	5月第2日曜日
	安芸高田市高宮町	5月最終日曜日
壬生の花田植	山県郡北広島町	6月第1日曜日
塩原の大山供養田植	庄原市東城町	4年ごと(次回は2010年)
比婆荒神神楽	庄原市東城町	不定期(式年にあたる年の秋から冬)

県指定

能地春祭のふとんだんじり　　三原市幸崎町　3月第3土・日曜日
名荷神楽　　尾道市瀬戸田町(名荷神社)　4月第1日曜日
中庄神楽　　尾道市因島中庄町(中庄八幡神社)　4月15日・10月15日に近い土・日曜日
供養田植　　庄原市比和町　4月下旬～5月
小味の花おどり　　尾道市原田町　33年に1度(次回2033年4月予定)
本郷神楽　　福山市本郷町(本郷八幡神社)　5月上旬
南条おどり　　山県郡北広島町　5月第2日曜日
本郷のはやし田　　安芸高田市美土里町　5月下旬の日曜日
生田のはやし田　　安芸高田市美土里町　5月下旬の日曜日
桑田のはやし田　　安芸高田市美土里町　5月下旬の日曜日
供養田植　　神石郡神石高原町　4～5年に1回5月
花笠おどり　　山県郡北広島町　6月第1日曜日
はねおどり　　福山市田尻町(田尻八幡神社)　7月第1日曜日, 10月第1日曜日
本郷獅子舞　　安芸高田市美土里町(津間八幡神社)　7月10日前後の日曜日
稲生神社ぎおん祭のおどり　　三原市久井町(稲生神社)　7月15日に近い日曜日
忠海の祇園祭みこし行事　　竹原市忠海町(開発八幡神社)　7月中旬の日曜日
矢野の神儀　　府中市上下町　7月第3日曜日
二上りおどり　　福山市笠岡町　8月中旬
はねおどり　　福山市沼隈町　8月14日, 8月第4土曜日
生田の花笠おどり　　安芸高田市美土里町(生桑小学校校庭)　8月14日
みあがりおどり　　尾道市御調町　8月の夏まつり
椋浦の法楽おどり　　尾道市因島椋浦町(金蔵寺, 艮神社, 椋浦海岸)　8月15日
ちんこんかん　　三原市沼田町(大須賀神社)　8月16日
太鼓おどり　　尾道市吉和町　隔年の8月18日
西尾山八幡神楽　　安芸高田市美土里町(西尾山八幡神社)　9月第3土曜日
神楽(神降し)　　安芸高田市美土里町(桑田八幡神社)　9月最終日曜日, または10月第1日曜日
神事(渡り拍子・宮座・御湯立神事・やぶさめ神事)　　神石郡神石高原町(鶴岡八幡神社)
　　10月第1土・日曜日
福田のししまい　　竹原市福田町(稲生神社)　10月第1土・日曜日
ひんよう踊　　福山市本郷町　10月第1日曜日
備後田尻荒神神楽　　福山市田尻町(荒神社)　10月第1日曜日
堀八幡の流鏑馬　　山県郡安芸太田町(堀八幡神社)　10月第1日曜日

辻八幡の神殿入り	三次市吉舎町(辻八幡神社)	体育の日の前週の土曜日
湯立神楽	山県郡安芸太田町(長尾神社)	体育の日の前日
神楽(五行祭)	東広島市豊栄町(畝山神社)	体育の日
神殿入り(神殿入り・神楽・夜の御幸)	世羅郡世羅町(稲生神社)	10月10日
神儀	神石郡神石高原町(亀鶴山八幡神社)	10月10・11日
川角山八幡神楽	安芸高田市美土里町(川角山八幡神社)	10月第2土曜日
神楽(神迎え)	安芸高田市美土里町(川角山八幡神社)	10月第2土曜日
津間八幡神楽	安芸高田市美土里町(津間八幡神社)	10月第2土曜日
佐々部神楽	安芸高田市高宮町(佐々部八幡神社)	10月第2土曜日
羽佐竹神楽	安芸高田市高宮町(羽佐竹八幡神社)	10月第2土曜日
原田神楽	安芸高田市高宮町(原田八幡神社)	10月第2土曜日
来女木神楽	安芸高田市高宮町(来女木八幡神社,日吉神社)	10月第2土曜日
津田神楽	廿日市市津田(津田八幡神社)	10月第2土曜日
神楽	広島市安佐南区沼田町(阿刀明神社)	10月15日にもっとも近い土曜日
蔵王のはねおどり	福山市蔵王町・南蔵王町(蔵王八幡神社)	10月第3土・日曜日
木ノ庄の鉦太鼓おどり	尾道市木ノ庄町(幣高八幡神社)	10月第3日曜日
神楽(神降し,八岐の大蛇,天の岩戸)	山県郡北広島町(有田八幡神社)	10月最終土曜日
火の山おどり	山県郡北広島町	不定期
太鼓おどり	山県郡安芸太田町(正福寺境内)	不定期
神楽(剣舞)	安芸高田市高宮町	不定期
神楽(鐘馗)	安芸高田市高宮町	不定期
神弓祭	庄原市西城町	不定期
神楽(入申,塩浄,魔払,荒神,八花,八幡)	庄原市高野町,比和町	不定期
豊松の神楽(荒神神楽,八ケ社神楽,吉備神楽)	神石郡神石高原町	不定期
神楽(鈴合せ)	三次市作木町	不定期
神楽(五龍王)	広島市佐伯区湯来町(水内八幡神社)	随時
御調八幡宮の花おどり	三原市八幡町(御調八幡宮)	神社の大きな行事のとき
神楽	尾道市御調町	公開時期定めず
弓神楽	府中市上下町	不定期,非公開
説経源氏節	廿日市市原	不定期
備後府中荒神神楽	府中市,福山市新市町	不定期
三上神楽	庄原市	不定期
小原大元神楽	山県郡北広島町(大歳神社)	7年ごとの式年祭で奉納
坂原神楽	山県郡安芸太田町(大歳神社)	不定期

【おもな祭り】(国・県指定無形民俗文化財をのぞく)

百万遍念珠繰り	福山市新市町金丸(多聞寺)	1月3日
あび祭	呉市豊浜町	1月20日前後の日曜日・2月下旬
ホラフキ神事	福山市新市町(吉備津神社)	節分の宵の口
御弓神事	福山市鞆町(沼名前神社)	旧1月7日に近い日曜日

祭名	場所	日付
弓祭	呉市豊町(宇津神社)	旧1月9日
神明市	三原市東町・館町	2月第2日曜日
桃花祭と神能	廿日市市宮島町(厳島神社)	4月15日
弥山火渡り式	廿日市市宮島町(弥山)	4月15日・11月15日
ひろしまフラワーフェスティバル	広島市中区平和大通り	5月3～5日
市入り祭	安芸高田市吉田町(清神社)	5月5日
御島巡り	廿日市市宮島町	5月14・15日
福山ばら祭	福山市花園町バラ公園	5月下旬
とうか(稲荷)さん	広島市中区三川町(円隆寺)	6月10日
柏島の管弦祭	呉市安浦町(柏島)	7月初旬の日曜日
御手火祭	福山市鞆町(沼名前神社)	旧6月7日に近い土曜日
三体神輿	尾道市久保(八坂神社)	旧6月7～14日
住吉さん	広島市中区住吉町	旧6月14・15日
管絃祭	廿日市市宮島町(厳島神社)	旧6月17日
十七夜祭	豊田郡大崎上島町	旧6月17日
小童の祇園さん	三次市甲奴町	7月第3日曜から3日
和霊石地蔵の祭	三原市佐木島向田野浦	旧6月24日
因島水軍まつり	尾道市因島中庄・土生・大浜町	8月初旬～下旬
やっさ祭	三原市	8月第2日曜を含む前3日
玉取り祭	廿日市市宮島町(厳島神社)	旧7月14日
住吉祭	豊田郡大崎上島町	8月13日
筆まつり	安芸郡熊野町	9月23日
西条酒まつり	東広島市西条町	体育の日と前日
ベッチャー祭	尾道市東土堂町(吉備津神社)	11月1～3日
五日もうし(催し)	庄原市東城町(世直神社)	11月5日
えべっさん	広島市中区胡町(胡神社)	11月17～20日
鎮火祭	廿日市市宮島町	12月31日

【有形民俗文化財】

国指定

名称	所在地	所蔵
橲床・八幡山村生活用具および民家	山県郡北広島町	芸北民俗博物館
芸北の染織用具および草木染めコレクション	山県郡北広島町	芸北民俗収蔵庫
川東のはやし田用具	山県郡北広島町	北広島町教育委員会
豊松の信仰用具	神石郡神石高原町	神石高原町教育委員会
湯ノ山明神旧湯治場	広島市佐伯区湯来町	
はきものコレクション	福山市松永町	日本はきもの博物館
江の川流域の漁撈用具	三次市小田幸町	広島県立歴史民俗資料館

県指定

名称	所在地	所蔵
燈火用具	山県郡北広島町	芸北民俗収蔵庫
久井町の節句どろ人形	三原市久井町	久井歴史民俗資料館

油木八幡神社神札用具　　神石郡神石高原町
田尻民俗資料　　福山市田尻町　田尻民俗資料館
階見の若宮信仰資料　　府中市上下町

【無形文化財】

県指定
宮島細工(挽物)　　廿日市市宮島町
木工芸(指物)　　福山市
三次人形の製作技術　　三次市十日市南
日本刀製作技術　　山県郡北広島町

【散歩便利帳】

[県外に所在する観光問い合わせ事務所]

広島県東京アンテナショップ広島ゆめてらす　〒151-0053東京都渋谷区代々木2-2-1 新宿サザンテラス　TEL03-5333-8550　http://www.pref.hiroshima.lg.jp/tokyo

広島県東京事務所　〒105-0001東京都港区虎ノ門1-2-8 虎ノ門琴平タワー 22F　TEL03-3580-0851

広島県大阪情報センター　〒530-0001大阪市北区梅田1-3-1-800 大阪駅前第1ビル8F　TEL06-6345-5821

[県の観光問い合わせ先]

広島県観光課　〒730-8511広島市中区基町10-52　TEL082-513-3389　FAX082-223-2135　http://www.kankou.pref.hiroshima.jp

広島県観光連盟　〒730-0013広島市中区八丁堀11-18 坪井ビル5F　TEL082-221-6516　E-mail：info@kanko-hiroshima.or.jp　http://www.kanko-hiroshima.or.jp

広島県教育委員会文化課　〒730-8514広島市中区基町9-42　TEL082-513-4934

広島県教育事業団事務局埋蔵文化財調査室　〒733-0036広島市西区観音新町4-8-49　TEL082-295-5751　E-mail：maibun@harc.or.jp　http://www.harc.or.jp

広島県立文書館　〒730-0052広島市中区千田町3-7-47 広島県情報プラザ内　TEL082-245-8444　FAX082-245-4541　E-mail：monjokan@pref.hiroshima.lg.jp　http://www.pref.hiroshima.lg.jp/soumu/bunsyo/monjokan

[市町村の観光問い合わせ先]

安芸太田町観光交流課　〒731-3810山県郡安芸太田町戸河内784-1　TEL0826-28-1961　E-mail：kanko@akiota.jp

安芸太田町教育委員会生涯学習課　〒731-3501山県郡安芸太田町加計5908-2　TEL0826-22-1212　E-mail：shogaigakushu@akiota.jp

安芸太田町観光協会　〒731-3664広島県山県郡安芸太田町上殿632-2　TEL0826-28-1800　http://www.akiota.jp

安芸高田市商工観光課　〒731-0592安芸高田市吉田町吉田791　TEL0826-42-2111　FAX0826-42-4376　E-mail：info@akitakata.jp　http://www.akitakata.jp/kankou

安芸高田市教育委員会生涯学習課　〒731-0592安芸高田市吉田町吉田791 クリスタルアージョ3F　TEL0826-42-0054

江田島市商工観光課　〒737-2392江田島市能美町中町4859-9　TEL0823-40-2771　FAX0823-40-2073　E-mail：kankou@city.etajima.hiroshima.jp　http://www.city.etajima.hiroshima.jp/kankou

江田島市教育委員会生涯学習課　〒737-2213江田島市大柿町大原505　TEL0823-40-3037　FAX0823-57-2711　E-mail：gakusyuu@city.etajima.hiroshima.jp

江田島市観光協会　〒737-2122江田島市江田島町中央1-3-10 ふるさと交流館内　TEL0823-42-4871

大崎上島町商工観光課　〒725-0231豊田郡大崎上島町東野6625-1　TEL0846-65-3120　E-mail：syokokanko@town.osakikamijima.hiroshima.jp　http://www.oosakikamijima.jp/04event/index.html

大崎上島町教育委員会社会教育課　〒725-0301豊田郡大崎上島町中野2067-1
　TEL0846-64-3054　E-mail:ky.syakai@town.osakikamijima.hiroshima.jp
大崎上島町観光協会　〒725-0231豊田郡大崎上島町東野6625-1 大崎上島町商工観光課
　内　TEL0846-65-3120　FAX0846-65-3860
　E-mail:syokokanko@town.osakikamijima.hiroshima.jp
大竹市地域振興課商工振興係　〒739-0692大竹市小方1-11-1　TEL0827-59-2131
　FAX0827-57-7130　http://www.city.otake.hiroshima.jp/ch_kanko
大竹市教育委員会生涯学習課　〒739-0692大竹市小方1-11-1　TEL0827-53-5800
大竹観光協会　〒739-0612大竹市油見1-18-11　TEL0827-52-3105　FAX0827-52-6311
尾道市観光課　〒722-8501尾道市久保1-15-1　TEL0848-25-7184
　E-mail:kanko@city.onomichi.hiroshima.jp
尾道市教育委員会文化財振興課　〒722-8501尾道市久保1-15-1　TEL0848-25-7312
尾道観光協会　〒722-0046尾道市長江1-3-3　TEL0848-37-9736　FAX0848-37-7525
　http://www.ononavi.jp
海田町まちづくり推進課　〒736-8601安芸郡海田町上市14-18　TEL082-823-9210
　FAX082-823-9203
海田町教育委員会生涯学習課　〒736-8601安芸郡海田町上市14-18　TEL082-823-9217
　http://www.town.kaita.lg.jp/kanko
北広島町企画課　〒731-1595山県郡北広島町有田1234　TEL0826-72-0856
　http://www.town.kitahiroshima.lg.jp/index.jsp
北広島町教育委員会生涯学習課　〒731-1595山県郡北広島町有田1234　TEL0826-72-0864
北広島町観光協会議会　〒731-1533山県郡北広島町有田1122 道の駅「舞ロードIC千代
　田内」　TEL0826-72-6908　FAX0826-72-6905　http://www.kitahiroshima.net/kankou
熊野郡地域振興課　〒731-4292安芸郡熊野町中溝1-1-1　TEL082-820-5602
　FAX082-854-8009　E-mail:chiiki@town.kumano.hiroshima.jp
　http://www.town.kumano.hiroshima.jp
熊野町教育委員会生涯学習課　〒731-4292安芸郡熊野町中溝1-1-1　TEL082-820-5621
　FAX082-855-1110　E-mail:shogai@town.kumano.hiroshima.jp
呉市観光振興課　〒737-8509呉市中央6-2-9　TEL0823-25-3309　FAX0823-25-7592
　E-mail:info@kurenavi.jp　http://www.kurenavi.jp
呉市教育委員会文化振興課　〒737-8509呉市中央6-2-9　TEL0823-25-3461
　FAX0823-24-9807　http://haigamine.com/haigamine/index.jsp
呉観光協会　〒737-0029呉市宝町1-10 呉市交通局本庁舎4F　TEL0823-21-8365
　FAX0823-25-5544　http://www.urban.ne.jp/home/kurecci
坂町産業建設課　〒731-4393安芸郡坂町平成ヶ浜1-1-1　TEL082-820-1512
　FAX082-820-1523　http://www.town.saka.hiroshima.jp/sakacho/index.htm
　E-mail:sanken@town.saka.hiroshima.jp
坂町教育委員会生涯学習課　〒731-4393安芸郡坂町平成ヶ浜1-1-1　TEL082-820-1525
　FAX082 820 1523　E-mail:syougai@town.saka.hiroshima.jp
　http://www.town.saka.hiroshima.jp/sakacho/1st_directory/kankou.htm

庄原市商工観光課　　〒727-0012庄原市中本町2-5-6　TEL0824-73-1179　FAX0824-72-0075
　　E-mail：syoukou-kankou@city.shobara.hiroshima.jp
　　http://www.shobara-info.com/top/index.php
庄原市教育委員会生涯学習課　　〒727-0012庄原市中本町1-10-1　TEL0824-73-1189
庄原市観光協会　　〒庄原市東本町1-2-22　TEL0824-73-0602　FAX0824-72-6608
　　http://www.siki.info
神石高原町企画商工観光係　　〒720-1522神石郡神石高原町小畠2025　TEL0847-89-3332
　　http://www.jinsekigun.jp
神石高原町教育委員会教育課　　〒720-1522神石郡神石高原町小畠2025　TEL0847-89-3314
神石高原町観光協会　　〒729-3601神石郡神石高原町相渡2167　TEL・FAX0847-89-5005
　　E-mail：kankou@jkougen.jp
世羅町産業観光課　　〒722-1192世羅郡世羅町西上原123-1　TEL0847-22-5304
　　FAX0847-22-4566　E-mail：sangyokankou@town.sera.hiroshima.jp
世羅町教育委員会　　〒722-1111世羅郡世羅町寺町1158-3　TEL0847-22-0548
　　http://www.town.sera.hiroshima.jp/boe/index.htm
世羅町観光協会　　〒722-1121世羅郡世羅町西上原121-5　世羅町商工会内
　　TEL0847-22-4400　FAX0847-22-3415　http://www.sera-kankoukyoukai.or.jp
竹原市産業文化課観光文化室　　〒725-8666竹原市中央5-1-35　TEL0846-22-7730
　　FAX0846-22-1113
竹原市教育委員会生涯学習課　　〒725-8666竹原市中央5-1-35　市民館1F　TEL0486-22-7757　FAX0846-22-0010
竹原市観光協会　　〒725-0026竹原市中央1-1-10　TEL0846-22-4331　FAX0846-22-5065
　　E-mail：kankou@urban.ne.jp　http://www.takeharakankou.jp
廿日市市観光課・宮島観光振興室　　〒738-8501廿日市市下平良1-11-1
　　TEL0829-30-9141　http://www.city.hatsukaichi.hiroshima.jp/kanko/kanko/index.html
廿日市市教育委員会生涯学習課　　〒738-8501廿日市市下平1-11-1　TEL0829-30-9203
廿日市市観光協会　　〒738-0015廿日市市本町5-1　TEL0829-31-5656　FAX0829-31-3822
　　E-mail：desk@hatsu-navi.jp　http://www.hatsu-navi.jp
宮島観光協会　　〒739-0505廿日市市宮島町1162-18　TEL0829-44-2011　FAX0829-44-0066
　　E-mail：info@miyajima.or.jp　http://www.miyajima.or.jp
東広島市商業観光課　　〒739-8601東広島市西条上市町7-42　TEL082-420-0941
　　FAX082-422-5805　http://www.city.higashihiroshima.hiroshima.jp/kanko/index.html
東広島市教育委員会文化課　　〒739-8601東広島市西条上市町7-42　TEL082-420-0977
　　FAX082-422-6531
東広島市観光協会　　〒739-0025東広島市西条中央7-23-35　東広島市産業振興会館2F
　　TEL082-420-0310　FAX082-420-0329　http://www.hh-kanko.ne.jp
広島市観光課　　〒730-8586広島市中区国泰寺町1-6-34　TEL082-504-2243　FAX082-504-2253
　　E-mail：kanko@city.hiroshima.jp
広島市文化振興課　　〒730-8586広島市中区国泰寺町1-6-34　TEL082-504-2500
　　FAX082-504-2066　E-mail：bunka@city.hiroshima.jp

広島観光コンベンションビューロー　〒730-0811広島市中区中島町1-5 広島国際会議場
　3 F　TEL082-244-6156　FAX082-244-6138　E-mail : hcvb@hiroshima-navi.or.jp
　http://www.hcvb.city.hiroshima.jp/navigator/hcvb
福山市観光課　〒720-8501福山市東桜町3-5　TEL084-928-1042
　E-mail : kanko@city.fukuyama.hiroshima.jp
　http://www.city.fukuyama.hiroshima.jp/kanko
福山市教育委員会文化課　〒720-8501福山市東桜町3-5　TEL084-928-1117　FAX084-928-
　1736　E-mail : bunka@city.fukuyama.hiroshima.jp
福山市観光協会　〒720-8501福山市東桜町3-5 福山市役所7 F　TEL084-926-2649
　FAX084-926-0664　http://www.fukuyama-kanko.com
府中市商工観光課　〒726-8601府中市府川町315　TEL0847-43-7135　FAX0847-46-3450
　http://www.city.fuchu.hiroshima.jp
府中市教育委員会生涯学習課　〒726-0005府中市府中町27-1　TEL0847-43-7181　FAX0847-
　43-6060
府中町地域振興課(商工担当)　〒735-8686安芸郡府中町大通3-5-1　TEL082-286-3128
　E-mail : gyosei@town.fuchu.hiroshima.jp(代)
府中町教育委員会生涯学習課　〒735-0006安芸郡府中町本町1-10-15　TEL082-286-3270
　FAX082-286-3298
府中町観光協会　〒735-8588安芸郡府中町大須2-1-1　TEL・FAX082-283-7752
三原市観光文化課　〒723-8601三原市港町3-5-1　TEL0848-67-6014　FAX0848-64-4103
　http://www.city.mihara.hiroshima.jp/shisei/kakuka/kanbun/index.html
三原市教育委員会生涯学習課　〒723-0015三原市円一町2-3-1 中央公民館内　TEL0847-
　64-2137
三原観光協会　〒723-0014三原市城町1-1-1　TEL0848-63-1481　FAX0848-67-5911
　E-mail : m-kankou@tako.ne.jp　http://www.tako.ne.jp/~m-kankou/
三次市観光商工課　〒728-8501三次市十日市中2-8-1　TEL0824-64-0066　FAX0824-64-0172
　http://www.city.miyoshi.hiroshima.jp/shoukou_m/kankou/kankou.jsp
三次市教育委員会社会教育課　〒728-0013三次市十日市東3-14-25　TEL0824-62-6191
三次市観光協会　〒728-0014三次市十日市南1-1-1 JR三次駅構内　TEL0824-63-9268
　FAX0824-63-1179　E-mail : miyo-344@bz01.plala.or.jp
　http://www.kankou-miyoshi.jp

【参考文献】

『安芸厳島社』　松岡久人　法蔵館　1986
『安芸熊野町史』全2巻　熊野町編　熊野町　1987・89
『安芸郡山城と吉田——毛利氏本拠城・安芸郡山城と城下吉田を再考する』　吉田町歴史民俗資料館編　吉田町歴史民俗資料館　1996
『安芸町誌』上・下　安芸町誌編集委員会編　安芸町　1973・75
『安芸府中市史』全4巻　府中町史編さん専門委員会・府中町史補遺編集連絡会編　府中町　1975-80
『五日市町誌』全3巻　五日市町誌編集委員会編　五日市町誌編集委員会事務局　1974-83
『海の道から中世をみる 2　商人たちの瀬戸内』　広島県立歴史博物館編　広島県立歴史博物館　1996
『大朝町史』全2巻　大朝町史編纂委員会編　大朝町　1978・82
『音戸町誌』　音戸町誌編纂検討委員会編　音戸町　2005
『海田市史』全2巻　海田町編　海田町　1981・86
『ガイドブック　ヒロシマ——被爆の跡を歩く』　原爆遺跡保存運動懇談会編　新日本出版社　1996
『加計町史』全6巻　加計町編　加計町　1997-2006
『角川日本地名大辞典 34　広島県』　「角川日本地名大辞典」編纂委員会編　角川書店　1987
『可部町史』　広島市編　広島市　1976
『蒲刈町誌』全3巻　蒲刈町誌編集委員会・蒲刈町教育委員会編　蒲刈町　1995-2000
『久井町誌』　久井町誌編纂委員会編　久井町　1997
『倉橋町史』全5巻　倉橋町編　倉橋町　1991-2001
『呉市史』既刊9冊　呉市史編さん委員会編　呉市役所　1956-
『呉の歩み』　呉市史編纂室編　呉市役所　2002
『呉の歩み 2——英連邦軍の見た呉』(増補改訂版)　呉市総務部市史文書課編　呉市　2006
『呉の歴史』　呉市史編纂委員会編　呉市　2002
『黒瀬町史』全3巻　黒瀬町史編さん委員会編　黒瀬町　2003-07
『考古学から見た地域文化——瀬戸内の歴史復元』　脇坂光彦・小都隆編　渓水社　1999
『考古学の世界 4　中国・四国』　森浩一・佐原真監修　ぎょうせい　1993
『甲田町誌』　甲田町誌編集委員編　甲田町教育委員会　1967
『甲奴町誌』全3巻　甲奴町誌編纂委員会編　甲奴町　1988-94
『古代王権と交流 6　瀬戸内海地域における交流の展開』　松原弘宣編　名著出版　1995
『古代の地方史 2　山陰・山陽・南海編』　八木充編　朝倉書店　1977
『古代の日本 4　中国・四国』(新版)　八木充ほか編　角川書店　1992
『古墳誕生の謎をさぐる——特殊器台からはにわへ』　広島県立歴史民俗資料館編　広島県立歴史民俗資料館　1995
『佐伯町誌』全3巻　佐伯町誌編さん委員会編　佐伯町　1981-86
『作木村誌』　作木村誌編纂委員会編　作木村　1990

『山陽文化財散歩』　小倉豊文　学生社　1973
『下蒲刈町史』全4巻　　下蒲刈町史編纂委員会・呉市史編さん委員会編　呉市　2004-07
『上下町史』全5巻　　上下町史編纂委員会編　上下町　1991-2003
『庄原市の歴史』全2冊　庄原市史編集委員会編　庄原市　2004・05
『新市町史』全3巻　新市町史編纂委員会編　新市町　2002
『新修尾道市史』全6巻　青木茂編　尾道市　1971-77
『新修広島市史』全7巻　広島市編　広島市　1958-62
『図説廿日市の歴史』　廿日市市編　廿日市市　1997
『図説広島市史』　広島市公文書館編　広島市　1989
『瀬戸内の海人たち　交流がはぐくんだ歴史と文化』　森浩一・網野善彦・渡辺則文ほか　中国新聞社　1997
『瀬戸田町史』全5巻　瀬戸田町教育委員会編　瀬戸田町教育委員会　1997-2004
『瀬戸内海の文化と環境』　白幡洋三郎編著・合田健監修　社団法人瀬戸内海環境保全協会　1999
『瀬戸内海の歴史』　河合正治　至文堂　1967
『瀬戸内海の歴史と文化』　松岡久人編著　瀬戸内海環境保全協会　1979
『高田郡史』全4巻　高田郡史編纂委員会編　高田郡町村会　1972-81
『高野町史』　高野町史編集委員会編　高野町　2005
『探訪・広島の古墳』　脇坂光彦・小都隆編　芸備友の会　1991
『中国の盟主・毛利元就』　岸田裕之監修　日本放送出版協会　1997
『千代田町史』全8巻　千代田町編　千代田町　1987-2004
『筒賀村史』全3巻　筒賀村教育委員会編　筒賀村　1999-2004
『東城町史』全6巻　東城町史編纂委員会編　東城町　1991-99
『戸河内町史』全7巻　戸河内町編　戸河内町　1993-2002
『日本城郭大系13　広島・岡山』　西本省三ほか編　新人物往来社　1980
『日本の古代遺跡26　広島』　脇坂光彦・小都隆　保育社　1986
『日本歴史地名大系35　広島県の地名』　平凡社地方資料センター編　平凡社　1982
『沼田町史』　広島市編　広島市　1980
『廿日市町史』全6巻　廿日市町編　廿日市町　1977-88
『発掘されたひろしま』　広島県立歴史民俗資料館編　広島県立歴史民俗資料館　1996
『東広島市の文化財』　東広島市教育委員会編　東広島市教育委員会　2000
『広島県史』全27巻　広島県総務部県史編さん室編　広島県　1972-84
『広島縣神社誌』　広島県神社誌編纂委員会編　広島県神社庁　1994
『広島県大百科事典』上・下　中国新聞社編　中国新聞社　1982
『広島県中世城館遺跡　総合調査報告書』全4巻　広島県教育委員会編　広島県教育委員会　1993-96
『広島県の考古学』　松崎寿和　吉川弘文館　1981
『広島県の歴史』　後藤陽一　山川出版社　1972
『広島県の歴史』(新版)　岸田裕之編　山川出版社　1999
『ひろしまの古代寺院　寺町廃寺と水きり瓦』　広島県立歴史民俗資料館編　広島県立歴史

民俗資料館　1998
『ひろしまの100――人物・行事・自然・史跡・まち並み』　ひろしま生涯教育研究所編
　　　ひろしま生涯教育研究所　2003
『広島・福山と山陽道』　頼祺一編　吉川弘文館　2006
『福富町史――自然が語りかける県央のまち』　福富町史編さん委員会編　東広島市　2007
『福山市史』全3巻　福山市史編纂委員会編　福山市史編纂会　1963-78
『府中市史』史料編　全3巻　府中市編　府中市　1986-88
『ふるさと散策マップ集』　海田郷土文化研究会編　海田町教育委員会　2004
『ふるさとの文化財――呉市・東広島市・安芸郡・賀茂郡』　「ふるさとの文化財」編集委
　　　員会編　海田管内文化財保護・審議委員協議会　1991
『平家納経と厳島の宝物』　広島県立美術館編　広島県立美術館　1997
『本郷町史』　本郷町史編纂委員会編　本郷町　1996
『御調町史』　御調町史編纂委員会編　御調町　1988
『三原市史』全7巻　三原市役所編　三原市役所　1970-2007
『三原市の文化財』　三原市教育委員会編　三原市教育委員会　2000
『宮島町史』全3巻　宮島町編　宮島町　1992-97
『三次市史』全4巻　三次市史編集委員会編　三次市　2003-04
『三次の歴史』　三次地方史研究会編　菁文社　1985
『向原町誌』上・下　向原町誌編さん委員会編　向原町　1989・1992
『毛利元就展――その時代と至宝』　毛利元就展企画委員会・NHK編　NHK　1997
『毛利元就と地域社会』　岸田裕之編　中国新聞社　2007
『弥生のかたち』　広島県立歴史民俗資料館編　広島県立歴史民俗資料館　1995
『油木町史』全4巻　油木町史編さん委員会編　油木町・神石高原町　2004・05
『豊町史』全2巻　豊町教育委員会編　豊町教育委員会　1993・2000
『吉和村誌』全2巻　吉和村誌編纂委員会編　吉和村　1985・86
『よみがえる中世8　埋もれた港町草戸千軒・鞆・尾道』　松下正司編　平凡社　1994

【年表】

時代	西暦	年号	事項
旧石器時代	前28000年頃		冠遺跡(廿日市市)で石器の製作開始
	前15000年頃		西ガガラ遺跡(東広島市)で日本最古級の平地式住居の集落が形成
縄文時代	前10000年頃	草創期	氷河が後退し、海進が進む。帝釈峡遺跡群(庄原市・神石高原町など)で最古級の縄文土器が使用
	前4000年頃	前期	瀬戸内海がほぼ形成
		中期〜	瀬戸内海沿岸に、比治山(広島市)・大田(尾道市)・馬取・洗谷・大門(いずれも福山市)など貝塚をともなう集落が形成
		後期	
		〜晩期	土器様式は中部瀬戸内(岡山県・香川県)と共通した文化圏
弥生時代	前500年頃	前期	北部九州から水稲耕作が伝播。亀山遺跡・大宮遺跡(ともに福山市)で環濠集落が形成
	前200年頃	中期	県西では西瀬戸(山口県)、県東で中瀬戸(岡山県)系の弥生土器が盛行。県北では塩町式土器が盛行、陣山1〜5号墓(三次市)など四隅突出型墳墓が造営
	100〜200年頃	後期	常福寺遺跡群・西本遺跡群(ともに東広島市)など墳墓群をともなった大規模な集落が形成。県北では出雲・吉備地方とつながりの深い矢谷墳墓(三次市)が最初の広域首長墓として築造
古墳時代	300年代	前期	太田川河口に宇那木山2号古墳(広島市)、芦田川下流域に尾ノ上古墳(福山市)、成羽川上流域に大迫山1号古墳(庄原市)など県内最古級の前方後円墳が築造
	400年代	中期	西条盆地に県南西部の広域統治を想定させる県内最大の前方後円墳である三ツ城古墳(東広島市)が造営。三次地域では糸井大塚古墳(三次市)などの帆立貝形(式)古墳が築造、浄楽寺・七ツ塚古墳群のような群集した古墳群も形成
	500年代	後期	太田川河口に北部九州系の横穴式石室(湯釜古墳、広島市)が導入。沼田川下流域に県内最大級の横穴式石室の梅木平古墳(三原市)が築造、兵庫県の竜山石製家形石棺が数基搬入。芦田川下流域に吉備品治国造を想定させる二子塚古墳(福山市)、吉備穴国造を想定させる迫山1号古墳(福山市)などの大型横穴式石室墳が造営
	534	(安閑元)	安芸に過戸廬城部屯倉が設置され、翌年婀娜国に膽殖・膽年部屯倉、備後国に後城屯倉など設置
飛鳥時代	618	(推古26)	造船の使者が安芸に派遣される
	650年頃		この頃、諸国で評里が設置され始め、また寺院の造営がみえ始める。沼田川下流域で、切石の畿内型石室に2個の家形石棺を納めた御年代古墳(本郷町)が築造
	663	(天智2)	白村江の戦い、三谷郡司の先祖らも動員される。この頃、三谷

			寺(寺町廃寺,三次市)が造営
	672	(天武元)	壬申の乱。この頃,芦田川下流域に終末期の横口式石榔墳が数基築造。全国に例のない八角形の墳丘に3個の石榔を設けた尾市(1号)古墳(福山市)が築造
	673	(天武2)	備後国亀石郡が白雉を献上し,税を免除される(備後国の初見)
	698	(文武2)	安芸・長門両国から金青・緑青を献上(安芸国の初見)
	709	和銅2	葦田郡から甲奴郡を分立させ,品治郡の3里を葦田郡に編入
奈良時代	719	養老3	備後国安那郡の茨城,葦田郡の常城を停止する
	721	5	安那郡を割いて深津郡を設置
	724	神亀元	安芸国が遠流の国と定められる
	729	天平元	山陽道諸国に駅家整備のための駅起稲がおかれる
	734	6	安芸国と周防国の境を大竹川と定める
	741	13	安芸・備後など諸国に国分寺の造営が命じられる
	750	天平勝宝2	安芸国分寺(東広島市)で仏教行事に関する「天平勝寶二年」銘の木簡が出土
平安時代	805	延暦24	神石郡など備後8郡の調が絹糸から鍬鉄に変更される
	811	弘仁2	伊都岐島(厳島)神と速谷神が名神に遇せられる
	819	10	安芸国は土地土境薄のため,田租の4割免除を4年間延長
	838	承和5	山陽道,南海道諸国に海賊捕縛の命令が下される
	840	7	山陽道などの駅家に所属する駅戸の田租を3カ年免除
	859	貞観元	安芸国の伊都岐島(厳島)神と速谷神,多家神に叙位
	866	8	内海諸国に海賊追捕令
	870	12	備後・備中両国に鋳銭用の銅を採掘,上進させる
	881	元慶5	瀬戸内海沿岸諸国に海賊追捕の命令
	904	延喜4	安芸守伴忠行が射殺される
	939	天慶2	藤原純友の乱
	1017	寛仁元	厳島神社などに一代一度大神宝使が派遣される
	1146	久安2	平清盛,安芸守となる
	1156	保元元	平経盛,安芸守となる。ついで平頼盛,安芸守となる
	1160	永暦元	平清盛,初めて厳島神社に参詣
	1164	長寛2	平清盛ら,厳島神社に法華経など33巻を奉納(平家納経)
	1166	仁安元	備後国大田荘が成立。太田川河口に厳島社領志道原荘の倉敷地が設定される
	1168	3	大田荘の領地を尾道に設けることが備後国衙に申請される
	1174	承安4	後白河上皇・平清盛,厳島神社に参詣
	1176	安元2	安芸国司が高田郡7郷を厳島社領とし,佐伯景弘を地頭に補任
	1180	4	高倉上皇,厳島神社に参詣
	1186	文治2	後白河上皇,大田荘を高野山に寄進
	1189	5	安芸国衙在庁源頼宗,源頼朝の奥州藤原氏攻めに不参し,所領などを没収される

時代	西暦	和暦	事項
鎌倉時代	1196	建久7	三善康信，大田荘地頭職に補任される
	1207	承元元	厳島神社炎上，その後，安芸国を厳島神社造営料国とする
	1221	承久3	幕府，熊谷直時を三入荘地頭職に補任。藤原親実，厳島神主となる
	1223	貞応2	厳島神社炎上
	1224	元仁元	安芸国を厳島社造営料国とする
	1278	弘安元	一遍上人，厳島神社に参詣
	1287	10	幕府，佐東川の河手・鵜船・倉敷に関する三入荘一方地頭熊谷氏と佐東郡地頭武田氏の相論を裁許
	1296	永仁4	吉田荘の領家と地頭毛利氏，下地中分
	1302	乾元元	『とはずがたり』の著者尼二条，厳島神社に参詣
	1306	徳治元	尾道浄土寺金堂，上棟
	1319	元応元	備後守護長井貞重の代官円清，尾道浦に乱入
	1330	元徳2	歌島西金寺住持ら，経典を書写し厳島神社に奉納(反古裏経)
	1331	3 元弘元	熊谷直勝，譲状を作成し，子息直氏に三入荘地頭職を譲る
南北朝時代	1336	建武3 延元元	九州より東上する足利尊氏，尾道浄土寺で法楽和歌会
	1348	貞和4 正平3	草戸常福寺(明王院，福山市)五重塔建立 この頃，草戸千軒町(福山市)がもっとも繁栄
	1349	5 4	足利直冬，中国探題として鞆に滞在
	1351	観応2 6	山内氏一族，一揆契約を結び，足利直冬に与党す
	1356	延文元 11	この頃，中国管領細川頼之下向し，足利直冬方を討つ
	1366	貞治5 21	博多講衆，厳島神社に釣灯籠を寄進
	1367	6 22	天寧寺(尾道市)建立
	1371	応安4 建徳2	九州探題今川了俊(貞世)，尾道・沼田・海田を経て，厳島神社に参詣
	1389	康応元 元中6	足利義満，厳島神社に参詣
室町時代	1397	応永4	小早川春平，仏通寺(三原市)を建立
	1402	9	備後守護山名常熙，大田荘・尾道倉敷を1000石で請負
	1403	10	安芸守護山名氏，平賀氏の高屋要害を攻撃
	1404	11	大内氏方の安芸国人33人，一揆契約を結び，守護方と戦う
	1420	27	朝鮮使宋希璟，瀬戸内海を航行，蒲刈で海賊に遭う
	1508	永正5	大内義興，芸石国人らを率い，前将軍足利義稙を擁して上洛

年表　321

	1512	永正9	安芸国人9人,一揆契約を結ぶ
	1515	12	堺の商人,厳島神社に狩野元信筆の絵馬を奉納
	1523	大永3	尼子経久,大内氏の拠点鏡山城(東広島市)を攻略。毛利元就,家督を相続し,郡山城(安芸高田市)に入城
	1540	天文9	尼子晴久,多治比風越山に本陣をおき,郡山城を攻撃
	1541	10	桜尾城(廿日市市)落城,藤原興藤自害,厳島神主藤原家滅亡。金山城落城,武田氏滅亡
	1544	13	毛利元就の3男隆景,竹原小早川家を相続
	1550	19	毛利元就の2男元春,吉川家を相続し,新庄に入部。毛利元就,家臣の井上元兼一族を討滅
	1551	20	小早川隆景,沼田小早川家を相続
	1552	21	堺の綾井定友,厳島神社に絵馬(橋弁慶図)を奉納
	1553	22	山内隆通,毛利氏に服属
	1554	23	毛利氏,陶氏と断交,広島湾頭および厳島を占領(防芸引分)。毛利氏,折敷畑山麓で陶氏家臣宮川甲斐守を破る(折敷畑合戦)
	1555	弘治元	陶晴賢,厳島に上陸。毛利軍,陶軍を奇襲,晴賢自害(厳島合戦)
	1557	3	大内義長自害。毛利元就,隆元・元春・隆景にいわゆる三子教訓状を提示。毛利元就ら安芸国衆12人,軍勢狼藉禁止を傘連判状で契約
	1561	永禄4	厳島神社大鳥居棟上。真柱2本は能美島で伐採
	1563	6	毛利隆元,急死
	1565	8	吉川元春,出雲の陣中で『太平記』の書写を完了
	1566	9	尼子義久,毛利氏に降伏,富田開城
	1571	元亀2	毛利元就没。吉田兼右,厳島神社遷宮の儀式を執行
安土桃山時代	1576	天正4	足利義昭,鞆に下向。毛利氏水軍,木津河口で織田方水軍を破り,石山本願寺に兵粮搬入
	1577	5	播磨(現,兵庫県)の石井与次兵衛尉,尾道浄土寺に絵馬を寄進
	1582	10	毛利氏,羽柴秀吉と講和
	1583	11	毛利氏の人質として小早川元総(秀包)・吉川経言(広家)上洛
	1584	12	この頃,毛利輝元,郡山城の修築と城下の整備を進める。吉川元春,館(北広島町)を建設する
	1586	14	毛利軍,九州へ渡海。吉川元春,豊前小倉の陣中で没
	1587	15	吉川元長,日向都於郡の陣中で没。弟経言(広家),家督を相続。この頃,広家,菩提寺万徳院(北広島町)を大改修
	1588	16	毛利輝元,上洛のため吉田を出発。吉田へ帰着
	1589	17	この頃より,広島築城工事,本格化
	1592	文禄元	毛利輝元,朝鮮へ渡海
	1597	慶長2	小早川隆景没
	1600	5	関ヶ原の戦い。毛利輝元,防長両国へ移封

	1601	慶長 6	福島正則,広島入城。領内で検地を実施(慶長検地)
江戸時代	1619	元和 5	福島正則,改易。水野勝成,鞆に上陸し,神辺城に入る。浅野長晟,広島城へ入る
	1620	6	広島・福山で大雨洪水,各地で山津波,堤防決壊。泉水(縮景園)造園
	1622	8	福山城完成し,水野勝成入城。まもなく城下に上水道敷設
	1632	寛永 9	浅野長治,三吉・恵蘇郡5万石の分知(三次藩の成立)
	1638	15	広島藩,蔵入地に検地を実施(寛永地詰)
	1648	慶安元	広島藩,尾長山に東照宮勧請。この年,水野勝成,鞆沼名前神社再建,備後一宮吉備津神社造営
	1650	3	竹原塩浜31軒を築調
	1654	承応 3	広島大工町出火,比治山町へ延焼し,民家300軒余り焼失
	1657	明暦 3	広島研屋町出火,革屋町・播磨屋町・平田屋町など町家233軒,侍屋敷25軒,寺3カ寺焼失。明暦年間(1655〜58),三原浅野家庭園万象園作庭
	1659	万治 2	鞆町の中村吉兵衛,保命酒の製造販売を福山藩に許可される
	1662	寛文 2	福山藩,松永塩田39町余りを開発
	1663	3	広島藩儒黒川道祐,藩命により『芸備国郡志』を編纂
	1664	4	幕命により,領内の郡名,佐西を佐伯,佐東を沼田,安南を安芸,安北を高宮,三吉を三次と変更
	1669	9	広島紙屋町出火,横町,白神1・2丁目などに延焼し,町家230軒焼失
	1698	元禄11	水野勝岑没し,跡目なきにより改易
	1699	12	岡山藩,旧福山藩領の検地を開始(翌年6月完了)
	1700	13	松平忠雅,山形から備後10万石に転封。この頃,姫谷焼窯(福山市)が操業し,色絵磁器も焼く
	1707	宝永 4	草津牡蠣株仲間の大坂川中での牡蠣船独占営業許可
	1710	7	松平忠雅,桑名へ転封。阿部正邦,宇都宮より福山へ入封
	1711	正徳元	朝鮮通信使,鞆福禅寺に止宿,一行の李邦彦,鞆の風景を絶賛して「日東第一形勝」の書を残す
	1712	2	広島藩,代官制を廃止し,あらたに郡代・所務役人・頭庄屋をおき,郡制改革を実施(正徳新格)
	1717	享保 2	福山藩農民,城下へ強訴。福山藩一揆側に御救米2000石を貸与
	1718	3	三上郡本村から百姓一揆おこり,広島藩全藩に波及し30万人蜂起
	1719	4	藩主浅野長経の死去により三次藩断絶し,所領5万石,本藩へ還付。長経弟浅野長寔,三次5万石を分封
	1720	5	三次藩主浅野長寔早世し,再び本藩に5万石を還付
	1722	7	福山大火,焼失家屋約1000軒
	1732	17	ウンカ大発生し稲作壊滅,翌春までに広島藩の餓死者8644人,

年	元号	事項
		福山藩の餓死者731人(享保大飢饉)
1734	享保19	福山笠岡町出火。1089軒焼失
1743	寛保 3	広島の豪商,厳島神社前に新堤50余丈を築調,108の石灯籠,大石灯籠1基寄進
1753	宝暦 3	福山領民2万余人強訴
1759	9	竹原塩田の浜子,賃上げ闘争
1763	13	多賀庵風律,俳諧集『ささのは』を刊行
1772	安永元	山県郡加計村の隅屋正封編『松落葉集』刊行
1780	9	尾道町に問屋座会所設置。この年,広島藩の村々で社倉の制がほぼ整備
1781	天明元	この頃,菅茶山,家塾黄葉夕陽村舎を開く
1785	5	広島藩,学問所における教育を朱子学に統一
1786	6	恵蘇郡農民強訴。福山藩で全藩一揆
1787	7	福山藩でふたたび大一揆。広島城下,尾道町で打ちこわし
1788	8	広島藩,真宗門徒・僧侶に対し他宗を誹謗したり,神社を軽んずる「神棚おろし」に戒告
1793	寛政 5	頼春風,竹原書院を開く。広島藩,『事蹟緒鑑』編集
1797	9	菅茶山の私塾を福山藩の郷校とし,廉塾と称す
1803	享和 3	大瀛,西本願寺学林智洞らと京都で宗論(三業惑乱)
1804	文化元	福山藩,義倉の趣法目論見を認可
1809	6	菅茶山ら「福山志料」を完成させ,福山藩に上呈
1813	10	北條霞亭,廉塾を訪れ都講となる
1814	11	向島の天満屋治兵衛,浄土寺(尾道市)に露滴庵を寄進
1825	文政 8	佐伯郡草津村(現,広島市西区)に牡蠣活場設置。頼杏坪ら『芸藩通志』脱稿
1826	9	シーボルト,御手洗碇泊,病人を診察
1827	10	竹原塩田で浜子の賃金値上げ闘争
1828	11	広島藩,江波皿山に製陶場設置
1830	天保元	馬屋原重帯,『西備名区』清書本を吉備津神社に奉納
1837	8	広島・福山藩とも,餓死者・病死者多数(天保大飢饉)
1845	弘化 2	山県郡太田筋(現,安芸太田町)農民,扱芋売買取引趣法の撤回を求め騒動
1848	嘉永元	頼山陽『日本外史』,初めて出版される
1849	2	三宅薫庵,広島で初めて種痘接種。銀札預かり切手乱発のため,広島城下で打ちこわし
1850	3	広島藩,前年に続き暴風雨,高潮・洪水で被害甚大
1854	安政元	芸備両国で大地震
1855	2	福山藩,学問所誠之館開館。この夏,広島・福山両藩,大砲・小銃製造のため,寺院に梵鐘の差し出しを命令
1856	3	五弓雪窓,備後府中の家塾晩香館を開く

	1861	文久元	富田久三郎，備後絣を発明
	1863	3	広島藩，英国汽船を購入，震天丸と命名。広島藩，沿岸要地に砲台設置。御手洗で薩芸交易が開始
	1864	元治元	三条実美ら，鞆・御手洗を経て長州（現，山口県）へ落ちる（七卿落ち）。この年，第一次幕長戦争，広島に幕府軍集結
	1866	慶応 2	第二次幕長戦争，戦場となった佐伯郡では，15の町や村で計2067軒が焼失し，罹災者は1万人以上
	1867	3	恵蘇郡で百姓一揆，竹原町で打ちこわし騒動。薩長芸三藩盟約成立。尾道に「ええじゃないか」発生し，竹原・広島にも波及
明治時代	1869	明治 2	版籍奉還（広島・福山両藩主，知藩事となる）
	1871	4	廃藩置県（広島県・福山県・中津県など成立）。旧広島藩大一揆（武一騒動）おこる。旧福山藩大一揆おこる。福山県，深津県と名称を変更，備中一円と備後 6 郡を管轄
	1872	5	広島県，県内を17大区，158小区に区画。深津県，小田県と改称し，県庁を備中国小田郡笠岡村（現，岡山県笠岡市）に移転することを決定
	1873	6	広島鎮台を設置
	1875	8	小田県，実地丈量着手を指令。小田県を廃し，岡山県に合併
	1876	9	旧小田県管轄地のうち，備後 6 郡を広島県へ移管
	1877	10	広島県師範学校開校
	1878	11	広島水主町に新築県庁舎完成し，開庁式
	1880	13	官立広島紡績所，安芸郡上瀬野村に建設工事開始
	1882	15	県，官立広島紡績所を前年創立された広島錦糸紡績会社へ払い下げ
	1884	17	宇品築港事業起工式挙行
	1885	18	広島県の第1回官約移民222人，横浜港よりハワイへ出発
	1888	21	広島鎮台，陸軍第五師団司令部と改称。海軍兵学校，東京より安芸郡江田島村（現，江田島市）へ移転
	1889	22	市制・町村制施行（県内に1市14町450村）。呉鎮守府開庁
	1890	23	第1回衆議院議員総選挙実施
	1892	25	新聞『中国』（現，中国新聞）創刊
	1893	26	福山紡績株式会社設立。広島米錦取引所設置認可
	1894	27	山陽鉄道糸崎・広島間開通。明治天皇，広島に到着し大本営を開設。帝国第7議会を広島市で開会
	1897	30	宇品陸軍糧秣支廠設置
	1899	32	広島市水道給水開始。広島県に府県制・郡制を施行
	1900	33	北清事変のため第五師団へ動員命令
	1902	35	広島市に広島高等師範学校設置
	1903	36	呉海軍造船廠と呉海軍造兵廠を合併し，呉海軍工廠設置
	1904	37	ロシアに宣戦布告。第五師団に動員令

	1905	明治38	能美・倉橋島の西方海底で地震(芸予地震),県内2市5郡に被害
	1909	42	県立三原女子師範学校設立
	1911	44	大日本軌道の軽便鉄道横川・可部間全通
	1912	45	呉海軍工廠で1万2000人参加の大争議
大正時代	1913	大正2	八田貯蓄銀行休業,以後銀行休業あいつぎ,広島金融界混乱
	1915	4	芸備鉄道広島・志和地間開通
	1917	6	大阪鉄工所因島工場職工5000人余ストライキ
	1918	7	双三郡三次町・十日市町で米騒動発生し,県内各地に波及
	1919	8	福山市大水害。県内各地で豪雨による被害甚大
	1920	9	広島高等工業学校設置。県内の第66・広島など7銀行合併し,芸備銀行発足
	1921	10	広島県共鳴会創立総会開催。呉海軍工廠広支廠開庁式
	1922	11	広島県福山師範学校(1932年廃校)設置
	1923	12	広島県水平社創立総会。広島高等学校(現,広島大学),広島市に設置
	1925	14	普通選挙法成立。山陽本線,広島以東の複線化完成
	1926	15	府県制・市制・町村制改正。郡役所廃止
昭和時代	1927	昭和2	県内銀行本支店,金融恐慌鎮静のため一斉休業
	1928	3	最初の普通選挙(衆議院議員)。広島女子専門学校(現,県立広島大学)開校
	1929	4	広島市主催昭和産業博覧会開催。広島文理科大学(現,広島大学)設置
	1935	10	呉市主催国防と産業大博覧会開催
	1936	11	海軍兵学校教育参考館,開館式挙行
	1937	12	広島市で南京陥落を祝い,提灯行列。県内各地で祝賀行事
	1940	15	広島県主催紀元2600年奉祝展覧会開催
	1941	16	戦艦大和,呉海軍工廠で竣工
	1944	19	内務省,呉市建物疎開を告示。県内初の空襲
	1945	20	呉軍港空襲。以後,7月28日までに呉方面への大規模空襲が5回。呉市学童疎開(第1陣)。広島市に原子爆弾投下。福山空襲。枕崎台風で大被害。アメリカ軍,県へ進駐を開始
	1946	21	英連邦軍先遣部隊,呉へ入港。戦後初のメーデー
	1947	22	広島市,平和祭(第1回)。昭和天皇,県内巡幸
	1948	23	広島県婦人連合会結成
	1949	24	広島平和記念都市建設法公布
	1950	25	プロ野球広島カープ球団結成
	1951	26	第6回国民体育大会,県内で開幕。大久野島毒ガス傷害者互助会結成
	1952	27	戦後初のメーデー(第23回)。県・広島市戦没者追悼式挙行。

			世界連邦アジア会議,広島市で開催
	1954	昭和29	海上自衛隊呉地方隊・呉地方総監部,陸上自衛隊海田市駐屯部隊発足
	1955	30	広島市で原水爆禁止世界大会(第1回)。広島市の平和記念資料館(原爆資料館)開館
	1956	31	県庁,広島市中区基町に移転。広島原爆病院開院式
	1957	32	原子爆弾被爆者の医療等に関する法律公布。広島市民球場完工式
	1958	33	広島城復元工事完了。広島復興大博覧会開幕
	1967	42	原爆ドーム保存工事の完工式
	1971	46	昭和天皇・皇后,広島市平和公園の原爆慰霊碑を参拝
	1975	50	山陽新幹線岡山・博多間開業。1947年に設置された原爆傷害調査委員会を放射線影響研究所に改組,開所式
	1980	55	広島市,全国10番目の政令指定都市となる
	1981	56	広島平和公園でローマ法王歓迎の集い
	1988	63	大久野島毒ガス資料館開館
平成時代	1990	平成2	原爆ドームの第2次保存工事完成
	1991	3	海上自衛隊の掃海部隊,ペルシア湾に向け,呉を出港
	1993	5	山陽自動車道,県内全通。新広島空港,開港
	1994	6	第12回アジア競技大会開幕。原爆被爆者に対する援護に関する法律公布
	1996	8	第51回国民体育大会夏季大会,広島県内で開幕。原爆ドーム・厳島神社,ユネスコの世界遺産(文化遺産)に登録
	1997	9	NHK大河ドラマ「毛利元就」放映開始で,毛利元就ブーム
	1999	11	瀬戸内しまなみ海道(本四連絡橋尾道・今治ルート)開通
	2001	13	芸予地震
	2006	18	「平成の大合併」により1999年の86市町村から14市9町となる
	2008	20	広島市で主要8カ国下院議長会議。参加議長,原爆慰霊碑に献花,平和記念資料館を見学

【索引】

―ア―

- 青陰城跡……111
- 青木城跡……112
- 青古墳群……51
- 青田古墳……77
- 青光井山尼子陣所跡……257
- 安芸国分寺跡……37, 171, 172
- 安芸高田市歴史民俗博物館……256, 257
- 浅野重晟……8
- 浅野長晟……7, 8
- 浅野長治……205, 206
- 浅野光晟……4
- 足利義昭……123, 124, 126
- 阿多田島灯台資料館(旧安芸白石挂燈立標施設)……32
- 吾妻山……235
- アビ渡来群遊海面……71
- 阿部正邦……129
- 阿部正弘……127, 129
- 天野興定……182
- 荒木家住宅……234
- 有田城跡……272
- 有福城跡……164
- 粟塚古墳の丘……144
- 安国寺……126, 128
- 安福寺の宝篋印塔……161, 162

―イ―

- 池ノ内古墳群……141
- 石鎚山古墳群……145-147
- 一乗山城跡……122
- 一宮(桜山慈俊挙兵伝説地)……150
- 厳島(宮島)……5, 14-16, 18, 22, 24, 25, 27-30, 32, 45, 69, 103, 266
- 厳島神社……15-19, 22-24, 26-29, 67, 70, 110, 180, 272, 277, 278, 281
- 厳島神社管絃祭……19, 29
- 厳島神社宝物館……19, 23
- 稲荷山古墳群……222
- 井仁の棚田……54
- 犬塚1号古墳……240
- 猪の子1号古墳……145, 156
- 今高野山……194, 195
- 入船山記念館(旧呉鎮守府司令長官官舎)……61, 62
- いろは丸資料館……126
- 岩屋寺……250
- 岩脇古墳……213
- 因島水軍城……112

―ウ・エ―

- 植田艮背……11
- ウッドワン美術館……56
- 内堀の神代垣内落鉄穴跡……239
- 宇那木山2号古墳……47, 48
- 畝観音免古墳群……38, 39
- 馬取遺跡……121
- 浦宗勝……79
- 恵下山城跡……45
- 恵下山・山手遺跡群……44
- 枝の宮八幡神社……276, 277
- 江戸みなとまち展示館……72
- 恵美須神社(呉市)……72
- 円通寺……233

―オ―

- 尾市(1号)古墳……146, 149-151, 156
- 大朝郷土資料室……276
- 大朝のテングシデ群落……279
- 大内義隆……5, 22, 26
- 狼塚2号古墳……144, 154
- 生城山城跡……182
- 大久野島毒ガス遺跡……80
- 大迫金環塚古墳……142, 143
- 大迫山1号古墳……239, 240
- 大佐山白塚古墳……139, 144, 153
- 大田貝塚……121
- 大長ミカン……73
- 大富山城跡……236

328 索引

大浜埼灯台	112
大宮遺跡	138
大元神社	21
奥家住宅	225
小倉山城跡	275, 276
御島巡り	15, 17
尾関山城跡(尾関山公園)	206
御茶屋(本陣)跡(東広島市)	170
御土居遺跡	176
尾道市立美術館	105
おのみち文学の館	105
音戸の瀬戸	65, 67
雄橋	244, 245

―カ―

海応寺跡	279
海上自衛隊呉史料館(てつのくじら館)	61
海田町ふるさと館	37-39
海田原古墳群	225
鏡山城跡	181
賀儀城跡	78, 79
神楽門前湯治村	269
楽音寺	93
掛迫6号古墳	144
鹿島の段々畑	69
頭崎城跡	174, 176
桂城跡	262
桂元澄	26, 27
金屋子神社	238
銀山(金山)城跡	26, 46, 47
兜山古墳	96
可部古墳群	51
蒲刈島御番所跡	71
上安井古墳	38
亀居城跡	30, 32
亀井尻窯跡	233
亀山八幡神社	250
亀山弥生式遺跡	139
神谷川遺跡	148, 153
唐櫃古墳	231

川尻筆づくり資料館	81
岩海(府中市)	162
菅茶山	134, 135, 161
菅茶山記念館	135
神辺城跡	133, 155
神辺本陣	135, 136
観音寺跡	50
冠遺跡	55

―キ―

吉舎歴史民俗資料館	226, 227
北塚古墳	142
吉川興経	274, 275, 277
吉川経高	276, 277
吉川元春	259, 267, 274, 275, 277-280
吉川元春館跡	278, 280, 281
木の宗山銅鐸銅剣出土地	45
吉備津神社(備後一宮)	149, 150
木村城跡	76
旧石井家住宅	179
旧海軍兵学校	67
旧木原家住宅	176
旧呉海軍工廠跡(アレイからすこじま)	62, 63
旧澤原家住宅	63, 64
旧真野家住宅	220
給人原古墳群	51
旧蟠山家住宅	222, 224
行賢	175
清盛塚	67

―ク・ケ―

久井稲生神社	199, 200
杭の牛市跡(三原市久井歴史民俗資料館)	199, 200
久井の岩海	200
草戸千軒町遺跡	130
葛原勾当・しげる	135
熊谷氏土居屋敷跡	50
熊野神社(庄原市)	238, 239
熊野神社(三次市)	207
熊野の大トチ	239

倉橋歴史民俗資料館	66	小山池廃寺跡	139
栗柄廃寺跡	161	五龍城跡	266-268
呉市水道局二河水源地取入口	63	御領遺跡	138
呉市水道局三永水源地堰堤	179	是光1号古墳	271
呉市立美術館	61	坤束製鉄遺跡(鉄のふるさと公園)	281, 282
呉鎮守府(庁舎)	60, 61, 63	金蓮寺	111, 112
黒谷(黒谷暮坪1号)古墳	191		

―サ―

鍬寄古墳	231	オヶ迫1号古墳	173
芸北民俗芸能保存伝承館	272, 273	西願寺山墳墓群	44
原爆ドーム	9, 25	西光寺(三次市)	225

―コ―

恋しき	159	西郷寺	106, 107
耕三寺	114, 115	西国寺	106, 107
向上寺	115, 116	西禅寺跡	276
康徳寺	196-198	佐伯景弘	17, 29
康徳寺古墳	195, 196	榊山神社	40, 41
康徳寺廃寺	196	相方城跡	149, 154, 155
弘法寺	81	酒屋高塚古墳	213
光明院	16	桜尾城跡	26, 27, 29
光明寺	102, 103	迫山古墳群	133, 138
光明坊	115, 116	サタケ歴史館	171
甲山城跡	233	貞丸古墳群	99, 101
高林坊	265, 266	三勝寺	204, 206
郡山城跡	257	三段峡	55
国前寺	4	三ノ瀬港	70
極楽寺(廿日市市)	27, 28	三ノ瀬御本陣跡	71
極楽寺(三原市)	89		

―シ―

児玉家住宅	268, 270	潮崎山古墳	154
御馳走一番館	70, 71	塩原の大山供養田植	241
国境の碑	212	志賀直哉旧居	105
木野渡し場跡	33, 34	持光寺	102
小畠代官所跡	250	地御前神社	21, 28, 29
小早川茂平	76, 92, 94	宍戸司箭神社	267
小早川隆景	74, 76, 77, 79, 88, 89, 90, 90, 92, 93, 95, 96, 123, 200, 227, 259, 267	宍戸隆家	259, 267, 268
		下本谷遺跡(三次郡衙跡)	216, 217
小早川春平	90, 91	蔀山城跡	235
古保利古墳群	274	篠津原3号古墳	220
古保利薬師堂	273, 274	下岡田遺跡	36
五品嶽城跡	240-242	下素麺屋一里塚跡	226
小松古墳	193	下筒賀の社倉	53
		蛇喰磐	34

時悠館	242
縮景園	7, 8, 263
寿福寺	244
勝運寺	78, 79
松雲寺石造五輪塔	210, 211
嘯岳鼎虎禅師の墓	257
浄久寺	236
常国寺	122, 123
常清滝	209
常仙寺跡	274
浄土寺(尾道市)	107, 108, 111, 116, 132
浄土寺(三次市)	227
庄原田園文化センター	229
正福寺裏山1号古墳	144
正法寺	89
青目寺	157, 158, 164
青目寺跡	158
浄楽寺古墳群	219-221
照蓮寺	74
白鳥古墳	172, 173
志和の時報塔	183
神宮山1号古墳	48
神石高原町立豊松歴史民俗資料館	249
神石高原町立神石民俗資料館	244-246
神田2号古墳	197
陣山墳墓群	208, 209, 211

— ス —

陶晴賢	22, 26
清神社	258
スクモ塚古墳	178
助平古墳	178
須佐神社	228
素盞嗚神社	153, 155
鈴尾城跡(毛利元就誕生伝説地)	262, 263
住吉神社(呉市)	72
駿河丸城跡	277

— セ・ソ —

榁真寺定ヶ原石塔	190
世羅町大田庄歴史館	195, 196
千川1号古墳	255
千間塚古墳	193, 264
千光寺	103-105
善根寺収蔵庫	91
千手寺	242
千畳閣(大経堂)	16, 19, 22, 23
善逝寺	226
宗光寺	89, 90, 104
総社跡(府中町)	35
滄浪園	263
曽根田白塚古墳	146, 156
柚木の石造地蔵菩薩立像	189
蘇羅比古神社	230

— タ —

大願寺	19, 22-24, 27, 266
大慈寺	227, 228
帝釈観音堂洞窟遺跡	245, 246
帝釈峡(帝釈川の谷)	242-245, 247
帝釈峡馬渡遺跡	243
帝釈名越岩陰遺跡	244
帝釈寄倉岩陰遺跡	242-244
大聖院	16, 23, 24
大善寺	90
対潮楼(福禅寺)	124, 125
大坊古墳	139, 144, 154
平清盛	17, 18, 25, 67
高杉城跡	218, 219
高松城跡	48
高松神社	49
高山城跡	92
滝川古墳群	265
多家神社	27, 35, 36
武田信宗	46
武田元繁	272
武智丸	82
竹鶴政孝	84
竹原小早川氏墓地	77
竹原市歴史民俗資料館	74, 75, 78
竹原町並み保存地区	74, 78
多治比猿掛城跡	254, 255
辰の口古墳	246, 248

龍山八幡神社	276, 277
田中写真館	227

── チ・ツ・テ ──

竹林寺	188, 189
千葉家住宅	37
中馬八ッ塚古墳群	255, 261, 262
朝鮮通信使宿館跡	71
千代田歴史民俗資料館	274
ツジ遺跡	163
土森遺跡	223
手島屋敷跡	76, 77
鉄屋久蔵の墓（光明寺）	83
寺津古墳群	223
寺町廃寺跡	209, 210, 233
天正の石仏	261
伝杉の大方の墓	254
天寧寺	103
伝吉田寺跡	157

── ト ──

洞雲寺	26, 29
東禅寺（墓沼寺）	93, 94
堂々川の砂留	137, 138
毒ガス資料館	80
戸島大塚古墳	265
土肥実平	76, 92, 163
鞆七卿落遺跡（大田家住宅）	125, 126
鞆城跡（鞆公園）	125, 126
鞆の浦	124, 127
豊臣秀吉	6, 19, 23
豊平町中世製鉄遺跡群	282
豊松堂面洞窟遺跡	248, 249

── ナ ──

中小田古墳群	42, 43
長崎城跡	112
中谷廃寺跡	133, 139
長門の造船歴史館	66
永野記念館	72
中の峠隧道	179
中山一里塚	228
七ッ塚古墳群	219-221

並滝寺	183
楢崎城跡	161
南宮神社	161
南天山城跡	226, 227

── ニ・ヌ・ノ ──

新高山城跡	92, 93
西尾山八幡神社	270, 271
西本6号遺跡	173
日光寺住居跡	216
二本松古墳	99, 101
沼名前神社	126
野坂完山の墓	179
能島城跡	113
延藤家住宅	159
祝詞山八幡神社	82
野呂山	81

── ハ ──

梅木平古墳	97-99
灰塚ダム	223
白山城跡	174, 176
幕府領上下代官所跡	162
土師大迫古墳	263
土師ダム	263
土師民俗資料館	263
八本松原村演習場	187
廿日市市宮島歴史民俗資料館	24
八鳥塚谷横穴墓群	237
鳩岡古墳	96
花園遺跡	214-216
林家住宅（上卿屋敷）	24
速谷神社	27, 29
磐台寺（阿伏兎観音）	123, 124

── ヒ ──

日吉神社（府中市）	158
比叡尾山城跡	207, 208
比熊山城跡	206
備後砂	247
瓢山古墳	229
久山田貯水池堰堤	108, 109
比治山多聞院	11

毘沙門岩	78	仏通寺	90-92, 115, 227
小鳥原砂鉄製錬場跡(大谷山たたら)	239	筆の里工房	40, 41
日山城跡	274, 275	不動院	5
比婆荒神神楽	243	普明閣	74
比婆山伝説地	238	旧寺古墳群	232
姫谷焼窯跡	147	文学のこみち(尾道市)	104, 105

—ヘ・ホ—

日吉神社神楽殿	270
平賀氏の墓地	174, 175
平原浄水場	63
平山郁夫美術館	115
広島県立みよし風土記の丘	214, 218, 219
広島県立歴史博物館	93, 130
広島県立歴史民俗資料館	218, 220, 224
広島市郷土資料館(旧宇品陸軍糧秣支廠跡)	11
広島城跡	8, 9
広島大学キャンパス遺跡	180
広島東照宮	4
広島平和記念資料館	10
備後絣	149, 165
備後国分寺跡	137, 138

平家納経	19
米山寺(小早川家墓所)	94-96
平和記念公園(広島市)	9, 10
鳳源寺	206, 207
宝寿寺	227
宝蔵寺宝篋印塔	230
砲台山森林公園	68, 69
保命酒	125-127
堀江家住宅	235
堀八幡神社	54
本宮八幡神社	192
本郷平廃寺跡	164
本庄水源地堰堤水道施設	63

—フ—

福王寺	51
福島雁木	71
福島正則	6, 8, 11, 30, 71, 89, 90, 126, 183, 204, 206, 240, 277
福成寺	185
福善寺	222, 224
福山市神辺歴史民俗資料館	133, 138, 139
福山市しんいち歴史民俗博物館	148
福山城跡	129
福山市松永はきもの資料館	121, 122
藤原(友田)興藤	26
藤原教親	26
二子塚古墳	140-143
二塚古墳	142, 143
二葉山平和塔	5
府中市歴史民俗資料館	160, 161
府中宮寺郷土資料館	161
府中町歴史民俗資料館	35, 37

—マ—

磨崖和霊石地蔵	89, 95
横ヶ原製鉄遺跡	282
松ヶ迫遺跡群	217
松阪邸	74
マツダミュージアム	41
松本古墳	120
松本屋敷跡	280
丸屋城跡	70
丸山城跡	164
万徳院跡	280
万福寺跡	198
万葉集遺跡長門島松原(桂濱神社境内)	65

—ミ—

三入神社	49
三浦仙三郎	84, 171
見尾東遺跡・見尾西遺跡	223
美可崎城跡	112
水野勝俊(勝重)	126, 127
水野勝成	127, 129, 133, 150

索引 333

弥山(彌山)原始林	15
御薗宇城跡	174, 175
三滝寺	12
三玉大塚古墳	225, 227
御手洗七卿落遺跡(竹原屋跡)	72
御手洗町並み保存地区	72
道ヶ曽根遺跡	223
御調八幡宮	165, 166
三ッ城古墳	177, 178
御年代古墳	98-101
美土里神楽	269
三永の石門	178, 184
南方神社	99, 101
南山古墳	161
三原城跡	88
壬生の花田植	272, 273
宮ヶ迫古墳	192, 193
宮崎神社	256
宮島ホテル	25
宮尾城跡	22
宮の前廃寺跡	131
宮原浄水場	63
深山変電所本館	190
宮脇遺跡	148, 152
明王院	130, 132
明官地廃寺跡	260, 261
妙正寺	89
三次社倉	204

―ム・モ―

向島	110, 111, 113, 114
向原石畳	29, 30
椋梨城跡	191
毛利興元	123, 254, 257, 262
毛利氏墓所	257
毛利隆元	18, 257-259
毛利輝元	6, 8, 123, 164, 186, 258
毛利弘元夫妻墓所	254
毛利元就	18, 22, 26, 76, 88, 92, 93, 182, 198, 254-259, 262, 266, 267, 272, 274
森川邸	75

―ヤ―

矢栗製鉄遺跡	282
弥栄峡	34
保田古墳群	186
矢谷墳墓(矢谷古墳)	211, 217, 218, 220
八ッ尾城跡	155, 159
大和ミュージアム(呉市海事歴史科学館)	60
山の神古墳	142
山武士塚1号古墳	42
山部大塚古墳	255, 256

―ユ・ヨ―

湯釜古墳	43
油木八幡神社	248
湯ノ山明神旧湯治場	34
油免遺跡	223
横大道古墳群	78
横見廃寺跡	97, 98, 260
吉井邸	74
吉井寺	162
吉原家住宅	110
吉水園	52

―ラ・リ―

頼杏坪役宅(運甓居)	204
頼家住宅(春風館)	75
頼惟清旧宅	74
頼山陽	10, 74, 102, 135, 204
頼山陽史跡資料館	10
頼春水	10, 11, 34, 74, 75, 134
龍華寺	194, 195
龍泉寺	94
楞厳寺跡	262

―レ・ロ・ワ―

廉塾跡	134, 135
六の原製鉄場跡	237
若胡子屋跡	72
若宮古墳	214
渡守社	126, 128
和智誠春	18, 226, 227, 266

【執筆者】(五十音順)

編集・執筆者代表
岸田裕之 きしだひろひ(広島大学名誉教授)

編集・執筆者
勝部眞人 かつべまこと(広島大学)
中山富広 なかやまとみひろ(広島大学)
西別府元日 にしべっぷもとか(広島大学)
藤川誠 ふじかわまこと(呉武田学園呉港高校)
脇坂光彦 わきさかみつひこ(芸備友の会)

【写真所蔵・提供者】(五十音順, 敬称略)

安芸太田町観光交流課	廿日市市環境産業部観光課
安芸太田町教育委員会	廿日市市宮島歴史民俗資料館
安芸高田市	東広島市教育委員会
安芸高田市教育委員会	広島県
厳島神社	広島県立歴史博物館
賀茂鶴酒造株式会社	広島県立歴史民俗資料館
北広島町教育委員会	広島市教育委員会
呉市入船山記念館	広島市都市活性化局観光課
呉市産業部観光振興課	広島大学埋蔵文化財調査室
社団法人三次市観光協会	広島平和記念資料館
庄原市役所西城支所	福山市
庄原市役所東城支所	福山市教育委員会
神石高原町教育委員会	府中教育委員会
宗光寺	三原市
大願寺	三原市教育委員会
竹原市観光文化室	三次市役所吉舎支所

本書に掲載した地図の作成にあたっては,国土地理院長の承認を得て,同院発行の2万5千分の1地形図,5万分の1地形図及び20万分の1地勢図を使用したものである(承認番号 平20業使,第55-M041761号 平20業使,第56-M041761号 平20業使,第57-M041761号)。

歴史散歩㉞
広島県の歴史散歩

2009年3月30日　1版1刷発行　　2015年12月25日　1版2刷発行

編者―――広島県の歴史散歩編集委員会
発行者―――野澤伸平
発行所―――株式会社山川出版社
　　　　〒101-0047　東京都千代田区内神田1-13-13
　　　　電話 03(3293)8131(営業)　03(3293)8135(編集)
　　　　http://www.yamakawa.co.jp/　振替　00120-9-43993
印刷所―――図書印刷株式会社
製本所―――株式会社ブロケード
装幀―――菊地信義
装画―――岸並千珠子
地図―――株式会社昭文社

Ⓒ 2009 Printed in Japan　　　　　　　ISBN978-4-634-24634-8
・造本には十分注意しておりますが，万一，落丁・乱丁などがございましたら，
　小社営業部宛にお送りください。送料小社負担にてお取り替えいたします。
・定価は表紙に表示してあります。

広島県全図
都道府県界
市郡界
町村界
区界
新幹線
JR線
私鉄線
高速道路
都市高速
有料道路
国道
県庁
1:700,000
0
7
14km
N
島根県
山口県
大田市
美郷町
川本町
江津市
邑智郡
邑南町
浜田市
益田市
津和野町
鹿足郡
吉賀町
岩国市
周南市
下松市
光市
柳井市
大竹市
廿日市市
広島市
安佐北区
安佐南区
佐伯区
西区
中区
南区
東区
安芸区
山県郡
安芸太田町
北広島町
安芸高田市
東広島市
安芸郡
府中町
海田町
熊野町
坂町
呉市
江田島市
江田島
西能美島
東能美島
倉橋島
厳島
(宮島)
阿多田島
大黒神島
似島
鹿島
柱島
怒和島
津和地島
中島
上蒲
広島湾
安芸灘
広島港
広島西飛行場
JR山陰本線
JR三江線
JR芸備線
JR山陽本線
JR岩徳線
錦川鉄道
山陽新幹線
浜田自動車道
中国自動車道
山陽自動車道
江の川
太田川
匹見川
小瀬川
錦川
黒瀬川
恐羅漢山
1346.4
寂地山
1337
ごうつ
かべ
ひろしま
せの
さいじょう
かいたいち
はつかいち
おおたけ
わき
しんいわくに
いわくに
くれ
和木町
飯
2
9
54
31
185
186
187
188
191
261
375
376
433
434
437
487
488